復旦哲學・中國哲學文獻叢書

貳

# 東亞《家禮》文獻彙編

## 中國篇 ②

主編
吴震　［日］吾妻重二　［韓］張東宇

上海古籍出版社

# 家禮集説

（明）馮善 撰
姚永輝 整理

# 《家禮集説》解題

姚永輝

《家禮集説》不分卷，明馮善撰。

馮善（一三八七—一四六五），字擇賢，號戒軒，明代常州府無錫縣（今江蘇省無錫市）人，永樂十五年（一四一七）丁酉科舉人。宣德元年（一四二六）兵科給事中陳坦左遷邑丞，察其賢，以經明行修薦爲無錫縣學訓導。丁父憂，奏請便在養母，轉至蘇州府崇明縣（今上海市崇明區）。秩滿，復請便養。升安慶府望江縣（今安慶市望江縣）教諭。侍母至孝，以課士爲己任，曾督建營繕望江縣學宫。馮氏「尋醫方合藥以拯民疾，達家禮以正民俗，修志書以篤民風，躬行孝弟以敦倫理，儉治家以杜華競。鄉邦吉凶事，咨訪而後行。奉母之餘，惟琴棋適趣而已，不預餘事。以《書》經起家，教其家子」（《戒軒先生預述墓志銘》），著有《戒軒文集》、《戒軒詩集》、《家禮集説》、《注解文公家禮》，修纂《無錫縣志》、《望江縣志》，明人視後者頗有篳路藍縷草創之功。《明名臣琬琰録》存《戒軒先生預述墓志銘》、其門人楊璿撰《戒軒先生傳》。明萬曆《望江縣志》亦有傳。

馮善《家禮集説》無目録，不分卷，按《家禮》分通禮、冠禮、昏禮、喪禮、祭禮五部分，卷端題「家禮集説」，後署「錫山後學馮善編集」。此本半頁八行，行十八字，四周雙邊，上下粗黑口，單黑魚尾，中間記書名「集説」，有句讀，共六册。前有朱熹《〈文公家禮〉序》，馮善《〈家禮集説〉序》《〈家禮集説〉凡例》，「凡例」末刻有「成化己亥□月吉日重刊」方形牌記。

馮善在宣德九年（一四三四）甲寅三月朔旦撰序詳述《家禮集説》的編寫緣起。盡管明代永樂年間頒行了《性理大全》，然而《家禮》的實際推行并不令人滿意，「冠昏喪祭之道，《家禮》載之詳矣。然溺於流俗者，甘心忘本，見其書曾不一寓目，往往輒誣其難行于今；間欲行者，猛觀於臨事急遽之際，驟覽於初喪昏憒之時，因本文諸注之異同、老板昏字之難辯，不加參酌尋繹，又復掩卷捐棄矣」（馮善《〈家禮集説〉序》）。宣德七年（一四三二），因家人去世，馮善藉此刻意治喪，以革俗弊。不久之後，「世儒余日章、世醫施中立繼卒，并遺命治喪，一遵《家禮》」，兩家委托當時無錫的收藏家沈誠甫，請馮善編寫治喪文本。因此機緣，馮善通録冠、昏，編以爲集，私便觀閲。後因有感于損益禮文大有裨益于風化，儒士應責無旁貸，「乃逐節以提其綱，分條以統其目；復以他書之合者以例附焉」，張思安、瞿公厚、李桓仲等參與校同讎異。在《家禮集説》編成之後，馮善與朋友們將此書置于祠堂，不時講習宣導。

是書遵依時制與朱熹晚年所行，損益《家禮》，部分儀注次序也有所調整。引用他書或採録他說，或撮其要，或以己意概述，務令行文簡明扼要，《凡例》中皆有細述。馮善期望《家禮集說》能爲士庶提供實用性强的禮儀指導，不用翻閲繁瑣的各家注釋，即可得《家禮》之意。條目之下以「或曰」辨析疑問、闡述禮義，不乏己見。清代徐乾學的《讀禮通考》對馮說多有引述。

是書最早刻印于明宣德年間，主要有如下版本留存于世：第一、中國國家圖書館本。兩册，不分卷，有缺頁。此本有「毛晉之印」「毛晉」「毛晉私印」「毛氏子晉」「子晉」「毛扆之印」「斧季」「汲古閣」「汲古主人」「黄丕烈印」「蕘圃」「黄壽鳳」等藏印。第二、明成化十五年（一四七九）刊本，六册，中國臺灣「國家圖書館」藏，疑遼寧沈陽故宫博物院藏《家禮集說》刻本與該本爲同一版本系統，存疑待考。第三、明萬曆十七年（一五八九）吴興錢士完校刊本。首頁大字題「錫山馮善編集」，下雙行小字「城陽陳蕖訂正／吴興錢士完校刊」，無朱熹、馮善序，無凡例，有徐秉正、譚希思序，上海圖書館有藏。中國臺灣「國家圖書館」亦藏有此本，與《孝慈録》、周添瑞《五服圖》合刻，僅存昏禮一卷（且内文缺失甚多），前有洪武七年《御制家禮序》。第四、明萬曆吴勉學本，此本依據明萬曆吴興錢士完校刊本重校，卷端題「錫山馮善編集，城陽陳蕖、吴興錢士完訂正，新安吴勉學重校」，前有馮善序、譚希思序、徐秉正序，中國科學院圖書館、日本内閣文庫昌平坂學問所等皆有藏。明末萃慶堂余泗泉在此本基礎上「增補文公家禮全圖」梓行，現藏于美國加州大學柏克萊分校東亞圖書館。封面題「官板大字／新刻增補文公家禮全圖／

萃慶堂余泗泉鐫行」。前有譚希思、徐秉正序、陸麐祥序。卷端題「錫山馮善編集，城陽陳蕖、吴興錢士完訂正，新安吴勉學重校」。

本次點校所用底本爲中國臺灣「國家圖書館」藏明成化十五年（一四七九）重刻本，校本爲上海圖書館藏明萬曆十七年（一五八九）城陽陳蕖、吴興錢士完訂正本，參校本爲中國國家圖書館本。底本原無目録，整理時添加。底本「凡例」部分無標題，整理時補上；末尾有「凡例畢」三字，整理時删去。正文各卷首僅有「家禮集説」四字，無卷次序號，整理時一并添加。

# 目録


**文公家禮序**……（九）
**家禮集説序**……（一一）
**家禮集説凡例**……（一三）
**家禮集説一**
通禮……（一五）
祠堂……（一五）
深衣制度……（二七）
司馬公居家雜儀……（三五）
**家禮集説二**
冠禮……（四二）
冠……（四二）
笄……（四七）
**家禮集説三**
昏禮……（五〇）
議昏……（五〇）
納采……（五三）
納幣……（五六）
親迎……（六五）
**家禮集説四**
喪禮……（七六）

初終……（七六）
沐浴……（八一）
靈座……（八五）
小歛……（八七）
括髮　袒免　髽……（九一）
大歛……（九二）
成服……（九五）
朝夕哭奠　上食……（一二三）
吊……（一二四）
聞喪……（一二七）
治葬……（一二七）
遷柩……（一四七）
遺奠……（一五〇）
發引……（一五三）
及墓……（一五四）
反哭……（一六二）
虞祭……（一六四）
卒哭……（一六九）
祔……（一七一）
小祥……（一七四）
大祥……（一七六）
禫……（一八〇）

**家禮集說五**

祭禮……（一八八）
四時祭……（一八八）
禰祭……（二〇〇）
忌日祭……（二〇一）
墓祭……（二〇三）

# 文公家禮序

凡禮，有本有文。自其施於家者言之，則名分〔之〕守，愛敬之實，其本也；冠昏喪祭，儀章度數者，其文也。其本者，有家日用之常體，固不可以一日不脩；其文，又皆所以紀綱人道之始終。雖其行之有時，施之有所，然非講之素明，習之素熟，則其臨事之際，亦無以合宜而應節，是亦不可以一日而不講且習焉者也。三代之際，禮經備矣。然其存於今者，宫廬器服之制，出入起居之節，皆已不宜於世。世之君子，雖或酌以古今之變，更爲一時之法，然亦或詳或略，無所折衷，至或遺其本而務其末，緩其實而急於文。凡有志好禮之士，猶或不能舉其契，而困於貧窶者，尤患其終不能肖以及於禮也。熹之愚，蓋兩病焉。是以嘗獨究觀古今之籍，因其大體之不可變者，而少加損益於其間，以爲一家之書。大抵謹名分、崇愛敬以爲之本，至其施行之際，則又略浮文、務本實，以竊自淑於孔子從先進之遺意。誠願得與同志之士熟講而勉行之，庶幾古人所以脩身齊家之道，謹終追遠之心，猶可以復見，而於國家所以崇化導民之意，或亦有小補云。

新安朱熹仲晦父書。

# 家禮集説序

冠昏喪祭之道，《家禮》載之詳矣。然溺於流俗者，甘心忘本，見其書曾不一寓目，往往輒誣其難行於今；間欲行者，猛觀於臨事急遽之際，驟覽於初喪昏憒之時，因本文諸注之異同、老板昏字之難辯，不加參酌尋繹，又復掩卷捐棄矣。其禮果難行哉！爲吾儒者，尚多依違，牽制於俗，承訛襲舛，不能竊其糠粃，况常人乎？宣德壬子春，不幸先人背棄，刻意治喪，以革俗弊。于時國朝《性理大全書》頒在天下儒學，脩纂詳明，板刻新爽，乃得肆觀，逐節筆之，旋行旋究，奈性愚濁，學而未能。邑之縫掖沈誠甫見而悦之，獨越輿論，獎譽過情，故縉紳間多韙其言者。無何，世儒余日章、世醫施中立繼卒，並遺命治喪一遵《家禮》。其子施澤民、余民用亦各克邁乃訓，互介沈公詣予，文取筆出條目，參訪行之，仍俾通録《冠》、《昏》編以爲集，私便觀覽。謹按楊氏復附注謂《家禮》爲朱子初年本，其書甫成，未及脩改，被一童行竊之以逃。至朱子葬日，陳安卿袖至葬所，其書始出。多與朱子後來所行不同，故楊氏復於不同處特詳注之，後世因其同異，莫之適從，或遂棄置。嗚呼！時有古今，禮有損益，脩而正之，理若有待，賴我太祖高皇帝御製《孝慈録》等書，實萬世不刊之盛典，永宜遵守者，此《家禮》舊文所以不容不少變於今日也。世雖知之，未釐其舊。善生聖朝，沐浴膏澤，飽食終日，無所用心，仰覩皇猷，一新舊俗，欲贊同文之治，愧乏涓塵之勞，因戴維新，僭釐其舊，乃逐節以提其綱，分條以統其目，復以他書之合者以例附焉。遂與同志張思安、瞿公厚、李桓仲校同讎異，始克成編，因目之曰《家禮集説》。聊與四三君子各置祠堂，私便講習，以立脩齊之本，以報涵養之恩。其或鄉人孺子得以開卷見緒，荒村貧窶亦可依儀展誠，不必更求諸注詳參然後得其意也。非惟報本之道、風化之原，有毫髮之少助，抑朱夫子之志，或庶乎可以默伸於此矣。是爲序。

宣德九年甲寅三月朔旦，錫山後學馮善謹序。

# 家禮集説凡例

一、遵依國朝制度，如喪禮，父母及嫡、繼、慈、養母，皆斬衰三年。祭禮四代共一祝板之類，則皆革去《家禮》舊文，悉從時制。

一、附注謂《家禮》爲初年本，與朱子後來所行不同。如深衣續衽鉤邊，喪禮惟父母用衰、辟領、負版，與夫祭禮冬至、立春不祭始祖之類，一以附注爲主，此不復録《家禮》原文。非倍其書也，蓋從朱子晚年所行者爲正。

一、行禮儀注次序，並依朱子晚年所行，及遵國朝成法，間與《家禮》不合。

一、原係《家禮》次序，及行禮儀注，皆高一字作行。繆用己意分條統目，提出頭緒，皆低一字爲行款。

一、引用諸書，或撮其要，不復全録，從省也。間有合俗之宜，繆陳臆見，則用圈別，或細書之。引用成語則不復圈。

一、各條或有古今異宜及須釋義者，則設「或問」于下。

一、各條詳略不一。或欲鄉俗易曉，分條截之，則不復别傳注。或僭用己意，摘取點掇前後三二字，亦不復分别。

成化己亥月吉日重刊。

# 家禮集說一

## 通禮此篇所著，皆所謂有家日用之常體，不可一日而不脩者。

### 祠堂

《家禮》曰：「君子將營宮室，先立祠堂於正寢之東。正寢，前堂也。爲四龕以奉先世神主。」○伊川云：「古者，庶人祭于寢，士大夫祭于廟，庶人無廟，可立影堂。」今文公先生乃曰「祠堂」者，蓋以伊川先生謂祭時不可用影，故改「影堂」曰「祠堂」云。○本注云：「凡屋之制，不問何向背，但以前爲南，後爲北，左爲東，右爲西。」○小小祭祀時，亦可只就其處。大祭祀，則請出神主，或堂或廳祭之。小祭，如節祠之類；大祭，如四時及正旦之類。

或問：「祭時如何不可用影？」曰：「程子謂：若用影祭，須無一毫差方可，若多一莖鬚，便是别人。」

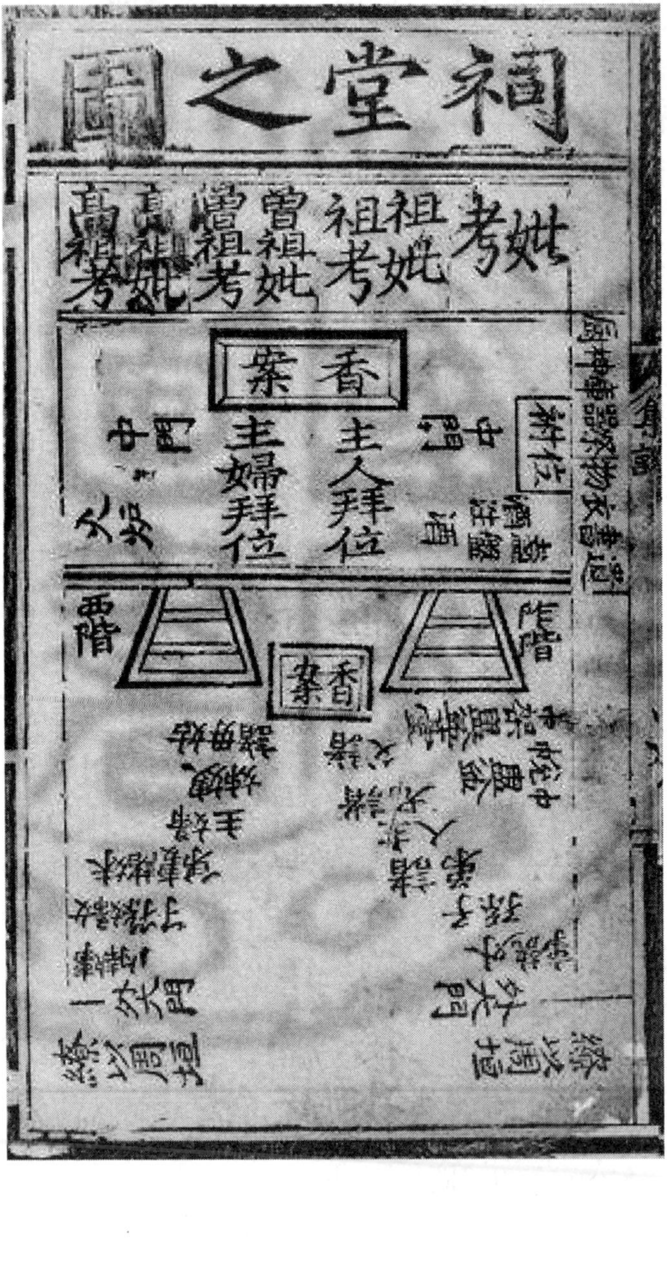
祠堂之圖
高祖考
高祖妣
曾祖考
曾祖妣
祖考
祖妣
考
妣
香案
主人拜位
主婦拜位
阼階
西階
香案

## 祠堂三間之制

本注：祠堂之制，三間外爲中門，中門外爲兩階，皆三級，東曰阼階，西曰西階。階下隨地廣狹，以屋覆之，令可容家衆叙立。又爲遺書、衣物、祭器庫、神厨於其東。繚以周垣，别爲外門，常加扃閉。

## 祠堂一間之制

若家貧地狹，則止立小五架屋一間。不立厨庫，而東西壁下置兩櫃，西藏遺書、衣物，東藏祭器。

## 四龕

以祠堂後架作一長龕堂，以板隔，截作四龕堂：高祖居西，曾祖次之，祖次之，父次之。每龕内置一卓，神主皆藏櫝内，置于卓上，南向。龕外各垂小簾，簾外設香卓於堂中。兩階之間又設香卓，亦如之。

或問：「同堂異室，神主自西遞列而東，以西爲上者。温公謂『神道尚右』，朱子謂『此也不是古禮』，然則此制却起於何時？」曰：「本注云：『漢明帝不知禮義之正，謙貶不敢自當立廟，祔於光武廟，其後遂以爲例。至唐太宗及群臣家廟，悉如今制，以西爲上也。至禰處謂之東廟，今太廟亦然。』」

## 祭四代

不祭高祖如何？程子曰：「高祖自有服，不祭甚非。某家却祭高祖。」又曰：「服既如此，祭祀亦須如此。」

## 四代不可僭祭

繼曾祖之小宗，則不敢祭高祖，而虛其西龕一。繼祖之小宗，則不敢祭曾祖，而虛其西龕二。繼禰之小宗，則不敢祭祖，而虛其西龕三。非嫡長不敢祭其父，必大宗及繼高祖之小宗然後得祭四代。其餘祭之爲僭。

## 大宗子

諸侯適長爲世子，繼諸侯正統。其次適爲別子，別子所生之長子乃大宗子。今法：長子死，主父喪用次子，不用姪。若宗子法立，則用長子之子。

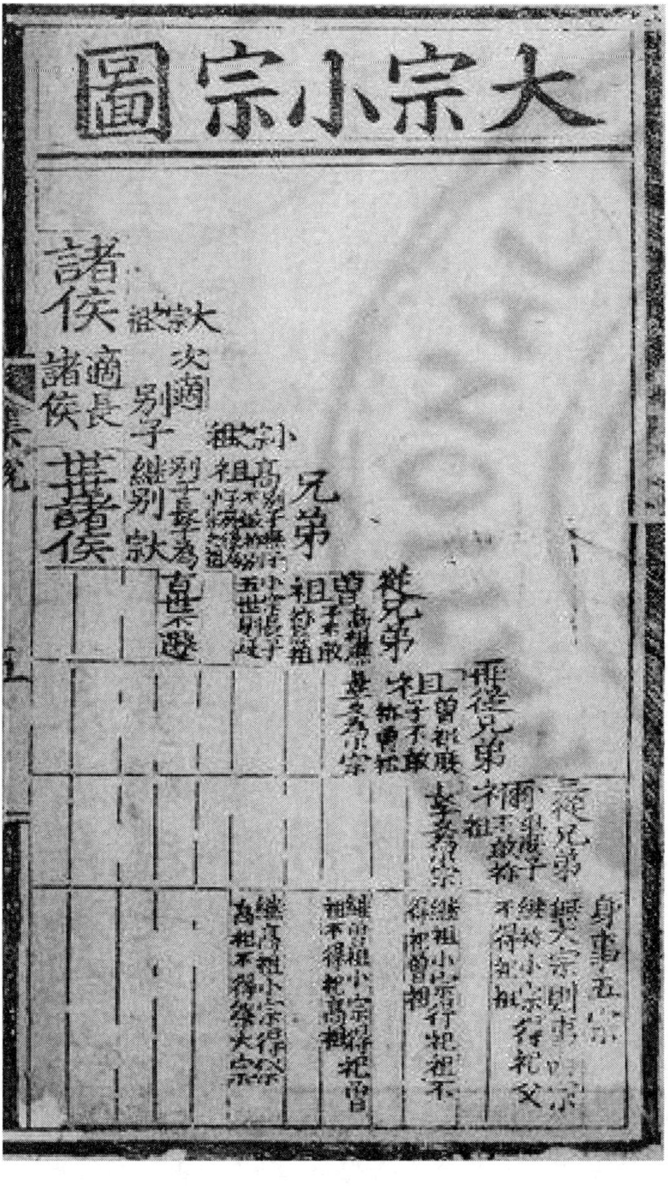
大宗小宗圖
諸侯
大宗祖
諸侯適長
次適
別子
小宗祖
兄弟
繼別
百世不遷
五世則遷
從兄弟
再從兄弟
三從兄弟
身事五宗
繼禰小宗得祀父不得祀祖
繼祖小宗得祀祖不得祀曾祖
繼曾祖小宗得祀曾祖不得祀高祖
繼高祖小宗得祭高祖不得祭大宗

## 小宗子

別子之庶子，以庶子所生之長子乃小宗子也。

或問：「如何謂之別子？」曰：「別子，諸侯之弟，別於正適也。不得禰其父，又不可宗嗣君，又不可無統屬，故死後，別子子孫立此別子爲始祖，所謂別子爲祖，即大宗之祖。讀爲分別之別。」

或問：「小宗欲立祠堂，止立當祭之龕，却是四龕俱立？」曰：「按本注：四龕俱立，若世數未滿，且虚其不當祭之龕，待他日世數滿，然後遍祭四代。」

## 兄弟同居

兄弟同居，嫡長主祭。庶弟死後，其子孫自爲立祠堂於私室。

## 兄弟異居

兄弟異居，弟不立主。兄祭，而弟與執事或以物助之爲宜。或住居相去遠者，弟只於祭時旋設位，以紙榜標記，逐位祭畢，焚之。

或問：「宗子承家主祭而統族人。或遊宦遠方，則誰主祭？」曰：「按附注：庶子代之，但祝辭云『孝子某使介子某執其常事』，而宗子所在，則奉二主以從之。」〇庶子所得自祭之主，則留之，不得從宗子行也。

## 從兄弟伯叔同居

嫡長主祭，從兄弟各自爲其父祖。死後方立祠堂於私室。

## 從兄弟伯叔異居

各備祠堂，隨所繼世數爲龕，以祀其父祖。非其父祖，不可僭祭。

## 同出曾祖同居

今且説同出曾祖，便有從兄弟、再從兄弟。祭時，主於主祭者，其他或子不得祭其父母。若恁地衮做一處祭，不得。要好，則主祭之嫡孫當一日祭其曾祖及祖及父，餘子孫與祭。次日，却令次位子孫自祭其祖及父。又次日，却令次位子孫自祭其父。此却有古宗法意。

祔位謂旁親無後及卑幼先亡者。主櫝、祭饌並同正位。

伯叔祖父、母，祔于高祖。伯叔父、母，祔于曾祖。妻若兄弟若兄弟之妻，祔于祖。子姪祔于父。皆西向。列于東邊，乃孫祔祖龕也。姪之父自立祠堂，則遷而從之。

或問：「何謂旁親？」曰：「《中庸或問》云：『自吾父、祖、曾、高謂之正統，其伯叔曾高、伯叔父祖、衆子昆弟皆爲旁親。』」又問：「旁親有後者如何？」曰：「按本注云：其子孫自祀之，則此不祔。伊川云曾祖兄弟無主者亦不祭。」

殤謂卑幼先亡者。男娶女嫁皆不爲殤。

八歲至十一爲下殤，其祭終父母之身。十二至十五爲中殤，其祭終兄弟之身。十六至十九爲長殤，其祭終兄弟之子之身。成人而無後者，其祭終兄弟之孫之身。不滿八歲爲無服殤，不祭。

或問：「祔位，四時祭于正寢則祔東序，或兩序相向，男向東，女向西，坐以就裏爲大，祠堂内則孫祔祖龕。若孫死而祖在，則祔何處？」曰：「按《禮記》『祔于曾祖龕，妻死，夫之祖母在，亦然』。」

## 庶母《春秋傳》曰：「於子祭於孫止。」

程子曰：「庶母主不可入祠堂，其子當祀於私室。主櫝之制則一。」

或問：「嫡母無子，庶母有子爲後，其主得入祠堂否？」曰：「《喪服小記》云：『妾祔于祖之妾。祖無妾，則間曾祖而祔高祖之妾。若高祖又無妾，當易牲而祔於女君。謂嫡室。』可也。」注：易牲，如祖爲大夫，孫爲士，孫死祔祖，則用大夫牲。士牲卑，不可祭於尊者也。○謂妾牲卑，不可祭於嫡室，乃易牲。

## 祭田貧無田者，採山釣水，皆可薦誠。

本注云：「計見田，每龕取二十之一爲祭田，正祔位並同，宗子主之，以給祭用，不得典賣。」

## 祭器貧不能造，則用燕器。○《禮記·祭器》：「敝則埋之。」

今以燕器代之，牀席、椅卓一應合用者，皆貯封鎖，不得他用。

## 出入謁告

温公云：「每旦，子孫唱喏。出外、歸亦然。再宿以上歸，則再拜。經旬，四拜。將遠適，則焚香以其事告，再拜。」

## 至正朔望則參

本注：「有官者，公服、靴、笏。無官者，深衣、履。婦人，大衣、長裙。女妾，背子。」〇凡祭祀皆然。

本注云：「每龕設新果一大盤，茶、酒盞，設茅沙於香卓前，注：見《時祭》章。具盥帨。主人、主婦以下盛服入，男東，西上，女西，東上，俱依《祠堂圖》，北面重行。立定，主人、主婦盥洗，升，啓櫝，男出考主，婦出妣主，置櫝前。主婦先降，主人詣香卓前，降神，注：見《時祭》章。復位，參神。再拜。主人升，斟酒皆遍，主婦升，奠茶皆遍。主人、主婦分立香卓前，再拜。餘子孫不拜。降，復位。與在位者皆再拜。辭神，退。」

## 薦新

如上儀。

## 望日

望日不設酒、不出主，主人點茶，長子佐之，畢，主人焚香，再拜，退。

節祠本注：「如重午、中元、重陽之類。」

俗節則獻以時食，如重午角黍，凡鄉俗所尚者，薦以大盤，間以蔬果，只就祠堂，每位用脯醢二味，酒止一上，斟一盃。朱子曰：「但七月十五日用浮屠設素饌祭，某不用。」

有事則告本注：「止告正位，不告祔位。茶酒則并設之。」

韓魏公云：「古者告祀，但告于禰，今或待時祭，遍告先世。」

授官祝文本注：「貶降則言『貶某官，荒墜先訓，惶恐無地』。」

「維宣德幾年某月甲子朔越某日甲子，孝孫某敢昭告于顯高祖考某官府君、顯高祖妣某氏、顯曾祖考某官府君、顯曾祖妣某氏、顯祖考某府君、顯祖妣某氏、顯考某官、顯妣某氏，以某月某日蒙恩授某官，奉承先訓，獲霑禄位，餘慶所及，不勝感慕。謹以清酌庶羞，用伸虔告。」

## 追贈祝文

本注：「告所贈龕。告畢，再拜，洗去舊字，別塗粉，俟乾，書之，陷中不改。朱子曰：『焚黃，近世行之墓次，恐未免隨俗，以黃紙謄誥命，宣畢焚之。』」

「維年月日，具位同前，奉某年月日制書，贈故某親某官、故某親某氏某封。某奉承先訓，竊位于朝，祇奉恩慶，有此褒贈。禄不及養，摧咽難勝。謹以」，後同。○先跪讀祝文，後立宣誥命。

## 生子

主人生嫡長子，則滿月而見，但不用祝。主人詣香卓前，告曰：「某之婦某氏，以某月某日生子，名某。敢見。」主婦抱子進立於兩階之間，再拜，退。

或問：「《家禮》告事止用酒果，近世冠昏等事皆尚宴樂。若據之廢祭，而生者則隨俗飲宴自如，於心安否？」曰：「按節祠條，朱子答張南軒曰：『今人重俗節，是日必宴樂，不能不思祖考以物享之。雖非禮之正，然人情之不能已者。』以此推之，今既於冠昏等事不能廢宴樂，其能恝然於祖宗，止以酒果告而無祭禮哉？當如時祭之儀可也。」

## 祝板式

用板一片，横長一尺，高五寸，以紙書文粘於上。祭畢，揭紙焚之，板留後用。

**深衣制度**朱子曰：「去古益遠，其冠服制度僅存而可見者，獨有此耳。然遠方士子亦所罕見，往往人自爲制，詭異不經，近於服妖，甚可歎也。」

**裁用白細布，度用指尺。**中指中節爲寸。○然亦量人肥瘦爲之。

**衣全四幅**每幅屬裳三幅。

用布二幅。每幅長四尺四寸。中屈疊爲四重。長二尺二寸。

裁衣前法

正身二尺二寸，中綴領處斜長四寸，庶綴裳相接處平正，便於著也。
四寸

裁衣後法

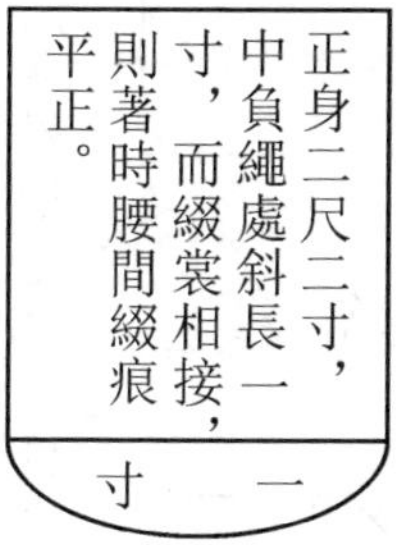
正身二尺二寸，中負繩處斜長一寸，而綴裳相接，則著時腰間綴痕平正。
一寸

## 裳交解十二幅每三幅屬衣一幅。

用布六幅。每幅裁爲二幅，一頭廣一頭狹，狹頭當廣頭之半。以狹頭俱向上，而連其縫以屬於衣，其屬衣處約圍七尺二寸，其長及踝，其下邊及踝處約圍丈四尺四寸。

裁裳法

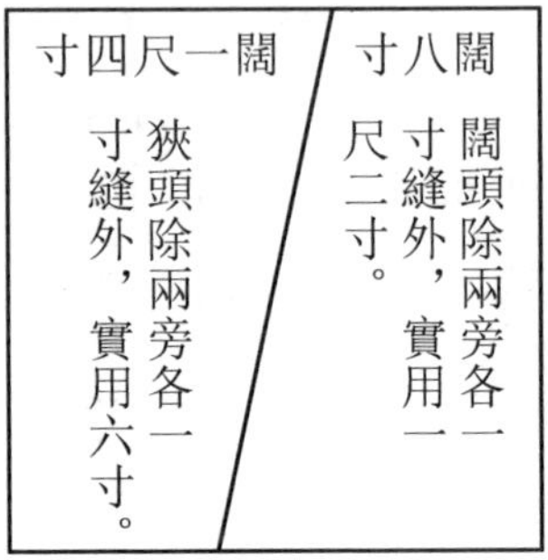


裁方領法

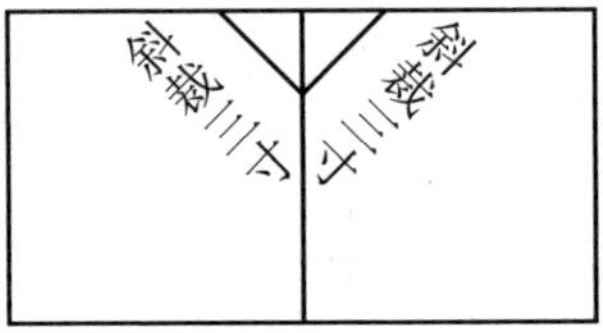


舒起作領

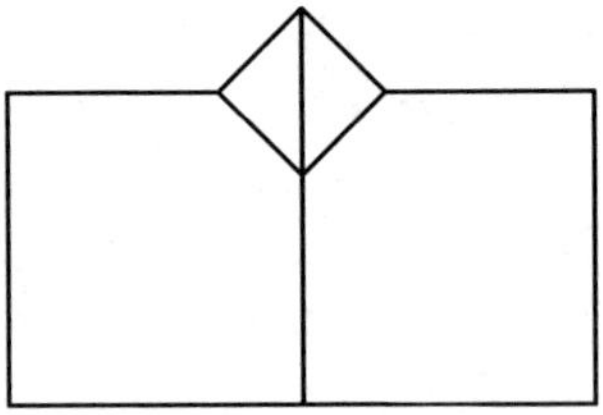

## 圓袂本注：「袖反屈至肘長。」

用布中屈爲袖，如衣身長二尺二寸，漸圓裁至袖口，留尺二寸。

## 方領圖見上。

兩襟相掩，其領自方，合於當肩相並處，向上斜裁入左右各三寸餘，却將裁開布向上舒起作領，以襯黑緣。

## 曲裾

附注引蔡淵云：「司馬所載方領與續衽鈎邊之説，先生病之。後得其説，只是衣領既交，自有如矩之象。續衽鈎邊者，只是連續裳旁，無前後幅之縫，左右交鈎。非有别布一幅，裁之如鈎，而綴于裳旁也。方領之説，先生已修之《家禮》矣，而續衽鈎邊則未及修焉。」且别用布裁如鈎垂於裳旁，此是疏家妄生穿鑿，而讀《禮記》者，自漢至今一千餘年，皆爲其誤。今可以一掃而去之矣。

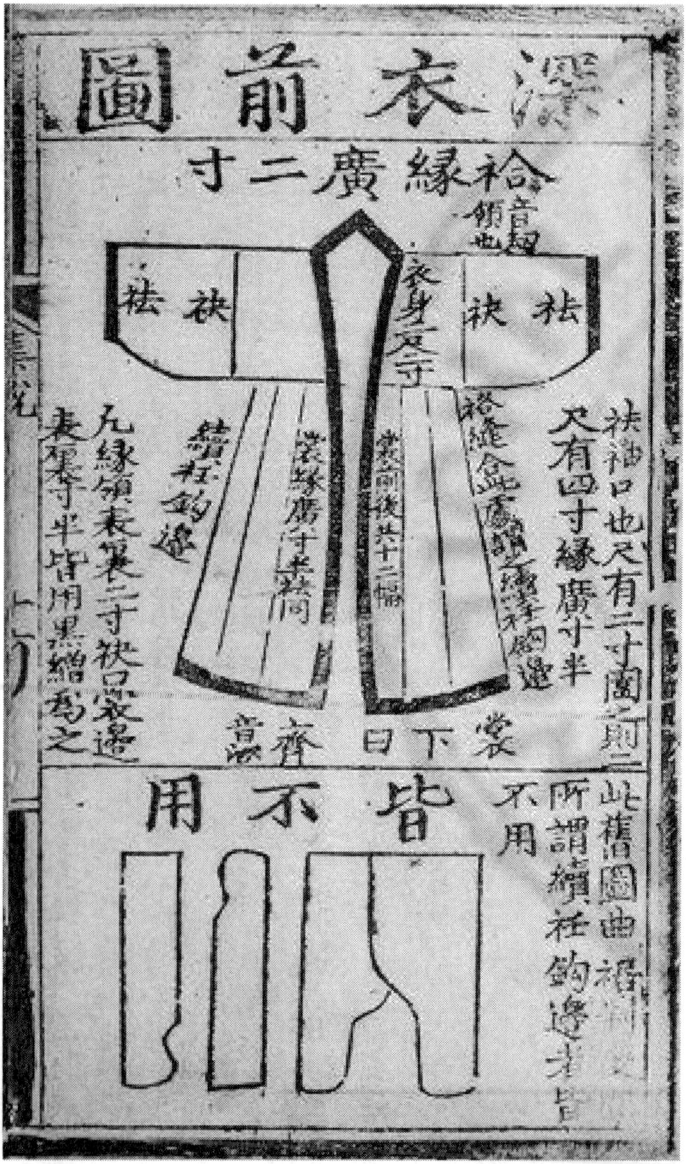
深衣前圖
袷緣廣二寸
袪
袂
袂
袪
衣身二尺二寸
續衽鉤邊
袂袖口也尺有二寸圍之則二尺有四寸緣廣寸半
凡緣領表裏各二寸袂口裳邊表裏各寸半皆用黑繒為之
裳下曰齊
皆不用
不用

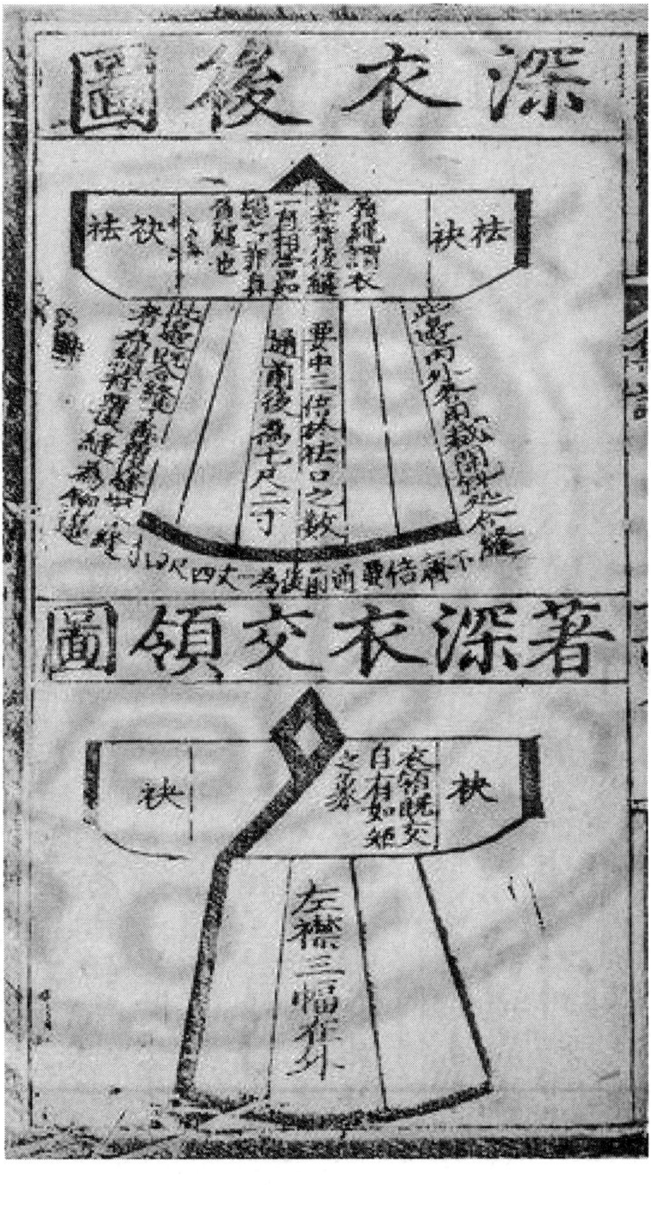
深衣後圖
袪
袂
袂
袪
要中三倍袪口之數
通前後為七尺二寸
著深衣交領圖
袂
袂
衣領既交自有如矩之象
左襟三幅在外

大帶圖

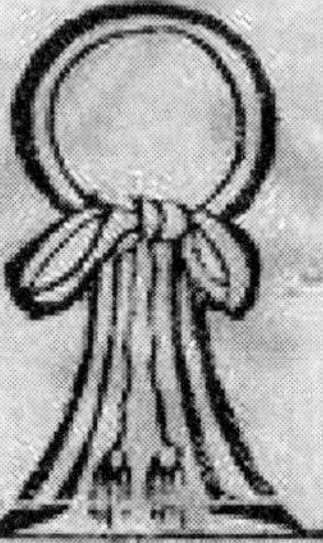

緇冠圖

用白繒廣四寸。夾縫之。其長[illegible]於前再繚之為兩耳。乃垂其餘為紳下與裳齊。以黑繒飾其紳。復以五采條廣三分。約其相結之處。長與紳齊。○玉藻註天子素帶朱裏從腰後至紳皆緣之。諸侯亦然。但不朱裏。大夫緣其兩耳及紳腰後則不緣。士惟緣其紳。腰及兩耳皆不緣也

糊紙為之。武高寸許。廣三寸。袤四寸。上為五梁。廣如武之袤。長八寸。跨頂前後下著於武。屈其兩端各半寸自外向內。而黑漆之。武之兩旁半寸之上竅以受

## 幅巾

## 裹縫斜縫之圖

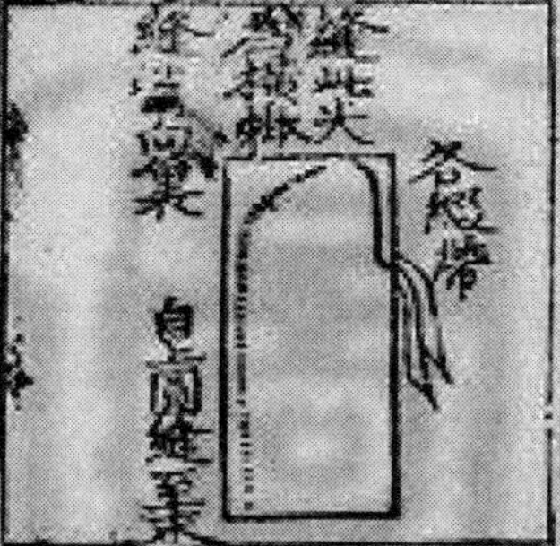


笄。笄用白骨。或用烏紗漆爲之

用黑繒六尺許。中屈之。右邊就屈處爲横㡇。左邊反屈之。自㡇左四五寸間。斜縫向左。圓曲而下。遂循左邊至于兩末。復反所縫餘繒使之向裏。以㡇當額前裹之。至兩耳旁。各綴一帶。廣二寸。長二尺。自巾外過頂後相結而垂之

# 黑屨之圖

深衣用白屨狀如今之履絇音劬繶音益純音準綦音忌四者以緇。絇者。謂屨頭屈修。或繒為鼻繶者。縫中紃音旬也。純。謂屨口緣也。綦所以繫屨也。或用黑屨白純。礼亦宜然

# 司馬公居家雜儀

## 家長

凡爲家長，必謹守禮法，循禮義，畏官法。以御群子弟及家衆。分之以職，授之以事，而責其成功。制財用之節，凡理財，先輸貢賦，供徭役，後及家事。量入以爲出，稱家之有無，以給上下之衣食，及吉凶之費，皆有品節，而莫不均一。裁省冗費，禁止奢華，常須稍存嬴餘，以備不虞。

## 卑幼

凡諸卑幼，事無大小，毋得專行，必咨禀於家長。雖非父母，亦當禀之。卑幼於尊長，晨省問，夜安置。坐見尊長過，則起。不見尊長再宿以上，則再拜。五宿以上及朔望，四拜。賀冬至、正旦，六拜。尊長減止，則從命。拜畢，男女長幼各爲一列，以次共受卑幼拜。○凡受女婿及外甥拜，立而扶之。外孫則立而受之，可也。

## 爲子爲婦

凡子事父母，婦事舅姑：天欲明，咸起，盥嗽，具衣冠。昧爽，適父母、舅姑之所省問。俟起，子供藥物，本注：「子宜親進，不可委婢妾，倘若有悮，其禍不測。」婦具飲食供具，畢，乃退。將寢，安置。居閒無事，則侍側。容貌必恭，執事必謹。言語應對，必下氣怡聲。出入起居，必謹扶衛。不可喧呼、唾涕於側。

## 受父母命舅姑命同。

凡子受父母之命，必籍記而佩之，時省而速行之，事畢則反命焉。或所命有不可行者，則和色柔聲，具是非利害而白之，待父母之許，然後改之。若不許，苟於事無大害者，亦當曲從。若以父母之命爲非，而直行己志，雖所執皆是，猶爲不順之子，况未必是乎？

## 子事父母

樂其心，不違其志。樂其耳目，安其寢處，以其飲食忠養之。出必告，反必面。有賓客不敢坐於正廳。凡事不敢自擬於其父。

## 父母、舅姑有疾

凡父母、舅姑有疾，子婦無故不離側，親調藥餌而供之。人子色不滿容，冠者不櫛，行不翔，言不惰，琴瑟不御，食肉不至變味，飲酒不至變貌。舍置餘事，專以迎醫、檢方、合藥爲務，疾止復初。

## 子婦不敢私蓄

子婦毋得蓄私財。俸禄及田宅所入，盡歸之父母、舅姑，當用則請而用之，不敢私假，不敢私與。

## 子婦未孝敬

凡子婦未孝敬，不可遽有憎疾，姑教之。若不可教，然後怒之。若不可怒，然後笞之。屢笞而終不改，子放婦出，然亦不明言其犯禮也。子甚宜其妻，父母不悦，出。子不宜其妻，父母曰「是善事我」，子行夫婦之禮焉，没身不衰。

## 教子女嬰孩

子女始生，擇良家稍温謹婦人爲乳母。能食，教以右手。能言，教以自名唱喏。稍有知，教以恭敬尊長，有不識長幼者，嚴訶禁之。六歲，教之數與方名。七歲，男女不同席，不共食，教之讀誦。十歲，男子出就外傅，居宿於外，不正之書，勿使妄觀。女子十歲，不出，教以婉娩，使誦《烈女傳》、《女戒》，學女事，以供衣服，佐長者治飲饌，祭祀則佐執酒食。既冠笄，則責以成人之禮。

## 男女分別内外

凡爲宫室，辯内外。男子居外，女子居内。深宫固門，内外不共井、厠、浴堂。男僕無故不入中門，婦人及婢妾無故不出中門。凡昏喪等事不相授受。相授各以篚，其無篚，則皆坐奠之，而後取之。

## 僕妾

凡僕妾，自相稱呼，各隨鄉俗。幼必讓長，務相協和。有鬥争，訶禁不止，即杖之，理曲者杖多。一止，一不止，獨杖不止者。凡男僕、女僕，内外皆夙興，各洒掃户庭堂室。男供百役，女具飲食、浣濯、補綴。忠信能幹者，厚其衣食。背公徇私，弄權盜竊，兩面二舌，放蕩有離叛之志者，皆逐之。

## 家道不和生自婦人

柳開仲塗曰：「皇考治家孝且嚴。旦望，弟婦等拜堂下，畢，即上手低面，聽我皇考訓戒，曰：『人家兄弟無不義者，盡因娶婦入門，異姓相聚，争長競短，漸漬日聞，偏愛私藏，以至背戾，分門割户，患若賊讎，皆汝婦人所作。男子剛腸者幾人，鮮不爲婦人言所惑，吾見多矣。若輩寧有是耶？』退則惴惴，不敢出一語爲不孝事。開輩抵此賴之得全其家云。」

## 婦人三從之道

孔子曰：「婦人伏於人也，是故無專制之義，有三從之道：在家從父，適人從夫，夫死從子。無所敢自遂也。教令不出閨門，事在饋食之間而已矣。是故女及日乎閨門之内，不百里而奔喪。事無擅爲，行無獨成，參知而後動，可驗而後言。晝不遊庭，夜行以火。所以正婦德也。」

## 女有五不取

逆家子不取，亂家子不取，世有刑人不取，世有惡疾不取，喪父、長子不取。

或問：「先儒嘗疑喪父、長子不取，則無父之女不復嫁。如何？」曰：「先儒真氏以爲其母若賢，有非所拘。大抵此云『不取者』，自吾脩身、齊家之人爲不可也。曲藝細民，身尚不能檢，安暇慮此哉！若泥而觀之，則逆、亂、刑、疾之家之女，豈真皆不復嫁乎？」

## 婦有七去

不順父母去，無子去，淫去，妬去，有惡疾去，多言去，竊盜去。

## 有三不去

有所取無所歸，不去。與更三年喪，不去。前貧賤，後富貴，不去。

## 衣服飲食務在均平

凡子婦、孫息、僕妾，衣服、飲食、力役，爲家長者，量家有無，必預立法，均一分給，無有偏向，則家道和矣。

## 治家貴忍

張公藝九世同居，北齊、隋、唐皆旌表其門。麟德中，高宗封泰山，幸其宅，召見公藝，問其所以能睦族之道。公藝請紙筆以對，乃書「忍」字百餘以進。其意以爲宗族所以不協，由尊長衣食或有不均，卑幼禮節或有不備，更相責望，遂爲乖争。苟能相與忍之，則家道雍睦矣。

## 正家四禮

伊川先生曰：「冠昏喪祭，禮之大者。今人都不理會。豺獺皆知報本，今士大夫家多忽此，厚於奉養而薄於先祖，甚不可也。」

# 家禮集説二

## 冠禮

### 冠

本注：「古者重冠，行之於廟。今人祠堂狹隘，但冠於外廳，笄於中堂，可也。」

男子十五至二十皆可冠，必父母無期以上喪，始可行之。

#### 告祠堂

前期三日，主人告于祠堂。當如時祭儀。

#### 祝文

維年月日，具位同前式，曰：「某之子某，年漸長成，將以某月某日加冠於其首。謹以清酌庶羞，用伸虔告。尚饗。」

## 戒賓

擇親友賢而有禮者一人，前期三日，主人詣其門，隨意致辭以請之。既許，前一日覆請之。

## 陳設

依圖陳設於廳事，以帟音「亦」。幕爲房。或無，兩階塈畫而分之。

## 陳冠服

厥明，夙興。冠服：如圖之設。幞頭、帽子、冠巾，各盛一盤，蒙以帕。長子則冠阼階東少北，西向。衆子則少西，南向。

## 冠用時服

程子曰：「今行冠禮，若制古服而冠，冠了又不常著，却是僞也，必須用時之服。」

## 序立

主人以下皆盛服。依圖序立。擇子弟習禮者一人爲儐，立於門外，西向。將冠者在房中，南面。

## 賓至

賓自擇親友習禮者一人爲贊以隨。

儐者入，立堂中，北面，揖，唱：「賓至，請迎賓。」主人出門迎賓，依圖行禮。揖讓而入，升堂，主西向，賓東向。贊者盥帨，由西階升入房中，西向立。儐者依圖布席，將冠者出房，南面立。

## 始加

贊唱：「行冠禮。」凡祝辭，或賓不能暗誦，紅紙書之看誦。

賓揖將冠者就席，贊者爲櫛、合紒、音「髻」。施掠。今用刀鑷人。畢，冠者西向跪，贊唱：「行始加禮。」賓乃降，主人亦降。賓盥畢，賓、主揖升，皆復位。執事者以冠巾盤進，賓降階一等，受冠笄，執之，正容，徐詣將冠者前，向之祝曰：「令月吉日，始加元服。棄爾幼志，順爾成德。壽考維祺，以介景福。」乃跪加之。贊者以巾跪進，賓受，加之，興，復位。冠者適房，服深衣，出房，正容南面，立良久。

## 再加贊唱：「行再加禮。」

賓揖冠者即席跪，執事者以帽子盤進，賓降二等受之，執詣冠者前，祝之曰：「吉月令辰，乃申爾服。謹爾威儀，淑慎爾德。眉壽永年，享受遐福。」贊者徹巾，賓跪加之。興，復位。冠者適房釋深衣，服皂衫，出房，立。

## 三加贊唱：「行三加禮。」

禮如再加。賓没階受幞頭，祝之曰：「以歲之正，以月之令，咸加爾服。兄弟具在，以成厥德。黄耇無疆，受天之慶。」贊徹帽，乃加幞頭。適房服公服，出房，立。遂徹櫛，乃醮。

或問：「無官者不宜用幞頭、帽子，則以何者爲三加？」曰：「國朝親王冠禮，以網巾爲始加，士民所當法也。則再加冠笄，或幅巾，三加時制頭巾，可也。服則用時服。」

## 乃醮贊唱：「行醮禮。」

長子則改席，衆子則仍冠席。依下圖設。贊者酌酒，立冠者之左。賓乃取酒，就冠者席前北向，祝之曰：「旨酒既清，嘉薦令芳。拜受祭之，以定爾祥。承天之休，壽考不忘。」冠者受盞，置于席，再拜。賓復位，東向答拜。冠者升，取盞進席前，南向跪，祭酒，興。退就席末，跪，啐酒，興，降席，授贊者盞，南向，再拜。賓東向答拜。冠者遂拜贊者，贊賓左東向少退答拜。

或問：「本注：拜而受酒，禮也。今乃受酒後拜，何也？」曰：「便賓答拜也。賓奉酒在手，冠者拜而後受，固宜。及冠者受酒在手，而賓答拜，似不宜立視其拜也。」

乃字贊唱：「字冠者。」

賓降階，東向。主人降階，西向。冠者降自西階，少東，南向。賓字之曰：「禮儀既備，令月吉日，昭告爾字。爰字孔嘉，髦士攸宜。宜之于假，音賈。永受保之，曰某。」冠者對曰：「某雖不敏，敢不夙夜祇奉。」賓或别作辭命以字之，亦可。贊曰：「禮畢。」賓請退，主人請禮賓，賓出就次。

見祠堂如生子而見之儀。

告辭曰：「某之子某，今日冠畢。敢見。」冠者進立兩階之間，再拜。

## 見尊長

拜父母，父母爲之起。拜諸尊長、諸父兄、諸母姑，皆爲之起。重成人也。

## 乃禮賓

主人以酒饌禮賓，酧之以幣而拜謝之。幣或布或帛，多少隨宜，賓贊有差。

## 見鄉長

冠者遂出見鄉先生及父之執友，皆答拜。

## 笄

女子許嫁，笄。年十五，雖未許嫁，亦笄。母爲主。

戒賓，擇親戚婦女賢而有禮者。陳設、醮、字、禮賓，皆略如男子冠儀，但祝止用始加之辭，不能則省。將笄者，加冠笄，服背子。

適子庶子冠醮異處

記云適子冠於阼以著代也庶子不於阼而冠於房外南面非代故也記云醮於客位嘉有

衆子冠圖

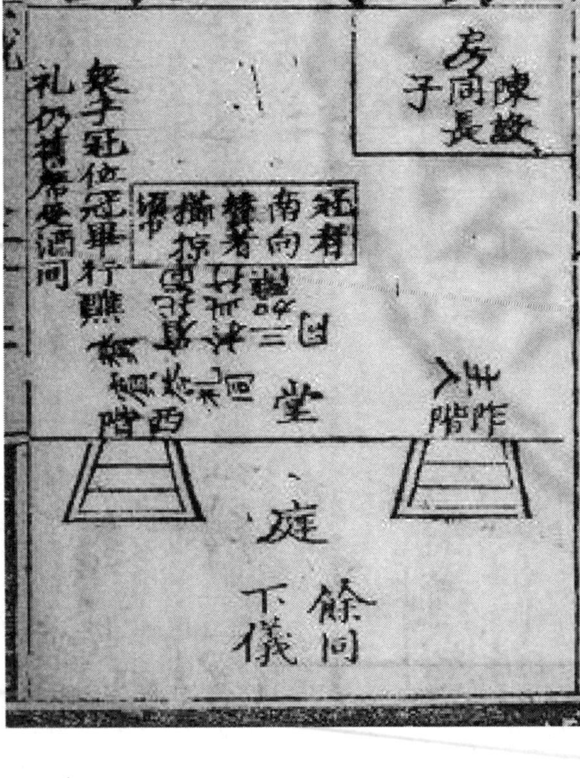

成也。是適子於客位也。而尊之。庶子則成而不尊。故因冠之處遂醮焉。

## 長子冠圖

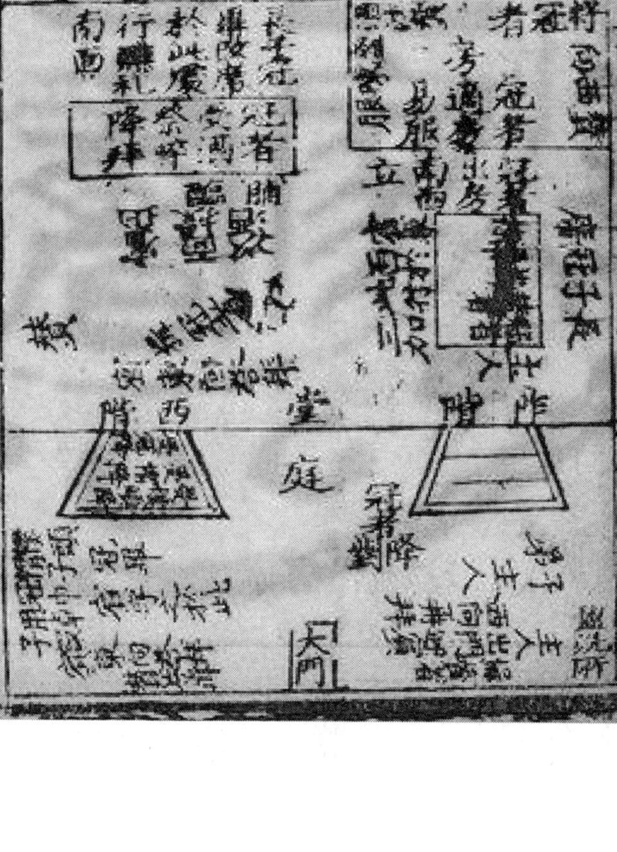

# 家禮集説三

## 昏禮

### 議昏

劉氏璋曰：「女子嫁，止於二十。若二十而不嫁，則爲非禮。」

男子年十六至三十，女子年十四至二十，身及主昏者，無期以上喪，乃可成昏。必先使媒氏往來通言，俟女氏許之，然後納采。

議昏不可慕富貴

温公曰：「凡議昏姻，當先察其婿與婦之性行，及家法如何。勿苟慕其富貴。婿苟賢矣，今雖貧賤，安知異時不富貴乎？苟爲不肖，今雖富盛，安知異時不貧賤乎？婦者，家之所由盛衰也。苟慕一時之富貴而娶之，彼挾其富貴，鮮有不輕其夫而傲其舅姑，養成驕妬之性，異日爲患，庸有極乎？借使因婦財以致富，依婦勢以取貴，苟有丈夫之志氣者，能無愧乎？」

## 昏娶不可論財

文中子曰：「昏娶而論財，夷虜之道也，君子不入其鄉。古者男女之族各擇德焉，不以財爲禮。」○司馬温公有言：「昏娶論財乃是駔儈牙人賣婢鬻奴之法，豈得謂之士大夫昏姻哉！其舅姑既被欺紿，音貸。則殘虐其婦以攄其忿，往往終爲仇讎矣。然則議昏有及於財者，皆勿與其爲昏姻可也。」

## 童幼未可議昏

温公曰：「世俗好於繦褓童幼之時，輕許爲昏，亦有指腹爲昏者，及既長或不肖，或有疾，或家貧，或遠宦，遂至棄信負約，速獄致訟者多矣。先祖太尉嘗曰：『吾家男女，必俟既長然後議昏，既通書問，不數月必成昏，故終身無此悔。』乃子孫所當法也。」

## 草帖式

某宅

本貫厶郡厶邑厶鄉厶里

長次男女年幾歲厶月厶日生

右見

議親

厶年月日草帖

## 定帖式

某宅

本貫厶郡厶邑厶鄉厶里

長次男女年幾歲厶月厶日生

右今議與

某宅第幾宅令嗣院令愛聯姻者

厶年月日定帖

## 三代帖式

某宅

本貫厶郡厶邑厶鄉厶里

三代

曾祖考某厶官

祖考某祖在称祖父

父某某官

長次男女某年歲厶月日生

母某氏

右今

議與

某宅第幾宅令嗣院令愛聯姻者

厶年月日定帖

## 納采

本注云：「納其采擇之禮，即今世俗所謂言定也。」

### 告祠堂

主人具書。書用箋紙，如世俗之禮。夙興，奉書告于祠堂。

### 祝文

維年月日同前，曰：「某之第幾子某，年已長成，未有伉儷，已議娶某人之女。今日納采，不勝感愴。謹以清酌庶羞，用伸虔告。尚饗。」

### 使如女氏

乃使子弟爲使者世俗今用媒人及刀鑷人，奉書及羊、酒、果實之屬。如女氏，女氏主人出見，叙禮受書。隨鄉俗禮。

## 女氏告祠堂

女氏受書，遂奉以告于祠堂。

### 祝文

維年月日同前，曰「某之第幾女，年漸長成，已許嫁某人之第幾子。今日納采，不勝」，後同。

## 女氏復書

主人告祠堂畢，爲復書。出，延使者升堂，授以復書。使者受書，請退。主人請禮賓。

### 禮賓

女氏乃以酒饌禮使者。至是主賓交拜揖，如常日之禮，其從者亦禮之於别室，皆酧以幣。布帛隨宜。

# 納采書式

忝眷厶端肅奉書

右厶啓恩憑媒議伏承
其人親家提舉以從既允令愛與厶幾
男締親茲行聘定者。忝眷姻姑婺。
二姓必交歡。夫婦諧張願百年而偕
老。幸賴承言之重。獲承
金諾之榮。自慚冷緒乏價。辱配
高門淑秀。茲當納采。聊貢
魚緘。伏望
叙慈。特賜
麾納。不宣

年月日忝眷厶　狀

# 復書式

忝眷厶端肅復書

右厶敬憑媒議伏承
厶人親家以弟幾位令嗣厶與厶幾
女締親。茲承聲定者。言念契合
相投。獲締百年之伉儷。當緣纊無
定卑成二姓之昏姻。令嗣聰明。惟
新厥德。弱息至儒。粗習女紅。既
協著龜。乃荷
盛儀之辱。重承
雅命。敢忘合好之歡。敬此以酬
篤祈
涵照不備

年月日忝眷厶　狀

## 使返

使返，復命婿氏。主人復以告于祠堂，不用祝。

## 納幣

幣用色繒，貧富隨宜，少不過兩，多不過十。更用釵、釧、羊、酒、果實之屬，亦可。具書，遣使。女氏復書，禮賓。復命。並同納采。

或問：「納幣如何不告廟？」曰：「朱子云：『《儀禮》雖無娶妻告廟之文，而《左傳》曰「圍布几筵，告於莊姜之廟」，是古人亦有告廟之禮。』」愚謂：既云禮賓，廟亦宜告，且古人不祭則不敢宴，當如納采之儀告于祠堂，亦何害乎！不然，豈不當以成昏日告祠堂乎！又按，楊氏復云：「昏有六禮，《家禮》略去，但親迎以前請期一節，不可略也。」愚謂：納幣，乃今俗云送禮，必預使媒妁先定嫁日，方行此禮，則請期亦可略也。但嫁日既定，兩家主人皆當於納幣之日，以日告于祠堂，祝文同納采，但於「議娶某人之女」下添「擇取某日成昏」。今日納幣，不勝感愴」，後同。

按：《翰墨全書》「納幣書式，或用七五提頭劄子，或四六聘啓」，今欲從簡，則用此四六式。復以幣、帛、酒、果之屬，另箋書之，謂之「禮物狀」，與「聘啓」各爲圓封，凡二個以紅綠絨並綴之，謂之「鴛緘」。

○今俗，行聘及成昏者，爲酒食召鄉黨親友，皆用請書。或親屬用四六書，僚友用團狀，各隨俗便也。

# 納幣書式

忝眷某 端肅奉書
右某伏承
某人親家，不棄寒微，以其男某締親，
茲行禮聘者。念二姓之合，皆已陳於
納采；百年之偕老，將講於迎親。既近
星期，宜先告吉。乃涓於月之日，以定吉辰。謹
預列素緘，且陳菲幣。仰惟不腆，列籍
以陳，伏惟
海含包賜
鑒納。不備
年月日 忝眷某書

# 復書式

忝眷某 端肅復書
右某伏承
某人親家，以令嗣某與小女某締姻，茲
承禮聘者，言念舊志，年於鄉里，新
託契於婚姻，願松蘿之倚，幸
梅之迨吉，將誠
厚幣，遽辱
寵加。涓吉良辰，荐蒙
示及。既拜嘉於
貺，敢不尊遵於
誨言。敬復謝忱，諒希
炳鑒。不宣
年月日 忝眷某復

## 禮物狀

忝眷某謹備
某物若干
某物若干
逐件細開
右尊狀馳
上，少充男某納幣
之儀。伏惟
親慈特賜
容納。謹狀。
年月　忝眷某狀

## 請書式

忝眷某端肅奉書
某親座前。某違門有
喜，辱許諧百歲之歡，叙
已洽用舉兩家之議，定
某日之吉，[illegible]
[illegible]
[illegible]敢祈[illegible]伏望
[illegible]臨[illegible]
親慈足見
眷愛。不宣。
年月日忝眷某請

## 團狀式

忝眷某狀請
[illegible]
右啟[illegible]某日為男[illegible]
謹具小函[illegible]
敘狀謹上
[illegible]
年月日忝眷某狀

國朝定制，公、侯、品官昏禮，古者納采、問名、納吉三次行禮，今一次行禮，以從簡便。

| | 一品 | 二品 | 三品 | 四品 | 五品 | 六品 | 七品 | 八品 | 九品 |
|---|---|---|---|---|---|---|---|---|---|
| 贄禮 | | | | | | | | | |
| | 紅紵絲一對 | 同 | 同 | 同 | 綾羅隨用 | 同 | 同 | 同 | 同 |
| 定禮 | | | | | | | | | |
| | 紵絲八匹 | 同 | 四匹 | 同 | 二匹 | 同 | 同 | 一匹 | 同 |
| | 絹八匹 | 同 | 四匹 | | | | | | |
| | 紅羅一對 | 同 | 同 | 同 | 不用 | 同 | 同 | 同 | 同 |
| | 紗一對 | 同 | 同 | 同 | 同 | 不用 | 同 | 同 | 同 |
| | 北羊二牽 | 同 | 山羊二牽 | 同 | 一牽 | 同 | 同 | 同 | 同 |
| | 猪二隻 | 同 | 一隻 | 同 | 不用 | 同 | 同 | 同 | 同 |
| | 鵝十隻 | 同 | 八隻 | 同 | 四隻 | 同 | 同 | 二隻 | 同 |
| | 酒十瓶 | 同 | 八瓶 | 同 | 四瓶 | 同 | 同 | 二瓶 | 同 |
| | 末茶八袋 | 同 | 四袋 | 同 | 二袋 | 同 | 同 | 同 | 同 |

| | | | | | | | | |
|---|---|---|---|---|---|---|---|---|
| 果四盤 | 同 | 二盤 | 同 | 一盤 | 同 | 同 | 同 | 同 |
| 麵廿袋 | 同 | 十袋 | 同 | 六袋 | 四袋 | 同 | 同 | 同 |
| 餅一百個 | 同 | 六十個 | 同 | 四十個 | 同 | 同 | 同 | 同 |
| 開合紵絲一對 | 同 | 一表裏 | 同 | 隨用 | 同 | 同 | 同 | 同 |
| 媒人紵絲隨用 | | | | | | | | |

納徵

| | | | | | | | | |
|---|---|---|---|---|---|---|---|---|
| 玄纁束帛色紵絲五疋。禮服一副 | 同 | 同 | 同 | 隨用 | 同 | 同 | 同 | 同 |
| 山松特髻一頂 | 同 | 同 | 同 | 同 | 同 | 同 | 不用 | 同 |
| 霞帔褙子一套　常服一副 | 同 | 同 | 同 | 同 | 同 | 同 | 同 | 同 |
| 珠翠漆紗冠一頂 | 同 | 同 | 同 | 同 | 同 | 同 | 小珠慶雲冠一頂 | 同 |
| 長襖長裙四套 | 同 | 同 | 同 | 二套 | 同 | 同 | 一套 | 同 |
| 金釧一雙 | 同 | 同 | 同 | 鍍金銀釧 | 銀釧 | 同 | 同 | 同 |
| 金蓮珠鐲一雙 | 同 | 同 | 同 | 鍍金 | 銀鐲 | 同 | 同 | 同 |

| | | | | | | | | |
|---|---|---|---|---|---|---|---|---|
| 銀胭脂盒二個 | 同 | 同 | 同 | 同 | 錫蠟合 | 同 | 同 | 同 |
| 鉛粉十個銷金袋 | 同 | 六個 | 同 | 同 | 四個 | 同 | 同 | 同 |
| 紵絲八匹 | 同 | 四匹 | 同 | 同 | 同 | 同 | 同 | 同 |
| 綾八匹 | 同 | 四匹 | 同 | 同 | 同 | 同 | 同 | 同 |
| 紗八匹 | 同 | 四匹 | 同 | 同 | 同 | 同 | 同 | 同 |
| 羅八匹 | 同 | 四匹 | 同 | 同 | 同 | 同 | 同 | 同 |
| 絹三十二匹 | 同 | 十六匹 | 同 | 六匹 | 四匹 | 同 | 二匹 | 同 |
| 綿一百兩 | 同 | 六十兩 | 同 | 不用 | 同 | 同 | 同 | 同 |
| 大紅羅一對 | 同 | 同 | 同 | 不用 | 同 | 同 | 同 | 同 |
| 脚紗一對 | 同 | 同 | 同 | 不用 | 同 | 同 | 同 | 同 |
| 茶二十袋 | 同 | 十六袋 | 同 | 十袋 | 八袋 | 同 | 四袋 | 同 |
| 羊八牽 | 同 | 四牽 | 同 | 二牽 | 同 | 同 | 一牽 | 同 |
| 猪六隻 | 同 | 四隻 | 同 | 二隻 | 同 | 同 | 一隻 | 同 |
| 鵝十二隻 | 同 | 十隻 | 同 | 八隻 | 六隻 | 同 | 四隻 | 同 |
| 酒六十瓶 | 同 | 四十瓶 | 同 | 十六瓶 | 十二瓶 | 同 | 十瓶 | 同 |

| | | | | | | | | |
|---|---|---|---|---|---|---|---|---|
| 果四盤 | 同 | 同 | 同 | 二盤 | 同 | 同 | 一盤 | 同 |
| 麵四十袋 | 同 | 二十袋 | 同 | 十二袋 | 同 | 同 | 十袋 | 同 |
| 餅二百個 | 同 | 一百六十 | 同 | 一百個 | 同 | 同 | 八十個 | 同 |
| 開合紵絲一對 | 同 | 一表裏 | 同 | 隨用 | 同 | 同 | 同 | 同 |
| 媒人紵絲二對 | 同 | 一表裏 | 同 | 隨用 | 同 | 同 | 同 | 同 |
| 花紅隨用 | | | | | | | | |
| 請期五品以下不行此禮。 | | | | | | | | |
| 紅紵絲一對 | 同 | 同 | 同 | | | | | |
| 羊二牽 | 同 | 一牽 | 同 | | | | | |
| 酒十瓶 | 同 | 八瓶 | 同 | | | | | |
| 親迎 | | | | | | | | |
| 紅紵絲一對 | 同 | 同 | 隨用 | 同 | 同 | 同 | 同 | |

## 庶民昏禮

國朝定制，庶民昏禮，納采、問名、納吉，總一次行禮。紵、絲、綾、錦，並不許僭用。顏色，不許用玄、黄、紫。

| | 上户 | 中户 | 下户 |
|---|---|---|---|
| 定禮 | | | |
| | 紅絹四匹 | 二匹 | 一匹細布隨用。 |
| | 羊一牽 | 猪一隻 | 鵝二隻 |
| | 酒八瓶 | 四瓶 | 二瓶 |
| | 茶四袋 | 二袋 | 同 |
| | 餅八十個 | 四十個 | 二十四個 |
| | 花隨用 | 同 | 同 |
| | 果二盤 | 同 | 一盤 |
| | 麵二十袋 | 十二袋 | 八袋 |
| 納徵 | | | |
| | 漆紗慶雲冠一頂用銀首飾。 | 同 | 同 |
| | 桃紅絹大袖衫二領 | 同 | 同 |
| | 緑絹褙子一領 | 同 | 同 |
| | 藍青素霞帔一領 | 同 | 同 |
| | 顔色布絹襖子長裙二套 | 同 | 同 |

| | | |
|---|---|---|
| 銀釧一對 | 不用 | 不用 |
| 銀鐲一對 | 同 | 同 |
| 胭脂花粉隨用 | 同 | 同 |
| 顏色絹八匹 | 六匹或四匹二匹。 | 二匹 |
| 顏色紗六匹或四匹。 | 四匹或二匹。 | 不用 |
| 羊二牽 | 一牽 | 不用 |
| 猪二隻 | 一隻 | 不用 |
| 鵝六隻 | 四隻 | 二隻 |
| 酒二十四瓶 | 十二瓶 | 八瓶或四瓶。 |
| 茶八袋 | 四袋 | 二袋 |
| 餅一百二十個 | 八十個 | 四十個或二十個。 |
| 麵二十四袋 | 十二袋 | 八袋或四袋。 |

親迎

| | | |
|---|---|---|
| 紅絹或紅布一匹 | 隨用 | 隨用 |

或問：「國朝定昏禮，所以辯上下而防奢僭也。自公、侯、品官，至於庶民，各有等級，上得兼下，下不得僭上，力雖有餘，不許過分。故品官，一品至四品，彩段各不過八匹；五品至九品，四匹、二匹而已。今之富民，誇奢鬭靡，僭侈過度，踰於品官。甘心破産傾家，不畏重罹刑憲。爲父母者，但欲索取滿意，豈慮嫁娶失時？致謗生乖，遺患莫測，當如之何？」曰：「宦達君子，諒皆知戒。深僻之人，未必家喻定制也。懼法君子，欽仰國朝制度，儉約如此。縱未能無纖芥之或違，亦不可極奢僭之妄作。然亦不當爲財之寡，以誤男女大事也。」

**親迎**妻家遠，則移出近處，設館行之。

本注：有問：「士人對俗人結昏，士人欲行昏禮，而彼家不從，如何？」朱子曰：「這也只得使人宛轉去與他商量，但古禮也省徑，人何苦不行。」

《家禮》曰：「前期一日，女氏使人張陳其婿之室。俗謂鋪房。」

厥明，婿家設位於室中

設椅、卓二位，東西相向，蔬果、盤盞、匕筯如賓客之禮。又以卓置合巹一，并酒壺於其南，又設二盥盤於室隅。巹音謹，小匏一判而兩之。

## 女家設次于外

## 初昏，婿盛服

世俗，新婿帶花勝，擁蔽其面，殊失丈夫之容體，勿用可也。○朱子曰：「昏禮用命服。」○黄氏瑞節曰：「士昏禮謂之『攝盛』，蓋以士而服大夫之服也。」

## 婿家告祠堂如時祭儀，婿進拜兩階之間。

### 祝文

維年月日，具位同前，曰「某之子某，將以今日親迎于某官某郡某氏，不勝感愴。謹以清酌」，後同。

## 醮子

本注：「若父非主人，則其父醮于私室如儀。醮女同。」

按舊儀，婿席南向，父席東向。

國朝親王昏禮，醮皆北面拜聽戒辭。愚謂，國之本在家，當遵時制。醮女同。

依圖設席。父母盛服就坐，婿再拜，興，就席立。贊者兩家皆取習禮婦人爲之。取盞斟酒，執之詣婿，婿北向，跪受盞，祭酒，啐酒，興，授贊者盞。又再拜，進詣父坐，跪，父母隨意致戒辭，畢，婿俯伏，興，出。或用舊辭，命之曰：「往迎爾相，承我宗事。勉率以敬，若則有常。」婿曰：「諾。惟恐弗堪，不敢忘命。」

父醮子圖

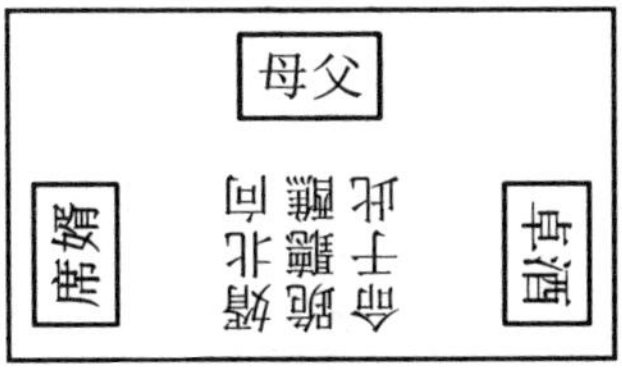

## 壻行

壻出，乘馬，以二燭前導。至女家大門外，下馬，入俟于次。

## 女家告祠堂

如納采儀。主人當以嫁者拜辭于兩階之間。

### 祝文

維年月日，具位同前，曰「某之第幾女將以今日歸于某官某郡某人，不勝感愴」，後同。

## 醮女

國朝親王昏禮，親迎日，妃詣祠堂，及拜父母辭尊長，民間宜遵體之。今放其禮于下：

**父醮女圖**

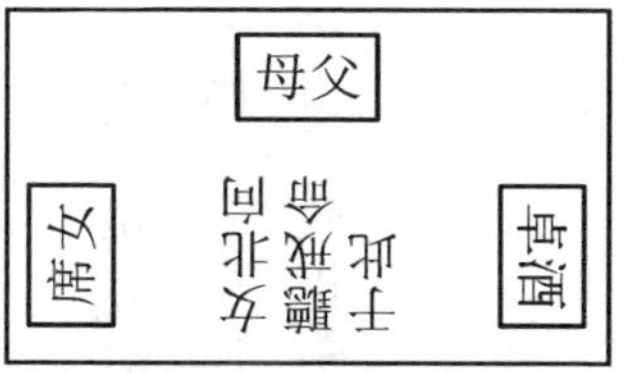


女盛飾，各隨鄉俗。姆相之，立於室外，父母坐于正堂。姆導女父母前，各四拜。女即席，贊者醮以酒，如婿禮。畢，又父母前各四拜。父母隨意致戒辭命之。次辭諸尊長。禮畢以俟。或用舊辭，父起，命之曰：「敬之戒之，夙夜無違舅姑之命。」

## 婿入奠雁，不見婦 母不拜諸親，不飲宴。

主人迎婿于門外，揖讓以入，婿執雁以從，從者盤盛隨入。至于廳事。主人西向立，婿北向跪。從者以雁盤授婿，奠置于地。主人侍者受之，婿俯伏，興，再拜。主人不答拜。若族人之女，則其父從主人出迎，立於其右，尊則少進，卑則少退。○凡贄用生雁，左首，以首向左。以生色繒交絡之。無則刻木爲之，取其順陰陽往來之義。程子曰：「取其不再偶也。」

或問：「雁用兩隻否？」曰：「注言『交絡之』，是用兩隻也。」或謂一隻交絡。愚謂昏禮用偶爲宜。

## 姆奉女登車

姆奉女出中門。婿揭轎簾，女登轎，以二燭前導。

## 婿乘馬先婦車

婿出，乘馬先行，亦以二燭前導。女轎從之，男先於女，剛柔之義，自此始也。

或問：「本注及禮經，女出中門至家，俱有婿揖之禮，何也？」曰：「揖者，手著胸也，恐非所謂唱喏。况女嫁有帕蒙頭，此時婿豈宜遽然先揖？况剛柔之義，正始之道，不可苟也。國朝駙馬親迎公主，皆無揖禮，况常人乎。」

# 昏禮親迎之圖

## 壻奠鴈圖　女登車圖

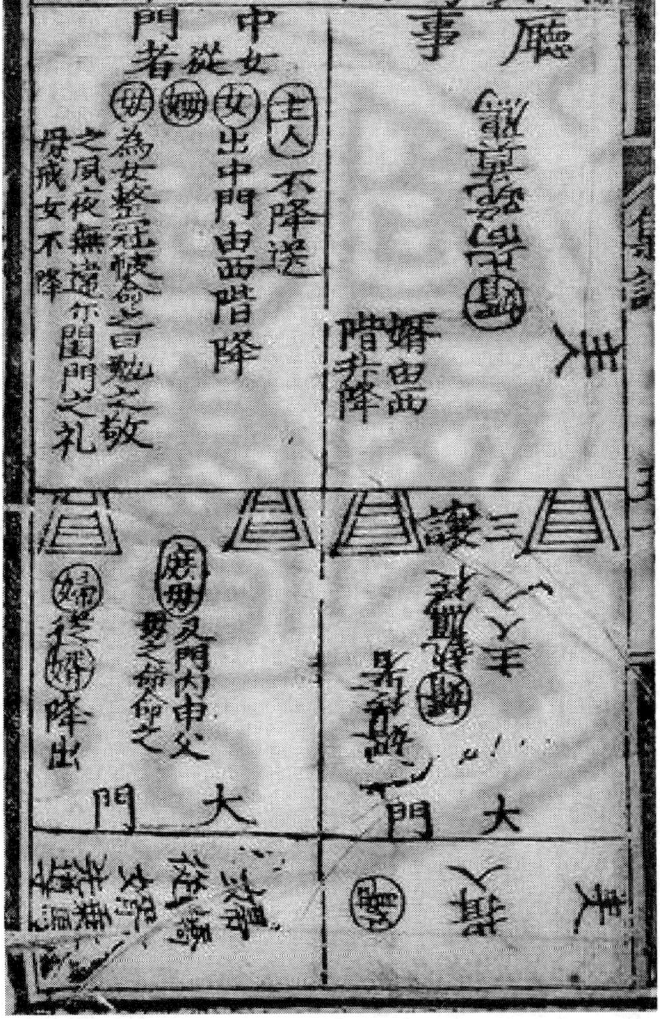

## 至家

壻至家，立于廳事。俟婦至，揭轎簾，婦下轎，導以入。

或問：「今俗，婦入門即拜祠堂，可行之乎？」曰：「按，朱子云：『今婦人入門即廟見，蓋舉世行之。近見鄉里諸賢頗信《左傳》先配後祖之説云云，恐所謂後祖者，譏其失此禮耳。』及温公亦以入門即拜影堂，以此觀之，恐各從俗便，亦無害也。」

## 交拜

本注：「古無交拜，今從俗。」

壻居東，西向，婦居西，東向。《翰墨》昏禮注云：「壻爲婦舉蒙頭。」乃交拜。○凡拜，男子兩拜，婦人肆拜，謂之俠拜。音夾。

## 行合巹禮

畢，壻出巹，以一匏分爲兩瓢，壻婦各執一片以飲，謂之合巹而酳。

壻東婦西，各就席坐。從者斟酒、設饌，婦、壻祭酒舉殽。又斟酒，壻、婦舉飲。又取巹合和酒，壻、婦飲。畢，壻出。姆與婦留室中，徹饌。

## 復入，脱服，燭出

婿脱服，婦從者受之。婦脱服，婿從者受之。

或問：「今俗，合巹畢，婦即出中堂同婿拜舅姑，及長幼相拜。今曰『婿入，脱服，燭出』，今可行乎？」曰：「此禮宜行於世族之家，在士庶之家似難行也。蓋士庶之家，是日親族皆在，外廳中堂又皆禮賓，婿、婦豈宜遽然脱衣、出燭，如就寢而不出哉！當從鄉俗禮。合巹畢，婦出，行禮，可也。」固知昏禮，上以事宗廟，下以繼後世爲重，故未成婦，不見舅姑。愚以爲入門即是成婦，何必定得於夫然後爲成婦哉！禮固不可循俗，亦不宜泥古。若按舊儀行之，則男女昏姻而子終無拜父母之時，何與？

## 主人禮賓

男賓於外廳，女賓於中堂。古禮，明日饗從者。今從俗。

## 不用樂

温公曰：「《禮記》云『娶婦之家，三日不舉樂，思嗣親也』，今俗昏禮用樂，殊爲非禮。」〇程子曰：「三日而後宴樂，禮畢也。」

## 婦見舅姑奠贄幣

《家禮》曰：「明日，夙興，婦盛服。舅姑坐堂上，各置卓子於前。婦進立堂階下，北面，拜舅，升，奠贄幣于卓上，舅撫之，侍者以入，婦降，又拜。詣西階下，拜姑，奠贄幣同舅儀。舅姑非主人，則先行此禮于私室如儀。舅姑禮之。本注：如父母醮女之儀。」○贄幣，貧富多寡，隨宜。俗云上賀。

## 婦見尊長

同居有尊於舅姑者，則舅姑以婦見於其室。不同居者，廟見而後往其家。

## 饋饌

若家婦，則是日食時，婦家具盛饌于堂上舅姑之前，婦親行一獻禮，進饌。遂徹。婦就餕姑之餘，婦從者餕舅之餘，婿從者餕婦之餘。舅姑饗婦。如前儀。

## 見祠堂婿當率婦同，進拜兩階之間。

三日，主人以婦見于祠堂。古者，三月而見，今用三日。

## 祝文舊無

維年月日同前，曰：「某之第幾子某，今已昏畢，□婦某氏，敢見」，後同前祝文式。

## 婿見婦之父母

明日，婿往見婦之父母。婦父迎送揖讓如客禮，拜，即跪而扶之。入見婦母，婦母闔門左扉，立于門內，婿拜于門外，皆有幣。婦父非宗子，即先見宗子夫婦，不用幣。

## 見婦諸親

次見諸親，不用幣。婦女相見如儀。

## 禮婿

婦家禮婿如常儀。親迎之夕，不當見妻黨，以婦未見舅姑故也。

# 家禮集説四

## 喪禮

### 初終

《家禮》曰：「疾病，遷居正寢。注：内外安静，以俟氣絶。既絶乃哭。」

#### 疾病

伊川先生曰：「病卧於床，委之庸醫，比之不慈不孝。事親者，亦不可不知醫。」

或問：「宜禱鬼神否?」曰：「《論語》注云『疾病，行禱五祀，蓋孝子迫切之至情有不能自已者』。昔周公欲代武王死，但告于宗祖。庾黔婁欲代父死，每夜止稽顙北辰。非若後世宰牛殺牲，諂祭非鬼而無益也。若欲行禱，當師二公，焚香拜懇，極誠而已，神不在賂也。」

## 遷居正寢

温公曰：「近世孫宣公臨薨，遷于外寢。蓋君子謹終，不得不爾。」〇陸氏《筆記》云：「諸侯不死婦人之手，非惟不瀆，亦以絶婦寺矯命之禍。」

或問：「病篤遷出外寢，能不傷其心乎？子之於親，心忍遷乎？舉扶遷動或致奄絶，能無憾乎？」曰：「《喪大記》云『君、夫人、大夫、世婦卒於正寢。内子未命則死下室，遷尸于寢。〔士、〕士之妻皆死于私寢。』蓋貴者宜遷，賤而無嫌者不必遷也。且當温公時，遷者亦少。不然，公何獨稱孫宣公一人哉！」

## 復

本注：「一人執死者衣升屋，北面，三呼曰『某人復』。卷衣下，覆尸上。」司馬公以爲升屋而號，慮其驚衆，但就寢庭南，呼其生前之號。

或問：「復有益否？」曰：「高氏云：『淮南風俗，民有暴死，則使數人升屋，傍路呼之，亦有蘇活者。』」

## 借親不孝

李東谷《管見》曰：「父母垂死，人子幾不欲生之時。今人反以送死爲緩，惟以借親爲急。

父母死，未即入棺，仍禁家人舉哀，棄親喪之禮而講合巹之儀，寘括髮之戚而脩結髮之好。此夷狄、禽獸所不忍爲，而世俗樂爲之。雖詩禮之家亦相率而行，恬不爲怪。悲夫！」○今之君子，鑒而改之。

## 立喪主

本注：「凡主人謂長子。無則長孫承重，以奉饋奠。應賓客，則同居尊者主之。」

## 父在母喪

父在，父爲主。父在，子無主喪之禮。楊氏謂子爲母喪，恩重服重。父在母喪，長子主奉饋奠，至於朔奠、虞、卒哭祭，則父自主之。凡妻之喪，夫自主也。

## 兄弟妻喪

父没，兄弟同居，各自主其妻子之喪。

## 子孫妻子之喪

父在，而子孫有妻子之喪，祖父主之，統於尊也。《喪大記》曰：「子孫執喪，祖父拜賓。」

## 妾喪

《雜記》曰：「自祔至於練、祥，皆使其子主之，其殯祭不於正室。」

## 妻黨不主喪

《家禮》注：「姑、姊妹夫死，其黨無人，妻黨雖親弗主，當鄰里主之。」

## 司喪

以子弟知禮能幹者爲之，或親朋。凡喪事，皆禀之。又以子弟或吏僕爲司書、司貨。

## 易服

妻子、婦女皆去上服，被髮。男子徒跣。男爲人後，女已嫁，不被髮、徒跣。餘人皆去華飾。

○今俗有外穿孝，内穿色服者，不宜。

## 不食

諸子三日不食，期九月之喪，三不食。五月、三月之喪，再不食。親鄰尊長强食以糜粥，少食可也。

## 居喪有疾

《小學》曰：「若有疾，暫須飲食。疾止，亦當復初。」又曰：「久而羸憊，恐成疾者，可以肉汁及脯醢或肉少許，助其滋味。」

## 治棺

本注：「油杉爲上，柏次之，土杉爲下。勿令高大，僅取容身，内外皆用布裹黑漆。以煉熟秫米灰鋪底，厚四寸許，加七星板底。外四隅各釘大鐵環，動則以索貫而舉之。」○七星板，先作木匡尸床如□底大，足高三四寸，面上不用木條，用板一片□床上木匡内，板穿北斗七星穴。

## 壽器

劉氏璋曰：「送死之道，惟棺親身，倉卒未得其木，灰漆未能堅完。或值暑月，尸難久留。今人亦有生時自爲壽器者，非預凶事也。」

或問：「親老，子孫欲爲預制，則恐傷其心。不制，又恐倉卒難備，當如何？」曰：「《記》云『古人，六十歲制，七十時制，八十月制，九十日脩』，蓋慮夫倉卒之變也。人子雖嫌不以久生期其親，然親壽既高，亦當密蓄其木，量時而制，弗使其知以傷其心，可也。」

## 訃

本注：「司喪爲發書告于親友。以書來吊者，並須卒哭後答之。」

## 沐浴

以幃障卧内，設床、施簀。去薦，設席、枕，遷尸其上。覆以衾。湯入沐髮，晞以巾，抗衾而浴。四人各舉衾一角，以蔽尸也。浴畢，拭以巾，剪爪，其沐浴餘水并巾、櫛，棄埋于坎。

或問：「《檀弓》云『掘室中之地作坎，以床架坎上，尸於床上浴，令浴汁入坎』，《家禮》『掘坎屏處』，不同何也？」曰：「屏處坎，乃埋餘水、巾、櫛。今人不設尸床，不掘室中，尸浴盆内，從俗便也。」

## 襲見下圖。

別設襲床，設薦席、褥、枕。先置襲衣於其上，遂遷尸其上，悉去病時衣，易以新衣，但未著深衣、幅巾、履。

## 冠帶不送死

劉氏璋曰：「古者，人死不冠，但以帛裹其首，謂之掩。今宜襲以常服，上加幅巾、深衣，幅巾所以當掩。若無深衣、履，止用衫、鞋，其幞頭、腰帶、靴、笏，葬時安於棺上。」○或藏明器房内。

或問：「襲斂之禮而無婦人，何也？」曰：「想亦只以類推，亦當襲以常服，而加大衣可也。今俗用大袖、長襖子皆可。若能不用梳環之屬，亦絶盜賊心，免發掘之患。」

## 奠斟酒置卓上，不酹。今人澆酒於地謂之奠，非也。

置脯醢于卓。祝盥手，斟酒，奠于尸東，當肩，巾之。祝，親戚爲之。主人虞祭，然後親奠酹。

或問設奠之義。曰：「劉氏云：『鬼神無象，設奠以憑依之。沐浴正尸，然後設奠。』」

## 男女爲位而哭圖見下。

男東，女西，依圖就位。病者，藉以草薦，餘藉藁，皆坐。夜寢于側，男女異處。外親歸家。

## 飯含

以匙抄新淅米實于尸口，并實錢。圖見下。

或問飯含之義。曰：「《檀弓》云『不忍其口之虚，故用□美潔之物以實之』。今俗以珠銀之屑置其□，其餘意歟？」

## 卒襲

加幅巾、深衣、履，設充耳、瞑目、握手，乃覆以衾。圖下。

# 襲含哭位之圖

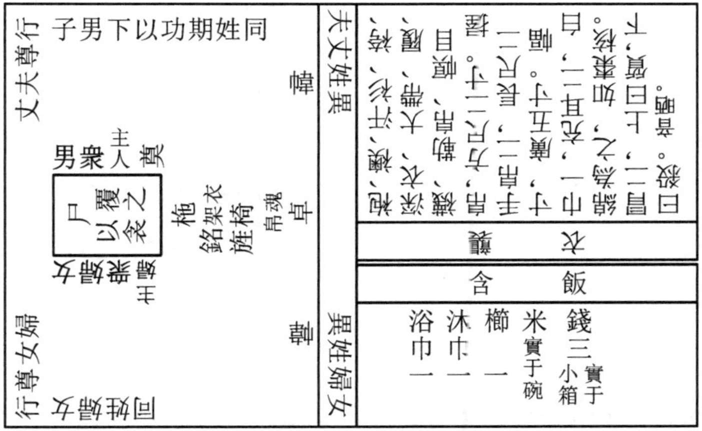
行尊夫丈
行尊女婦
子男下以功期姓同
女婦姓同
男衆
主人
奠
尸
覆之以衾
女婦衆
主
椸
衣架
銘旌
椅
魂帛
卓
幃
幃
異姓丈夫
異姓婦女
襲　　衣
袍、襖、汗衫、袴、深衣、大帶、履、襪、勒帛、幎目帛，方尺二寸。握手帛二，長尺二寸，廣五寸。幅巾一，充耳二，白綿為之，如棗核。冒二，上曰質，下曰殺。音曬。
含　　飯
錢三 實于小箱
米 實于碗
櫛一
沐巾一
浴巾一

## 靈座

設椸衣架于尸南，覆以帕，布袱。置椅卓其前。設香爐、盞注、酒、果，朝夕設櫛、梳具。頮。音晦，洗面器。奉養之具，皆如平坐。

### 魂帛

結白絹爲魂帛，置椅上。○絹，長短隨宜，中屈結之，垂其兩裔。

或問魂帛。曰：「温公云：『古者鑿木爲重，以主其神。然士民之家未嘗識也。』本注：『《三禮圖》畫像可考。』故用束帛依神，謂之魂帛。」

### 畫像

温公曰：「男子生時有畫像，用之猶無所謂。至於婦人，生時既不當畫像，死後畫其容貌，殊爲非禮。」

## 衣冠妝飾

世俗用冠帽、衣、履裝飾如人狀，此尤鄙俚，不可從也。

## 遺衣裳

高氏謂：「以遺衣裳置于靈座，而加魂帛於其上，可也。」

## 銘旌

以竹爲杠，如其長，倚靈座之右，至入斂，立殯東。

本注：「以絳帛爲之。三品以上，九尺。五品以下，八尺。六品以下，七尺。書曰『某官某公之柩』，無官則書生時所稱，婦人書姓與伯仲。」

或問銘旌之義。曰：「《記》云：『以死者不可别，故以其旗識之。』」

## 不作佛事

温公曰：「世俗信浮屠誑誘，凡有喪事，無不供佛飯僧。云爲死者滅罪資福，使生天堂受諸快樂，不爲者，必入地獄，剉燒舂磨，受諸苦楚。殊不知，死者形既朽滅，神亦飄散，雖有剉燒舂磨，且無所施。又況佛法未入中國之前，人固有死而復生者，何故都無一人誤入地獄見所謂十王者耶？此其無有而不足信也，明矣。」

或問：「不作佛事，或有非之者曰：『吝其財以儉其親。』自中人以下，見理不明、執善不固者，無不墮其計。奈何！」曰：「君子用財，視義可否。縱傾産以資佛老，何益亡者！至於葬具，反爲苟且多矣。蓋親喪固所自盡也，衣衾、棺槨，極誠營之，宅兆、祭祀，盡禮爲之而已。固不可避小嫌而乖大義，亦不可恤人言而墮其計也。」

## 親友入哭

本注：「執友親厚之人，至是入哭，臨尸盡哀，靈座前再拜。」

# 小斂

死之明日。據死者所有之衣，以卓陳于堂東壁下，隨宜用之。衣多則不必盡用也。

## 陳小斂衣衾

設床，施薦席、褥，鋪絞、衾、用夾被。衣，遂斂。○高氏曰：「襲衣，所以衣尸。斂衣，則包之而已。凡斂欲方，衣，半在尸下，半在尸上，故散衣有倒者，惟祭服不倒，小斂美者在内，大斂美者在外。」

## 絞

以細布或彩爲之。用全幅，每幅析其兩頭爲三，横者三幅，長足周身相結，縱者一幅，長足掩首及足，結於身中。

## 高氏襲斂禮

士襲衣三稱：既襲，有冒。冒制如直囊，一韜足，一韜首，上曰質，下曰殺。音晒。小斂，士衣十九稱。有布絞。大斂，士衣三十稱，大夫五十稱，君百稱。有布絞、布衾，衣衾惟欲厚。稱，去聲。單夾具曰稱。

## 温公襲斂禮《家禮》同。

襲衣一稱，大小斂據死者所有之衣，但襲無冒，小斂用布絞，大斂無絞紟。紟，單被也。

或問：「二家孰優？」曰：「高氏優。」曰：「《家禮》何以用温公？」曰：「朱子後遺命治喪，則用高氏。」曰：「用衣多，貧者能辦乎？」曰：「附注云：『古士喪有襚，親者襚，朋友襚，君使人襚，贈衣曰襚。故襲斂衣多。當温公時，世俗亦只有襲，而無大小斂，故襚禮亦從而廢矣。』亦有絞冒不施以入棺爲小斂，蓋棺爲大斂者，與今世俗無以異也。爲今之計，當如附注之説，悉從高氏雖善，誠非貧者能辦。有如温公所慮者，但當量其力之所及，可也。」又問：「斂用許多衣，爲何？」曰：「温公謂『保其肌體也』，《雜記》謂『人死斯惡之矣。聖人不忍言，但使厚其衣衾，足以朽肉，而形體深秘，可以使人之弗惡也』。」又問：「用絞束縛爲何？」曰：「高氏謂『斂以衣爲主，斂衣既多，非束縛則不能堅實』。」

# 小斂圖

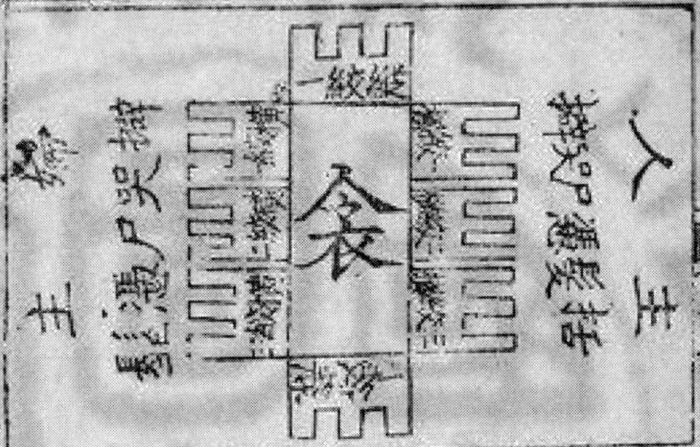


先布横絞三於尸床。次布縱絞一於其上。次布衾於絞之上。次布小斂衣於衾之上。然後遷尸其上。舒絹疊衣以藉其首。卷兩端以補兩肩空處。又卷衣夾其兩脛。以餘衣掩尸。左衽不紐。裹之以衾而未結絞。未掩面。蓋孝子時欲見其面也。斂畢別覆以衾。俟將大斂。然後去覆衾。結絞先結縱。後結横

或問何謂左衽不紐。曰禮記註云生時衣襟向右。帶並為屈紐。易解也。死則襟向左。結之不為紐。示不復解也

括髪　袒免音問。　髽

初終，皆被髪。至此，男子括髪、袒免，婦髽，皆于别室。

括髪

用麻繩撮髻，又以布爲頭帬也。

袒免

袒者，皆當肉袒，今止袒上衣。免者，謂裂布或縫絹，廣寸，自項向前交於額上却繞髻，如着掠頭也。○或曰：「免，但不冠也。」○或曰：「尺布纏頭。」

髽

婦人用麻繩撮髻，竹木爲簪也。

## 設奠

凡奠，先設卓子，置奠饌盞注于上，巾之。避塵蠅。設盥帨訖，乃奠。舉饌至靈座前，祝焚香、斟酒奠之，卑幼者皆再拜，主人以下哭盡哀。

## 代哭不絶聲自此至大斂畢。

《喪大記》云：「爲其不食疲倦，大夫以上使官屬相代，士則親疏之屬與家人自相代也。」

或問：「代哭似非人情之實乎？」曰：「此亦教民無以死傷生，而爲節哀與。今亦不必深究其義，但各自盡其情而已。」

## 大斂

《家禮》注：「死之第三日。以卓子陳大斂衣衾于堂東壁下，衣無常數，衾用有綿者，一藉之，一覆之。」

## 絞

用布二幅，裂爲六片，用五片，每片裂其兩頭爲三片，爲横者。布一幅，裂兩頭各爲三片，爲縱者。

## 乃歛

舉棺入置于堂少西。先置衾于棺中，垂其裔於四外。子孫婦女結絞，共舉尸納棺中，實生時所落齒髮及所剪爪于棺角，依圖掩結。主人以下憑哭盡哀，婦人退。召匠加蓋下釘，承以兩櫈，覆柩以衣，取銘旌設跗于柩東。跗，杠足也。制如傘架。

## 輟哭臨視

温公曰：「凡動尸舉棺哭擗無算，然殯歛之際亦當輟哭臨視，務令安固，不可但哭而已。」

## 南首

《檀弓》注云：「南方昭明，殯猶南首，未忍以鬼神待其親也，至葬則北首。」

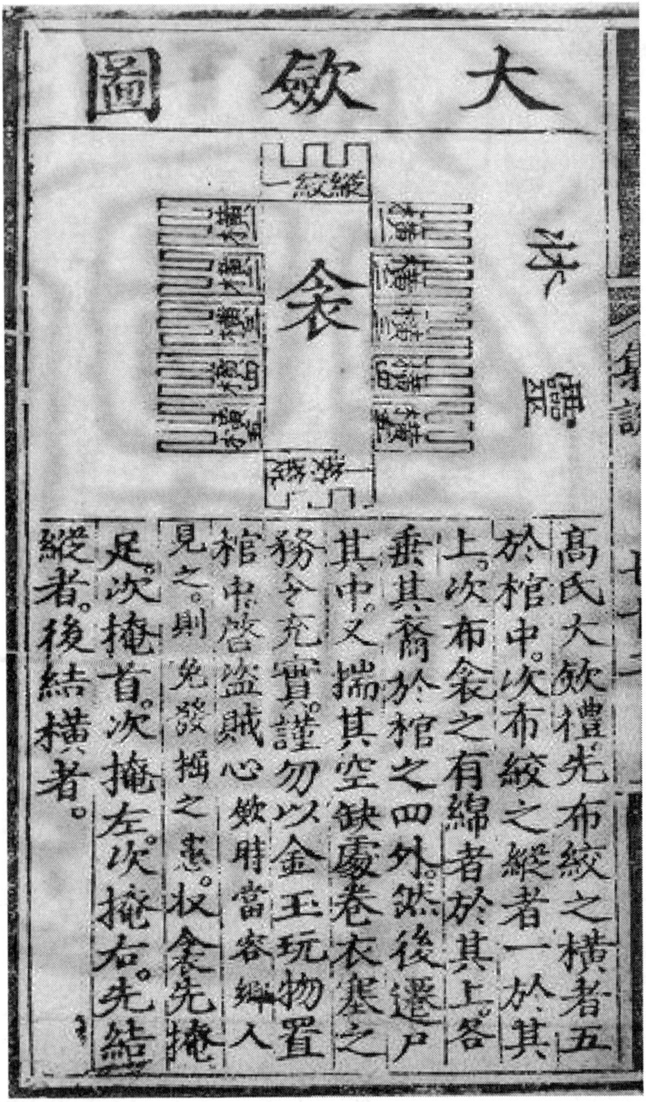
大斂圖

高氏大斂禮先布絞之橫者五於棺中次布絞之縱者一於其上次布衾之有綿者於其上各垂其裔於棺之四外然後遷尸其中又揣其空缺處卷衣塞之務令充實謹勿以金玉玩物置棺中啓盜賊心斂時當容[illegible]入見之則免發掘之患收衾先掩足次掩首次掩左次掩右先結縱者後結橫者

## 設靈床

《家禮》曰：「設靈床於柩東。枕席衣被之屬，皆如平生。」

**設奠**奠具、奠饌，行禮皆如小斂。

**主人男女以下各歸喪次**

中門之外，擇朴陋之室以爲丈夫喪次。寢苫枕塊，不脱絰帶，不與人坐焉。婦人次於中門之內別室，撤去帷帳、衾、褥、華麗之物。男子無故不入中門，婦人不得輒至男子喪次。

**止代哭者**注見前。

**成服**成服之日，主人及兄弟始食粥，自是無故不出。

死之第四日。五服之人，各服其服。入，就位哭。

**服制：一曰斬衰三年**

斬，不緝也。衣裳皆用極麤生麻布，三升布。卒哭，受以成布，六升布。旁及下際皆不緝，衣縫向外。背有負版，前有衰，肩有辟領。

斬衰用布共四丈六尺舊制度辟領差誤，今正之于下。

衣身二尺二寸，共該布八尺八寸。袖同。兩衽該布七尺，領該布一尺六寸，帶下尺該布二尺，負版該布一尺八寸，裳長二尺二寸，七幅，共布一丈五尺四寸。衰該布六寸，廣四寸。

## 裁辟領四寸圖

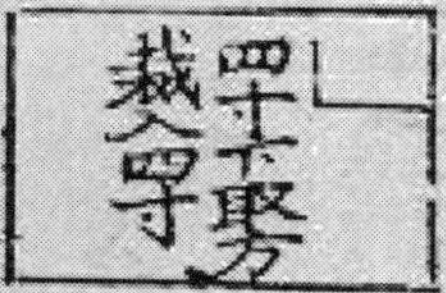


衣身長二尺二寸。該用布八尺八寸。中斷疊為四重。從一角當領處取方裁入四寸。謂之辟領。

## 反摺辟領四寸為左右適之圖

以此辟領反摺向外加兩肩上。以為左右適。故後之左右各有四寸虛處。當脊而相並。謂之闊中。前之左右亦各有四寸虛處當肩而相對。亦謂之闊中

## 別用布塞闊中圖

別用布縱長一尺六寸，橫闊八寸。又縱摺而中分之，其下一半裁斷左右兩端各四寸，除去不用，只留中間八寸，以加後之闊中，而塞其原裁辟領各四寸處，而塞其缺，當脊相並，以為領也。

## 反摺向前圖

其上一半全一尺六寸不裁，以布之中間從項上分左右斜對摺向前垂下，以加於前之闊中，與原裁斷處當有相對處相接，以為左右領也。

# 斬衰加領於衣前圖

袂大二尺二寸縫下一尺留上尺二寸為袖口

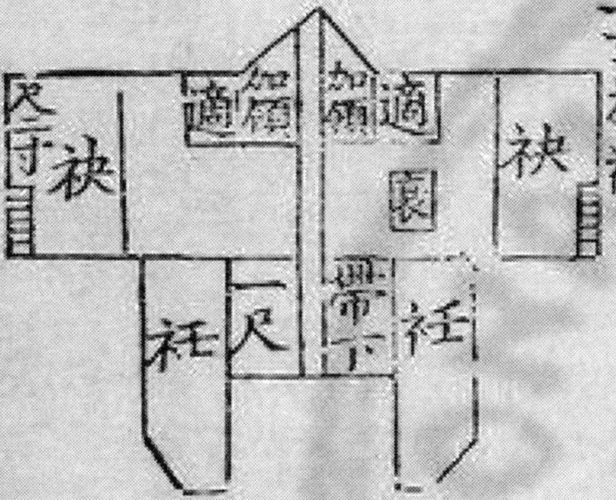


# 斬衰加領於衣後圖

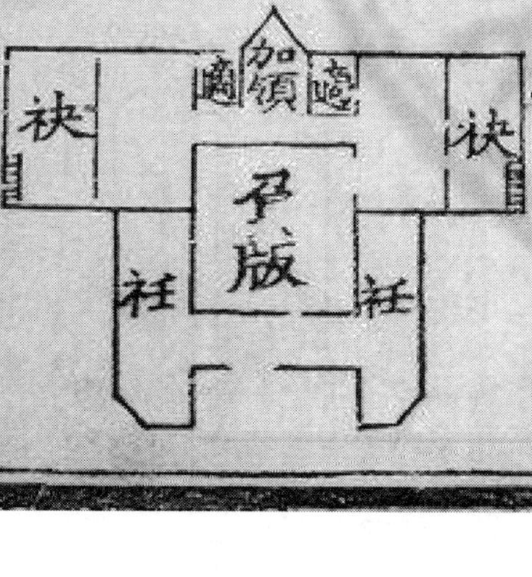


集說　二十五

裁衽圖

衽兩腋下各用布三尺五寸。

依式裁開左右相沓綴衣兩旁垂之兩腋共用布七尺

兩衽相疊圖

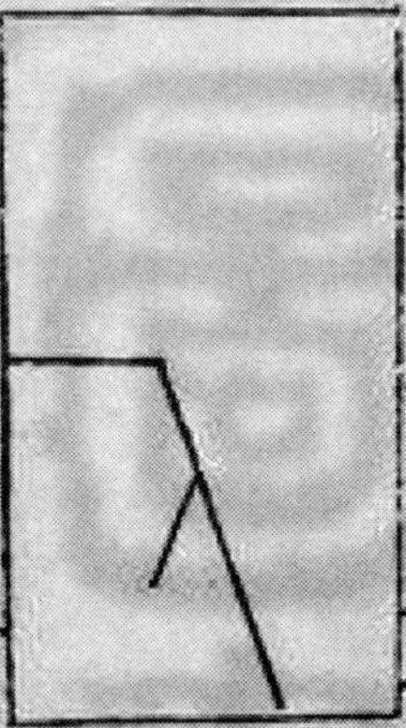

或隨人長短不必用七尺。

裳制

前三幅。後四幅。前後不連縫向内用布七幅每

幅長二尺二寸。共用布一丈五尺四寸。下不縫

# 斬衰冠

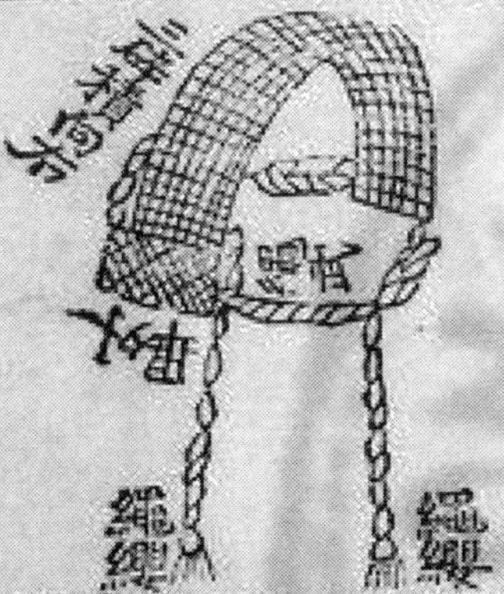


紙糊為材廣三寸。長跨頂
以麻布為三㡇皆向右縫
之用麻繩一條中粗兩頭細
從額上約之至項後交過前
各至耳結之以為武武之餘
繩垂下為纓結之頤下○屈
冠兩頭入武內向外反屈之
縫於武謂之外畢

# 斬衰首絰

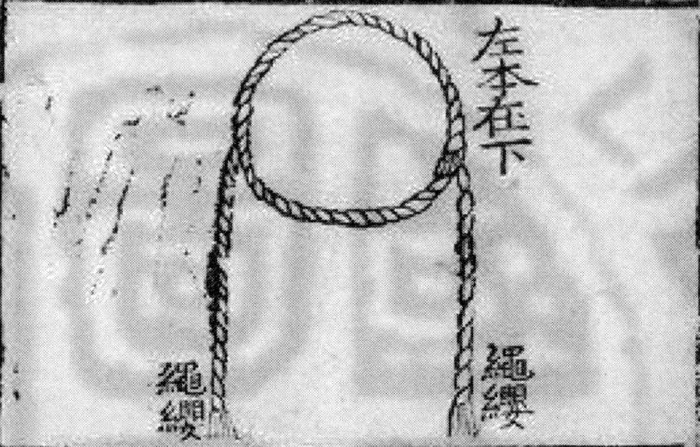


首絰以有子麻爲之。其圍九寸。周尺。朱子云大一搤只是拇指與第二指一圍。麻本在左。從額前向右圍之過後。以其末加於本上。別用細繩爲纓加於冠上。

# 斬衰腰絰

腰絰其大七寸圍。小於首絰。斬衰至大功初皆散垂至成服乃絞。其交結處兩旁各綴細繩繫之。束在絞帶之上。小功以下結本不散垂

## 斬衰絞帶　苴杖

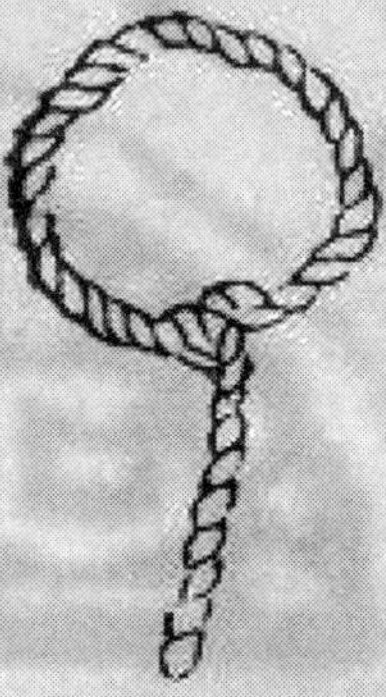

絞帶用麻，一頭有彄子。以一頭串於彄子中，而反插於右，繫在腰絰之下。既束腰絰，又束絞帶。惟斬衰凡束二條，齊衰以下不用麻，但用布帶，亦束在腰絰下。不絞為繩，見下圖

苴杖用竹，高齊心，本在下

或問何謂苴？曰禮記註云：苴，惡貌也。又是黧黑色，至痛[illegible]條也

或問："杖者，何爲也？"曰："《問喪》云：『孝子哭泣，身病體羸，以杖扶病也。』"曰："用竹何也？"曰："《三家禮》云：『父是子之天，竹圓亦象天，內外有節，象子爲父亦有內外之痛，又貫四時而不變，子之爲父，亦經寒暑而不改，故用之也。』"

### 菅屨

"菅"，音"姦"，草也。以草爲鞋也。

### 婦人服

《家禮》曰："凡婦人皆不杖，用布頭繻，竹釵、麻屨。大袖、長裙、蓋頭，皆不緝。齊衰以下並同。"○今俗，婦人用綿纏其環，皆不可用，當并去其環。○凡斬衰冠絰，世俗謬論微賤庶民不當用，殊不知父母之喪，無貴賤，一也，上自天子至庶人同用。

## 二曰：齊衰三年

齊，緝也。其衣裳制度同斬衰，但用次等布，四升布。卒哭，七升布。緝其旁及下際。

腰絰同斬衰，絞帶用布注見前圖見下。

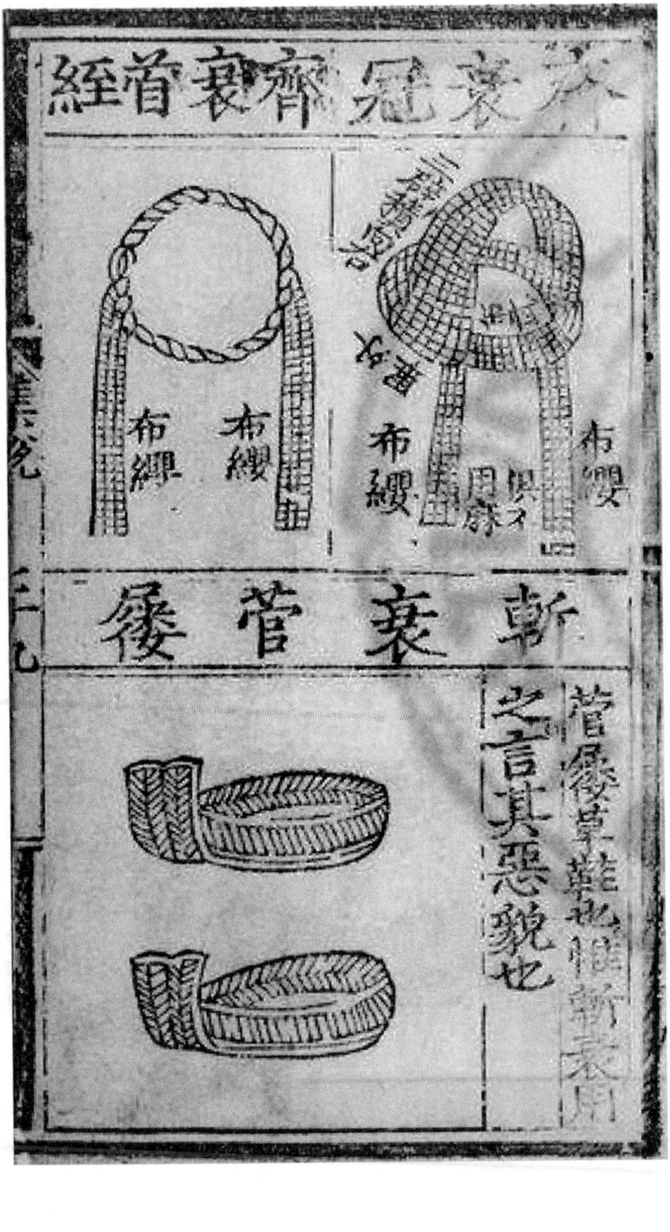

## 絞帶　削杖

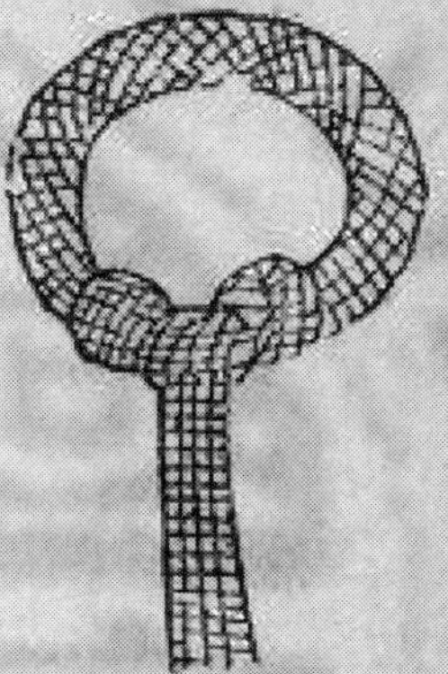

用桐木上圓下削之使方
高齊心本在下

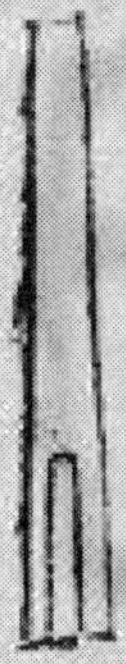

## 齊衰疏屨

疏屨齊衰用之輕而言
疏亦草也不杖言麻屨

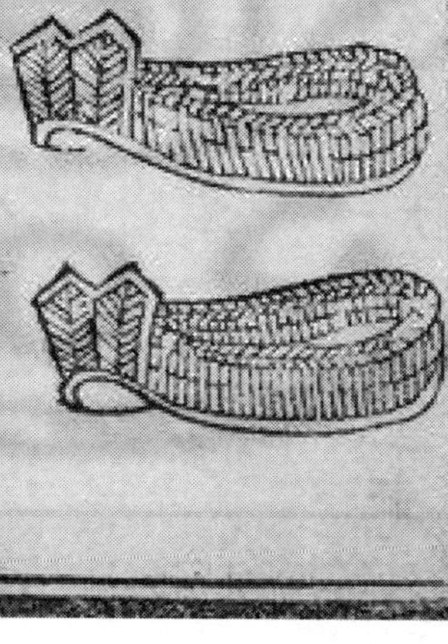

小功以下言繩屨至言
不用草也

或問：「削杖用桐，何也？」曰：「《三家禮》云：『桐者，言同也，取内心悲痛同於父也。削之，使下方者，取母象於地也。』」〇無桐，以柳木代。

### 疏屨亦草鞋也。

## 杖期

服制同齊衰，但不裁闊中，去負版、辟領、衰三者。首絰、腰絰，比齊衰較小。冠並同。〇辟領，即左右適。

或問：「《家禮》至大功方去負版、辟領、衰。今杖期即去之，何也？」曰：「注疏云：『衰者，孝子有哀摧之志。負者，負其悲哀。適者，指適緣於父母，不念餘事。』楊氏復謂：『至大功乃去此三者，蓋《家禮》初年本。後，先生家所行之禮，旁親皆無負版、辟領、衰，惟子爲父母用之，俾從後定者爲正。』」

## 不杖期　五月　三月

服制同杖期，但不杖，又用次等生布。

### 三曰：大功九月

服制同不杖期，但用稍熟布。七升至九升。首絰五寸圍，腰絰四寸圍。《釋名》云：「其布如巖大之功，不善治練之也。」《韵會》云：「大功、小功，謂治布功有精巖之分。」

### 四曰：小功五月

服制同大功，布用十升至十二升。首絰四寸圍，腰絰三寸圍。《釋名》云：「精細之功，小有飾也。」〇冠稍異，辟積向左，餘同大功。

小功冠

自小功以下冠上摺三辟積皆向左小功以上向右。

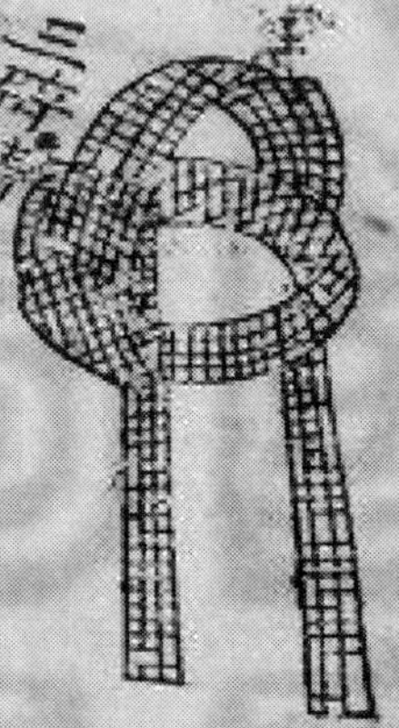


小功腰絰

自小功以下始終結本皆不散垂

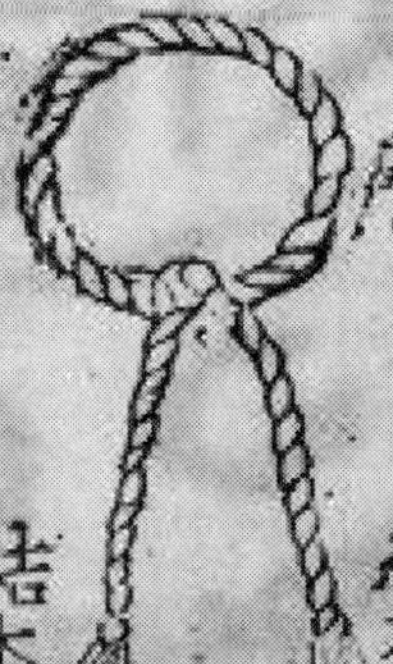

五曰：緦麻三月。

服制同小功，但用細熟布。十五升布。首絰三寸圍，腰絰二寸圍，並用熟麻。《釋名》云：「緦，績麻如絲也。一曰：兩麻一絲布。」

或問：「《程氏遺書》云：『古者，八十縷爲一升。斬衰，三升布，則是二百四十絲，於今之布已爲細。緦麻十五升，則是千有二百絲，今蓋無有矣。』按程氏之説，則今緦麻當用何等布？」曰：「《間傳》云『緦麻，十五升去其半』，則用六百絲布，正是今之稍麤麻布，宜用之。但云斬衰三升布爲細，則比今之俗稱冷布者已爲麤矣。若三升布更嫌細，則恐非三升織不成布矣。」

## 緦麻首絰

右本在上

## 緦麻腰絰

緦麻衰

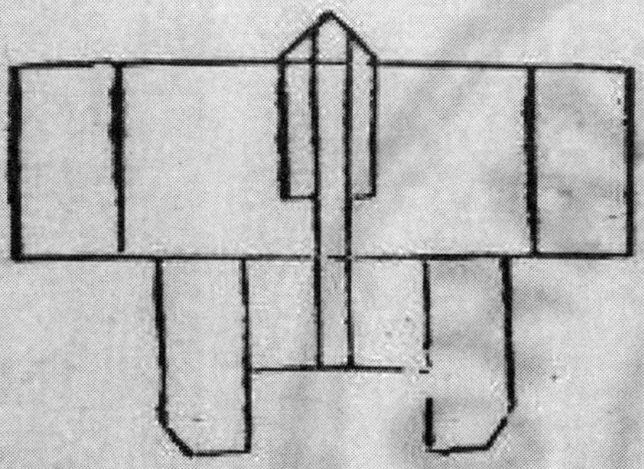

緦麻裳制

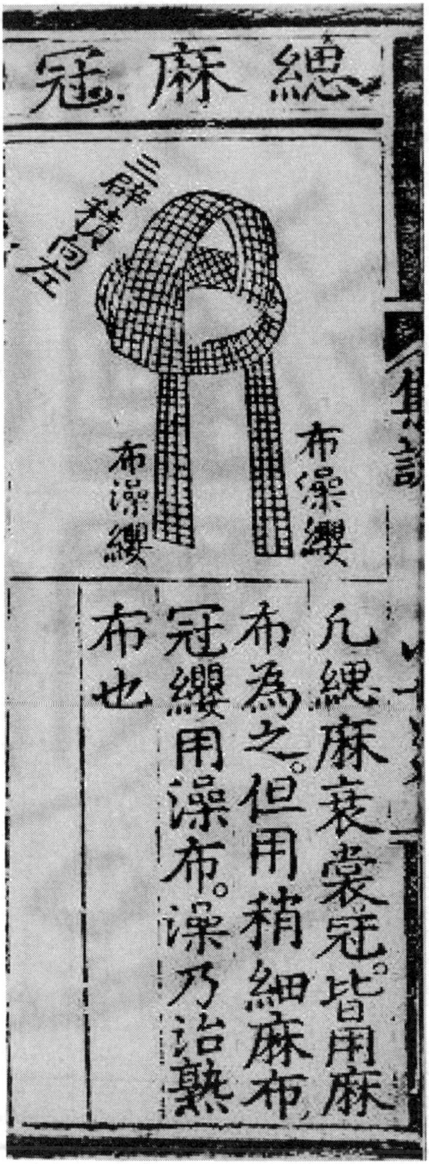
緦麻冠
三辟積向左
布澡纓
布澡纓
凡緦麻衰裳冠，皆用麻
布為之。但用稍細麻布，
冠纓用澡布。澡乃治熟
布也

世俗自大功以下，皆不知有衰裳冠絰之制，故表出之。自緦麻以上，杖期以下，皆同此制。○《禮記》云：「凡凶服，雖破不補。」

# 本宗五

嫡孫父卒爲祖父母若曾高祖父母承重者斬衰三年祖在爲祖母止服杖期

齊衰三月 高祖父

齊衰五月 曾祖父

緦麻 曾祖伯叔父母

齊衰不杖期 祖父

小功 祖伯叔父母

緦麻 從祖伯叔父母

斬衰三年 父

不杖期 伯叔父母

小功 從伯叔父母

緦麻 再從伯叔父母

己

不杖期 兄弟 妻小功

大功 從兄弟 妻緦麻

小功 再從兄弟 妻緦麻

緦麻 三從兄弟 妻無

長子衆子期年 子

不杖期 姪 妻大功

小功 從姪 妻緦麻

緦麻 再從姪 妻無

嫡孫期年 衆孫大功 孫

小功 姪孫 婦緦麻

緦麻 從姪孫 妻無

緦麻 曾孫

緦麻 曾姪孫 妻無

緦麻 玄孫

男爲人後者本生親屬服皆降一等惟本生父母降服不杖期父母報服同

# 服之圖

高祖母 同

曾祖母 同

祖母 同

母 同

妻 杖期 父母在不杖

婦 長期年 衆大功

孫婦 長小功 衆緦麻

曾孫婦 無服

玄孫婦 無服

曾祖姑 緦麻 嫁無

祖姑 小功 嫁緦麻

姑 不杖期 嫁大功

姊妹 不杖期 嫁大功

姪女 不杖期 嫁大功

姪孫女 小功 嫁緦麻

曾姪孫女 緦麻 嫁無

從祖祖姑 緦麻 嫁無

從祖姑 小功 嫁緦麻

從姊妹 大功 嫁小功

從姪女 小功 嫁緦麻

從姪孫女 緦麻 嫁無

再從姑 緦麻 嫁無

再從姊妹 小功 嫁緦麻

再從姪女 緦麻 嫁無

三從姊妹 緦麻 嫁無

姑姊妹女子子在室服並與男子同嫁出而歸亦同嫁出無夫與子者為其兄弟姊妹及姪不杖期

凡同五世祖族屬在緦麻絕服之外皆為袒免親遇喪葬則素服尺布纏頭

# 妻為夫黨服圖

夫為祖父母及曾高承重並從夫服

夫為人後其妻為本生舅姑服大功

夫高祖父母 緦麻

夫曾祖父母 緦麻

夫伯叔祖父母 緦麻

夫祖父母 大功

夫祖姑 緦麻

夫堂伯叔父母 緦麻

夫伯叔父母 大功

舅 姑 斬衰三年

夫姑 小功

夫堂姑 緦麻

夫堂兄弟妻 緦麻

夫兄弟妻 小功

夫 斬衰三年

夫姊妹 小功

夫堂姊妹 緦麻

夫從姪 緦麻

夫堂姪 小功 堂姪婦 緦麻

夫姪 期年 姪婦 大功

子 長子衆子期年

婦 長婦期 衆婦大功

夫姪女 在室期年 嫁大功

夫堂姪女 小功

夫從堂姪女 緦麻

夫堂姪孫 緦麻

夫姪孫 小功 孫婦 緦麻

孫 大功

婦 緦麻

夫姪孫女 小功

夫堂姪孫女 緦麻

夫曾姪孫 緦麻

曾孫 緦麻

夫曾姪孫女 緦麻

元孫 緦麻

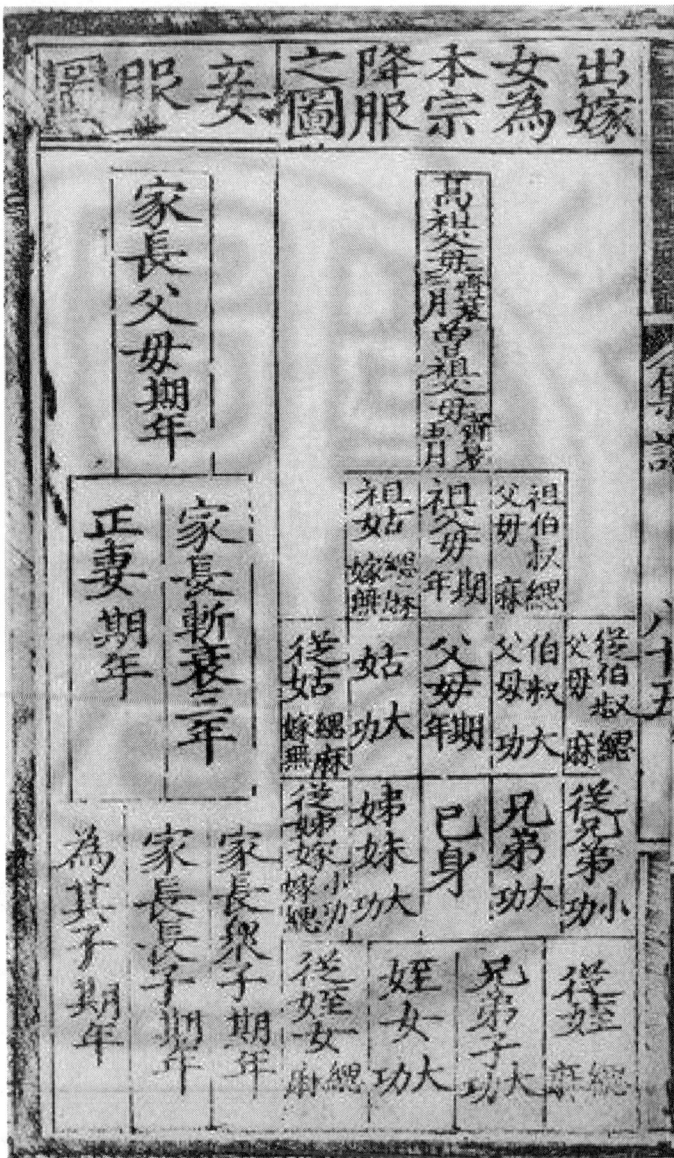

## 出嫁女為本宗降服之圖

- 高祖父母齊衰三月
- 曾祖父母齊衰五月

- 祖伯叔父母緦麻
- 祖父母期年
- 祖姑緦麻 嫁無

- 從伯叔父母緦麻
- 伯叔父母大功
- 父母期年
- 姑大功
- 從姑緦麻 嫁無

- 從兄弟小功
- 兄弟大功
- 己身
- 姊妹大功
- 從姊妹小功 嫁緦

- 從姪緦麻
- 兄弟子大功
- 姪女大功
- 從姪女緦麻

## 妾服圖

- 家長父母期年
- 家長斬衰三年
- 正妻期年
- 家長衆子期年
- 家長長子期年
- 為其子期年

# 三父八母服圖

**同居繼父**

父子皆無大功以上親服不杖期兩有大功親服齊衰三月

**不同居繼父**

自前不曾同居無服附與父同母之兄弟姊妹皆服小功五月

**先同今不同居**

先隨母嫁同居後異居服齊衰三月

**嫡母**

妾生子謂父正妻斬衰三年庶子為嫡母之父母兄弟姊妹小功母死不服

**繼母**

謂父再娶之妻斬衰三年母為子不杖期若父卒繼母嫁而己從之服杖期母報不杖期繼母出則無服為繼母兄弟姊妹小功

**養母**

謂自幼過房及同宗三歲以下遺棄者斬衰三年

**慈母**

謂所生母殁父令別妾撫育者斬衰三年母為子不杖期

**庶母**

謂父有子妾杖期所生子為服斬衰三年

**嫁母**

因父死改嫁杖期母報服不杖期

**出母**

親母被父出杖期母報服不杖期

**乳母**

謂小乳哺者緦麻

或問：「世俗稱三父，曰：同居繼父，不同居繼父，從繼母嫁父，諸本皆然。今畫此圖而無從繼母嫁父，何也？」曰：「從繼母嫁，蓋爲父死繼母再嫁而已，從之者，則服杖期乃爲母服也，諸本皆畫。從繼母嫁，俱無父字，請詳觀之，世皆不考，槩稱從繼母嫁父，非也。」曰：「然則從繼母嫁父，何服？」曰：「無服或自幼育己同居者，難槩論無服，或謂當同繼父服，未知可否？」

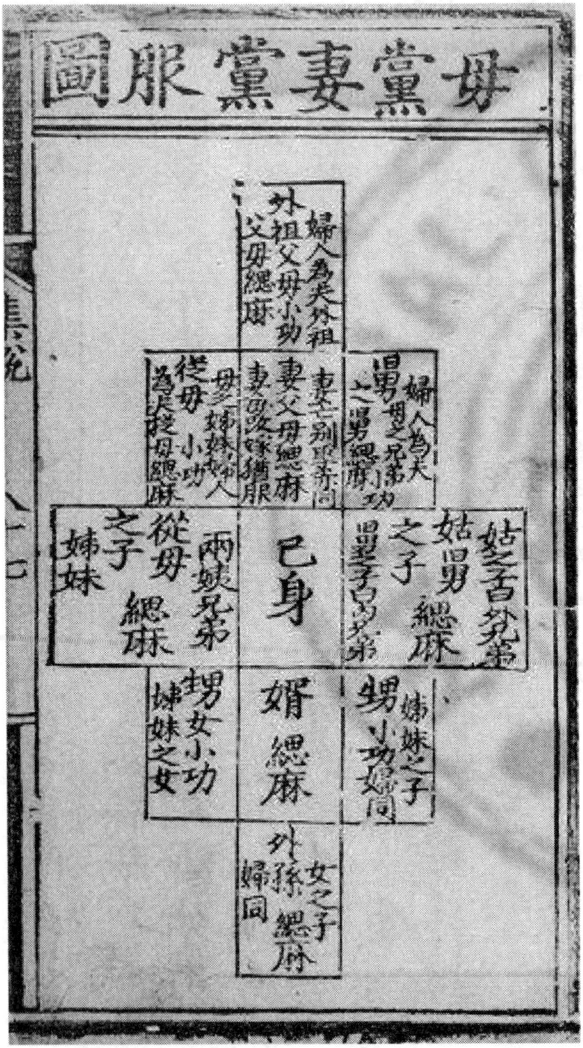

## 殤服殤注見前《祠堂》章。

《家禮》曰：「凡爲殤服，以次降一等。」如應服期者，長殤，降服九月。中殤，七月。下殤，五月。不滿八歲，無服。哭之，以日易月。生未三月則不哭。

## 居喪遭喪葬先輕而後重。其奠也，先重而後輕。

凡重喪未除而遭輕喪，則制其服而哭之。月朔設位，則服其服而哭之。既畢，返重服。若除重服而輕服未除，則服輕服以終其餘日。

## 從母、姑之夫、舅之妻皆無服

朱子曰：「母族三：母之父，母之母，母之兄弟。恩止於舅，推不去故也。」

或問：「姑之夫有服否？」曰：「朱子謂：『父族四：由父而上爲從曾祖服緦麻，及姑之子、姊妹之子、女子之子，皆有服。』由父而推之也，則姑之夫未嘗推有服也。」曰：「姑之子、舅之子、姨兄弟及同爨、朋友，皆服緦麻，何舅之妻、從母及姑之夫，反薄於此乎？」曰：「禮必有義，不可苟也。國朝之制：本族五服之外爲袒免親，遇喪葬則素服尺布纏頭，此可爲法。用麻布頭巾。然近世功緦之服，亦多尺布纏頭而已，曾未及月，或甫及葬，又悉除之，甚可嘆也。然則親近而無服者雖同於此，亦何害乎！」

## 變服

本注：問：「喪服逐時換去，如葬後換葛衫，小祥後換練服。今之墨衰可便於出入，而不合於《禮經》，如何？」曰：「若能不出，則不服之亦好。但要出外治事，則只得服之。」

## 墨衰以墨染黑其衰。

《左傳·僖公三十二年》：「冬十二月，晉文公卒。明年夏四月，未及葬，秦伐之。晉襄公以凶服從事，墨染其衰，而加絰。」喪服之變自襄公始。

或問：「墨衰，今宜服之否？」曰：「未葬，服斬衰。葬後，換葛衫。今人服生麻布衫，小祥換練服，墨衰不必服也。」

## 居喪人强以酒

《家禮》曰：「居喪，爲尊長强之以酒，當如何？」曰：「若不得辭，則勉循其意亦無害，但不可使沾醉，食已復初可也。」問：「坐客有歌唱者如之何？」曰：「當起避。」○古者鄰有喪，舂不相。助杵聲。子食於有喪者之側，未嘗飽也。知禮君子遇人之喪，豈可不哀其情而自葺乎？吾黨戒之。

## 朝夕哭奠

**上食**本注：「朝夕之間，哀至則哭，無時。」

每日晨起，日出時。設蔬果、脯醢，焚香、斟酒。主人以下再拜，哭盡哀。夕奠亦然。日將入時。食時上食亦同。○劉氏璋曰：「朝夕奠者，謂陰陽交接，思其親也。朝奠將至，然後徹夕奠。夕奠將至，然後徹朝奠。各用罩子。若暑月，恐敗穢，食頃徹去，止留茶果，仍罩之。」○罩用竹爲格，白生絹爲之。

## 朔奠

每月朔，則於朝奠設魚肉、蔬果、羹飯，禮如朝奠之儀。若父在母喪，則父自主此奠。注見前「喪主」條。

## 薦新

劉氏璋曰：「如遇五穀、百果一應新熟之物，必薦之如上奠儀。」

## 吊奠賻。

《家禮》曰：「凡吊，皆素服。奠用香、茶、燭、酒、果，賻用錢帛。皆有狀，先通名。喪家焚香、燃燭、布席，皆哭以俟。護喪出迎賓。入至靈座前，哭盡哀，再拜，焚香，跪酹茶酒，俯伏，興。護喪止哭者。祝跪讀祭文，奠賻狀於賓右。畢，興。主賓皆哭盡哀。賓再拜，主人哭，出靈幃，西向，再拜。賓亦哭，東向，答拜。興，慰問。畢，乃揖，出。主人哭而入。護喪送賓至廳事，茶湯而退。薄俗有設酒食待賓者，非禮，宜痛革之。」

或問：「高氏謂，既謂之奠，乃燒香、酹酒，則非奠矣。世俗承習久矣，非禮也。楊氏謂，奠酒則安置於神座，既獻則徹去。今如何？」曰：「但設茶酒再拜而已。今祭文亦皆讀於葬日，吊日不讀。」

### 奠不在酒食豐腆

温公曰：「東漢徐穉有死喪赴吊，炙鷄一隻，以綿漬酒中，暴乾裹鷄，逕到所赴冢隧外。以水漬綿，使有酒氣，（汁）〔斗〕米飯，白茅爲藉，以鷄置前，醊酒。畢，留謁則去，不見喪主。然則奠貴哀誠，酒食不必豐腆也。」

## 入酹

凡吊賓與亡者爲執友，則入酹。婦人非親戚，與其子爲執友嘗升堂拜母者，則不入酹。

## 吊哭不同

《廣記》曰：「凡吊，謂吊生者。哭，謂哭死者。與生者、死者皆識，則既吊且哭。但識死者不識生者，則哭而不吊。但識生者不識死者，則吊而不哭。」

## 三不吊

《檀弓》曰：「死而不吊者三：有三事。畏、本注謂戰陣無勇及自經溝瀆者。壓、謂死於岩墻之下者。溺。謂死於水者。」○凡不得正命而死者，皆不吊。或能殺身成仁者，又不可不吊也。

## 賓主吊見禮

楊氏曰："吊禮，主人拜賓，賓不答拜，此何義也？蓋吊賓來，有哭拜或奠禮，主人拜賓以謝之，此賓所以不答拜也。《書儀》《家禮》從俗，有賓答拜之文，亦是主人拜賓，賓不敢當，乃答拜。今世俗吊賓來，見几筵哭拜，主人亦拜，謂代亡者答拜，非禮也。既而賓吊主人，又相與交拜，亦非禮也。"

或問："世俗代亡者答拜，承習久矣。今欲據禮不答拜，世俗反謂失禮，當如何？"曰："《家禮》稱主人拜賓謝禮，賓不敢當，乃答拜。然則吊賓拜几筵，主人亦安敢立視而不省乎？大抵主人謝賓，賓拜几筵，世俗答拜久矣，未能猝變也。若賓卑於亡者，可不答拜。若尊於亡者，或執友，仍從俗答拜，亦無奈也。若賓吊主人相與交拜，則斷然不可矣。"

## 孝帛

《廣記》曰："凡喪家爲酒食及爲制服以待吊者，皆不可受。"

或問："碎裂布絹給散親識孝帛，有費於財，無益於事，然世俗行之久矣。當如何？"曰："葬具已備而有餘財，不免隨俗行之。若家無餘財，因懼薄俗非笑，致賣田宅以營辦者，决不可也。甚至衣衾、葬具反爲苟且，棄本逐末，莫此爲甚。士君子當力變之。移此布帛之財，厚其葬具，豈不美乎。"

## 聞喪

《家禮》曰：「始聞親喪，哭盡哀。問故，易服，遂行。本注：「素服、繩帶、麻屨，日行百里，不夜行。」道中哀至則哭，避市邑喧繁處。温公曰：「今人奔喪及從柩行者，遇城邑則哭，過則止，是飾詐之道也。」望其州縣境、其城、其家，皆哭。入門詣柩前，再拜，再變服，就位哭。後四日成服，若既葬，則先之墓哭拜。」

### 聞喪未得行，則爲位不奠

設椅子一枚以代尸柩。左右前後設位，哭如儀，但不設奠。或喪側無子孫，則此中設奠如儀。

## 治葬

温公曰：「古者，天子七月，諸侯五月，大夫三月，士踰月而葬。今皆三月而葬。」

## 擇地之可葬者

程子曰：「卜其宅兆，卜其地之美惡也，非陰陽家所謂禍福者也。何謂地之美？土色光潤，草木茂盛，乃其驗也。」○温公曰：「孝子之心，慮患深遠，淺則恐爲人所扫，音骨。深則濕潤速朽，故必求土厚水深之地而葬之，所以不可不擇也。」

## 擇地當避五患

程子曰：「須使他日不爲道路，不爲城郭，不爲溝池，不爲貴勢所奪，不爲耕犂所及。」又曰：「避村落，遠井窑。」

## 拘忌陰陽者不孝

温公曰：「世俗信葬師之説，既擇年月日時，又擇山川形勢，以爲子孫貧富、貴賤、賢愚、壽夭盡繫於此。而其爲術又多不同，争論紛紜，無時可決，至有終身不葬，或累世不葬，或子孫衰替，忘失處所，遂棄捐不葬者。正使殯葬實能致人禍福，爲子孫者，亦豈忍使其親臭腐暴露而自求其利耶！悖禮傷義無過於此。」

## 古人葬不擇年月

唐太常博士呂才曰：「古之卜葬，蓋以市朝變遷、泉石交侵不可前知，故謀之龜筮。近代或選年月，或相墓田，以爲窮達壽夭，皆因卜葬所致。按：禮，天子、諸侯、大夫，葬皆有月數，是古人不擇年月也。」

## 古人葬不擇日

《春秋・定公十五年》：「九月丁巳，葬定公。雨，不克葬。戊午，日下昃，乃克葬。」是古人葬不擇日也。

## 古人葬不擇時

《昭公十二年》：「鄭葬簡公，司墓之室當路。毁之，則朝而窆。不毁，則日中而窆。子産不毁。」是不擇時也。

## 古人葬不擇地

古皆葬於國都之北，兆域有常處，是不擇地也。今以妖巫妄言，遂於擗踊之際，擇地選時以希富貴。或云辰日不哭泣，遂莞爾而對吊客。或云同屬忌於臨壙，遂吉服不送其親。傷教敗禮，莫斯爲甚。

## 貧葬

温公曰：「子游問喪具。夫子曰：『稱家之有無。』子游曰：『有無惡乎齊？』夫子曰：『有，無過禮，苟無矣，斂手足形，還葬，懸棺而窆。人豈有非之者哉！』昔廉范千里負喪，郭平自賣營墓，豈待豐富然後葬其親哉！」惡，音烏。齊，音際。

## 火葬不孝

世人没於遠方，子孫火焚其柩，收燼歸葬者。夫孝子愛親之肌體，故斂而藏之。殘毁他人之尸，在律猶嚴，况子孫乃悖繆如此。其始，蓋出於羌胡之俗，浸染中華，行之既久，習以爲常。見者恬然，曾莫之怪，豈不哀哉！○古人犯大惡則焚其尸，火尸與炮烙之刑無異。

## 客死他鄉

延陵季子適齊。其子死，葬於嬴博之間。孔子以爲合禮。必也不能歸葬，葬于其地可也，不猶愈於焚之哉！○苟有力焉，自宜還葬，不忘本也。《檀弓》曰：「太公封於營丘，比及五世，皆反葬於周。」○葬于其地，不得已也。

## 開塋域

《家禮》曰：「主人既朝哭，帥執事者於所得地掘穴，四隅外其壤，掘中南其壤。各立一標，南門立兩標。」

## 祠后土

擇遠親或賓客一人，告后土氏。設位於中標之左，南向，用酒果、脯醢。告者吉服，入，焚香，再拜，跪，斟酒酹于神位前。俯伏，興。祝執版跪于告者之左，東向讀之。訖，皆再拜。徹，主人歸靈座前哭，再拜，盡哀。

## 祝文

「維年月日同前，某官姓名，敢昭告于后土氏之神，今爲某官亡者姓名。營建宅兆，神其保佑，俾無後艱。謹以清酌脯醢，祗薦于神。尚饗。」

## 穿壙

温公曰：「今人葬有二法：有穿地直下爲壙而懸棺以窆者。有鑿隧道，旁穿土室，擸柩於其中者。」按：古者，惟天子得爲隧道，其他皆直下爲壙，懸棺以窆。

## 壙不可大

本注：「壙僅能容槨乃善。人家墳墓遭發掘者，緣壙中太闊。其不能發者，皆是壙中狹小，無著脚手處，不可不知。」

## 葬欲深

李守約云：「墳墓遭發掘，皆以淺葬之故。若深一二丈，自無此患。」

## 淺葬防水

興化、漳、泉間，棺只浮在土上，深者僅有一半入地，所以上面封土甚高。後來見福州人舉移舊墓，稍深者無不有水，方知興化、漳、泉淺葬者，蓋防水耳。北方地土深厚，深葬不妨，豈可同乎？

## 合葬夫妻位

朱子曰：「某初葬亡室時，只存東畔一位。」陳安卿云：「地道以右爲尊，恐男當居右。」曰：「祭時以西爲上，則葬時亦當如此。」

## 趙季明族葬説

季明曰：「以造塋者爲始祖。」○子孫不別嫡庶，以年齒列昭穆。○曾玄而下，左右祔。○妻、繼室無所出，合祔其夫，崇正體也。○妾從祔，母以子貴也，降女君，比妻穴退葬尺許。明貴賤也。與夫同封，示繫一人也。妾無子猶陪葬，廣愛也。葬女殤後。○其黜與改嫁，雖宗子之母，不合葬，義絶也。改嫁與黜母雖有貴子，欲合葬前夫，亦何面目以見亡者，決宜棄絶從後夫合葬。○男子長殤

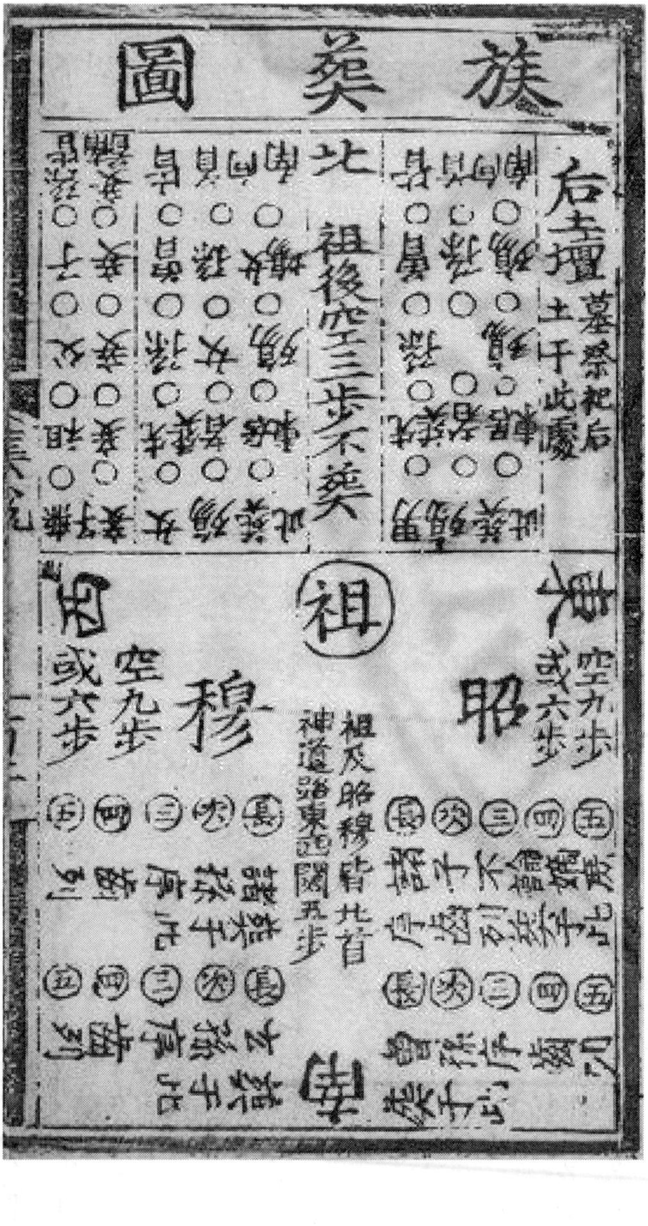
族葬圖
后土壇
墓祭祀后土于此處
北
祖後空三步不葬
東
西
祖
昭
空九步或六步
穆
空九步或六步
祖及昭穆皆北首
神道路東西闊五步
南

及殤已娶，皆居成人之位。○中下之殤，葬祖後，示未成人也。○序不以齒，不期夭也。如弟先葬，不留兄之穴，預期兄夭殤。○男女異位，法陰陽也。男葬祖後之左，女葬祖後之右。○葬後者皆南首，惡其趾之向尊也。○祖北不墓，避其正也。○嫁女還家，以殤穴處之，如在室也。

## 作灰隔合用底蓋。

《家禮》曰：「用薄板爲灰隔，板厚二寸。如槨之狀。中取容棺，周圍約空七八寸，使可實灰沙。檐高於棺四寸許，或尺許。置於灰上。」

## 槨外實灰沙，沿壙實炭屑

朱子《答廖子晦》曰：「所問葬法，後來講究木槨、瀝青，似亦無益。但於穴底先鋪炭屑，築之，厚一寸許。其上即鋪沙灰，四傍謂沿壙。即用炭屑，側厚一寸許，下與先所鋪者相接，築之既平。然後安石槨於其上，貧則用木槨。四傍謂沿槨。又下三物如前。」

## 槨内亦實灰沙厚七八寸，或尺許。

槨底及棺四傍謂槨内棺外。上面，復用沙灰實之，俟滿加蓋，復布沙灰，而加炭屑於其上。亦厚寸許。然後以土築之，盈坎而止。○昔有人問葬法。朱子曰：「槨内實以和沙石灰。」或曰：「可純用灰否？」曰：「純灰恐不實。須雜以篩過細沙，久之，灰沙相乳入，其堅如石。」頃嘗見籍溪先生説嘗見用灰葬者，後因遷葬，則見灰已化爲石矣。炭屑則以隔木根之自外至者，亦里人改葬所親見。故須令常在沙灰之外，四面周密，都無縫罅，然後可以爲固。○今人但實沙灰於槨外，槨内空虛，久必貯水不便，愼之，莫聽俗言而誤大事。

## 和灰沙

石灰三分，黄土細沙各一分，篩拌令匀，以淡酒洒遍築之。

或問：「槨内外皆實灰沙，則以朱子之言爲據。槨又加底，亦有據乎？」曰：「頃葬先人，慮地有水，繆出臆見。槨乃加底，用油灰、麻筋，召船匠艌其縫。薄溶瀝青塗其外，用以載柩。槨之内外，如前法，各實以沙灰。既平槨口，再加外蓋，用直板合成，艌其縫，不用横者。仍用油灰批縫，密釘之，再溶瀝青塗其上。更下灰沙，盈坎乃止。」又問：「槨内外既皆實以灰沙，何必又用木槨在内。」曰：「灰沙須發熱過乃堅，若不用槨隔之，則天雨地泉浸濕灰沙，不能堅結，故用槨隔之，則槨外灰沙縱然浸濕不結，而槨内者自能發熱堅固，及槨朽腐，而内灰沙已皆堅結久矣。所以槨加底，蓋非無謂也。」又問：「木槨作兩三套做，如何？」曰：「雖便舉動，縫内漏水入去却不便，必作一個做，方穩當。」

## 刻誌石

用石二片，其一爲蓋，刻云「某官某公之墓」，今俗刻「某人墓誌銘」者，非是。無官，則書其字。其一爲底，刻云：「某官某公，諱某字某，某州某縣人，考諱某，某官，母某氏，某封，某年月日生，敘歷官遷次，某年月日終，某年月日葬于某鄉某里某處，娶某氏某人之女，子男某，某官，女適某人。」婦人則隨夫封號，以二石字面相向，束以鐵束，葬之日，埋于壙前三四尺間。

## 造明器

刻木爲車爲馬，僕從、侍女，各執奉養之物，及床帳茵褥椅卓之類，象平生而小。五品、六品，三十事。七品、八品，二十事。非陞朝官，十五事。○《廣記》曰：「庶人，十事。」

或問明器之義。曰：「《檀弓》注云：『謂以禮送死者，以死者之禮待之，是無愛親之心，爲不仁，不可行也。以生者之禮待之，是無燭禮之明，爲不智，亦不可行也。故備物而不可用之，其謂之明器者，蓋以神明之道待之也。』」

## 苞筲甖

苞，是一竹掩，用盛遣奠餘脯。○筲是五竹器，以盛五穀。温公云：「但用小甕貯五穀各五升。」○今世俗又只用五小瓦罐，各盛數合耳。○甖，用三甆器盛酒、醯醢。○温公云：「自明器以下俟實土及半，乃於其旁穿便房以貯之，周圍先甃以磚。以板塞其門。」

或問：「穿便房，恐虛壙中引水不便，欲貯埋墓誌處，如何？」曰：「本條注云：此雖古人不忍死其親之意，然實非有用之物。且脯肉敗腐，生蟲聚蟻，尤爲非便。雖不用，可也。」○惟埋明器。

## 大轝

古者，柳車制度甚詳。具見《三家禮》圖及《書儀》注。今不能然，但從俗爲之，取其牢固平穩而已。仍多用新麻大索以備扎縛，此皆切要實用不可缺者。但如此制而以衣覆棺，亦足以少華道路。或更欲加飾，則以竹爲格，以彩結之，如撮蕉亭。若道路遠，決不可爲此虛飾，但多用油單裹柩，以防雨水而已。

大轝制度

兩長杠上加伏兎附杠
処為圓鑿
别作小方床載柩足高
二寸
旁立兩柱柱外施圓枘
入鑿中長出其外枘音芮
鑿中須極員滑以膏塗之
兩柱近上更為方柄
加横扃
扃兩頭出柱外者更加
小扃
長杠兩頭施横杠
横杠上施短杠
短杠上加小杠

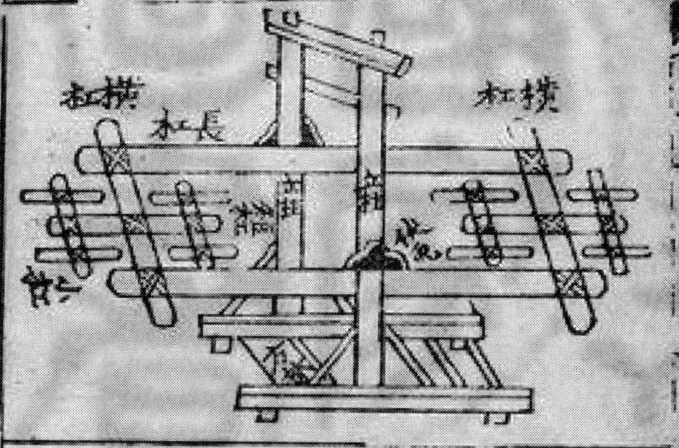


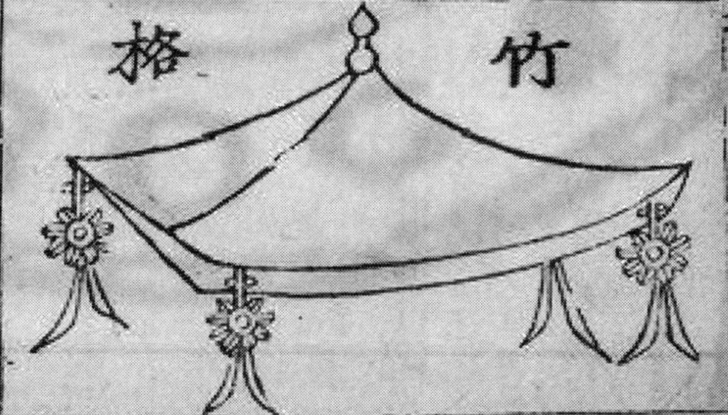

翣車行持之以障車，既窆，樹於壙中障柩。

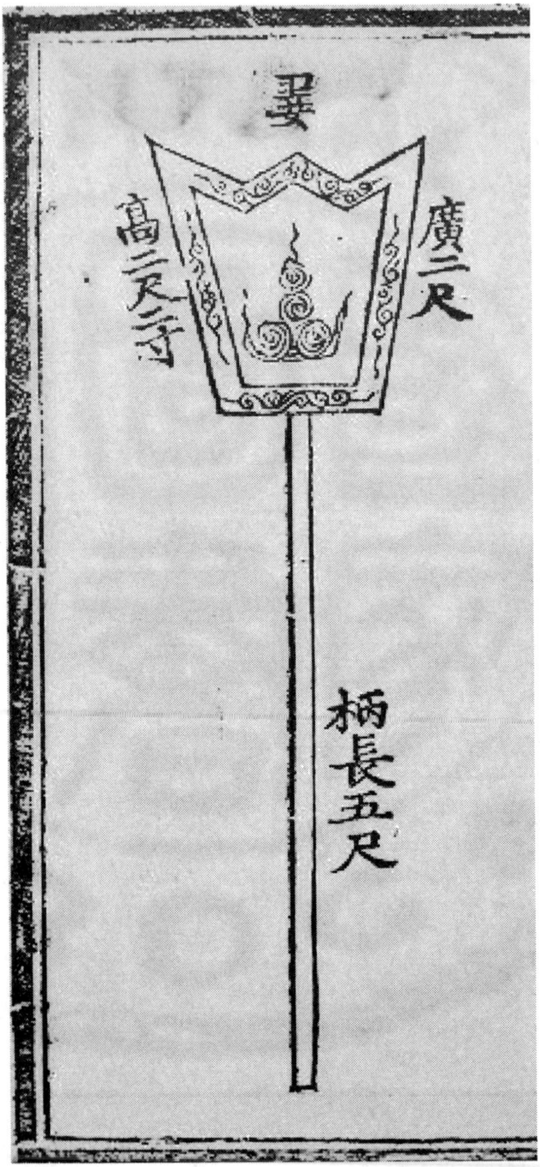

以木爲筐，如扇而方，兩角高。衣以白布。黼翣，畫黼。黻翣，畫黻。畫翣，畫雲氣。其緣皆爲雲氣，皆畫以紫准格。《喪大記》云：「君飾棺，六翣，黼二，黻二，畫二，皆戴圭。謂六翣兩角皆戴圭玉。大夫四翣，黻二，畫二。士畫翣二。皆戴綏。謂用五采羽作蕤，綴翣之兩角。」

或問：「貴賤皆可用否？」曰：「劉氏璋云『大畢旁有翣，貴賤有數，庶人無之』，今士族用二扇猶是僭，而富民動輒用兩三對，非也。」

## 作神主

作主用栗木。或無栗，止用木之堅者。櫝用黑漆，且容一主。夫婦俱入祠堂，乃共爲一櫝。

伊川制：士庶不用主，只用牌子。朱子謂：「主式乃伊川所制，初非朝廷立法，固無官品之限，士庶可通用。」

前式　其厚三分之一居前

顯高祖考某官封謚府君神主

孝孫某奉祀只書名字不可書姓

後式　其厚三分之二居後

生於某年月日享年幾歲

故某官某公諱某字某第幾神主

卒於某年月日葬於某處

今人增書生死日享年葬所家禮無之後其備也

象日之辰身趺皆厚一寸二分剡上五分爲員首寸之下勒前爲頷而判之一居前二居後前四分後八分陷中以書爵姓名行書曰故某官某公諱某字某第幾神主陷中長六寸闊一寸合之植於趺身出趺上一尺八分并趺高一尺二寸竅其旁以通中如身厚三之一謂圓徑四分

## 趺式

方四寸
厚寸二分

## 坐式

薄版為之，面頂俱虛，且容一主

他日夫婦俱滿，别用坐式，同匣

居二分之上。謂下七寸三分之上。除陷粉塗其面，以書屬稱。屬謂高曾祖考，稱謂官或號行，如處士秀才幾郎幾公。旁題主祀之名，曰孝子某奉祀。加贈易世，則筆滌而更之。水以洒墻壁。外改中不改。謂粉面改寫，陷中不改。竊○親盡祧，則奉之以埋於墓所。坐與蓋皆以黑漆飾之。

蓋式

韜式

韜背縫式

薄版為之。四向直下，正面闊，旁側狹，今人總呼為韜櫝。

韜以帛為之。舊式考紫妣緋，今考妣純用一色，不可用紫。

頂用薄版為之，韜於蓋頂，坐上。

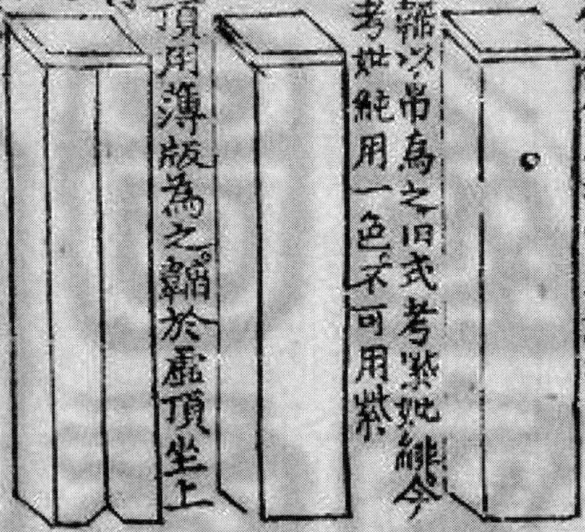

底蓋闊厚出令受蓋。○面開肩，䘮家礼典之意，亦後人以義起也。今宜從俗。韜式如斗帳。合縫居後之中，稍留其表。頂用薄版，自上而下，韜之。與主身齊。韜頂僅蓋之，坐上藉即得方闊與櫝內同。疊布加厚，累之以緋帛

藉式

# 櫝式

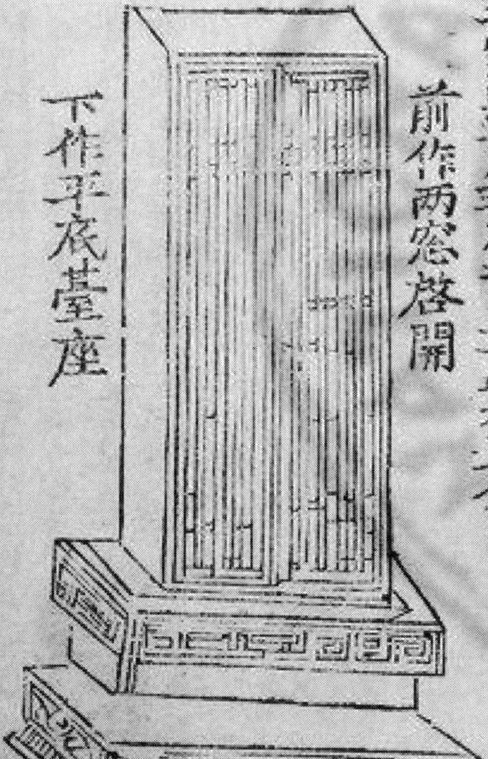
有力之家照前式為之置于此櫝入龕
前作兩窗啓開
平頂四直
下作平底臺座

或問：「今人以坐蓋爲韜櫝，而罕用前啓兩窗之櫝。間有用者，則不復用坐蓋。又，夫婦共爲一匣之制，則爲匾闊坐蓋，以受二主，其式見下圖。而又難施考紫妣緋之韜。今當如何？」曰：「意古者置主於坐，乃用帛韜韜之，然後加蓋，復置于櫝。後人從簡，不復兩用，乃呼坐蓋爲韜櫝，沿襲用之。故《家禮》藉下注云方闊與櫝内同，及櫝用黑漆，且容一主，則至今遂一向呼坐蓋爲韜櫝，而不復依古制兩用矣。以禮揆之，則合依前式兩用者爲是；若欲從簡，則依下圖今式，止爲匾闊坐蓋，夫婦共爲一匣，則韜帛亦何嫌於一色哉。蓋前代重紫輕緋，故有此分，然吾以祖宗均視，考妣又豈必規規以分重輕，於事爲之末哉！且玄黄紫色，國朝制度不可僭用，韜用紅羅，當遵從之。且朱子論作主周尺長短云：『主之大小，然非有聲律高下之差，得一書爲據足矣。』愚以韜櫝亦然，不必過論也。」

無力之家，照此式爲之，就櫝神主之龕。

今俗夫婦共爲一匣式，俗亦總呼爲韜櫝。

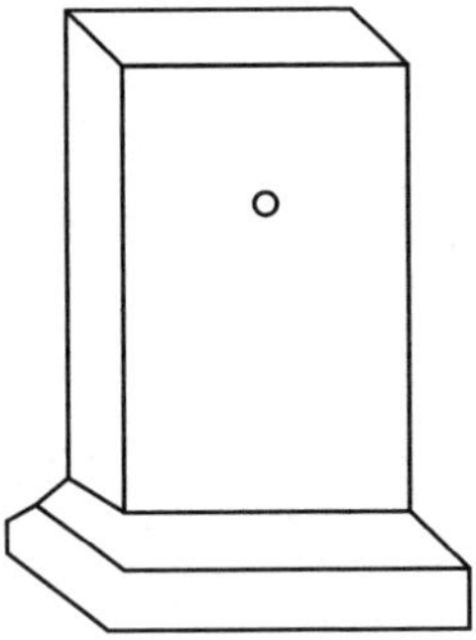

温公《書儀》云：「版下有趺，韜之以囊，藉之以褥，府君夫人共爲一匣。」此式疑似之。

周尺尺法不準，人家作神主，大小不一，今圖《國朝性理大全》書内周尺，庶使觀者作主有準。

## 遷柩

本注云：「發引前一日，設朝奠。祝斟酒。訖，跪告曰：『今日吉辰遷柩，敢告。』主人以下，哭盡哀，再拜。」

### 奉柩朝祖

主人輯杖立視，祝奉魂帛前行，銘旌次之，役者舉柩次之。主人以下從哭，至祠堂前。布席，致柩其上，北首。主人以下立，哭盡哀，止。此蓋象平生出必辭尊者也。

或問：「楊氏附注，謂以輁軸載柩朝祖，輁軸，狀如長床，轉之以軸，輴之以人。當時已皆闕之。今但用人舉柩，柩又重大難舉，又非謹之重之之意。若但魂帛朝于祖，亦失遷柩朝祖之本意。今當如何？」曰：「若有祠堂及廳堂寬廣者，宜制輁軸，依禮行之。今人無祠堂者多，廳亦隘，難行其禮。出不得已，但遷魂帛朝于祖，以從俗便，不猶愈於廢之而不行哉！」

## 遷柩于廳事

祝奉魂帛導柩右旋，主人以下男女哭從如前，詣廳事，布席，置柩于上，南首。

## 乃代哭

如未歛之前，以至發引。

## 奠賻

親賓致奠賻，如初喪儀。

## 陳器

方相在前，狂夫爲之。冠服如道士，執戈揚盾。四品以上，四目爲方相。以下，兩目爲魌頭。次明器、下帳、苞、筲、甖，以床舁之。次銘旌，去跗執之。次靈車，以奉魂帛香火。次大轝，轝旁有翣，使人執之。○世俗一應旛幢鼓樂之屬，皆不當用。

### 方相

《軒轅本紀》云：「帝周遊時，元妃螺祖死于道，因置方相，亦曰防喪。」蓋始于此。○《周禮》：「方相氏蒙熊皮，黄金四目，玄裳朱衣，執戈揚盾。大喪先匶，柩同。及墓入壙，以戈擊四隅，毆方良。」音「毆罔兩。」〇又《風俗通》《酉陽雜俎》，其説大同小異。

或問：「聖賢治喪，闢異端，去佛老，何爲却用方相？又俾其以戈擊壙四隅，此又何説？」曰：「乍看來甚無意思，細尋思來，亦似有意。《論語》云『鄉人儺，孔子朝服立於阼階』，注云『恐其驚先祖五祀之神，欲其依己而安也』。今用方相，存古道歟？欲亡者依彼爲衛而安歟？不然，先儒亦何用此哉！若説人死便無魂氣，似亦難。必若説人死有此魂氣，去登天堂，入地獄，此則决無也。」

## 開路神

今俗用竹爲格，用紙糊人，執戈長丈餘，導柩先行，謂之開路神。其後人代方相之遺意與？

## 祖奠

《家禮》曰：「日晡時設饌，如朝奠儀。祝斟酒。訖，北向跪，告曰：『永遷之禮，靈辰不留。今奉柩車，式遵祖道。』俯伏，興。」

或問：「停柩于家，明日發引，止有今夕，人之死别，莫此爲甚。或具盛饌，别爲祭文，拜别于柩，謂之堂祭。或作唐祭，唐者，廟中路也。宜行之乎？」曰：「按：《家禮》『未葬，奠而不祭。既葬而虞，始用祭禮』，今具盛饌，讀文以奠，亦自無妨。但用樂以祭，或祭畢而宴客，此則不如不祭也。」

## 遣奠

厥明，轝夫納大轝於中庭，祝北向跪，告曰：「今遷柩就轝，敢告。」○今俗，主人率男女，皆再拜，哭辭别，遂遷靈座置傍側，婦人退避。召役夫遷柩就轝，以索維之，令極牢實。主人哭出視載，遷靈座柩前，乃設遣奠。市井人家，中庭狹，難容大轝，則俟載柩畢，奠于大門外。

### 設遣奠

饌如朝奠，有脯，惟婦人不在。乃奠，祝與主人皆跪，讀祝。畢，徹脯，納苞中，置舁床上，遂徹。○今或不用苞，就卓子舁至墓所。

### 高氏禮遣奠祝文

維年月日，具位同前，曰：「靈輀既駕，往即幽宅。載陳遣奠，永訣終天。尚饗。」

## 功布俗書字于上者，非。其制如酒簾狀。

温公曰：「啓殯之日，本注：「古者，壘墼塗柩于西階，將葬，啓之。」備布三尺，以盥濯灰治之布爲之。用白色布。祝御柩，執此以指麾役者。」〇劉氏璋曰：「《儀禮》注云：『功布，拂去棺上塵土。』」〇用拂塵畢，更用指麾。

## 挽歌

杜氏《通典》曰：「漢高帝時，田横死，吏不敢哭，但隨柩叙哀，後代相承，以爲挽歌。」〇莊子曰：「紼謳以生，必於斥苦。」司馬彪注云：「紼，引柩索也。斥，疏緩也。苦，用力也。引紼所以有謳歌者，爲人有用力不齊，故促急之也。」〇《事物紀原》云：「漢武時，李延年分爲二曲：《薤露》送王公貴人，《蒿里》送士大夫、庶人。」

## 薤露歌

「薤上露，何易晞，露晞明朝更復落，人生一去何時歸。」

## 蒿里歌

「蒿里誰家地，聚斂精魄無賢愚。鬼伯一何相催促，人命不得少踟躕。」

### 鐸以銅爲之。

《雜記》注云：「諸侯之喪，正柩四綍。索也。人皆啣枚，枚形似筯，兩頭有小繩，啣于口而繫于頸後則不能言，所以止諠譁也。十六人各執鐸，分居左右夾柩，以號令於衆。大夫之喪，執鐸者左右各四人。」○《廣記》曰：「五品以下，執鐸者左右各二人。」

或問：「挽歌宜用否？」曰：「吴越至今皆用之。」曰：「用之何爲？」曰：「司馬彪謂，以挽柩者用力不齊，促急之也，因挽柩者歌之，故呼爲挽歌。」曰：「《雜記》謂『挽柩者皆銜枚而振鐸』，今不銜枚而歌，其不同乎？」曰：「今亦有振鐸而復歌者，事隨時異也。大抵君子處世事之無害於義者，宜從俗。」

### 魂帛升車或以魂亭代車。

《家禮》曰：「祝奉魂帛升車，焚香，别以箱盛主，置帛後。至是，婦人乃蓋頭出。守舍者哭盡哀，再拜，辭歸，尊者不拜。」

## 發引

柩行，方相前導。主人以下，男女哭，步從，出門以帛幕夾障之。親賓次之，或先待於墓所，或出郭，哭拜辭歸。

## 路祭

親賓設幄於郭外道旁，駐柩而奠。○《廣記》曰：「祭奠皆主人之事，親賓止可助以奠物，或助其執奠。近世道次設祭，甚無謂。」

## 墓遠設奠

《家禮》云：「若墓遠，則每舍舍，三十里。設靈座柩前。朝夕哭奠，食時上食。夜則主人兄弟皆宿柩傍，親戚共守衛之。」

## 及墓

先設靈幄，内有椅卓。又設親朋次、婦人幄於墓旁。方相、明器、靈車至墓，祝奉魂帛就幄座，主箱亦置帛後，遂設奠，酒、果、脯醢。不用祝文。

### 柩至

柩至，脱載，置席上，北首。取銘旌去杠，置柩上。主人男女就位哭。賓客拜辭而歸，主人拜之，賓答拜。

### 乃窆下棺也。

先用木杠横於灰隔之上，乃用索四條穿柩底環，不結而下之，至杠上，乃去索。别摺細布若生絹，兜柩底而下，更不抽出，但截其餘棄之。若柩無環，即用索兜柩底兩頭，放下至杠上，乃去索用布如前法。

或問：「若柩無環，恐索難出，當如此法。柩既有環，何不就索徑下，却至杠上又去索換布絹，何也？」曰：「想亦恐索難出也。今人兩頭齊用活套索放下者，甚是穩當，别摺布絹，恐未及也。」

## 下棺輟哭臨視

大凡下柩，最須詳審，用力不可誤，有傾墜動摇。主人兄弟宜輟哭，親臨視之。已下，再整柩衣、銘旌，令平正。

## 北首

《檀弓》曰：「葬於北方，北首，三代之達禮也。之幽之故也。」

或問：「柩在家南首，見大斂下。至葬則北首。然人家墳地及居屋未必皆向南，如何？」曰：「按：祠堂注云『不問何向背，但以前爲南，後爲北』，愚以墳地居屋皆然。」

## 實灰沙

《家禮》曰：「用淡酒洒三物拌匀，漸下而躡實之，未敢重築，勿令震動柩中。」○槨内、棺外、四旁、上面皆以灰沙實之。

## 加蓋復釘之

乃下土，每尺許漸築之，盈坎。

## 祠后土於墓左

劉氏璋曰：「爲父母形體在此，故禮其神以安之。」

## 祝文

「維年月朔日，具位同前，敢昭告于后土氏之神。今爲某官某人，窆兹幽宅。神其保佑，俾無後艱。敬以清酌」，後同。

## 藏明器下誌石注見前。

## 題主

本注：設卓子於靈座東南，西向，具盥帨。主人立於其前，北向。出主，臥卓上。使善書者盥帨，西向立，先題陷中，父則曰「故某官某公諱某字某第幾神主」，粉面曰「顯考某官某封謚府君神主」，其下左旁曰「孝子某奉祀」。母則曰「故某封某氏諱某字某第幾神主」，粉面曰「顯妣某封某氏神主」，旁亦如之。無官封則以生時所稱爲號。題畢，祝奉置靈座，而藏魂帛於箱中，以置其後。炷香、斟酒，執板出，主人之右，跪讀之。畢，興。主人以下哭盡哀。

## 祝文

「維年月日，孤子某，父在母喪稱哀子，父母俱没稱孤哀子。敢昭告于考某官封謚府君，形歸窀穸，神返室堂。神主既成，伏惟尊靈，舍舊從新，是憑是依。尚饗。」

或問：「無官者則書『處士』、『秀才』，而下復可書府君否？」曰：「按祠堂章『有事則告』條下注云『有官者，皆書封謚。無官者，則以生時行第稱號加于府君之上』，是則庶民皆可稱其先爲『府君』也。」又問："今人又於神主陷中兩旁增書『生於何年月日，卒於何年月日，享年幾歲，葬某處』，如何？"曰："亦自詳備，宜從之也。"

## 旁注

本注："問：『夫在，妻之神主宜書何人奉祀？』朱子曰：『旁注：施於所尊，以下則不必書也。』"

或問："本注：其下左旁題奉祀之名。近見他書反以上右爲下左者。當何從？"曰："凡言右皆是上文，言左皆是下文，詳觀《大學》右傳十章與別爲次序如左，則左爲下文，不待辯説自明矣。"曰："據子之言，左誠爲下文矣。然則祠堂遞列神主，以西爲上。如子所言，豈不奉祀之名反在西而居上，祖宗之名反在東而居下乎？"曰："西上之制，起於漢明帝，漢之前論昭穆無此也。蓋旁題乃爲宗子承家主祭而設，初不以所書前後較尊卑也。即如彼以上文爲左，而今陽道皆尚左，凡臣子上書於君親，皆具名於前，亦豈嫌其名居前而爲僭乎？國朝《性理大全書》畫圖皆然，乃當代名儒會纂，豈有誤乎？"

## 成壙

本注："留子弟一人監視實土以至成壙。"

或問：「主人不親監視成墳而留子弟，於心安否？」曰：「按《雜記》論吊者注云『五十者隨主人反哭，四十者待土盈坎乃去』，則是主人先奉靈車而反哭也。愚謂主人必須親視實土成墳，然後反哭，又何遲乎？況虞祭注云『若墓遠，或不出是日，或行於所館』，是則返哭亦未嘗必於速也。」

## 墳前小碑

墳高四尺。立小碑於前，亦高四尺，面闊尺以上，其厚居三之二，圭首而刻其面，如誌之蓋。乃略述其世系名字行實，而刻於其左，轉及後右而周焉。婦人則俟夫葬乃立。

## 碑

温公曰：「古人有大勳德，勒銘鍾鼎，藏之宗廟。其葬則有豐碑以下棺耳。」豐碑，大木爲之，乃下棺之具也。其説詳見《檀弓》。

### 石碑始於秦漢

秦漢以來，始命文士褒贊功德，刻之於石，亦謂之碑。

## 銘誌起於南朝

降及南朝，復有銘誌埋之墓中。

或問：「今士民之家皆用碑誌可乎？」曰：「温公謂『人果賢耶，則衆所稱頌，豈待碑誌始爲人知？若果不賢，雖以巧言强加采飾，徒取譏笑，其誰肯信？』今既欲爲銘誌，但可直述鄉里、世家、生死年月、男女子孫終始而已，不在多言也。」兹録國朝稽古定制，庶使上下分定。

### 公侯

塋地周圍一百步，墳高二丈，圍墻高一丈。石碑螭首高三尺二寸，碑身高九尺，闊三尺六寸，龜趺高三尺八寸。石人二，石馬二，石羊二，石虎二，石望柱二。

### 一品

塋地周圍九十步，墳高一丈八尺，圍墻高九尺。石碑螭首高三尺，碑身高八尺五寸，闊三尺四寸，龜趺高三尺六寸。石人二，石馬二，石羊二，石虎二，石望柱二。

二品

塋地周圍八十步，墳高一丈六尺，圍墻高八尺。石碑蓋用麒麟，高二尺八寸，碑身高八尺，闊三尺二寸，龜趺高三尺二寸。石人二，石馬二，石羊二，石虎二，石望柱二。

三品

塋地周圍七十步，墳高一丈四尺，圍墻高七尺。石碑蓋用天禄辟邪，高二尺六寸，碑身高七尺五寸，闊三尺，龜趺高三尺二寸。石虎二，石羊二，石馬二，石望柱二。

四品

塋地周圍六十步，墳高一丈二尺，圍墻高六尺。石碑圓首高二尺四寸，碑身高七尺，闊二尺八寸，方趺高三尺。石虎二，石馬二，石望柱二。

五品

塋地周圍五十步，墳高一丈，圍墻高四尺。石碑圓首高二尺二寸，碑身高六尺五寸，闊二尺六寸，方趺高二尺八寸。石羊二，石馬二，石望柱二。

六品

塋地周圍四十步，墳高八尺。石碑圓首高二尺，碑身高六尺闊二尺四寸，方趺高二尺六寸。

七品以下

塋地周圍三十步，墳高六尺。石碑圓首高一尺八寸，碑身高五尺五寸，闊二尺二寸，方趺高二尺四寸。

庶民塋地九步，許用誌石

## 反哭

《家禮》曰：「祝奉神主升車，魂帛箱在其後。遂行。主人以下哭從如來儀，在塗徐行哭。」

## 至家

望門即哭入。祝奉神主入，置于靈座，就位櫝之，魂帛置主後。婦人先入哭于堂，中堂。主人以下哭于廳事，前堂也。遂詣靈座前，哭盡哀，止。

## 反哭之吊

賓客之親密者既歸，待反哭而復吊，拜之如初。○《檀弓》曰：「反哭之吊也，哀之至也。反而亡焉，失之矣，於是爲甚。」

## 朝廷賜祭

凡文武官亡歿，朝廷遣使，或令有司差人致祭者，皆先期報知於喪家。設靈位於中堂西，東向。設使者致奠位于東，西向。讀祭文位于使者之右，喪主拜位于靈位之右，北向。至日陳設牲醴如常儀。使者至，喪主以下止哭。去衰絰，易素服，出迎于大門外。引使者入立于致奠位，喪主就位。先行四拜禮，執事者酌酒授使者，致奠三，讀祝者取祭文，立讀訖。喪主以下復行四拜禮，焚祭文。畢，使者出，喪主請使者于賓次拜見如常儀。如屋之朝向不同，則以前爲南。凡封贈焚黄，亦依下圖。跪讀祝於喪主位，後立宣誥命於使者位。

賜祭圖式

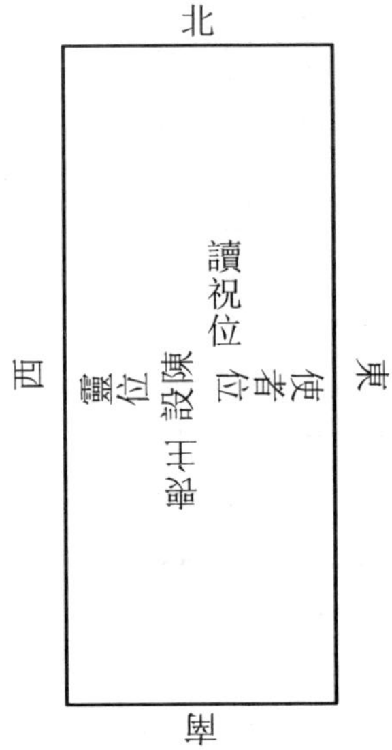


## 遷葬附此。

韓文曰：「山崩水湧毁其墓，則改葬。或游或仕千里之外，子幼妻稚不能自還，因葬其地，則改葬。其服則子爲父母，妻爲夫，服緦三月而除。餘親無服。」

## 虞祭

本注：「葬之日，日中而虞。或墓遠則但不出是日可也。若去家經宿以上，則初虞於所館行之。」○鄭氏曰：「骨肉歸于土，魂氣則無所不之。孝子爲其彷徨，三祭以安之。」○朱子曰：「未葬時，奠而不祭，但酌酒陳饌再拜。虞，始用祭禮。卒哭謂之吉祭。」

或問：「祭何謂之虞？」曰：「劉氏璋云：『既葬虞度其神氣之返，於是祭以安之，且爲木主以憑依焉，故謂虞主。』古者虞主用桑，既練，易以栗，今便作栗主，以從簡也。又按：傳注：天子九虞以九日爲節，諸侯七虞以七日爲節，大夫五虞，士三虞。春秋末世，大夫僭用諸侯七虞之禮，後世遂以人死之後，每七日必供佛飯僧，言當見地府某王。吁！古人七虞之説乃如此哉，後世妄誕不足信也。」《家禮》曰：「主人以下皆沐浴。或已晚不暇，即略自澡潔可也。」

## 陳器具饌

設盥盆、帨巾各二於西階西。東盆有臺，巾有架，主人盥。西者無之。執事者盥。凡喪祭皆放此。酒瓶、酒注、盤盞置靈座東南别卓上。火爐、湯瓶置靈座西南。其西卓上設祝板。設蔬果、酒盞、匕筯、醋楪於靈座前卓上。設香案居堂中，束茅聚沙於前。具饌如朝奠，陳于堂門之外。

## 出主于座

主人以下皆入哭於靈座前，重服居前，輕服居後，皆北面。凡哭，尊者坐，卑幼立。

止哭。

## 降神注見後「時祭」本條。

主人詣靈座前，焚香，再拜。降神，酹酒。便盡。

## 進饌如時祭儀。

## 初獻

主人取盤盞，執事者一人執酒注，與主人俱跪靈座前，斟酒。主人三祭於茅束上，少傾三滴。執事者受盞，奠置靈座前。祝執板出主人之右，西向跪讀。畢，主人哭，俯伏，興，再拜，復位，哭止。

## 祝文

「維年月日，孤子某，敢昭告于顯考某官府君。曰：日月不居，奄及初虞。夙興夜處，哀慕不寧。謹以潔牲柔毛，粢盛醴齊，哀薦祫事。尚饗。」牲用豕則曰剛鬣，不用牲則曰清酌庶羞。祫，合也。欲其合於先祖也。

## 亞獻

主婦爲之，禮如初，但不讀祝，不祭酒，四拜。注見昏禮交拜下。

## 終獻

親賓一人，或男或女爲之，禮如亞獻。

## 侑食

執事者執注，就添滿盞中酒。

## 闔門

主人以下皆出，闔門。無門處即降簾。主人以下立於門東，西向。主婦以下立於門西，東向。尊者休於他所，如食間。

## 啓門

祝當門北向噫歆，告「啓門」三，乃啓門。主人以下哭入，執事者奠茶，主人以下再拜，辭神，哭盡哀。斂主匣之，徹。

或問：「本注舊有『告利成』一句，其義何謂？今去之，何説？」曰：「按《曾子問》本注云『利，猶養也，謂共音恭。養之禮已成也』，蓋古者祭祀有尸，主人事尸禮畢，則祝告利成，遂導尸以出。今以無尸，廢此禮。」

## 祝埋魂帛

祝取魂帛，帥執事者埋於屏處潔地。

## 罷朝夕奠

朝夕猶哭，哀至，哭如初。

## 再虞

初虞後，遇乙、丁、己、辛、癸，爲柔日，其祭禮並如初虞，但祝詞改「初虞」爲「再虞」，「祫事」

爲「虞事」。若墓遠，途中遇柔日，則亦於所館行之。

## 三虞

再虞後，遇甲、丙、戊、庚、壬，爲剛日，其禮如再虞，惟祝詞改「再虞」爲「三虞」，「虞事」爲「成事」。若墓遠，亦途中遇剛日，且缺之，須至家乃可行此祭。

## 卒哭

《檀弓》曰：「卒哭曰成事。是日也，以吉祭易喪祭，故此祭漸用吉禮。」

三虞後，遇甲、丙、戊、庚、壬日，卒哭。前一日陳器，厥明具饌並同虞祭，唯更取井花水充玄酒。

或問玄酒。曰：「《曾子問》本條注云：『玄酒，水也。太古無酒之時，以水行禮，後王祭則設之，重古道也』。」〇今設而不用，不設可也。

## 出主　降神

並同虞祭。

## 進饌如時祭圖之設。

## 初獻

禮同虞祭，惟祝執板出於主人之左，東向跪讀爲異。〇朱子曰：「温公以虞祭讀祝於主人之右，卒哭讀祝於主人之左，深得禮意。」

## 祝文

「維年月日同前，孤子某，敢昭告于顯考某官府君，曰：日月不居，奄及卒哭。叩地號天，五情糜潰。謹以清酌庶羞，哀薦成事，來日躋祔于祖考某官府君。亡者祖考。尚饗。」

## 亞終獻至辭神，並同虞祭

自是，朝夕之間哀至不哭，猶朝夕哭。主人、兄弟疏食水飲，不食菜果，寢席枕木。

或問：「人情痛發於中，則哀至而哭。今曰『哀至不哭』，豈當哀至之時必欲强加禁止乎？」曰：「禮雖有節文，然當哀至之時，寧能强禁之哉！竊謂前小斂及發引章代哭者二，及此哀至不哭，實情所不能忍。」

# 祔

朱子曰：「古者廟有昭穆之次，昭常爲昭，穆常爲穆。故祔新死者于其祖父之廟，則爲告其祖父以當遷他廟，而告新死者以當入此廟之漸也。今公私之廟皆爲同堂異室、以西爲上之制，而無復左昭右穆之次，一有遞遷，則群室皆遷，而新死者當入于其禰之故室矣。此乃禮之大節，與古不同。而爲禮者猶執祔于祖父之文，似無意義。然欲遂變而祔于禰廟，則又非愛禮存羊之意。」〇當時朱子嘗欲獻議以復昭穆，竟不果。

## 卒哭明日而祔

卒哭之祭既徹，即陳器，具饌，並如卒哭。就陳于祠堂，堂狹即於廳事隨便。

### 祔父

《雜記》：「男子祔於王父則配。」注：「有事於尊者，可及卑。」

設亡者祖考、祖妣二位，南向，饌二分，設亡者位於東南，西向。饌一分。

## 祔母女子祔於王母則不配。注：「有事於卑者，不敢援尊。」

祔母則不設祖考位，但設祖妣一位，南向，饌一分。及亡妣位，西向。饌一分。若祖妣有嫡、繼二位，則以親近者一位。○附注云：「父在母喪，則父爲主，乃是夫祔妻於祖妣。三年喪畢，尚祔祖妣，待父他日三年喪畢，始考、妣同祔也。」

## 行事

厥明，設饌。質明，主人以下哭靈座前，盡哀止。○本注：「此祭若宗子自爲喪主，則降神，初獻自主之。若喪主非宗子，則宗子行之，喪主行亞獻。若喪主與繼祖之宗從兄弟。異居，則宗子爲告于祖，而設虚位以祭，祭訖除之。」

## 詣祠堂

主人詣祠堂，奉神主出，置于座。○若在廳事，先置西階卓子上，然後啓櫝，請主就座，南向。

## 詣靈座

主人詣靈座，奉新主出，置于座，西向。○或就祠堂，或在廳事，祭皆同。主人以下皆哭從神主至祭所，止哭。

## 參神、降神、初獻，並同虞祭，但先詣祖考妣，次詣新主

### 祝文

「維年月日同前。孝子某，謹以清酌庶羞，適于某考某官府君，躋祔孫某官。尚饗。」皆不哭。若祔母，則云「某妣某封某氏，躋祔孫婦某氏」，餘並同。

## 亞、終獻，侑食，闔、啓門，辭神，並同虞祭，但不哭，奉主各還故處

先匣祖考妣神主納于龕次。匣亡者，新主反于靈座。主人以下哭從如來儀，盡哀止。宗子亦哭送之。

## 小祥

鄭氏云：「祥，吉也。」自喪至此，不計閏，凡一十三個月。古者卜日而祭，今止用初忌。

前期一日，主人以下沐浴，洒掃，滌濯，陳器，具饌。並如卒哭禮。

### 始練服

設次，陳練服。男子去首絰、負版、辟領、衰，婦人截長裙，令不曳地。期者改吉服，猶不得服紅紫。唯爲妻猶服禫，盡十五月而除。

### 行事

厥明，夙興，設饌。質明，出主。主人以下入哭盡哀。止，乃出就次，易服復入哭，祝止之。

## 降神，初獻，並同卒哭

### 祝文

「維年月日同前，孤子某，敢昭告于考某官府君，曰：日月不居，奄及小祥。夙興夜處，小心畏忌。不惰其才，哀慕不寧。敢用潔牲柔毛、粢盛醴齊，薦此常事。尚饗。」

## 亞、終獻，侑食，闔、啓門，辭神，並如卒哭

## 止朝夕哭

惟朔望未除服者會哭。其遭喪以來，親戚之未相見者相見，雖已除服，猶哭盡哀，然後叙拜。

## 始食菜果

## 大祥

自喪至此，不計閏，凡二十五個月，亦止用第二忌日祭。

前期一日，沐浴，陳器，具饌，皆如小祥。

### 陳禫服

温公曰：「丈夫黲紗幞頭，黲布衫，布裹角帶。今且皆素服。婦人金珠紅紫皆未可用。」

或問：「《家禮》問：『子爲母大祥及禫，夫已無服，其祭當如何？』朱子曰：『今禮几筵必三年而除，則大、小祥之祭，夫皆主之。但小祥之後，夫即除服，大祥之祭，夫亦恐須素服，如吊服可也。』又按：服制章附注引朱子云：『父在，爲母期，非是薄於母，只是尊在其父，不可復尊在母。』此章云然。則夫服期年而除，而几筵必三年而徹，可以見子爲母，雖父在亦不止服期明矣。而《家禮》前後矛盾。今當何從？」曰：「附注謂《家禮》爲初年本，而與朱子後來所行不同者，觀此益信然矣。國朝禮制：以父母之恩一也，皆斬衰三年，此意甚盛。」

行事，皆如小祥之儀

## 祝文舊同小祥，今隨俗增損之。

「維年月日同前，孤子某，敢昭告于顯考某官府君，曰：日月不居，奄及大祥。夙興夜處，哀慕不寧。服兹告終，几筵當徹。骨肉恩情無盡，先王禮制難違。敬以潔牲柔毛、粢盛醴齊，薦此祥事。敢請神主入祔祠堂。尚饗。」

## 奉新主祔

本注：「主人以下哭從如祔之叙，至祠堂前哭止。」〇按：附注引朱子云：「既祥而徹几筵，其主且當祔于祖父之廟。」今人家無廟，且當祔于祠堂祖龕之傍，俟合祭畢，然後迭遷。

或問：「《家禮》：大祥用酒果告遷于祠堂，楊氏附注以爲世次迭遷，昭穆繼序，其事至重，豈可無祭告禮，但以酒果告，遽行迭遷乎？二説不同，今當何從？」曰：「考朱子與學者書，亦從横渠『三年喪畢，合祭而後遷』，自與《家禮》不同，今從附注。」

## 徹几筵

斷杖，棄之屏處，徹去几筵。

## 告遷于祠堂

合祭前一日，以薦新禮告遷于祠堂。告畢，乃改題神主。

## 告遷祝文

「維年月日同前，孝元孫某，敢昭告于高祖考某、高祖妣某、曾祖考妣、祖考妣，列位書之。曰：某罪積不滅，歲及免喪。世次迭遷，昭穆繼序。先王制禮，不敢不至。今當改題神主。謹以酒果，用伸虔告。尚饗。」

## 題遷主

用筆蘸水，洗去粉面舊字，水洒墻壁。重塗新粉，改題如前式，外改，陷中不改。

## 合祭庶人無祫，但合祭四代於正寢。

横渠曰：「三年喪畢，祫祭於太廟。因其祭畢還主之時，迭遷神主。」○朱子謂其用意宛轉，此爲得體，後從之。

### 行事

《家禮》曰：「厥明，陳器，設饌，參降神，三獻，讀祝，至辭神，並同時祭儀。」

### 合祭祝文

「維年月日同前，孝元孫某，敢昭告于高祖考某、高祖妣某氏、曾祖考妣、祖考妣，列位書之。某罪積不滅，歲及免喪。世次迭遷，昭穆繼序。先王制禮，不敢不至。謹以潔牲柔毛、粢盛醴齊，謹告祔遷。尚饗」。

## 祭畢，奉祧主埋于墓側，奉遷主、新主，各歸于龕

朱子曰：「天子、諸侯有太廟夾室，則祧主藏于其中。今士人家祧主無可置處，《禮記》説藏

於兩階間，今不得已，只埋於墓所。」

## 始飲酒、食肉而復寢

## 禫

禫，祭名。鄭氏曰：「淡淡然平安之意。自喪至此，不計閏，凡二十七個月。」

大祥之後，中月而禫。鄭注云：「中，猶間也。」《三年問》曰「三年之喪，二十五月而畢」，謂間一月，則爲二十六月，出月禫祭，則爲二十七月。

或問：「朱子云『二十五月，祥後更禫』，又云『從鄭説雖是禮宜從厚，然未爲當』。今宜何從？」曰：「按歷代多從鄭説，禮固宜從厚也。國朝之制：三年之喪，亦皆二十七月而除。豈敢違乎？」

## 卜日而祭

或用二十七月終日，亦甚便也。

前一月下旬，以玟珓卜日於祠堂，告曰：「某將以某日祇薦禫事于先考某官府君。」以一俯一仰爲吉日，或丁，或亥。卜既得吉，跪以日告如前。主人以下皆再拜。

## 設神位於靈座故處

前期一日，沐浴，設位，具饌，皆如大祥之儀。厥明，主人詣祠堂，奉主出，置于座，主人以下皆哭盡哀。

## 三獻不哭

### 禫祭祝文

「維年月日同前，孤子某，敢昭告于顯考某官府君，曰：日月不居，奄及禫祭。夙興夜處，小心畏忌，不惰其身，哀慕不寧。敢用潔牲柔毛、粢盛醴齊，薦此禫事。尚饗。」

## 辭神，再拜，乃哭盡哀

## 送神主入祠堂不哭

## 居喪雜儀

《檀弓》曰：「始死，充充如有窮。既殯，瞿瞿如有求而弗得。既葬，皇皇如有望而弗至。練而慨然，祥而廓然。」顔丁善居喪，始死，皇皇如有求而弗得。及殯，望望焉如有從而弗及。既葬，慨然如不及其反而息。《雜記》：「孔子曰：『少連、大連善居喪，三日不怠，三月不解，期悲哀，三年憂。』」《喪服四制》曰：「仁者可以觀其愛焉，知者可以觀其理焉，彊者可以觀其志焉。禮以治之，義以正之。孝子，弟弟，貞婦，皆可得而察焉。」《曲禮》曰：「居喪未葬，讀《喪禮》。既葬，讀《祭禮》。喪復常，讀《樂章》。」《檀弓》曰：「大功廢業。或曰：大功，誦可也。」今居喪但勿讀《樂章》可也。《雜記》：「三年之喪，言而不語，對而不問。」言，言已事也。爲人説爲語。《喪大記》：「父母之喪，非喪事不言。既葬，與人立：君言王事，不言國事；大夫、士言公事，不言家事。」《檀弓》：「高子皋執親之喪，未嘗見齒。」言笑之微。《雜記》：「疏衰之喪，既葬，人請見之則見，不請見人。小功，請見人，可也。」又：「凡喪，小功以上，非虞、祔、練、祥，無沐浴。」《曲禮》：「頭有創則沐，身有瘍則浴。」《喪服四制》：「百官備，百物具，不言而事行者，扶而起，言而後事行者，杖而起，身自執事而後行者，面垢而已。」凡此皆古禮。今之賢孝君子必有能盡之者，自餘相時量力而行之，可也。

## 致賻奠狀賻用錢帛。

「具位姓某。合添「謹具」二字。某物若干，右謹專送上某人靈筵，聊備賻儀，香茶酒食云「奠儀」。伏惟歆納。謹狀。年月日、具位姓某狀。」

## 封皮

狀上某官靈筵。具位姓某謹封。本注：劉氏璋曰：「司馬公《書儀》云『亡者官尊，其儀乃如此。若平交及降等，即狀内無年，封皮上用面簽，題曰「某人靈筵」，下云「狀。謹封」。』」

## 謝狀三年之喪，未卒哭，只令子姪發謝書。

「具位姓某。合添「謹納」二字。某物若干，右伏蒙尊慈，以某發書者名。某親違世，大官云「薨没」。特賜賻儀，繸奠隨事。下誠平交不用此二字。不任哀感之至。謹具狀謝。謹狀。」

## 慰人父母亡疏慰嫡孫承重者同。

「某頓首再拜言：降等，止云「頓首」。平交，但云「頓首言」。不意凶變，亡者官尊，即云「邦國不幸」。後皆放此。先某位，無官，即云「先府君」。有契，即加「幾丈」於「某位府君」之上。○母云「先某封」，無封即云「先夫人」。○承重，則云「尊祖考某位」、「尊祖妣某封」。餘並同。奄棄榮養。亡者官尊，即云「奄捐館舍」，或云「奄忽薨逝」。母封至夫人者，亦云「薨逝」。若生者無官，即云「奄違色養」。承訃驚怛，不能已已。伏惟平交，云「恭惟」。降等，云「緬惟」。孝心純至，思慕號絶，何可堪居？日月流邁，遽踰旬朔，經時，即云「已忽經時」。已葬，即云「遽經襄奉」。卒哭、小祥、大祥、禫除，各隨其時。哀痛奈何，罔極奈何，不審自罹荼毒，父在母亡，即云「憂苦」。氣力何如？平交，云「何似」。伏乞平交，云「伏願」。降等，云「惟冀」。强加饘粥，已葬，則云「疏食」。俯從禮制。某役事所縻，在官，即云「職業有守」。未由奔慰，其於憂戀，無任下誠。平交已下，但云「未由奉慰，悲係增深」。謹奉疏，平交，云「狀」。伏惟鑒察。平交以下，去此四字。不備，謹疏。平交，云「不宣，謹狀」。月日，具位降等，用「郡望」。姓某疏上。平交，云「狀」。某官大孝。苫前母亡，即云「至孝」。平交以下，云「苫（吹）〔次〕」。」

### 封皮

疏上某官大孝。苫前。具位姓某謹封。降等，即用面簽云「某官大孝苫次。郡望姓名狀謹封」。若慰人母亡，即云「至孝」。劉氏璋曰：「劉儀云：『百日内云「苦次」，百日外「服次」。如尊則稱「苦前」、「服前」』。」

## 重封

疏上。平交云「狀」。某官具位姓某謹封。

## 父母亡答人慰疏嫡孫承重者同。

「某稽顙再拜言：降等云「叩首」，去「言」字。劉氏璋曰：「劉儀『某叩頭泣血言』，按稽顙而後拜，以頭觸地曰『稽顙』，三年之禮也。雖於平交、降等者，亦如此。但去『言』字，何則？古禮受吊必拜之，不問幼賤故也。」某罪逆深重，不自死滅，禍延先考。母云「先妣」。承重則祖父云「先祖考」，祖母云「先祖妣」。攀號擗踊，五内分崩，叩地叫天，無所逮及。日月不居，奄踰旬朔，隨時同前。酷罰罪苦，父在母亡，即云「偏罰罪深」，父先亡則母與父同。無望生全。即日蒙恩，平交以下去此四字。祇奉几筵，苟存視息。伏蒙尊慈，俯賜慰問，哀感之至，無任下誠。平交云「仰承仁恩，俯垂慰問，其爲哀感，但切下懷」，降等云「特承慰問，哀感良深」。○司馬温公曰：「凡遭父母喪，知舊不以書來吊問，是無相恤之心，於禮不當。先發書，不得已須至先發，即删此四句。」未由號訴，不勝隕絶。謹奉疏，降等，云「狀」。荒迷不次，謹疏。降等云「狀」。月日，孤子母喪，稱「哀子」，俱亡即稱「孤哀子」。承重者稱「孤孫」、「哀孫」、「孤哀孫」。姓名疏上某位。座前。謹空。○平交以下，去此二字。」

封皮重封，並同前。但改「具位」爲「孤子」。

## 慰人祖父母亡啓狀

謂非承重者。伯叔父母、姑、兄、姊、弟、妹、妻、子、姪、孫同。

「某啓：不意凶變，子孫不用此句。尊祖考某位，奄忽違世，祖母曰「尊祖妣某封」，無官封，有契，已見上。○伯叔父母、姑，即加「尊」字。兄姊弟妹，加「令」字。降等，皆加「賢」字。若彼一等之親有數人，即加行第云「幾某位」。無官，云「幾府君」。有契，即加「幾丈幾兄」於某位府君之上。姑姊妹，則稱以夫姓，云「某宅尊姑令姊妹」。○妻則云「賢閤某封」，無封則但云「賢閤」。○子即云「伏承，令子幾某位」。姪、孫並同。降等，則曰「賢」，無官者稱「秀才」。承訃驚怛，不能已已。妻改「怛」爲「愕」，子孫但云「不勝驚怛」。伏惟「恭惟」「緬惟」見前。孝心純至，哀慟摧裂，何可勝任？伯叔父母、姑云「親愛加隆，哀慟沉痛，何可堪勝」。○兄、姊、弟、妹則云「友愛加隆」。○妻則云「伉儷義重，悲悼沉痛」。○子、姪、孫則云「慈愛隆深，悲慟沉痛」，餘與伯叔父母、姑同。孟春猶寒，寒温隨時。不審尊體何似？稍尊云「動止何如」。降等云「所履何似」。伏乞平交以下如前。深自寬抑，以慰慈念。其人無父母，即但云「遠誡」。某事役所縻，在官如前。未由趨慰，其於憂想，無任下誠。平交以下如前。謹奉狀。伏惟鑒察，平交如前。不備。平交如前。謹狀。月日，具位姓名狀上某位。服前。平交云「服次」。」

封皮重封同前。

## 祖父母亡答人啓狀謂非承重者。伯叔父母、姑、兄、姊、弟、妹、妻、子、姪、孫同。

「某啓：家門凶禍，伯叔父母、姑、兄、姊、弟、妹云「家門不幸」。○妻云「私家不幸」。○子、姪、孫云「私門不幸」。先祖考祖母云「先祖妣」。○伯叔父母云「幾伯叔父母」。○姑云「幾家姑」。○兄、姊云「幾家兄」、「幾家姊」。弟、妹云「幾舍弟」、「幾舍妹」。○妻云「室人」。○子云「小子某」。○姪云「從子某」。○孫曰「幼孫某」。奄忽棄背，兄弟以下云「喪逝」。○子姪孫云「遽爾夭折」。痛苦摧裂，不自勝堪。伯叔父母、姑、兄、姊、弟、妹云「摧痛酸苦，不自堪忍」。○妻改「摧痛」爲「悲悼」。○子、姪、孫改「悲悼」爲「悲念」。伏蒙尊慈，特賜慰問，哀感之至，不任下誠。平交、降等如前。孟春猶寒，寒温隨時。伏惟「恭惟」「緬惟」如前。某位尊體起居萬福。平交不用「起居」。降等，但云「動止萬福」。某即日侍奉，無父母，即不用此句。幸免他苦，未由面訴，徒增哽塞。謹奉狀上平交云「陳」謝，不備。平交如前。謹狀。月日某郡姓名狀上某位。座前謹空，平交如前。」

封皮、重封，如前。

# 家禮集説五

## 祭禮

朱子云：「古人三年喪不祭，今人居喪事事與古人異，豈獨廢祭？當衰服特祭几筵，墨衰常祀家廟。三獻、讀祝，皆免。」

### 四時祭

司馬公曰：「《王制》：『大夫、士，有田則祭，無田則薦。』」○何休云「有牲曰祭，無牲曰薦。大夫牲用羔，士牲特豚，猪也。庶人無常牲：春薦韭以卵，夏薦麥以魚，秋薦黍以豚，冬薦稻以雁，取其物之相宜。凡庶羞不踰牲，若祭以羊，則不以牛爲羞也」，今人鮮用牲，唯設庶羞而已。

○居喪卒哭前，此祭亦廢不可行。

祭用二分二至春分、秋分、夏至、冬至。

程子曰：「時祭用仲月。」《家禮》：前旬諳祠堂，以珓珓卜日。朱子曰：「卜日無定，慮有不虔。」温公曰：「孟詵《家祭儀》用二分二至，若不暇卜日，則止依孟儀用分、至。於事亦便也。」

## 元旦祭

朱子曰：「元旦，在官者有朝謁之禮，恐不得精專於祭祀。某鄉里却止於除夕前三四日行事。此亦更在斟酌也。」愚謂冬至在官者亦有朝謁禮，莫若元旦與冬至，皆前一日行事，庶得精專。

## 齋戒

《家禮》曰：「前期三日，主人男子以下致齋于外，主婦婦女以下致齋于內。男女異寢，沐浴更衣，飲酒不至亂，食肉，不茹葷，不吊喪，不聽樂。凡凶穢事皆不得預。」○韓魏公惟致齋一日。

## 設位

前一日洒掃正寢，蠲潔椅卓。設高、曾、祖考妣位，皆南向，以西爲上。世各爲位，不屬遞列而東祔位，皆於東序，西向，北上，或兩序相向，其尊者居西。妻以下則於階下。○地寬各用一椅一卓而並合之，地狹則用一櫈一卓而考妣二位共之。即張子設同几之意。

或問：「祔位，若兩序相向而設，其中亦有未安者。且如祖之兄弟，乃我父之伯叔，當祭之時，姪則南面而享，伯叔則坐兩旁，亦自不安。」曰：「若依祠堂内排位，各祔本龕以祭方安。又恐人家廳事狹隘，施設饌卓不下，莫若只祔東序，皆西向者爲善。」

## 陳器

設香案於堂中，束茅聚沙於香案前，及逐位前地上。祔位不設。東階設酒架，别置桌設酒注、酒盞、茶盞托於其上。西階設火爐、湯瓶，别置卓設祝板於其上，設盥洗盆、帨巾各二，於阼階下之東，又陳饌卓於其東。俱依圖設之。

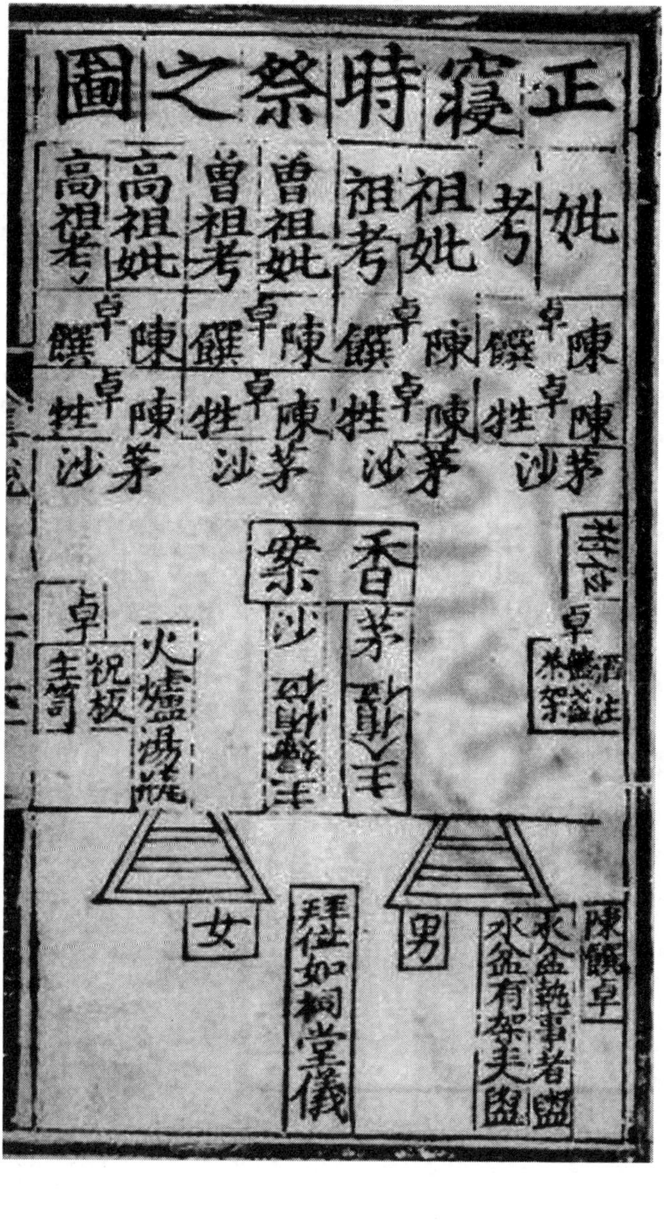
正寢時祭之圖
高祖考
高祖妣
曾祖考
曾祖妣
祖考
祖妣
考
妣
香案
火爐湯瓶
祝板
主簋
男
女
拜位如祠堂儀
陳饌卓

## 省牲滌器具饌

主人省牲莅殺，主婦帥衆婦親滌祭器，具祭饌。每位果六品，蔬菜脯醢各三品，魚肉、饅頭、糕各一盤，羹飯各一椀，肝各一串，肉各二串，務令精潔，未祭勿先食及爲猫鼠所污。

## 祭饌稱家豐儉

劉氏璋曰：「今人祭先祖，未必皆殺牲。有牲則烹熟臠割，薦以大盤。當如司馬公，用時蔬、時果各五品。麵、糕、羹飯，共不過十五器。家貧則隨家所有蔬、果、肉、麵、米食、羹飯數器亦可。」

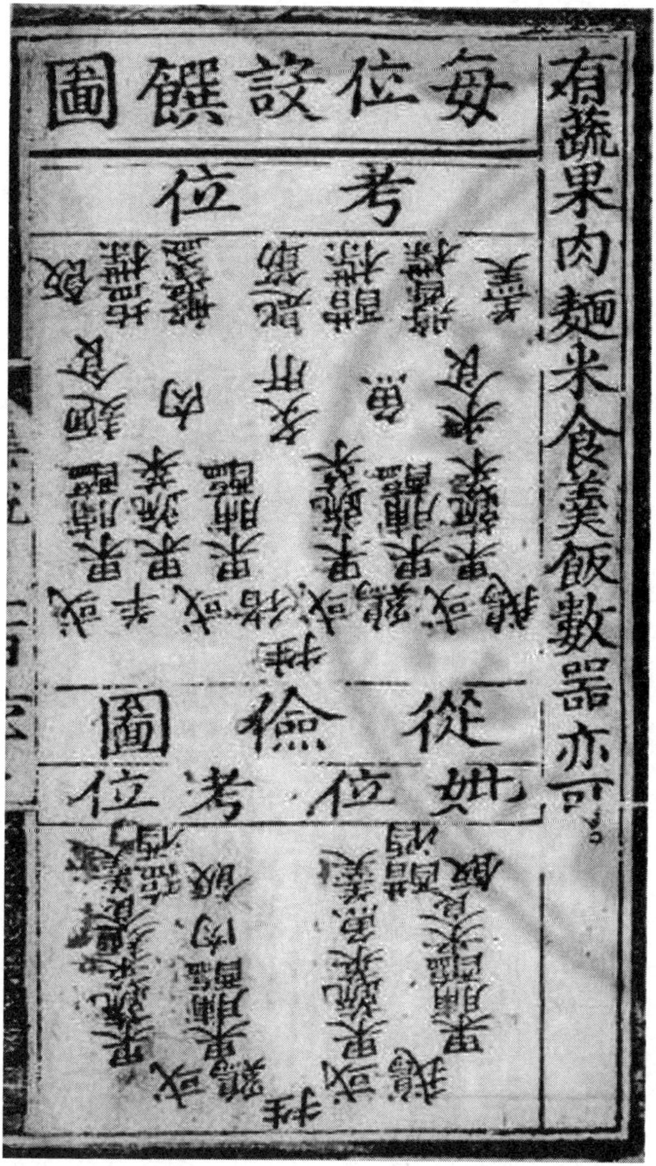
有蔬果肉麵米食羹飯數器亦可
每位設饌圖
考位
從俗圖
妣位　考位

## 主婦當親具饌

劉氏璋曰：「近來婦人驕倨，不肯親入庖厨，雖有使令人效役，亦須身親監視。」

## 厥明行事

《家禮》曰：「夙興，主人以下設蔬果、脯醢，主婦炊熱祭饌，合盛出。」

## 詣祠堂請神主出就位

主人、主婦以下皆盛服，詣祠堂，男東，女西，俱北向重行立定。主人升自阼階，搢笏，焚香，出笏跪告曰：「孝孫某，今以仲春、夏、秋、冬之月，有事于高祖考某官、無官則稱處士。高祖妣某封某氏、曾祖考妣、祖考妣、考妣，皆如神主粉面之文，祝板亦同。敢請神主，出就正寢，恭伸奠獻。」告訖，搢笏，請櫝。正祔位各置一笥，今用盤。主人前導，執事者捧主從行。至正寢，以主笥置西階卓上，各盥帨，啓櫝，主人奉考主，主婦奉妣主，子孫奉祔主，各就位。

## 參神

主人、主婦以下敍立如祠堂之儀。立定，再拜，婦人四拜。

## 降神凡祭皆同。

主人詣香案焚香，退立。執事者一人取盞，立主人之左，一人執注立主人之右。與主人皆跪。主人受盞斟酒，灌于香案前地上茅沙上。酒傾盡，以盞授執事者。俯伏，興，再拜。復位。○北溪陳氏曰：「廖子晦廣州所刊《家禮》，降神在參神之前，不若臨漳本降神在參神之後爲得之。」

或問：「降神如何合在參神之後？」曰：「陳氏謂，凡無神主在位，設虛位祭，則先降而後參。既奉主於位，則不可虛視其主，必即拜而肅之，故先參而後降也。」又問降神之義。曰：「温公云：『古之祭者，不知神之所在，故灌用鬱鬯，擣鬱金香草之汁，和合鬯酒以灌地。臭陰達于淵泉。蕭合黍稷。取香蒿及牲之脂膋，合黍稷而燒之。臭陽達于墻屋，所以廣求神也。今此禮既難行於士民之家，故但焚香、酹酒以代之。』」

## 茅沙酹酒有兩説

束茅聚沙於香案前，及逐位前地上。○按，「香案前」者，乃降神之茅沙，酒當傾盡，「逐位前」者，乃主人代神祭者，酒宜少傾。蓋古者飲食必祭，今以鬼神自不能祭，故代之。

或問：「束茅聚沙是聚沙於地擁住茅束否？」曰：「然。」曰：「用茅何義也？」曰：「程子曰：『古者灌以降神，故用茅縮酌。』《郊特牲》注云『縮酌用茅，謂醴濁，用茅以泲之也。』」曰：「今俗用茅三束盤載以酹，何與？」曰：「程子謂，降神酹酒必澆於地，《家禮》亦同，但與代祭澆酒多寡不同耳，未聞用盤也。至劉氏璋補注『祭初祖』條，始有茅盤。用甆匾盂廣一尺，或黑漆小盤，截茅八寸餘作束，束以紅，立于盤內。劉必有考，但其不注於『時祭』各條。又恐止宜初祖，不敢據也。莫若降神則澆於地，代祭則澆於盤，未知可否？」曰：「茅用一束，或用三束，何也？」曰：「按『初獻』條注『用酒三祭于茅束上』，三祭者，滴三滴酒于茅上，非三束茅也。豈誤其數歟？近見他書每位一獻用酒三盞者，尤非也。後人有考，并改正焉。」

進饌能周旋中禮，當如儀行之；或不能行，依圖預設可也。

主人升，主婦從之。執事者以盤奉饌。主人奠肉于盞南，主婦奠麵于肉西。主人奠魚于醋楪南，主婦奠米食于魚東。主人奠羹醋楪東，主婦奠飯酒盞西。以次設諸正位，使諸子諸婦各設祔位。畢，皆復位。

## 初獻

主人詣高祖考妣位前。斟酒用熱酒。進奠于卓上，主人復取盞跪祭之茅上，酒少傾。代神祭也。以盞授執事者奠置故處。次取高祖妣盞，亦然。俯伏，興，少退立。執事炙肝于爐，楪盛。主人取奠于高祖考妣前，退詣曾祖考妣前，亦然。又詣祖考妣前，亦然。又詣考妣前，亦然。四龕皆遍。祝取板跪讀主人之左，無祝則主人自讀。畢，興，主人再拜。使子弟分獻各祔位，不讀祝。畢，執事者以他器徹酒及胙反盞故處。

## 祝文四代考妣皆平頭列書。

「維年月日同前，孝元孫某，敢昭告于顯高祖考某官無官稱處士。府君、高祖妣某封某氏、曾祖考某官府君、曾祖妣某封某氏、祖考某官府君、祖妣某封某氏、考某府君、妣某氏，曰：氣序流易，時維仲春，夏秋冬追感歲時，不勝永慕。敬以潔牲柔毛、彘則曰剛鬣，無牲則曰清酌庶羞。粢盛醴齊，祗薦歲事，以某親某祔食，如無，即不言祔食。尚饗」。

或問：「《家禮》，四代爲四祝板，逐龕祭讀，其事謹嚴。今乃四代共一祝板，亦有據乎？」曰：「《家禮》告事祝文，四代亦只共一板。國朝時祭亦然。且禮煩則亂，事神則難，故從其易。」

## 亞獻如初獻儀。

主婦爲之。無，則弟爲之。諸婦女奉炙肉。及分獻，但不讀祝。

## 終獻如亞獻儀。

兄弟之長，或長男，或親賓爲之。子弟奉炙肉及分獻，如無人，則三獻皆主人自行之。

## 侑食

主人升，執注添滿盞中酒。主婦升，扱插同。匙飯中，西柄正筯，皆北面再拜，降復位。

## 闔門注見「虞祭」條。

## 啓門同前。

主人以下皆入，主人、主婦奉茶分進考妣前，諸男女分進祔位。

## 受胙

韓魏公《家祭》云：「飲福受胙之禮，久已不行，今但以祭餘酒饌，命親屬長幼分飲食之，可也。」

## 辭神

主人以下皆再拜。

## 焚祝文

孫氏《祭儀》云：「祝文焚於燈燭上，近世焚楮錢，唐以前無之，一切宜斥去不用。」今天下文廟祀孔子，不敢用紙錢褻瀆，只用幣，可見尊崇之意。《家禮》云：「以楮錢代幣帛，是謂從宜。」〇今若欲從俗用楮錢，則祝文就焚于上。

或問：「楮錢宜用否？」曰：「昔日邵康節春秋祭祀亦焚楮錢，伊川怪，問之，則曰：『明器之義也，脫有一非，豈孝子慈孫之心乎？』又按，《法苑珠林》云：『紙錢非釋氏法，用之無害。』正是明器之意。俗謂可資於冥途，則可笑。又《事物紀原》云：『漢以來，葬者皆用瘞錢，後世稍以紙寓錢。意亦吝錢而從儉，及絕發掘之患。至今喪祭之焚楮錢，蓋起於此。』又《新唐書》云：『明皇頗好事鬼神。太常博士王璵習祭祀之禮以干時，上悦之，以爲侍御史，領祠祭事。璵祈禱，或焚楮錢，類巫覡，習禮者羞之。』其祈禱鬼神用紙錢，則自王璵始也。」

## 納主

本注：「主人、主婦各奉主納于櫝。以笥斂櫝，奉歸祠堂如來儀。」

## 徹

主婦還，監徹祭酒皆入瓶封之，謂之福酒。收果脯，滌祭器，藏之。

## 餕

主人歸胙於親友，遂布席，男女異處而享之，頒胙于内外執事者及僕役人。

## 禰祭

考曰「禰」。禰，近也。季秋擇日而祭。程子曰：「季秋，成物之始，亦象其類而祭之。」

朱子曰：「某家舊時時祭外有冬至、立春、季秋三祭。後以冬至、始祖之祭似禘，此厥初生民之祖。立春先祖之祭似祫，此高祖以上之祖。二祭似僭，覺得不安，遂已之。季秋依舊祭禰。」

設考、妣二位於正寢，陳蔬果酒饌訖。主人詣祠堂，跪告云：「孝子某，今以季秋成物之始，有事于考某官、或某處士。妣某氏，敢告。」

## 奉主就位行禮並同時祭儀。

## 祭禰祝文

「維年月日同前，孝子某，敢昭告于考某官府君、妣某封某氏，曰：今以季秋成物之始，感時追慕，昊天罔極。謹以清酌庶羞，祗薦歲事。尚饗」。

## 忌日祭親亡之日。是日，不飲酒食肉，素服以居，夕寢于外。

前一日，齋戒，設位，止設一位。具饌，止一分。餘同時祭儀。○眉山劉氏曰：「忌祭當兼設考妣，若考忌日，祝文後增一句曰『謹奉妣某氏配』；妣忌日，則『謹奉以配考某公』。」

## 變服詣祠堂

本注：「是日質明，主人以下皆素服，詣祠堂，告本龕云：『今以某親遠諱之辰，敢請神主，出就正寢，恭伸追慕。』」

## 奉主就位行禮並同時祭儀。

## 忌日祝文

「維年月日同前，孝子某，敢昭告于考某官府君，曰：歲序遷易，諱日復臨，追遠感時，昊天罔極。若祖考妣，改「昊天罔極」爲「不勝永慕」。謹以清酌庶羞，恭伸追慕。增書上文眉山劉氏奉配一句于此。尚饗」。若考妣則哭盡哀。

## 生忌親生之日。

《家禮》：「親生辰無祭。」鄭氏曰：「祭死不祭生。」今俗皆有祭。及觀義門鄭氏《麟溪集》云：「四月一日乃始遷祖初生之辰，奉神主于有序堂上行一獻禮。」此爲可據。切念親在，生辰既有慶禮，歿遇此日，能不感慕如死忌之祭，可也。

## 行事皆如死忌之儀

### 生忌祝文

「維年月日同前，孝子某，敢昭告于考某官府君，曰：歲序易遷，生辰復遇，存既有慶，歿寧敢忘。追遠感時，昊天罔極。謹以清酌庶羞，恭伸追慕。尚饗。」妣同。

# 墓祭

《家禮》：「三月上旬擇日，前一日齋戒，具饌。」〇韓魏公就用寒食及十月一日祭。

### 厥明詣墓

本注：「主人深衣，至墓再拜，奉行塋域内外，環繞哀省三周，用刀斧芟斬草棘。」

## 行事

用潔净席布于墓前，設饌如家祭儀。參、降神。初獻，讀祝，亞獻，終獻，辭神，並同家祭儀。徹，遂祠后土。

或問：「增注，問：『墓祭有儀否？』先生曰：『也無儀。大槩略如家祭。古人無墓祭，唐人亦不見祭，但是拜掃而已。』今宜祭否？」曰：「按朱子云：『祭儀以墓祭節祠爲不可，然先正皆言墓祭不害義。』又按劉氏云：『人死葬形原野，與世隔絶。孝子追慕之心，何有限極。當寒暑變移之際，益用增感，是宜省謁墳墓，以寓時思之敬。今寒食上墓之祭，雖禮經無文，世代相傳，寖以成俗，上自萬乘有上陵之禮，下達庶人有上墓之祭，是則貴賤皆〔宜墓祭〕也。』」曰：「祭儀祭物如何？」曰：「朱子云：『略如家祭。』」今放其儀物爲圖于下。

## 祭品豐儉

凡祭物，亦稱人家貧富。不貴豐腆，貴在脩潔，極誠而已。

## 祭墓祝文

「維年月日同前，孝子某，敢昭告于某親府君之墓，曰：氣序流易，雨露既濡。十月則改「霜露既降」。拜掃封塋，不勝感慕。謹以清酌庶羞，祗薦歲事。尚饗」。

## 祠后土

未祭墓前，即先除地于墓左。待祭墓畢，遂布席，陳饌，行禮。並同祭墓儀。

## 祠后土祝文

「維年月日同前，具某鄉貫某人姓名，或某官，敢昭告于后土氏之神，曰：某恭脩歲事于某親之墓，惟時保佑，實賴神休，敢以酒饌，敬伸奠獻。尚享」。

或問：「祠后土如何不在墓祭之前？」曰：「吾爲吾親來薦歲事，專誠在墓，土神自宜後祭。蓋有吾親，方有是神也。」曰：「世俗祭禮輕瀆，奈何？」曰：「朱子云『比見墓祭土神之禮，全然滅裂，吾甚懼焉！既爲先公託體山林而祀其主者，豈可如此？今後可與墓前一樣，菜、果、鮓、脯、飯、茶湯各一器，以盡吾寧親事神之意，勿令其有隆殺。』竊觀朱子之言，則知世俗薄於土神，千載一日，至今猶然也。然世俗之弊不可猝變，必在好古君子勇往力行以革其故態。今從儉，具圖于下，自宜隨力行之。吾黨之士，其率先焉。又按，周元陽《祭録》云：『古者，宗子去他國，庶子無廟。』孔子許望墓爲壇，以時祭祀，即今之寒食上墓。今人或羇宦寓於他邦，不及此時拜掃松檟，則寒食在家，亦可祠祭。」

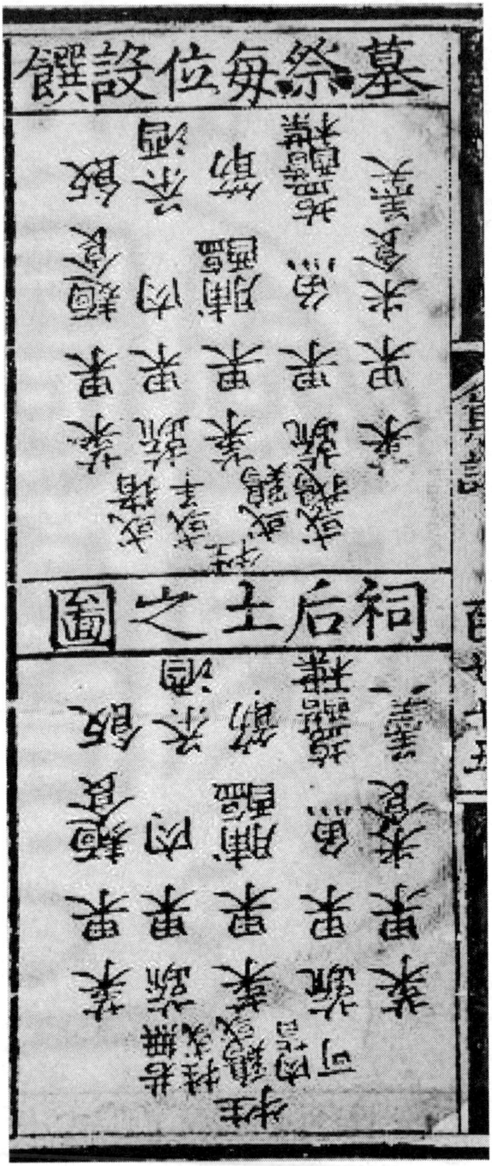
墓祭每位設饌
祠后土之圖

# 文公家禮儀節

（明）丘　濬　撰
姚永輝　整理

# 《文公家禮儀節》解題

姚永輝

《文公家禮儀節》，八卷，明丘濬撰。

丘濬（一四二一—一四九五），字仲深，號深庵，明廣東瓊山（今海南）人，同輩尊稱爲瓊山先生、瓊臺先生。景泰五年（一四五四）中進士，選爲翰林院庶吉士，授編修。天順八年（一四六四），充經筵講官。成化年間，進侍講學士，升翰林學士，遷國子祭酒，尋進禮部右侍郎，掌祭酒事。孝宗即位，進所著《大學衍義補》，獲嘉許，進禮部尚書，掌詹事府事。弘治四年（一四九一），加太子太保，進文淵閣大學士。八年卒，年七十五。謚號文莊。平生著述甚豐，曾參與修纂《寰宇通志》《明一統志》《英宗實録》《續修宋元通鑑綱目》等，主編《憲宗實録》，著有《朱子學的》《家禮儀節》《大學衍義補》《世史正綱》《瓊臺類稿》《瓊臺吟稿》（以上二種後人合編爲《瓊臺會稿》）等。《明史》卷一八一有傳。

元明以降，隨着程朱理學在政治話語中的地位不斷上升，《家禮》衍生讀本陸續問世，大多是對《家禮》的辨析注解。在丘濬生活的時代，作爲官方權威文本的《性理大全》本《家禮》在實踐中多爲虚文。流傳稍廣的改編本，其適用性亦不足。丘濬曾自述「少有志用世，於凡天下户口、邊塞、兵馬、鹽鐵之事，無不究諸心」，意謂「一旦出而見售於時，隨所任使，庶幾有以藉手致用」（《瓊臺會稿》卷一九《願豐軒記》），他以經世致用爲人生目標，讀書處事靈活而不拘泥。丘濬極爲推崇朱子所倡下學上達的原則，將禮儀教化視爲一道德而同風俗的必由之途，直面《家禮》在世俗傳播中不被青睞的種種問題，尋求在現實中落實《家禮》甚或朱學的方法而非囿於純粹的學術討論，遂立志編寫「有所本而易行切用」的《家禮》新文本。

成化年間，丘濬在返鄉丁母憂期間，取朱子《家禮》而損益以當時之制，編成是書。凡通禮一卷、冠禮一卷、昏禮一卷、喪禮三卷、祭禮一卷，末卷爲「家禮雜儀與附録」，共八卷。將原《温公居家雜儀》二十條，「檃括其内二條節序、家宴上壽爲儀節，附《通禮》後，其餘俱移置卷末，與冠、昏、喪、祭、鄉諸儀通載」（《家禮儀節》卷一《温公居家雜儀》按語）。前七卷，每卷包括儀節、餘注、考證、圖式四個部分。從《家禮》本注中掇拾禮文之大要，詳列儀節。「其有用之不盡而可以爲行禮之防範輔翼者」，再總録於「餘注」，「使行禮者有考焉」（《家禮儀節》卷一「凡有水火盜賊」條注）。逐章考證，將關涉本章的禮經、儀典、先賢語録等按專題歸納，或明確儀文擬定的經典出處，或考證前人論述有抵牾處，或以禮正俗等。最後，附圖式以説明並加以注解考證，將舊載於卷首的《家禮》諸圖調整至相關卷末，以便對讀閲覽。《通禮圖》變動較大，「今首宗法者，

《家禮》大義所繫也」，因此將大宗小宗圖、尺式、櫝式、神主式等提前；「尺式主圖，舊載《喪禮》，今移之于前者，蓋今人家未必皆有祠堂，自高曾以上神主未必皆如式」；今人家「不用古諸侯別子之說，而易以始祖」，「使始創祠立主者有所考焉」；「以《通禮》止有祠堂而無家廟，況朱子明言古之廟制不見於經，且今士庶人之家亦有不得立者」，故刪除家廟之圖；「祠堂圖下，舊本就附親屬序立之位，今別出者，欲人易曉」等（《家禮儀節》卷一《通禮圖》按語）。經此調整，是書呈現出與《家禮》傳承以來所有衍生文本截然不同的面貌，體現了既有所本又易行切用的改造原則。自《家禮》出，朱熹季子朱在、女婿兼弟子黄幹以及其他衆多門生皆言《家禮》出自朱熹手訂。然而，元代至正年間，武林應氏作《家禮辨》懷疑《家禮》並非朱熹所作，丘濬對此頗不以爲然，於是書中略爲辨析，視之爲淺妄。應氏《家禮辨》其文不傳，僅見於是書。

是書於成化十年（一四七四）編成，初刻於廣州，但多誤字。成化十三年（一四七七），丘濬回京升任國子祭酒，重新校正《家禮儀節》，「恐鄉下邑初學之士卒遇有事，其或讀書之不能以句，乃命學者正其句讀」（正德十三年常州府重刊本《家禮儀節》丘濬跋）。此後地方官余諒赴京帶回福建翻刻。《家禮儀節》在明清時期傳播甚廣，版本多至數十種。現存明代主要版本有：弘治三年（一四九〇）順德知縣吴廷舉刊本及嘉靖十八年（一五三九）王德溢修補本，該本錯訛甚多，推測或沿自早期廣州本；正德十二年（一五一七）應天府刻本；正德十二年（一五一七）直隸太平府刻本；正德十三年（一五一八）常州府重刊本；嘉靖元年（一五二二）至五年（一五二六）廣西胡堯元校刊本；嘉靖三十六年（一五五七）夷陵劉起宗翻刻本；嘉靖三十八年（一五五九）湖廣重刻本；萬曆二十七年（一五九九）彭濱校補、余良相建陽《家禮正衡》重刻本，與此本近似者有日藏萬曆間午山熊氏刻本；萬曆三十六年（一六〇八）常州府推官錢時刊本，與該本相關聯者還包括萬曆四十六年（一六一八）何士晉重刻本；萬曆四十年至四十四年（一六一二—一六一六）畢懋康訂、余自强校陝西重刻本；以及明末陳士錫重訂本、明末書坊托楊慎名刻本等。此外，尚有不少清代刻印本傳世，據萬斯同説，因丘濬書影響太大，當時刻書者甚至有多删去朱子之文但詳存丘氏之儀節者（《群書疑辨》卷四《書〈家禮儀節·祔祭〉後》）。

明正德年間，《家禮儀節》就已傳入朝鮮，被視爲《家禮》之羽翼，深刻影響了朝鮮禮學的發展進程。至晚在一六四八年，就已在日本傳播。以《家禮儀節》爲底本撰述並刊行的《大和家禮》被視爲探討《家禮》在日本近世初期傳播的著作。

如前所述，現存《家禮儀節》版本較多，但早期版本或錯訛甚多，或文字漫漶不清、存在缺頁等。相比較而言，萬曆三十六年（一六〇八）常州府推官錢時刊本印製清晰精美、錯訛較少，且該本在後世翻刻較多。本次點校，以日本内閣文庫所藏萬曆三十六年（一六〇八）常州府推官錢時刊本爲底本，以哈佛大學所藏弘治三年（一四九〇）順德知縣吴廷舉刊本（順德本）、正德十二年（一五一七）明直隸太平府趙維藩刻本（太平府本）、正德十三年（一五一八）常州府重刊本（常州府本）爲參校本。

# 目録

家禮儀節序……（一五）
家禮儀節序……（一七）
家禮儀節序……（一九）
家禮儀節序……（二一）
校成衙氏……（二三）
家禮儀節序……（二五）
引用書目……（二七）
文公家禮序……（二九）
文公家禮儀節卷之一
通禮……（三五）
祠堂……（三五）
通禮考證……（四四）
婦人拜考證……（四七）
深衣制度……（四九）
温公居家雜儀……（五八）
通禮圖……（六一）

宗法考證……（六一）

**文公家禮儀節卷之二**

冠禮……（七五）
冠……（七五）
笄……（八八）
冠禮考證……（九三）

**文公家禮儀節卷之三**

昏禮……（九九）
議昏……（九九）
納采……（一〇〇）
納幣……（一〇五）
親迎……（一〇八）
婦見舅姑……（一一四）
廟見……（一一七）
婿見婦之父母……（一一八）
昏禮考證……（一二一）

**文公家禮儀節卷之四**

喪禮……（一二七）
初終……（一二七）
沐浴　襲　奠　爲位　飯含……（一三三）
靈座　魂帛　銘旌……（一三六）
大斂……（一四一）
喪禮考證……（一四五）
成服……（一五七）
喪服考證……（一七〇）

**文公家禮儀節卷之五**


喪禮……（一八九）
朝夕哭奠　上食……（一八九）
吊　奠　賻……（一九二）
聞喪　奔喪……（一九五）
喪禮考證……（二〇〇）
治葬……（二〇三）
遷柩　朝祖　奠　賻　陳器
祖奠……（二〇八）
遣奠……（二一一）
發引……（二一二）
及墓　下棺　祠后土　題木主
成墳……（二一三）
反哭……（二一八）
喪禮考證……（二二二）


**文公家禮儀節卷之六**


喪禮……（二三五）
虞祭……（二三五）
祔……（二四一）
小祥……（二四五）
大祥……（二四七）
禫……（二五一）
喪禮考證……（二五三）
改葬……（二五五）
改葬考證……（二六〇）
返葬儀……（二六〇）


**文公家禮儀節卷之七**


祭禮……（二六三）
四時祭……（二六三）

初祖……（二七二）
先祖……（二七五）
禰……（二八〇）
忌日……（二八二）
墓祭……（二八三）
焚黄告祭儀……（二八六）
祀土地……（二八七）
祀竈……（二八八）
祭禮考證……（二八九）

文公家禮儀節卷之八

家禮雜儀……（二九七）
司馬氏居家雜儀……（二九七）
冠禮雜儀……（三〇三）
昏禮雜儀……（三〇四）
居喪雜儀……（三〇七）
祭祀雜儀……（三〇八）
居鄉雜儀……（三〇九）
輩行之等……（三〇九）
相見之禮……（三一〇）
往還之數……（三一〇）
名帖之類……（三一一）
進退之節……（三一一）
迎送之禮……（三一二）
拜揖之禮……（三一二）
道塗之禮……（三一三）
請召之禮……（三一三）
齒位之序……（三一四）
獻酢之禮……（三一四）
勞餞之禮……（三一五）

慶吊之禮……（三一六）
獻遺之禮……（三一六）

## 家禮附録

通禮……（三一七）
家書……（三一七）
上祖父母父母書……（三一七）
與内外幼屬書……（三一八）
冠禮……（三一九）
字辭……（三一九）
字朱元晦祝詞……（三一九）
虞采虞集子辭……（三二〇）
字説……（三二一）
劉生瑾字説……（三二一）
魏甥恪字叙……（三二一）
昏禮……（三二二）
聘定啓……（三二二）
回啓……（三二二）
喪禮……（三二三）
書疏……（三二三）
慰人父母亡疏……（三二三）
父母亡答人慰疏……（三二四）
慰人祖父母亡啓狀……（三二五）
祖父母亡答人啓狀……（三二五）
擬祖父母父母亡謝人吊賻會
葬不行躬謝疏……（三二六）
墓志……（三二七）
劉十九府君墓志銘……（三二七）
建安郡夫人游氏墓志銘……（三二九）
先考朱府君遷墓記……（三三〇）

先妣祝孺人壙記……（三三二）
祭文……（三三二）
祭延平李先生文……（三三二）
祭呂伯恭著作文……（三三三）
祭蔡季通文……（三三四）
又祭蔡季通文……（三三五）
祭劉氏妹文……（三三五）
祭禮……（三三六）
書簡……（三三六）
歸胙于所尊書……（三三六）
所尊復書……（三三六）
祝告……（三三七）
時祭祝文……（三三七）
歲祭祝文……（三三七）
焚黄文一……（三三八）
焚黄文二……（三三八）
焚黄文三……（三三九）
贈官告皇考文……（三三九）
致仕告家廟文……（三三九）
遷居告家廟文……（三四〇）
告考妣文……（三四〇）
祭告遠祖墓文……（三四一）
歸新安祭墓文……（三四二）
祭土地神文一……（三四二）
土地神文二……（三四二）

# 家禮儀節序

禮何以爲家？人世父子、兄弟、夫婦生養葬祭，則天下盡家也。蓋文公綜古儀禮，絲分而綸比之；文莊公綜今典制，支導而派疏之。斯禮也，國可以王矣。蓋督學楊公問諸晉陵，晉陵錢理捐俸，剞劂成，而以叙請不佞，不佞卒業嘆曰：禮之不可已也如是夫！夫談政者，靡艷在化，靡惕在争。夫化何垠哉！恍惚無據，汪洋失守，聽之令人蕩而忘歸，見謂名美耳。反此人情，非僭踰淫佚，即纖嗇偃瘠，愚智日相非，巧拙日相殘，此非争於其所耶？聖人曰：人生情文，自有竅會，進反自有凑理，緣是整之齊之，則禮生焉。何則？禮者，理也。人生，童子長，男女合，悲死追生，則性情形體之一大轉也。轉不可格，格則民不怡，故爲之順而推之；轉不可極，極則民不恬，故又爲之逆而持之。一推一持，儀節乃生，天理乃行，故三加六備、躃踊瘞奠，此皆人生自然之條理。第以煩簡不必共數，往來不必共適，乃有《儀禮》所不能盡通，而考亭舉而係之以家，文莊又衍之儀節，酌古準今，二先生蓋亦既始終條理焉。噫！意至深遠矣。四民日循習其中，而性命得，而生養安，一道同風，時靡有争，聖王握道而化，孰踰此者？禮之不可已也如是夫！蓋吴自泰伯始基，札也避位，世克敦讓，則以知禮聞禮，不在吳哉！文公論行禮，必曰講之明、習之熟，夫以君子之禮鄉而講習禮。子長曰：太上因之。善哉！司理之能因也，其治效概可覩矣。督撫應天等處都察院右副都御史周孔教撰。

# 家禮儀節序

蓋《易》繫家人則稱天下定也；《春秋》屬詞比事，書葬，書祭，書逆女送婦，衮鉞不啻屢致意焉；《詩》《書》所稱，《大戴》所記，皆托始家法，其以篤近舉遠，爲生民布帛菽粟如是而止，禮亦如是而止。考亭之有《家禮》也，文莊公之有《儀節》也，意在斯乎？夫子曰：庸德之行，庸言之謹。又曰：禮不可斯須去身。蓋禮生于情而止于情者也。情非約於有檢，則必越于無忌，太簡因恣其狂奔，太繁又拘而多畏，惟是核其文質、綜其進反，雖匹夫匹婦，必有以展布其四體、發抒其神明，而中心始快足而無憾。于是檠跽以奉之、罄折以趨之、妥侑獻酬以合之，其攝躬屏氣，嚴五官而固百骸，若憲律之不可踰跐者，其亦有竅於固然、緣於不得已者耶？聖人之所以爲行爲謹者，是禮也。考亭集諸儒之成，文莊亦名儒，其相繼後先，微以傳聖人經常之旨，而顯以轉百姓日用不知之則者，則斯禮具在。昔賈生策《治安》，引子母婦姑誶語反唇，廩爲變色太息；而匡衡《治性正家》一疏，惟謂室家之道備，則天下之理得。此以知移風易俗、維世立教，兩先生所重可想矣。余備乏省方，每念風俗日偷，世教鮮舉，如拳石灩觴，安所得砥中流柱者，相與隄而障之？適督學楊公校毘陵，蒐及是書，司李錢君校次剞劂，出以示余，蓋忻然有當焉。我國朝會典諸書，自簪纓紱冕，至圭竇蓽門，人予畫一之律令。今父子、兄弟、夫婦生養葬祭、舉步即是者，則斯禮具在，顧可聽其人爲律，而家爲令，不申以畫一之規也。是書也，固兩先生所以扶世之律令也哉？試取以經緯國典，家户比之，約情歸禮，齗齗奉爲神明，即唐虞三代威儀可覩焉。子曰：吾觀鄉飲酒禮而知王道之易易也。余於是書亦云。賜進士第文林郎江西道監察御史奉敕督理浙直等處鹽政桐城方大鎮撰。

# 家禮儀節序

時上春官試政禮曹，則當事者，授大明律一簡，比規比矩，扶撥枉撓，不差蝨首，不失蜂針，時既讀之，歎曰：有是哉！聖人運用天理之具乎！夫禮者，理之地也。律者，理之路也。世路崎嶇棘蓁，聖人剪拂而繩之，依然康莊大地，夫禮律則不奸矣。迨授官理刑晉陵，則晉陵舊有《家禮儀節》藏板。乃漫漶，遍丐諸本校讐，既讀之，又歎曰：有是哉！聖人運用天理之具乎！夫王國之禮，淵乎博矣。天下人自爲家，廣谷大川，異制；民生其間，異俗。孰是儀之節之？君子曰：人何以爲家？少壯男女，有始有卒，分之則家，合之則天下矣。故匍匐有喪，不與其易；昏因之故，不與其富；宴喜三加、周旋俎豆，如是則理，不如是則不理。蓋嘗讀三《禮》，每有概焉：漢以下議禮，不啻聚訟。文公之爲是書，意亦曰：斯禮也，達乎天下之家，飾情合貌，不任受煩，率質循真，不任受簡，不亦人人自立之地乎！蓋文公以是爲家之禮，而人以爲文公之禮也，則瓊山氏又衍而儀之節之，意念深矣。太史公曰：俗之漸民久矣，雖户説以渺論，終不能化。夫渺，則何能化，又何以説也？説玄説妙，總也濫耳。聖人卑瀍象地，登降殺隆，循循實履，恁惻怛，又恁悚惕，優優大哉！蓋直指楊先生校文，按節首詢訂之，夫以三吴之文，爛焉爲宇内嫣矢，先生提衡而約之禮，儻亦慮今人士，高譚性命，稱天語聖，弊固將在渺耶？時刑官也，見爰書之條理，比規比矩，森然避趨，民有路矣。然謂實能履地者，是真能得路者也。成人正始，慎終追遠，於是乎在，爰爲梓而傳之，是則實地見天理意也。萬曆戊申長至日，常州府推官於越後學錢時謹撰。

# 家禮儀節序

紫陽《家禮》，實本諸《儀禮》。而淹中所出、曲臺所記，皆威儀之事。先正丘文莊覆爲綴訂，亦且酌時宜、體物志，甚要約矣！夫昔之禮繁，繁宜易厭，而卒以循守弗諐；今之禮簡，簡宜易從，而昌恣者，猶忌其檢柙。激迅者，見以爲迂闊事情，不聞恒肆及之也，即所睹士大夫家鮮克由焉，又何幾下庶人乎？此其繇古者十五入小學，三十而五經通，至春秋，雖教衰禮壞，列國朝聘之表、昏喪之紀，必能禮者從之。高卑俯仰之間，足以考共惰、卜存亡。它若饌饋俶衽、蚤作退習，弟子之職尚載管氏書。要以始之學也，累跡而立，望表而止，如防潰，如御奔，使不得四出自放，爲既日習而安焉，所稱筋骸束、肌膚會者，漸濡以潤，穆以恬愉而嘿膺其益，不覺其勞，故曰：禮者養也。風會之流，以迨于兹，騖功利若渴，趨名若羶，自其幼學，父師之所撫訓抗督，唯是孳孳速化，競上之氣赫然熾，而崇讓合敬之意，溘然浸微。余竊閔焉，爲世道念之。頃繆奉璽書董學南畿，課詁程業，壹尊紫陽，而胥令以衡法于禮，三復是編，方圖有以式多士。會晉陵錢司理任剞劂之役，概于余衷，因爲弁其端。余占之星紀，斗居天中，備威儀，王者法而行禮，則得天中和。眇予生及今所按部，咸在斗域，庶藉是以追挽馴雅之風，仰承聖祖豐芑之遺被，良在斯虖！然余觀言偃以灑埽應對抑末爾，子太叔論揖讓周旋曰：是儀也，非禮。夫道器同貫，始卒一揆，固未能凌躐，抑何至岐貳哉？第得是編而存之，俾人之軨有所依將，君子不爲庶人，庶人不爲異類，若登射之對，而治教之粉澤，以免於湮茀不理，其可矣。萬曆戊申至前七日，南畿提學御史武林楊廷筠書於宛陵公署。

# 校成銜氏

督撫應天等府右副都御史周孔教
提督南畿學校監察御史楊廷筠
督理浙直鹽課監察御史方大鎮
整飭蘇松兵備副使李右諫
整飭常鎮兵備按察使蔡獻臣
常州府　知府杜承式
同知連繼芳
推官錢時
武進縣　知縣張垣
無錫縣　知縣許令典
宜興縣　知縣喻致知
靖江縣　知縣朱勳
安定縣　知縣武進惲應翼

# 家禮儀節序

禮之在天下，不可一日無也。中國所以異於夷狄，人類所以異於禽獸，以其有禮也。禮其可一日無乎？成周以禮持世，上自王朝以至于士庶人之家，莫不有其禮。秦火之厄，所餘無幾，漢魏以來王朝郡國之禮，雖或有所施行，而民庶之家則蕩然無餘矣。士夫之好禮者，在唐有孟詵，在宋有韓琦，諸人雖或有所著述，然皆略而未備，駁而未純。文公先生因温公《書儀》，參以程、張二家之説，而爲《家禮》一書，實萬世人家通行之典也。議者乃謂：此書初成，爲人所竊去，雖文公亦未盡行。噫，文公之身，動容周旋，無非禮者。方其存時，固無俟乎此書。今其既没之後，有志欲行古禮者，舍此將何據哉？禮之在人家，如菽粟布帛然，不可斯須無之。讀書以爲儒而不知行禮，猶農而無耒耜，工而無繩尺也，尚得爲農工哉？夫儒教所以不振者，異端亂之也。異端所以能肆行者，以儒者失禮之柄也。世之學儒者，徒知讀書而不能執禮，而吾禮之柄，遂爲異教所竊弄而不自覺。自吾失吾禮之柄，而彼因得以乘間陰竊吾喪祭之土苴，以爲追薦禱禳之事。而吾之士大夫名能文章通經術者，亦且甘心隨其步趨、遵其約束而不以爲非。無怪乎舉世之人靡然從之，安以爲常也。世儒方呶呶然作爲文章以攻擊異端爲事。噫，吾家之禮爲彼所竊去，而不知所以反求，顧欲以口舌争之哉？失其本矣。竊以謂《家禮》一書，誠闢衰説，正人心之本也。使天下之人人誦此書，家行此禮，慎終有道，追遠有儀，則彼自息矣。儒道豈有不振也哉？然世之好議人者，已懵然於儀文節度之間而忌人有爲也。聞有行禮者則曰：彼行某事未合於禮，彼行某禮有戾於古。甚者又曰：彼行之不盡，何若我不行之之爲愈也。殊不思人之行禮，如其讀書然。讀書者未必皆能造於聖賢之域，然錯認金根爲金銀者，較之併與金銀不識者，果孰勝哉？濬生遐方，自少有志於禮學，意謂海内文獻所在，其於是禮，必能家行而人習之也。及出而北仕於中朝，然後知世之行是禮者，蓋亦鮮焉。詢其所以不行之故，咸曰禮文深奥而其事未易以行也。是以不揆愚陋，竊取《文公家禮》本注，約爲儀節，而易以淺近之言，使人易曉而可行。將以均諸窮鄉淺學之士。若夫通都鉅邑明經學古之士，自當考文公全書，又由是而上進於古儀禮云。成化甲午春二月甲子，瓊山丘濬序。

# 引用書目

《儀禮》
《儀禮注疏》
《儀禮經傳通解》
《禮記》
《禮記注疏》
《禮記大全》
《禮記纂言》
《周禮》
《春秋左氏公羊傳》
《白虎通》
《漢書》
《郭氏葬經》
《開元禮》
《政和五禮》
《古今家祭禮》
温公《書儀》
《韓魏公古今祭式》
《三家禮》
《呂汲公家祭儀》
《宋朝文鑑》
《程氏遺書》
《晁氏客語》
《李廌師友談記》
高氏《厚終禮》

《文公大全集》　《文公語類》
《黃勉齋文集》　《楊氏附注》
《劉氏補注》　《劉氏增注》
《事物紀原》　羅氏《鶴林玉露》
吳氏《文言集》　應氏《家禮辨》
義門鄭氏《家儀》　朱氏《白雲稿》
御製《孝慈録》
聖朝《稽古定制》
御製《性理大全書》
《大明集禮》

# 文公家禮序

凡禮，有本有文。自其施於家者言之，則名分之守，愛敬之實，其本也。冠昏喪祭儀章度數者，其文也。其本者，有家日用之常體，固不可以一日而不修。其文又皆所以紀綱人道之始終。雖其行之有時，施之有所，然非講之素明，習之素熟，則其臨事之際，亦無以合宜而應節。是亦不可以一日而不講且習焉者也。三代之際，禮經備矣。然其存於今者，宫廬器服之制，出入起居之節，皆已不宜於世。世之君子，雖或酌以古今之變，更爲一時之法，然亦或詳或略，無所折衷，至或遺其本而務其末，緩於實而急於文。自有志好禮之士，猶或不能舉其要，而困於貧窶者，尤患其終不能有以及於禮也。熹之愚，蓋兩病焉。是以嘗獨究觀古今之籍，因其大體之不可變者，而少加損益於其間，以爲一家之書。大抵謹名分，崇愛敬，以爲之本，至其施行之際，則又略浮文，務本實，以竊自附於孔子從先進之遺意。誠願得與同志之士熟講而勉行之，庶幾古人所以修身齊家之道，謹終追遠之心，猶可以復見，而於國家所以崇化導民之意，亦或有小補云。

黄氏榦曰：「昔者聞諸先師曰：『禮者，天理之節文，人事之儀則也。』蓋自天高地下，萬物散殊，而禮之制已存乎其中矣。於五行則爲火，於四序則爲夏，於四德則爲亨，莫非天理之自然而不可易。人稟五常之性以生，禮之體雖具於有生之初，形而爲恭敬辭遜，著而爲威儀度數，則又皆人事之當然而不容已也。聖人沿人情而制禮，既本於天理之正，隆古之世，習俗醇厚，亦安行於是理之中。世降俗末，人心邪僻，天理湮晦，於是始以是爲强世之具矣。先儒取其施於家者著爲一家之書，爲斯世慮至切也。晦庵先生以其本末詳略，猶有可疑，斟酌損益，更爲《家禮》，務從本實，以惠後學。蓋以天理不可一日而不存，則是禮亦不可一日而間缺也。先生教人自格物致知、誠意正心以修其身，皆所以正人心、復天理也，則禮其可緩與？迨其晚年，討論家、鄉、侯國、王朝之禮，以復三代之墜典。未及脱藁，而先生歿矣。此百世之遺恨也。則是書已就，而切於人倫日用之常，學者其可不盡心與？學者得是書而習之，又於先生所以教人者深致意焉，然後知是書之作，無非天理之自然，人事之當然，而不可一日缺也。見之明，信之篤，守之固，禮教之行，庶乎有望矣。」

黄氏榦曰：「其書始成，爲一行童竊以逃。先生易簀，其書始出，今行於世。然其間有與先生晚歲之論不合者，故未嘗爲學者道也。」

陳氏淳曰：「嘉定辛未歲過温陵，先生季子敬之倅郡，出示《家禮》一編，云：『此往年僧寺所亡本也，有士人録得，會先生葬日携來，因得之。』」

李氏方子曰：「乾道五年九月，先生丁母祝令人憂，居喪盡禮，參酌古今，因成喪、葬、祭禮，推之於冠、昏，共爲一編，命曰《家禮》。」

濬按：武林應氏作《家禮辨》謂：「文公先生於紹熙甲寅八月跋《三家禮範》云：『某嘗欲因司馬氏之書，參考諸家之説，裁定增損，舉綱張目，以附其後。顧以衰病，不能及已。』勉齋先生《家禮後序》云：『文公以先儒之書，本末詳略，猶有可疑，斟酌損益，更爲《家禮》。迨其晚年討論家、鄉、侯國、王朝之禮，未及脱藁而先生没。此百世之遺恨也。』今且以其書之出不同，置之。姑以年月考之。宋光宗紹熙甲寅，文公已於《三家禮範》自言『顧以衰病，不能及已』，豈於孝宗乾道己丑已有此書？况勉齋先生亦云『未及脱藁而文公没』，則是書非文公所編，不待辨而明矣。《文公集》中有與門人言及《家禮》已成四卷，并《家禮》序文。此門人編入以爲張本耳。」應氏此言，謂《家禮》爲未成之書，雖成而未盡用，可也。乃併以爲無此書，可乎？既無此書，則胡爲而有此序。且序文决非朱子不能作，而謂門人編入以爲張本，决不然也。况其所引勉齋跋語所謂「未及脱藁」者，指《經傳通解》也，非謂《家禮》也。《三家禮範》序所云，是亦謂「未及參考諸家，裁定增損，使無遺恨爾」，非謂無是書也。黄、陳、李、楊諸子，皆出自朱門，親授指教，皆不以爲疑，而應氏生元至正間，一旦乃肆意辨論，以爲非朱子所編，斷斷乎出於門人附會無疑，且謂其妄意增損《三家禮範》之文，殊乖禮經，又謂附注穿鑿尤甚。噫，應氏之爲此言，其亦淺妄之甚矣。其《辨》中所言，笄禮略如冠禮，及謂祝穆爲文公甥，皆可笑。愚恐學者惑於其説，故載其語而略辨之。

楊氏復曰：「先生服母喪，參酌古今，咸盡其變，因成喪、葬、祭禮，又推之於冠、昏，名曰

《家禮》。既成，爲一童行竊之以逃。先生易簀，其書始出，行於世。今按先生家、鄉、侯國、王朝禮，專以《儀禮》爲經。及自述《家禮》，則又通之以古今之宜。故冠禮則多取司馬氏，昏禮則參諸司馬氏、程氏，喪禮本之司馬氏，後又以高氏爲最善。及論祔、遷，則取横渠。遺命治喪，則以《書儀》疏略而用《儀禮》。祭禮兼用司馬氏、程氏，而先後所見又有不同。節祠則以韓魏公所行者爲法。若夫明大宗、小宗之法，以寓愛禮存羊之意，此又《家禮》之大義所繫。蓋諸書所未暇及，而先生於此尤拳拳也。惜其書既亡，至先生没而後出，不及再修，以幸萬世。於是竊取先生平日去取折衷之言，有以發明《家禮》之意者。若昏禮，親迎用温公，入門以後，則從伊川之類是也。有後來議論始定，若祭禮，祭始祖、初祖而後不祭之類是也。有以用疏家之説，若深衣續衽鉤邊是也。有用先儒舊義與經傳不同，若喪服辟領，婦人不杖之類是也。凡此，悉附於逐條之下云。」

周氏復曰：「文公門人三山楊復附注於逐條之下者，可謂有功於《家禮》矣。復別出之以附于書之後，恐其間斷文公本書也。抑文公此書，欲簡便而易行，故與《儀禮》或有不同，如婦人用今之衰裳，吊喪者徇俗而答拜之類。其所同者，又不能無詳略之異。如昏禮之六禮，喪禮襲斂用衣多少之類。楊氏往往多不滿之意，復竊謂：《儀禮》存乎古，《家禮》通於今。《儀禮》備其詳，《家禮》舉其要。蓋竝行而不悖也。故文公雖著《家禮》，而尤拳拳於編集《儀禮》之書，遺命治喪必令參酌《儀禮》《書儀》而行之，其意蓋可見矣。好古而欲盡禮者，固有《儀禮》在，楊氏之説有不得而盡録云。」

濬按：《文公家禮》五卷，而不聞有圖。今刻本載于卷首，而不言作者。夫書不盡言，故圖以明之，今卷首圖注多不合於本書，豈文公所作自相矛盾哉！今數其大者言之。《通禮》云立祠堂，而圖以爲家廟，一也。深衣緇冠，冠梁包武而屈其末，圖則安梁於武之上，二也。本文黑屨而圖下注用白，三也。《喪禮》陳襲衣有深衣等物，而不用《儀禮》質、殺二冒，而圖乃陳之，四也。本文大斂無布紋之數，而圖有之，五也。大斂無棺中結絞之文，而圖下注則結於棺中，六也。然其明白可曉者，尺式圖下載天台潘時舉説，末識歲月曰「嘉定癸酉」。是時距文公没時慶元庚申，十有三年矣，豈可謂爲文公作哉！及考楊氏《儀禮圖》序有云：「趙彦肅作特牲、少牢二禮圖，質先師，先師喜曰：更得冠昏圖乃爲佳耳！」蓋《儀禮》元未有圖，故先師欲與學者考訂以成之也。由是觀之，則《家禮》卷首諸圖非文公作，彰彰然明矣。近觀南監本，上饒周氏以楊氏附注間斷《家禮》本文，别出之於本書卷帙之後，以爲附録。載喪服辟領六圖於其所録之中。及觀《通解·喪服圖式·衰制》下亦云「此圖係案先師《文公家禮》纂出」，則圖爲楊氏作也。然有可疑者，附注於大斂條下，引高氏説「大斂之絞，横者五，裂爲六片，而用五」，而圖乃用布五幅而裂其兩端，各爲十五。楊氏於《儀禮》大斂殯圖明注斂席在東，殯位在西。君視大斂圖亦然。而卷首大斂圖下注乃於棺中結大斂之絞，則又有不可曉者，豈楊氏前後所見自異同歟？姑書所疑，以俟考禮之君子質焉。或曰信如此言，圖固非朱子作矣。何以《祠堂》章下有「主式見《喪禮》及前圖」八字？愚按：南雝《家禮》舊本，於立祠堂下注圈外止云：「主式見《喪禮·

治葬》章」，竝無「見前圖」三字。不知近本何據改「治葬章」三字爲「見前圖」也。由是推之，則圖爲後人贅入，昭然矣。

黄氏瑞節曰：「《家禮》以宗法爲主，所謂非嫡長子不敢祭其父，皆是意也。至於冠昏喪祭，莫不以宗法行其間云。」

# 文公家禮儀節卷之一

後學丘濬輯　楊廷筠訂　錢時刊

## 通禮

此篇所著，皆所謂有家日用之常體，不可一日而不修者。

### 祠堂

此章本合在《祭禮》篇，今以報本反始之心，尊祖敬宗之意，實有家名分之守，所以開業傳世之本也。故特著此冠于篇端，使覽者知所以先立乎其大者，而凡後篇所以周旋升降、出入向背之曲折，亦有所據以考焉。然古之廟制不見於經，且今士庶人之賤亦有所不得爲者，故特以祠堂名之，而其制度亦多用俗禮云。

君子將營宮室，先立祠堂於正寢之東。

祠堂制，三間或一間。正寢謂前堂也。【詳具圖】。

爲四龕，以奉先世神主。

高、曾、祖、考，四代各爲一龕。龕中置櫝，櫝中藏主。龕外垂簾，以一長卓共盛之。列龕以西爲上，每龕前各設一卓，【或共設一長卓】。兩階之間又通設一香案，上置香爐、香合之類。【詳具圖】。

旁親之無後者，以其班祔。

伯叔祖父、母，祔于高祖。伯叔父、母，祔于曾祖。妻若兄弟，若兄弟之妻，祔于祖。子姪祔于父。皆西向。主櫝竝如正位而略小。【或不用櫝，列主於龕之兩旁，男左女右亦可祔，殤亦如之】。

置祭田。

計見田，每龕取其二十之一以爲祭田。

具祭器。

椅、卓子、牀、席、香罏、香合、香匙、燭檠、茅沙盤、祝版、環珓、酒注、盞盤、盞、茶瓶、茶盞并托、椀、楪子、匙、筯、酒尊、玄酒尊、托盤、盥盤并架、帨巾并架、火罏，以上器物隨其合用之數，皆具貯而封鎖之，不得他用。不可貯者，列於外門之内。

主人晨謁於大門之内。

主人，謂宗子，主祠堂之祭者。不啓櫝。

儀節　每日夙興，先命子弟洗手、焚香。主人具衣冠至門内。詣香案前，跪，焚香，俯伏，興，拜。興，拜。興，平身。

出入必告。

主人、主婦近出入大門，瞻禮而行。【男子唱喏，婦人立拜】。歸亦如之，經宿則如晨謁之儀，經旬以上，則先命子弟開中門行禮。

**儀節** 主人立階下。鞠躬，拜，興。拜，興，平身。詣香案前，跪，焚香，告辭【曰】：「孝孫【某】將遠出【某所】。敢告。」【歸則云】「歸自【某所】。敢見」。俯伏，興。拜，興。拜，興，平身。禮畢。餘人出入，皆如此儀，但不開中門。

正至朔望則參，

正旦、冬至及每月朔望，前一日，灑掃齋宿。其日夙興，開門，卷簾，陳設。每龕前以盤盛新果於卓子上。【殺菜之類隨宜】。每位設茶盞、托酒盞各一，於櫝前。設茅沙於香案前，別設一卓於阼階上，置酒注盤盞一於其上，酒一瓶於其西。盥盆、帨巾各二於阼階下。有臺架者在西，爲主人親屬所盥。無有在東，爲執事者所盥。巾皆在北。【止用一亦可】。望日不出主，不設酒，惟點茶。

**儀節** 主人以下，各具盛服。序立，男列于左，女列于右，每一世列爲一行。盥洗，立定，主人、主婦及子婦將出主者，皆洗拭訖。啓櫝，出主。主人出考主，主婦出妣主，其餘子婦出祔主，各置正位之左，皆畢。復位。主婦以下，先降復位。降神，執事者洗手上階，開瓶實酒于注。一人奉注，詣主人右，一人執盞盤詣主人左。主人詣香案前，跪，焚香，主人焚香畢，左執事者跪進酒注。右執事者跪，以盞盤向主人，主人受注，斟酒于盞，反注于左。執事者，取盤盞自捧之。二執事者皆起。酹酒，主人左手執盞，盡酹茅沙上。畢，置盞香案上。俯伏，興。少退。鞠躬，拜，興。拜，興，平身。復位。參神，主人以下，凡在位者，皆拜。鞠躬，拜，興。拜，興。拜，興。拜，興，平身。主人斟酒，主人升，自執酒注，斟酒于逐位神主前空盞中。先正位，次祔位。次命長子斟諸祔位之卑者。畢，主人稍後立。主婦點茶，主婦執瓶斟茶于各正、祔位前空盞中，【或命子弟捧茶托，主婦捧盞，逐位以獻亦可】，命長婦、長女斟諸祔位之卑者。畢，主婦退，與主人並立拜。鞠躬，拜，興。拜，興，平身。復位。主人、主婦各復其位。辭神，衆拜。鞠躬，拜，興。拜，興。拜，興。拜，興，平身。奉主入櫝。禮畢。【望日儀節】：序立，盥洗，啓櫝。主人詣香案前，跪，焚香，俯伏，拜，興。拜，興，平身。主人點茶。【長子助之】。復位。參神，【衆拜】。鞠躬，拜，興。拜，興。拜，興。拜，興，平身。禮畢。【按】本注條：「主婦執茶筅，執事者執湯瓶隨之。」點茶，蓋以神主櫝前，先設盞托，至是乃注湯于盞，用茶筅點之耳。古人飲茶用末，所謂點茶者，先置末茶於器中，然後投以滾湯，點以冷水，而用茶筅調之。茶筅之制，不見於書傳，惟元謝宗可有咏茶筅詩，味其所謂「此君一節瑩無瑕，夜聽松風漱玉華。萬縷引風歸蟹眼，半瓶飛雪起龍牙」之句，則其形狀亦可彷彿見矣。今人燒湯煎葉茶，而此猶云點茶者，存舊也。或謂茶筅即蔡氏《茶録》所謂「茶匙」，非是。

俗節則獻以時食，

元夕、清明、重午、中元、重陽、十月朔、臘日、除夕、歲熟獻新，取凡鄉俗所尚并所有薦之，陳設如正、至、朔日之儀。

儀節 同前。

有事則告。

前一日齋宿，其日夙興陳設，並如正、至、朔日之儀。

儀節 序立，如前。盥洗，啓櫝，出主，復位。降神，主人詣香案前，跪，焚香，酹酒，盡傾茅沙上。俯伏，興，拜。興，拜。興，平身。復位。參神，衆拜。鞠躬，拜，興。拜，興。拜，興。拜，興，平身。主人斟酒，畢，少後立。主婦點茶。畢，二人並拜。鞠躬，拜，興。拜，興，平身。主婦復位。主人不動。跪，主人以下皆跪。讀祝，祝執版立主人之左，跪讀之。【無祝，則曰告辭】。俯伏，興，拜。興，拜。興，平身。復位。辭神，衆拜。鞠躬，拜，興。拜，興。拜，興。拜，興，平身。奉主入櫝。【不出主不用此】。焚祝文。揭祝文焚之，留版。【無祝則否】。禮畢。

祝版式。用木板一方，長一尺，高五寸，以紙書祝文黏於其上。臨祭，置于酒注卓子上。讀畢，置于案上香罏之左。祭畢，則揭而焚之，留版。凡祭放此。

維○○【幾】年歲次【干支幾】月【干支】朔【幾】日【干支】，孝玄孫【某官姓名】，敢昭告于【如止告曾祖，則稱曾孫。止告祖，則稱孫。止告考，則稱男】。顯高祖考【某官】府君、【無官，隨神主所稱】。顯高祖妣【某封某】氏、顯曾祖考【某官】府君、顯曾祖妣【某封某】氏、顯祖考【某官】府君、顯祖妣【某封某】氏、顯考【某官】府君、顯妣【某封某】氏，【某】以【某】年

【某】月【某】日，蒙恩授某處某官。奉承先訓，獲霑禄位。餘慶所及，不勝感慕。謹以酒果，用伸虔告。謹告。【貶降則云】「貶【某官】。荒墜先訓，皇恐無地。謹以」，【後同】。

追贈前一日齋宿，其日夙興，惟啓所贈之主櫝，陳設茶、酒盞、果脯於其前。別於本龕前設香案，前置茅沙。又設一卓子於其東，置净水、刷子、粉盞、筆墨於上。其酒注、瓶盞、盥盆、帨巾、卓子並設如前。○【補】先日，命善書者以黄紙録制書一通，以盤盛置香案上正中。

**儀節** 序立，如前儀。盥洗，啓櫝，惟啓所贈之櫝。出主，主人出考主，主婦出妣主，畢。復位。詣香案前，跪，焚香，告辭，主人自告。【曰】：「孝男【某】祗奉制書，追贈顯考【某官】府君爲【某官】、妣【某封某】氏爲【某封】，敢請神主改題奉祀。」俯伏，興。拜，興。拜，興，平身。請主，主人進奉主置于卓子上，執事者洗去舊字，别塗以粉，俟乾。題主，命善書者改題所贈官封。題畢，以所洗之水灑四壁之上。奉主，主人奉考主，主婦奉妣主，置于櫝前。復位。降神，如前儀。主人詣香案前，跪，焚香，酹酒，俯伏，興。拜，興。拜，興，平身。復位。參神，主人以下皆拜。鞠躬，拜，興。拜，興。拜，興。拜，興，平身。主人詣神位前，【如贈二代，或三代，則如時祭儀，詣某考妣神位前】。跪，執事者以盞授主人。祭酒，少傾茅沙上。奠酒。執事者接盞置考主前。祭酒，如前。奠酒。執事者置妣主前。俯伏，興。拜，興。拜，興，平身。少後立。主婦點茶。點訖復位。跪，主人以下皆跪。讀祝，俯伏，興。拜，興。拜，興，平身。主人復位，跪，主人以下皆跪。宣制辭。祝東面立宣之，畢。俯伏，興，平身。焚黄，執事者捧所録制書黄紙即香案前，併祝文焚之，焚畢。辭神，衆拜。鞠躬，拜，興。拜，興。拜，興。拜，興，平身。奉主入櫝。禮畢。

【按】：此追贈儀，蓋在官行之者，若請告還鄉，其儀别補，附《時祭》篇後。

**祝文** 維年歲次月朔日辰，【並同前式】。孝男【某官姓名】，敢昭告于【封及祖則補入祖考妣】。顯考【某官】府君、【書舊銜】。顯妣【某封某】氏，【某】奉承先訓，竊禄于【如外官則改「竊禄于朝」爲「叨有禄位」】。朝。仰荷皇仁，推恩所生，乃【某】月【某】日誥贈考爲【某官】、妣爲【某封】。惟是音容日遠，追養靡從。祇奉如再贈則於「贈」字上加「加」字。命書，且喜且悲。敬録以焚，益增哀隕。謹以酒果，用伸虔告。謹告。如受敕，則改「誥」爲「敕」。

生子見廟。主人生嫡長子，則滿月而見，如上儀。嫡孫亦如之。生餘子，則殺其儀。

**儀節** 序立，盥洗，啓櫝，出主，復位。降神，主人詣香案前，跪，焚香，酹酒，俯伏，興。拜，興。拜，興，平身。復位。參神，衆拜。鞠躬，拜，興。拜，興。拜，興。拜，興，平身。主人斟酒，畢，少退立。主婦點茶。畢，二人並拜。鞠躬，拜，興。拜，興，平身。主婦復位。主人不動。跪，主人跪。告辭，【曰：「【某】之婦【某】氏，【子則云：「【某】之子、【某】婦【某】氏。」【弟姪孫同】。以【某】年【某】月【某】日【某】時生【第幾】子，名【某】。敢見。」俯伏，興。立於香案東南，西向。主婦抱孫見，主婦抱子立兩階間。【若子弟婦或姪孫婦則立其後】。拜，興。拜，興。拜，興。拜，興，平身。復位。主人、主婦俱復位，以子授乳母。辭神，衆拜。鞠躬，拜，興。拜，興。拜，興。拜，興，平身。奉主入櫝。禮畢。若生餘子孫，則不設茶酒，止啓櫝，不出主。【儀節】：就位，盥洗，啓櫝。詣香案前，跪，焚香，告辭。俯伏，興。拜，興。拜，興，平身。主婦抱孫見，拜，興。拜，興。拜，興。拜，興。復位。【衆拜】。鞠躬，拜，興。拜，興，平身。禮畢。

或有水火盜賊，則先救祠堂，遷神主、遺書，次及祭器，然後及家財。易世則改題神主而遞遷之。易世改題見《喪禮》。

《家禮》逐章本注繫於禮節者，既已約爲儀節矣。其有用之不盡而可以爲行禮之防範輔翼者，總録于左，使行禮者有考焉。後放此。

【通禮餘注】凡祠堂所在之宅，子孫世守之，不得分析。○凡屋之制，不問何向背，但以前爲南，後爲北，左爲東，右爲西。後皆倣此。○祠堂之内，以近北一架爲四龕。大宗及繼高祖之小宗，則高祖居西，曾祖次之，祖次之，父次之。繼曾祖之小宗，則不敢祭高祖而虚其西龕一。繼祖之小宗，則不敢祭曾祖而虚其西龕二。祭禰之小宗，則不敢祭祖而虚其西龕三。若大宗世數未滿，則亦虚其西龕，如小宗之制。○非嫡長子，則不敢祭其父。若與嫡長同居，則死而後其子孫爲立祠堂於私室，且隨所繼世數爲龕，俟其出而異居乃備其制。若生而異居，則預於其地立齋以居，如祠堂之制，死則因以爲祠堂。【右祠堂】。○姪之父自立祠堂，則遷而從之。○程子曰：「無服之殤，不祭。下殤之祭，終父母之身。【八歲至十一歲，下殤】。中殤之祭，終兄弟之身。【十二至十五爲中殤】。長殤之祭，終兄弟之子之身。【十五至十九爲長殤】。成人而無後者，其祭終兄弟之孫之身。此皆以義起者也。」【右祔食】。○初立祠堂，計見田，每龕取其二十之一以爲祭田，親盡則以爲墓田，後凡正位、祔位，皆倣此。宗子主之，以給祭用。○上世初未置田，則合墓下子孫之田，計數而割之，皆立約聞官，不得典賣。祭田親盡則以爲墓田。【右祭田】。○凡主婦，謂主人之妻。○凡升降，惟主人由阼階，主婦及餘人雖尊長亦由西階。○凡拜，男子再拜，則婦人四拜，謂之俠拜，其男女相答拜，亦然。【右謁告】。○準[二]禮：舅没則姑老，不預於祭。又曰：支子不祭。故今專以世嫡宗子夫婦爲主人、主婦，其有母及諸父母兄嫂者，則設特位於前如此。【右節參】。○凡言盛服者，有官則幞頭、公服、帶、靴、笏。進士則幞頭、襴衫、帶。處士則幞頭、皂衫、帶。無官者通用帽子、衫、帶。又不能具，則或深衣，或凉衫。有官者亦通服帽子以下，但不爲盛服。婦人則假髻、大衣、長裙。女在室者，冠子、背子。衆妾，假髻、背子。【右盛服】。○【按：今時制冠服與前代異，非惟不宜於俗，且不得其制。今擬有官者宜服烏紗帽、盤領袍、革帶、皂靴。生員服儒巾、襴衫、絲縧、皂靴。無官者，平定巾、直領衣、絲縧、靴或履，或深衣幅巾。命婦，珠冠、背子、霞帔，或假髻、盤領袍、香茶帶。非命婦，假髻，服時製衣裙之新潔者】。○凡祝版，於皇高祖考、皇高祖妣，自稱「孝玄孫」；於曾祖考、妣，自稱「孝曾孫」；於皇祖考、妣，自稱「孝孫」；於皇考、妣，自稱「孝子」。有官封謚，則皆稱之。無則以生時行第稱號，加于府君之上。妣曰「某氏夫人」。凡自稱，非宗子，不言孝。

〔二〕「準」原作「曲」，據順德本、太平府本、常州府本改。

○【按：《家禮》舊本於高曾祖考、妣上，俱加「皇」字。今本改作「故」字。「故」字近俗，不如用「顯」字，蓋「皇」與「顯」皆明也，其義相通。又按：無官者，妣曰「某氏夫人」。蓋婦人稱夫人，猶男子之稱公也。今制，二品方得封夫人，宜如俗，稱孺人】。○告事之祝，四龕共爲一版，自稱以其最尊者爲主，止告正位，不告祔位，茶酒則并設之。【右告事】。○大宗之家，始祖親盡則藏其主於墓所，而大宗猶主其墓田，以奉其墓祭，歲率宗人一祭之，百世不改。其第二世以下祖親盡，及小宗之家高祖親盡，則遷其主而埋之，其墓田則諸位迭掌，而歲率其子孫一祭之，亦百世不改也。【右遷主】。

## 通禮考證

【《曲禮》】：「君子將營宮室，宗廟爲先。」按：宗廟，大夫三，士二。庶人祭於寢。然今世大夫、士，無世官不敢立廟，宜只如《家禮》，立爲祠堂。○「凡家造，祭器爲先。」按：祭器，人家貧不能備者，用燕器代之亦可。○「支子不祭，祭必告于宗子。」疏曰：「支子，庶子也。祖禰廟在適子之家，庶子賤，不敢輒祭。若宗子有疾，不堪當祭，則庶子代攝可也，猶必告于宗子，然後祭。」【《曾子問》】：宗子爲士，庶子爲大夫，則以上牲祭於宗子之家，祝曰：「孝子某，爲介子某薦其常事。」若宗子居他國，庶子爲大夫，其祭也，祝曰：「孝子某，使介子某執其常事。」不假，謂不受胙也。不配，謂不以某人祔食也。不歸肉。謂不散胙於人，留與預祭者共燕。【以上節文】。【《喪小記》】：「庶子不祭殤與無後者，殤與無後者，從祖祔食。」【《内則》】：「庶子若富，則具二牲，獻其賢者於宗子。賢，猶善也。謂擇牲之善者，獻宗子使之祭，而用其不善者以私祭也。夫婦皆齊而宗敬焉。終事而後敢私祭也。」私祭，謂己之祖禰也。【《少儀》】：「未嘗不食新。」嘗者，薦新物於寢廟也。未嘗，則不忍先食。【程子曰】：「古所謂支子不祭者，惟使宗子立廟主之而已。支子雖不祭，至於齊戒，致其誠意，則與主祭者不異。可與，則以身執事。不可與，則以物助，但不別立廟爲位行事而已。後世如欲立宗子，當從此義。雖不祭，情亦可安。若不立宗子，徒欲廢祭，適足以長惰慢之志，不若使之祭，猶愈於已也。」○「庶母不可入祠堂，其子當祀之私室。主櫝之制則一」。若嫡母無子而庶母之子主宗祀，恐亦當祔嫡母之側。【張子曰】：「奠酒，奠，安置也。若言奠摯、奠枕是也。謂『注之於地』，非也。」【司馬温公曰】：「所以西上者，神道尚右故也。」【藍田吕氏曰】：「凡祭，皆宗子主之。宗子謂父之嫡長子，主父之祭。祖之世長孫，主祖之祭。曾祖之祭〔二〕。曾祖之世曾孫，主曾祖之祭。高祖之祭〔三〕。高祖之世玄孫，主高祖之祭。」若無長，則其次主之。○「凡主祭者出仕，即告于廟，以櫝載位版而行。於官所權立祭堂以祭之。」○凡主祭者有故，謂疾病及出

〔二〕「曾祖之祭」，當爲衍文。
〔三〕「高祖之祭」，當爲衍文。

他所。次主人攝之，殺其禮。【朱子曰】：「祭祀須是用宗子法。」又曰：「父在時，父主祭，子出仕宦不得祭。父没之後，宗子主祭。庶子出仕宦，祭時其禮亦合減殺，不得同宗子。」○「祭自高祖以下，親盡則請出高祖就伯叔位，服未盡者祭之。」○「人家族衆，或主祭者不可以祭及叔伯父之類，則須令其嗣子別得祭之。今且説同居，同出於曾祖，便有從兄弟及再從兄弟。祭時主於主祭者，其他或子不得祭其父母。若恁地袞做一處祭，不得。要好，則主祭之嫡孫，當一日祭其曾祖及祖及父，餘子孫與祭。次日，却令次位子孫自祭其祖及父。又次日，却令次位子孫自祭其父。此却有古宗法意。」○「古人宗子越在他國，則不得祭，而庶子居者代之。今人主祭者游宦四方，或貴仕於朝，又非古人越在他國之比，則以其田禄修其薦享尤不可闕。不得一身去國而以支子代之也。宗子所在，宜奉二主以從之，支子所得自主之祭，則當留以奉祀，不得隨宗子而徙也。」○「兄弟異居，廟初不異，只合兄祭，而弟與執事，或以物助之爲宜。而相去遠者，則兄家立主，弟不立主，只於祭時旋設位，以紙榜標記，逐位祭畢，焚之。似亦得禮之變。」○問：「酹酒是少傾，是盡傾？」曰：「降神是盡傾。」○「酹酒有兩説：一用鬱鬯灌地以降神，惟天子諸侯有之。一是祭酒，蓋古者飲食必祭。以鬼神不能祭，故代之也。」○「焚黄，近世行之墓次，不知於禮何據。張魏公贈謚只告于廟，疑爲得體，但今世皆告墓，恐未免隨俗耳。」按：楊氏曰：「先生文集有焚黄祝文曰『告于宗廟』，亦不云『告墓』也。」○「今日俗節，古所無有，故古人雖不祭而情亦自安。今人既以此爲重，至於是日，必具殽羞相宴樂，而其節物亦各有宜。故世俗之情，至於是日，不能不思其祖考，而復以其物享之。雖非禮之正，然亦人情之不能已者。」「元旦，則在官者有朝謁之禮，恐不得專精於祭事。某鄉里却止於除夕前三四日行事。此亦更在斟酌也。」【按】：除夕自有除夕之禮，履端之祭，隔年行之，恐亦未安。今朝廷於元旦行大朝賀禮，而孟春時享亦於别日行之。今擬有官者以次日行事。○「薦新、告廟，吉凶相襲，似不可行。未葬可廢。既葬，則使輕服或已除者，入廟行禮可也。四時大祭，既葬亦不可行。如韓魏公所謂節祠者，則如薦新行之可也。」又云：「正祭三獻受胙，非居喪所可行，而俗節則惟普同一獻，不讀祝，不受胙也。」○「出妻入廟，決然不可，無可疑者。爲子孫者，只合歲時就其家之廟拜之，若相去遠，則設位望拜可也。族祖及諸旁親皆不當祭，有不可忌者，亦倣此例足矣。」○「上谷郡君謂伊川曰：『今日爲我祀父母，明日不復祀矣。』是亦祭其外家。」

## 婦人拜考證

【《周禮》】：「大祝辨九𢷎」，古拜字。「九曰肅𢷎」。鄭注曰：「肅拜，但俯下手。今特揖是也。」「推手曰揖，引手曰揖。」【《儀禮》】：「婦拜扱地，坐奠菜于几東席上，還，又拜如初。」「扱地，手至地也。婦人扱地，猶男子稽首。」疏曰：「以手至地，謂之及地。今重其禮，故扱地也。」按：婦人以肅拜爲正，蓋肅拜乃婦人之常。而昏禮拜扱地，以其新來爲婦，盡禮於舅姑也。【《少儀》】：「婦人吉事，雖有君賜，肅拜。爲尸坐則不手拜，肅拜。爲喪主則不手拜。」鄭注曰：「肅拜，拜低頭也。手拜，手至地也。婦人以肅拜爲正，凶事乃手拜耳。爲喪主不手拜者，爲夫與長子當稽顙也，其餘亦手拜而已。」○孔氏正義曰：「此一節論婦人拜儀。婦人吉禮不手拜，但肅拜。肅拜如今婦人拜也。吉事及君賜悉然也。」○陳氏曰：「肅拜，如今婦人拜也。《左傳》『三肅使者』，亦此拜。手拜，則手至地而頭在手上，如今男子拜也。婦人以肅拜爲正，故雖君賜之重亦肅拜而受。若爲夫與長子之喪主，則稽顙，故不手拜。若有喪而不爲主，則手拜矣。」【《内則》】：「凡女拜，尚右手。」注曰：「右，陰也。」按：《檀弓》：「孔子與門人立拱而尚右之。」注：「尚謂右手在上也。」【《通鑑》】：「周天元詔内外命婦皆執笏，其拜宗廟及天臺，皆俯伏如男子。」按：謂之『如』，則前此不如此，可知矣。【《語録》】：問：「古者婦人以肅拜爲正。何謂肅拜？」朱子曰：「兩膝齊跪，手至地，頭不下，爲肅拜。手拜亦然。爲喪主，則頭亦至地，不肅拜。樂府説婦人云『伸腰再拜跪』，伸腰亦是頭不下也。不知婦人膝不跪地而變爲今之拜，始於何時？程泰之以爲始於武后，非也。」○「古人席地而坐，有問於人，則略起身時，其膝至地，故謂之跪。若婦人之拜，在古亦跪。古樂府云『伸腰拜手跪』，則婦人當跪而拜，但首不至地耳。」○「古人坐也是跪，而拜亦容易，婦人首飾盛多，自難俯伏地上。周天元令命婦爲男子拜，史官書之，以表其異。則古者婦人之拜，首不至地可知也。然則婦人之拜，當以深拜，頗合於古。」按：本注「凡拜，男子再拜，婦人四拜，謂之俠拜」，蓋主立拜言也。今世俗南方婦女皆立而叉手屈膝以拜。北方婦女見客，輒俯伏地上，謂之磕頭，以爲重禮。禮之輕者，亦立而拜，但比南方略淺耳。考之古禮及儒先之説，蓋婦人當以肅拜爲正。所謂肅拜之儀，鄭氏於《周禮》注以爲「俯下手」爲肅拜，於《少儀》疏以爲「拜低頭」。而朱子亦云：「兩膝齊跪，手至地，頭不下，爲肅拜。」又云：「當跪而拜，但首不至地耳。」今其儀雖不可曉，但以此數説推之，大略似是：兩膝齊跪，伸腰低頭，俯引其手以爲禮，而頭不至地也。今北俗磕頭則類扱地稽顙之禮，惟可用之昏禮見舅姑，及喪禮爲夫與子主之時，尋常見人宜略如所擬肅拜儀可也。南俗立拜已久，不可驟變。但須深屈其膝，毋但如北俗之沾裙。叉手以右爲尚。每拜以四爲節，如所謂「俠拜」者。若夫見舅姑，則當扱地。爲喪主，則稽顙。不爲喪主，則手拜。庶幾得古禮之意云。

## 深衣制度

此章本在《冠禮》之後，今以前章已有其文，又平日之常服，故次前章。

按：古者，衣、裳異制，惟深衣之制，衣與裳連而不殊，自天子至於庶人之通服也。以其被於體也深邃，而又取義之深，故衣以「深」名焉。去古日遠，古服不復可見已。幸而遺制尚略見於《禮記》之《玉藻》，而其義則詳著於《深衣》之篇，後之君子猶得以推求其制度於編簡之中。宋司馬温公始倣古制深衣，以爲燕居服，而文公先生亦服之。紹興間，王普著《深衣制度》，《家禮》頗采用之，其後趙汝梅有説，牟仲裴有刊誤，馮公亮有考證。近世朱伯賢又有《深衣考義》，與《家〔二〕禮》不盡合。今一祖《家禮》，兼用附注之説，而折衷於古禮，且文以淺近之言，使覽者易曉云。

裁用白細布，度用指尺。

中指中節爲寸。【按：中指中節，乃屈指節向内，兩紋尖相距處。即《鍼經》所謂同身寸也。裁製之際，又當量人身長短廣狹爲之，庶與體稱。又詳見後圖】。

衣全四幅，其長過脇，下屬於裳。

裳交解十二幅，上屬於衣，其長及踝。

圓袂，

袂即袖也。

方領，

兩襟相掩，其形自方如矩。

曲裾，今依楊氏不用裾，詳見《考證》。

〔二〕「家」原作「宋」，據順德本、應天府本、常州府本改。

黑緣，

**裁衣法** 用布二幅。【布幅廣狹，以一尺八寸爲則】。中摺前後爲四葉，其在前兩葉，每葉長二尺六寸。裁時從一邊修起，除去四寸，留一尺二寸，漸漸修至將近邊處不動，【比修起處留長四寸】。其在後兩葉，每葉長二尺三寸，亦從一邊修起，除去一寸，留一尺二寸，漸漸斜修至將近邊處不動。【比修起處，留長一寸。○按：《家禮》衣身長二尺二寸。今前加四寸，後加一寸者，裁法也。不如此，則兩襟相疊，衣領交而不齊矣】。**下裳** 用布六幅，每幅斜裁，分爲兩幅。一頭寬，一頭窄，寬頭比窄頭加一倍。【窄頭六寸，則寬頭一尺二寸】。裁訖，俱將窄頭向上，寬頭向下，連綴作一處。**袂** 用布二幅，各長四尺四寸，每幅中摺爲前後兩葉，每葉長二尺二寸。縫連衣身，却從腋下漸漸修成圓樣。袖口留一尺二寸，縫合其下以爲袂。**領** 用布一條闊二寸爲領，如常衣法，然後加緣其上。○【按：近時人有斜入三寸裁領法，臆説無據，不可從。且衣必有領，而後緣可施，信如其説，則是有緣而無領矣。《玉藻》所謂「袷二寸」者，果何物也？況《家禮》制度本文既有方領，又有黑緣，其爲二物，亦明矣。於乎！衣而無領，豈得爲衣哉】。**合衣裳法** 衣之前後四葉，每葉屬裳三幅，【窄頭向上】，四葉共十二幅。衣裳相接處爲腰，腰圍約七尺二寸。裳之下邊爲齊，【音咨】。齊圍約一丈四尺四寸。衣左右加兩袖，衣上加領。凡領及裳邊、袂口，俱用皂絹緣之。**續衽鈎邊** 當裳之兩旁，自腋下至齊，前後相交處皆合縫之，使相連續不開。【是謂續衽】。又覆縫其邊如俗所謂鈎針者。【是謂鈎邊，詳見《考證》】。**緣** 用皂絹爲之。領及袂口、裳邊，表裏皆用寸半。領及裳邊内外，則夾縫在本布上，袂口則綴連布之外。【即所謂「袂口布外別，此緣之廣」也。○按：《家禮》領緣用二寸，袂口、裳邊用寸半。今〔二〕不然者，考《禮記・玉藻》「袷二寸」，「緣廣寸半」，不分領與裳、袂，則皆寸半矣。今擬領亦用寸半，與裳、袂同，俾少露領也。否，則是「袷」爲虛設矣】。

大帶，

用白絹，闊四寸，夾縫之。【或用布】。其長圍過腰而結於前，再繚以爲兩耳，垂其餘以爲紳，用皂絹緣紳之兩邊及下。【其圍腰處不緣】。垂下，與裳齊。又用五色絲爲小絛，【廣三分】。約其相結之處，長與紳齊。

緇冠，

糊紙，或用烏紗加漆爲之。裁一長條，其長一尺四寸許，其高寸許，圍以爲武。其圍之兩旁，各廣三寸，前後各長四寸。又用一長條，廣四寸，長八寸，上襞積以爲五梁，縫皆向左彎，其一〔三〕跨頂前後，下著於武，屈其兩端各半寸，自外向內而黑漆之。又於武之兩旁半寸之上爲竅以受笄。【笄】用白骨，或象牙爲之。

幅巾，

用皂絹六尺許，當中屈摺爲兩葉。就右邊屈處，摺作一小横陬子。又翻轉從陬子左邊四五寸間，斜縫一

〔二〕「今」，太平府本作「余」。
〔三〕「一」，順德本、太平府本、常州府本作「中」。

路，向左圓曲而下，循左邊至于兩末，又將翻轉，使所縫餘剩絹藏在裏，却以陬子當額前裹之，於對兩耳處，兩邊各綴一帶。【帶】闊二寸，長二尺，自巾外過頂，後相結而垂之。

黑履，

白絇繶純綦。【按：禮，「黑履」當作「白履」爲是】。用白布作履，如世俗所謂鞋者，而稍寬大。既成，用皂絲條一條，約長尺三四寸許，當中交屈之，以其屈處綴履頭近底處，立起出履頭一二寸，岐爲二，復綴其餘條於履面上，雙交如舊圖所畫者。分其兩梢綴履口兩邊緣處，是之謂【絇】。於牙底相接處，用一細絲條，周圍綴於縫【扶用反】中，是之謂【繶】。又於履口納足處，周圍皆緣以皂絹，廣一寸，是之謂【純】。【音準】。又於履後跟，綴二皂帶以繫之，如世俗鞋帶，是之謂【綦】。【音忌】。○如黑履，則用皂布爲之，而以白或青爲絇繶純綦。【又見《考證》】。

深衣考證：樂平馬氏曰：「三代時衣服之制，其可考見者雖不一，然除冕服之外，惟深衣其用最廣。自天子至於庶人，皆可服之。蓋深衣者，聖賢之法服也。裁製縫紝，動合禮法，故賤者可服，貴者亦可服，朝廷可服，燕私亦可服。天子服之以養老，諸侯服之以祭膳，卿大夫、士服之以夕視私朝，庶人服之以賓祭。蓋亦未嘗有等級也。古人衣服之制不復存，獨深衣則《戴記》言之甚備。然其制雖具存，而後世苟有服之者，非以詭異貽譏，則以儒緩取哂。雖康節大賢，亦有『今人不敢服古衣』之説。司馬温公必居獨樂園而後服之，吕滎公、朱文公必休致而後服之，然則三君子當居官涖職，見用於世之時，亦不敢服此以取駭於俗觀也。蓋例以物外高人之野服視之矣。可勝慨哉！」【按】：馬氏此言，則深衣之在宋，服之者固已鮮矣，況今又數百年後哉！幸而文公之道大明于今世，《家禮》爲人家日用不可無之書，居官涖職者固當遵時制，若夫隱居不仕及致政家居者，人宜依古製爲一襲，生以爲祭、燕之服，死以爲襲斂之具，豈非復古之一端也哉！然《家禮》本《書儀》，其言頗略，其製不盡備。今考經史諸説以爲《深衣考證》，俾考古者有所折衷云。

《玉藻》：「深衣三袪，袪，袖口也。三袪者，深衣腰圍比袪之尺寸三倍之也。蓋袪，前後共圍二尺四寸，三倍其數爲七尺二寸。縫齊【音咨】。倍要，【音腰】。齊，裳邊也。要圍七尺二寸，齊倍之圍，一丈四尺四寸。衽當旁，衽，謂裳幅交裂處也。袂可以回肘，其袖之長，以反摺回及于肘爲準。袷二寸，袷，領也。以交而合，故謂之袷。緣廣寸半。」緣，飾邊也。【《深衣》】：「古者深衣，蓋有制度以應規、袂圓。矩、領方。繩、背之中縫直。權、衡。下齊平。短毋見膚，衣取蔽形。長毋被土。爲污辱也。續衽鉤邊，續，連屬也。衽，裳之旁幅也。鉤有交互之義。邊者，裳幅之側，謂其相掩而交鉤也。○蔡氏淵曰：「司馬公所載方領與續衽鉤邊之制，引注雖詳而不得古意，先生病之，嘗以理玩經文與身服之宜，而得其説。謂方領者，只是衣領既交，自有如矩之象。【按：此朱子亦只謂衣領交有如矩之象，未嘗謂緣即領也】。謂續衽鉤邊者，只是連續裳旁，無前後幅之縫，左右交鉤，即爲鉤邊，非有別布一幅裁之，如鉤而綴于裳旁也。方領之説，先生已修之《家禮》矣，而續衽鉤邊，則未及修焉。」○楊氏復曰：「先生晚歲所服深衣，去《家禮》舊説曲裾之制而不用，蓋有深意，恨未得聞其説之詳也。及得蔡淵所聞，始知先師所以去舊説曲裾之意，復又取《禮記·深衣》篇熟讀之，始知鄭康成注『續衽』二字，文義甚明，特疏家亂之耳。按鄭注曰『續猶屬也，衽在裳旁者也，屬連之不殊裳前後也』。鄭注之意，蓋謂凡裳前三幅，後四幅，夫既分前後，則其旁兩幅分開而不相屬，惟深衣裳十二幅，交裂裁之，皆名爲衽。見《玉藻》『衽當旁』注。所謂續衽者，指在裳旁兩幅言之，謂屬連裳旁兩幅，不殊裳前後也。疏家不詳考其文義，但見衽在裳旁一句，意謂别用布一幅裁之如鈎而垂於裳旁，妄生穿鑿，紛紛異同，愈多愈亂，自漢至今二千餘年，讀者皆求之於别用一幅布之中，而注之本義爲其掩蓋而不可見。先師晚歲知疏家之失而未及修定。愚故著鄭注於《家禮·深衣》『曲裾』之下，以破疏家之謬，且以見先師晚歲已定之説云。」○【按】：白雲朱氏曰：「衽，《説文》曰『衿』，注『交衽』爲『襟』。《爾雅》衣皆爲襟，通作『衿』。《正義》云『深衣外衿之邊有緣』，則深衣有衽明矣。宜用布一幅，交解裁之，上尖下闊，内連衣爲六幅，下屬於裳。《玉藻》曰深衣『衽當旁』，王氏謂『袷下施衿』，趙氏謂『上六幅』皆是也。」又曰：「續衽鈎邊，邊謂邊也，縫也。衽邊斜幅，既無旁屬，别裁直布而鈎之，續之衽下，若今之貼邊。經曰『續衽鈎邊』，正以鈎邊續於衽也。後人不察，至有無衽之衣。」朱氏此説與《家禮》不合，蓋欲於[一]衣身上加内外兩襟，如世常服之衣，别裁直布鈎而續之衽下，以爲續衽鈎邊，如此則便於穿着。但以非《家禮》本制，不敢從，姑存以備一説。要縫半下。要之縫，僅及下齊之半。袼【音各】。之高下，可以運肘。袼，衣袂當腋之縫也。袂之長短，反詘之及肘。肘，臂中曲節也。帶，下毋厭【音壓】。髀，上毋厭脇，當無骨者。繫帶下不及髀骨，上不及脇骨，惟當其間無骨之處，蓋在腹間也。制十有二幅，以應十有二月。袂圓以應規，曲袷如矩以應方，負繩及踝以應直，下齊如權衡以應平。

【按】：《朱子語録》「讀書先文勢而後義理」，今以深衣此章文勢觀之，則所謂「制十有二幅，以應十有二月」一

---

[一]「於」原作「與」，據順德本、太平府本、常州府本改。

句，似通一衣而言也。若專以爲裳，不應列於袂、袷之上，蓋上衣下裳效法天地，不應顛倒易置如此。況其下文先言袂次袷次負繩而後及於齊，亦自有次第可見，然自漢以來先儒皆以爲裳，豈敢一旦臆决以爲必然。姑書所見以俟。純袂，緣純邊，廣各寸半〔一〕。」古注曰「純謂緣之」也。緣袂，謂其口也。緣邊，衣裳之側，廣各寸半，則表裏共三寸矣。【右衣】。○【《玉藻》】：「大夫素帶，辟垂。辟，讀爲紕，帶之緣也。大夫之帶，止緣其兩耳，及垂下之紳。士練帶，綼下辟。士以練爲帶，單用之而緶緝其兩邊，故謂之「綼」，腰及兩耳，皆不緣，惟緣其紳。【今本注夾縫之合，如禮單用爲是】。并紐約用組三寸，長齊于帶。」紐，則帶之交結也。合并其紐，用組以約，則帶始束而不可解矣。下齊于帶，言組之垂與紳齊也。【按】：《家禮》用彩絛以結帶，本此。【右帶】。○【《玉藻》】：「始冠，緇布冠。自諸侯下達。」冠禮，初加緇布冠，諸侯以下通用之。

○【按】：《禮·深衣》篇無有冠制，而緇布冠古用以爲始加之服，然亦冠而敝〔二〕之，非常服也。至宋温公始服深衣，冠緇冠，而裹以幅巾。朱子效之，亦非古制也。若夫幅巾之制，古者有冠而無巾，巾止以羃尊罍瓜果之用，不加於首也。至漢去罪人冠而加以黑幪，所謂巾幘者，特爲庖人賤者之服。士大夫以爲首服者，始見于郭林宗折角巾，比〔三〕後晉人又有接羅白葛等巾，於是始大著矣。幅巾固非古制，然世承用已久，姑書于此，使有所考云。

〔一〕「寸半」原爲「半寸」，據順德本、太平府本、常州府本改。
〔二〕「敝」原作「設」，據順德本、太平府本、常州府本改。
〔三〕「比」，太平府本、常州府本作「此」。

【右冠】。○【《士冠禮》】：「屨，夏用葛，玄端黑屨，屨，色同冠。青絇，絇之爲言拘也。屨頭飾也，狀如刀衣鼻，在屨頭，以爲行戒。繶，縫中紃也。純，履口緣也。純博寸。約廣一寸也。冬皮屨可也。」夏則用葛，冬則用皮。【《儀禮疏》】：「屨者，順裳色，玄端黑屨，以玄裳爲正也。」○「純者，於屨口緣。繶者，牙底接處縫中有條。絇者，屨鼻有飾爲行戒。」【《周禮疏》】：「舄屨，有絇，有繶，有純者，飾也。繶是牙底相接之縫，綴條其中。絇是屨頭以條爲鼻。純以條爲口緣。」【《漢書】·王莽傳》「句屨」，孟康曰：「今齋祀屨舄頭飾也，出屨一二寸。」師古曰：「其形岐頭。」近世有謂「其形岐頭」乃製爲雙雲形，加於履之頭，如今之朝鞋者，非是。蓋用條爲之，豈可作雲形哉！【《書儀》】：「黑履白緣。自注云：「複下曰『舄』，禪下曰『履』，《周禮》履有五色，近世惟赤、黑二舄，赤貴而黑賤，今用黑履白緣，亦從其下。」夏用繒，冬用皮。」自注云：「古者，夏葛屨，冬皮屨，今無以葛爲屨者，故從衆。」【右屨】。○【按】：黑屨，注下云「白絇繶純綦」，而卷首圖下注則云「深衣用白屨」，蓋以屨順裳色，深衣裳既用白，則屨亦合用白矣。又禮，黑屨以青爲絇繶純，白屨以黑爲絇繶純。深衣用白屨則當用黑色爲飾。若黑屨，又當以青爲飾，不用白也。○【按】：勉齋作《文公行狀》云：「先生未明而起，深衣、幅巾、方履，拜家廟及先聖。」及觀考亭石刻遺像，則其服乃上衣下裳之制，而其巾亦非幅巾，高而硬，虛而朗，兩脚下垂，冠形外見，僅足容髮，亦比緇冠而小，心甚疑之。遇博古者輒訪之，無有知者。及觀《大全集》，載其晚年所作客位榜有云：「遵用舊京故事，以野服從事。然上衣下裳，大帶方履，自不爲簡。其所便者，但取束帶足以爲禮，解帶足以燕居。」

然後知畫像之服乃晚年致仕之野服，非深衣也。求其制度不可得。後於羅氏《玉露》中得其衣之制度，乃上衣下裳，用黄、白、青皆可。直領，兩帶結之，如道服，長與膝齊，裳必用黄，中及兩旁皆四幅，頭、帶皆用其一色，取黄裳之義也。别以白絹爲大帶，兩旁皆以青或皂緣之，謂之野服，又謂之便服。惟巾冠之制，不可考。姑附于此，以俟知者。

## 温公居家雜儀

【按】：《温公居家雜儀》共二十條，今檃括其内二條，節序、家宴上壽爲儀節，附《通禮》後，其餘俱移寘卷末，與冠、昏、喪、祭、鄉諸儀通載云。

賀冬至、正旦，六拜。朔望，四拜。凡拜數，或尊長臨時減而止之，則從尊長之命。吾家同居宗族衆多，冬至、朔望，聚於堂上。此假設南面之堂，若宅舍異制，臨時從宜。丈夫處左，西上。婦人處右，東上。左右，謂家長之左右。皆北向，共爲一列，各以長幼爲序。婦以夫之長幼爲序，不以身之長幼爲序。共拜家長畢，長兄立於門之左，長姊立於門之右，皆南向。諸弟妹以次拜訖，各就列。丈夫西上，婦人東上，共受卑幼拜。以宗族多，若人人致拜，則不勝煩勞，故同列並受之。受拜訖，先退。後輩立受拜於門東西，如前輩之儀。

**儀節** 是日昧爽，拜祠堂畢，先設主人、主婦坐席於廳事正中。序立。男左女右，男西上，女東上。

主人之弟、弟婦并妹爲一行。子姪及其婦并女子爲一行。孫男、孫婦、孫女爲一行。俟主人、主婦坐定。鞠躬,拜,興。拜,興。拜,興。拜,興,平身。長者就次。就主人諸弟中,推其最長者一人,立主人右,其妻立主婦右。弟姪以下依前行次序立拜之。鞠躬,拜,興。拜,興。拜,興。拜,興,平身。拜訖。又以次推其長者,出就次拜之,如前儀拜遍。分班。主人諸子姪輩行同者,分班對立,男左女右,互相拜。鞠躬,拜,興。拜,興,平身。拜訖。諸孫行拜其諸父如前就次儀。其自相拜,如分班儀。

凡節序及非時家宴,上壽於尊長,卑幼盛服序立,如朔望之儀。先再拜,子弟之最長者一人,進立於家長之前。幼者一人搢笏,執酒盞,立於其左。一人搢笏,執酒注,立於其右。長者搢笏,跪,斟酒。祝曰:「伏願某官備膺五福,保族宜家。」尊長飲畢,授幼者盞注,反其故處。長者搢笏,俯伏,興,退與卑幼皆再拜。家長命諸卑幼坐,皆再拜而坐。家長命侍者遍酢諸卑幼,皆起,序立如前,俱再拜就坐,飲訖,家長命易服,皆退易便服,還復就坐。

儀節 是日行拜賀禮訖,子弟修具畢。請家長夫婦並坐于中堂,諸卑幼皆盛服。序立。世爲一行,男左女右。鞠躬,拜,興。拜,興,平身。長者詣尊座前。長者進立于家長之前,【如弟,則云長弟】。幼者一人執盞立於其左,一人執注立於其右。跪,長者及其〔二〕幼者俱跪。斟酒。長者受盞,幼者

〔二〕「其」,順德本、太平府本、常州府本作「二」。

執注斟酒訖，其〔一〕幼起。祝壽。長者舉手奉盞，祝曰：「伏願尊親履茲長至，【正旦，則改「長至」爲「歲端」，生旦則改云「對茲初度」】。備膺五福，保族宜家。」祝畢，家長受盞飲訖，以盞授幼者，反其故處。長者俯伏，興，平身。復位。與卑幼俱拜。鞠躬，拜，興。拜，興。拜，興。拜，興，平身。酢酒，拜訖，侍者注酒于盞，授家長。家長命長者至前，親以酒授之。受酒。長者受酒置于席端。鞠躬，拜，興。拜，興，平身。取酒。跪，飲之畢。興。長者命侍者以次酢諸卑幼，皆出位，跪，飲畢。執事者舉食卓入擺列。男列〔二〕于外，女列〔三〕于内，婦女辭拜，入内席。命坐。家長命諸卑幼坐，惟未冠及冠而未昏者不得坐。鞠躬，拜，興。拜，興，平身。諸卑幼俱拜而後坐。各就席。乃以次行酒，或三行，或五行，子弟迭起勸侑隨宜，畢。各出席，鞠躬，拜，興。拜，興，平身。禮畢。

〔一〕「其」，順德本、太平府本、常州府本作「二」。
〔二〕「列」，順德本、太平府本、常州府本作「席」。
〔三〕「列」，順德本、太平府本、常州府本作「席」。

## 通禮圖

濬按：《家禮》諸圖，舊載於卷首，今分列各卷之末者，便考閲也。舊以家廟、祠堂爲首，而大小宗圖在主式之後。今首宗法者，《家禮》大義所繫也。今圖不用古諸侯别子之説，而易以始祖者，就今人家言之也。除去家廟圖者，以《通禮》止有祠堂而無家廟，况朱子明言古之廟制不見於經，且今士庶人之家亦有不得立者。祠堂圖下，舊本就附親屬序立之位，今别出者，欲人易曉也。尺式主圖，舊載《喪禮》，今移之於前者，蓋今人家未必皆有祠堂，自高曾以上〔一〕神主未必皆如式也，故載之於此，使始創祠立主者有所考焉。餘見各圖下注。

### 宗法考證

大宗一，小宗四。承大宗者，身繼五宗。禰之次子，身事四宗。有大宗，則事五宗。禰，謂父也。

【《大傳》】：「别子爲祖，别子者，謂諸侯適子之弟，别於正適也。爲祖者，别與後世爲始祖也。繼别爲宗，謂别子之適長子繼别子，與族人爲百世不遷之宗也。繼禰者爲小宗。謂别子之次子，以其長子繼已爲小宗，而其同父兄弟宗之也。有百世不遷之宗，宗其繼别子者是也，是謂大宗。有五世則遷之宗。」大

〔一〕「上」，順德本、太平府本、常州府本作「來」。

宗則一，小宗有四。有繼禰之小宗，則同父兄弟宗之。有繼祖之小宗，則同堂兄弟宗之。有繼曾祖之小宗，則再從兄弟宗之。有繼高祖之小宗，則三從兄弟宗之。至於四從，則親屬盡絶，所謂五世則遷者也，是謂小宗。

## 大宗小宗圖

禰所生子爲繼禰小宗統親兄弟主禰廟祭至玄孫五世則遷

祖傳至孫爲繼祖小宗統從兄弟主祖廟祭至曾孫五世則遷

曾祖傳至玄孫爲繼曾祖小宗統再從兄弟主曾祖廟祭至其孫五世則遷

高祖傳至玄孫爲繼高祖小宗統三從兄弟主高祖廟祭至其子五世則遷

始祖始遷及初有封爵者爲始祖長子繼之子孫世世爲大宗統族人主始祖墓祭百世不遷

按禮經別子法乃三代封建諸侯之制於今人家不相合故今爲此圖專主人家而言以始遷及初有封爵者爲始祖準古之別子又以始祖之長子準古繼別之宗雖非古制其寔則古人之意也

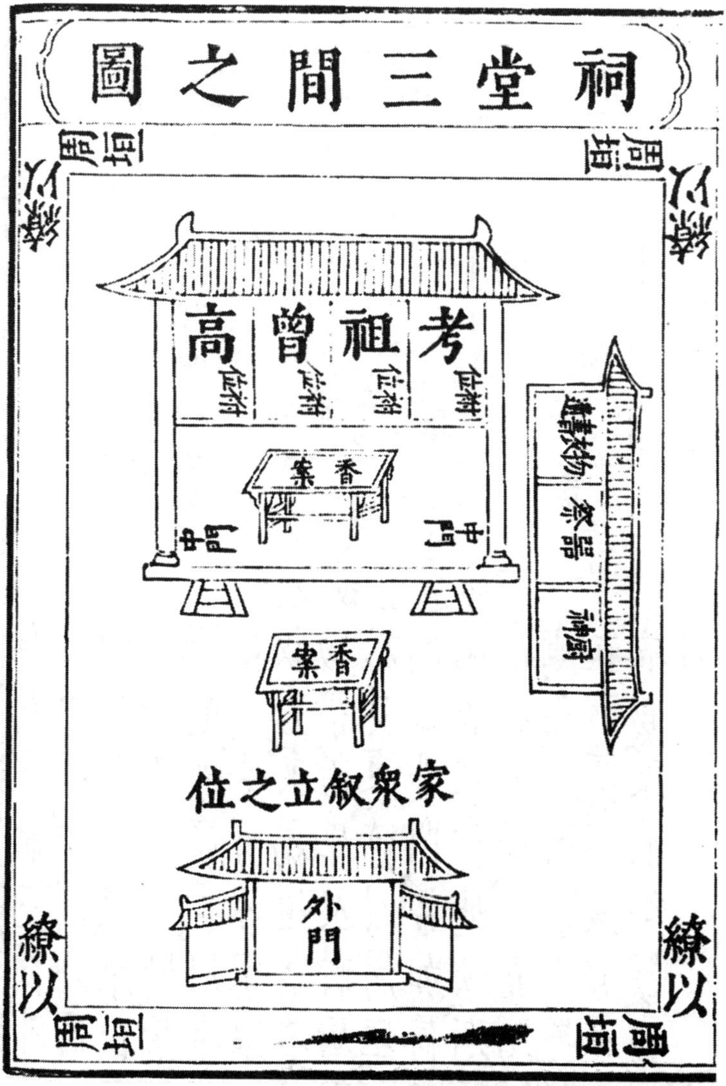
祠堂三間之圖
繚以周垣
繚以周垣
繚以周垣
繚以周垣
考 祖 曾 高
祔位
祔位
祔位
祔位
香案
中門
中門
遺書衣物
祭器
神廚
香案
家衆敘立之位
外門

# 祠堂一間之圖

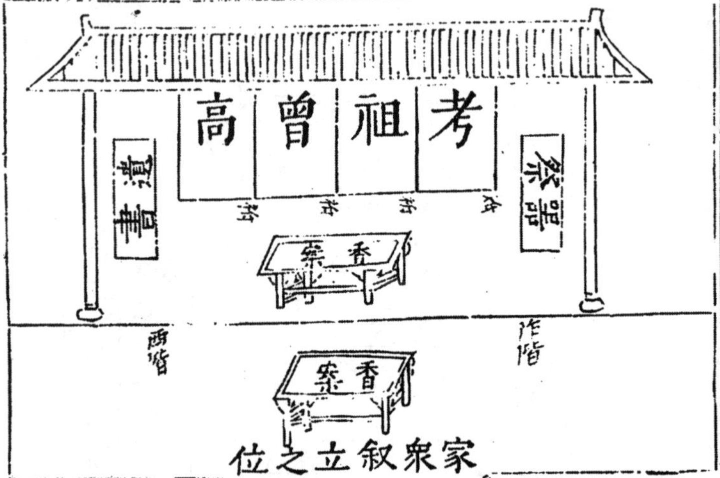


祠堂之制三間外爲中門中門外爲兩階皆三級東曰阼階西曰西階階下隨地廣狹以屋覆之令可容家衆敘立又爲遺書衣物祭器庫及神厨於其東繚以周垣別爲外門常加扃閉若家貧地狹則止爲一間不立厨庫而東西壁下置立兩櫃西藏遺書衣物東藏祭器亦可

## 祠堂時節陳設之圖

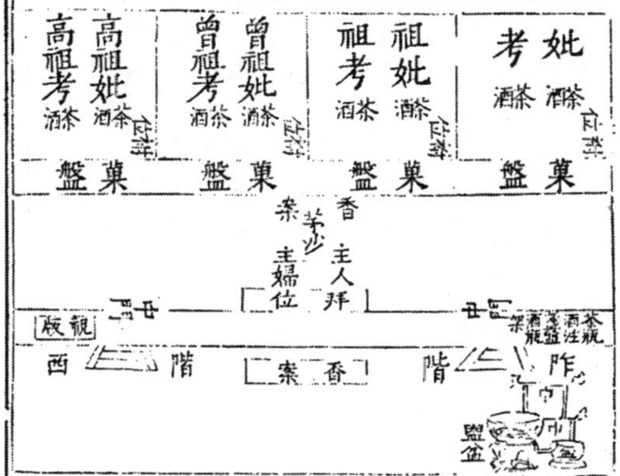


按通禮本註就位主人北面於阼階下主婦北面於西階下主人有母則特位於主婦之前主人有諸父諸兄則特位於主人之右少前重行西上有諸母姑嫂姊則特位於主婦之左少前重行東上諸弟在主人之右少退子孫外執事在主人之後弟

## 家衆敘立之圖

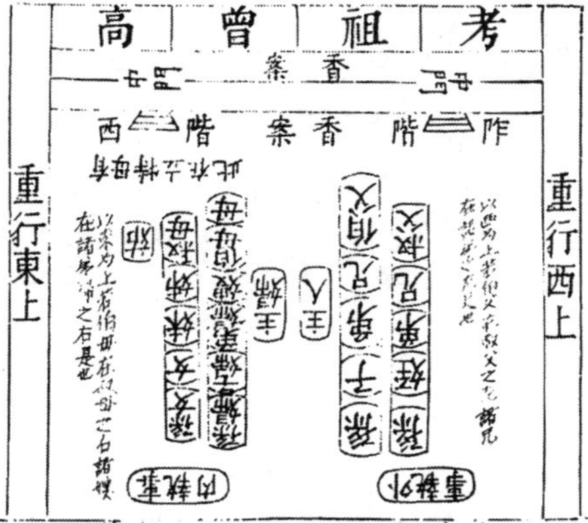


婦及諸妹在主婦之左少退子孫婦女及內執事在主婦之後舊本圖合於祠堂今別出者欲人易曉也本註有母特位而舊圖無之子孫當世爲一列而舊圖混爲一有失世次今補正之舊圖分諸父諸兄爲二雖與本註不同則得之矣

## 義門鄭氏祠堂位次圖

小宗　大宗　小宗

妣
祖妣
曾祖妣
高祖妣
義門第四世祖妣
義門第四世祖考
高祖考
曾祖考
祖考
考

永爲不遷之祖世世家長祭之

濬按浦江鄭氏家儀首列祠堂位次圖，列爲五位，以其第四世祖位爲大宗，居中。其右第一位則高祖考，第二位曾祖考，第三位祖考，第四位考。其左四位則高曾祖考四世之妣也，是爲小宗。夫其分列考妣，以四世考俱居始祖之右，而妣居其左，則固以西爲上也。及其並列四世之考，則曾居高之右，考又居祖之右，則又似以東爲上矣。不知其義何所處也。况古者廟制，天子七，諸侯五，大夫三，適士二，官師一，庶人祭於寢。先儒拘於古者，固已謂祭四代爲僭矣，又加之始祖可乎？近世人家又有爲五龕者，其於時俗似若相宜，但以高祖之考鄰於祖妣，列祀之時，翁婦相並，不無可嫌。其祀始祖之失，又有甚於鄭氏者矣。鄭氏祭及始祖，猶有可諉者，在他人家則犯分甚矣。然則始祖之祭獨不可行乎？曰：必如程子所謂冬至祭之可也。

## 五世並列之圖

祖考　祖妣
高祖考　高祖妣
始祖考　始祖妣
曾祖考　曾祖妣
顯考　顯妣

## 祭四世之圖

顯祖考　顯祖妣
高祖考　高祖妣
曾祖考　曾祖妣
顯考　顯妣

國初用行唐縣知縣胡秉中言，許庶人祭三代，以曾祖居中，而祖左禰右。今擬士大夫家祭四代者，亦合如時制列龕，祠堂板以限隔，則無翁婦相近之嫌。若夫出主以祭於寢，則依家禮以右爲上之制，庶幾禮俗兩得云。

# 神主尺式

此今鈔尺六寸四分弱

周尺

鈔尺者其長準大明通行寳鈔也今裁縫尺近之

## 伊川神主式說

作主用栗，取法於時日月辰。趺方四寸，象歲之四時；高尺有二寸，象十二月；身博三十分，象月之日；厚十二分，象日之辰。（身趺皆厚一寸二分）剡上五分爲圓首，寸之下勒前爲頷而判之，一居前，二居後。（前四分，後八分）陷中以書爵姓名行，（曰宋故某官某公諱某字某第幾神主）合之植于趺，（身出趺上一尺八分，并趺高一尺二寸）竅其旁以通中，如身厚三之一，（謂圓徑四分）居二分之上。（謂在七寸二分之上）粉塗其前，以書屬稱，（屬謂高曾祖考，稱謂官或號行，如處士、秀才、幾郎、幾公）旁題主祀之名。（曰孝子某奉祀）加贈易世，則筆滌而更之，（水以洒墻壁）外改中不改。

按家禮神主制度本伊川說，而無尺式，後人以潘時舉所得司馬家二尺式圖於卷首，其一三司布帛尺，一即周尺也。近時書肆刻附註等書，以板本短狹之故，而所畫之尺亦隨之而短縮，其旁書曰當今三司布帛尺七寸五分弱。今世之人豈識三司尺爲何等尺哉？惟鄭霖所刻家禮，今本在南監者，横畫尺式，最爲得體，但亦無所準則。今以武林應氏圖及以貨泉錢校定周尺，而準以今之鈔尺，使作上者有所據依云。朱子曰：得一書爲據足矣。故凡南軒家所刻及建本、吳門官本、宜學禮器圖本，一切削去，惟據周尺爲則云。

## 神主全式

作主制度 身高一尺二寸，闊三寸，厚一寸二分。首 削去其上兩角各去五分，俾其首作圓形。頷 從上量下一寸，橫勒其前，入身深四分，爲頷。判開其下分 陷中 於頷下本身上刻，深四分，闊一寸，長六寸，爲陷中。竅 於本身兩側旁鑽兩圓孔，徑四分，以通陷中，其孔離趺面七寸二分。前面廣三寸，安在頷下。趺 方四寸，厚一寸二分，鑿之通底，以受主身。合式 前 合於 後 身，納於 趺，植立，仍高一尺二寸。

按既有伊川之說，而又申之者，文之以淺易之言，使人易曉也。○按宋朝諱玄，凡經典中玄字皆改爲元，故凡家禮稱元孫，今悉改從玄。

## 神主分式

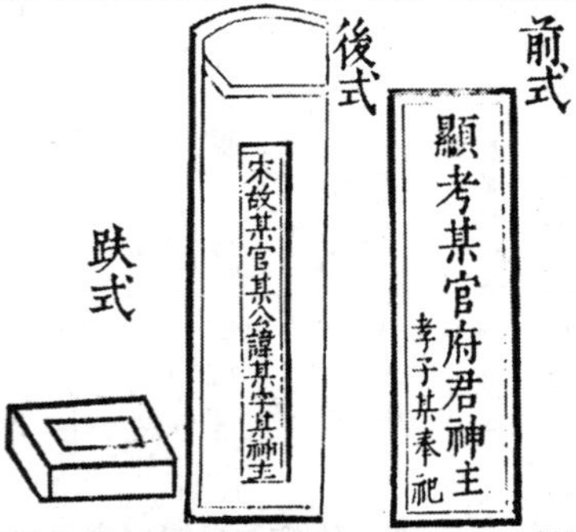

## 櫝式

平頂四直

祠堂本章下止云爲四龕每龕内置一卓子其上置櫝龕外各垂小簾無有韜藉之說其說蓋出温公書儀朱子既已不取不用可也今不復爲之圖而止圖櫝式從簡省也有力者如式爲之亦無不可

## 深衣前圖

按玉藻袷二寸緣半寸今家禮深衣制度不言袷尺度幾何止言袂緣廣二寸今擬宜如古禮用布濶二寸長如衣身爲袷而加緣寸半於其上庶全一衣之制云○按家禮卷首圖有裁衣前後法今并入衣前

## 深衣後圖

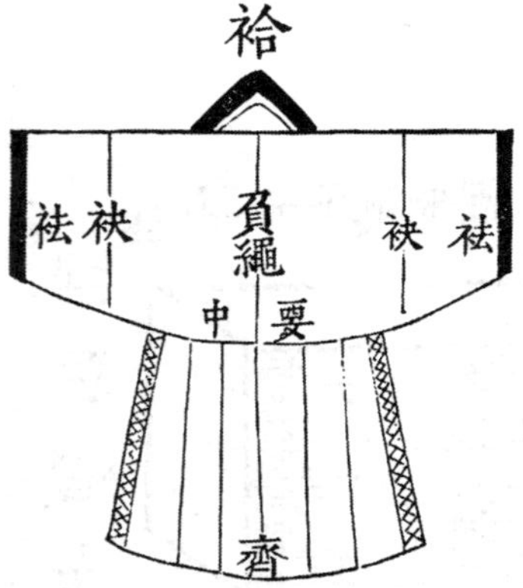


後圖○按深衣制度乃溫公據禮深衣篇所新製非古相傳者也愚於考證疑其裳制於禮深衣篇文勢不倫固已著其說矣後又得吳興敖繼公說謂衣六幅裳六幅通十二幅吳草廬亦謂裳以六幅布裁爲十二片不可言十二幅又但言裳之幅而不言衣之幅尤

# 深衣掩袷圖

方袷

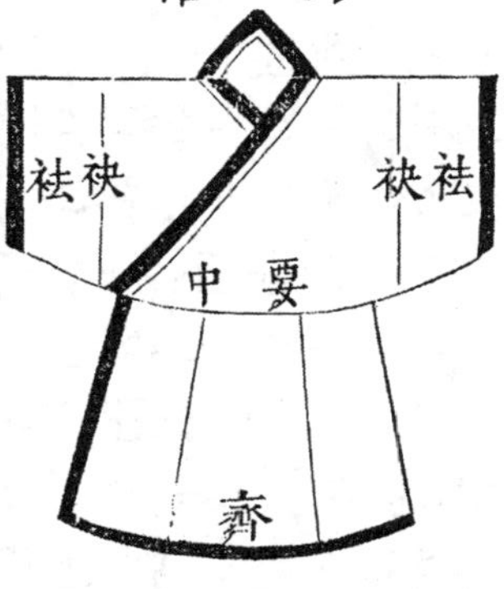


不可良以教說爲是盖衣裳各六幅象一歲十二月之六陰六陽也愚因叅以白雲朱氏之說衣身用布一幅袖用一幅別用一幅裁領又用一幅交解裁兩片爲內外襟綴連衣身則衣爲六幅矣裳用布六幅裁十二片後六片如舊式前四片綴連外襟二片連內襟

# 新擬深衣圖

上衣下裳通爲十二幅則於深衣本章文勢順矣舊製無襟故領微直而不方今以領之兩端各綴內外襟上穿着之際右襟之末斜交於左脅左襟之末斜交於右脅自然兩領交會方如矩矣或謂衣連裳不殊通一幅布爲之如此則無要矣玉藻謂齊倍要者何也

## 大帶

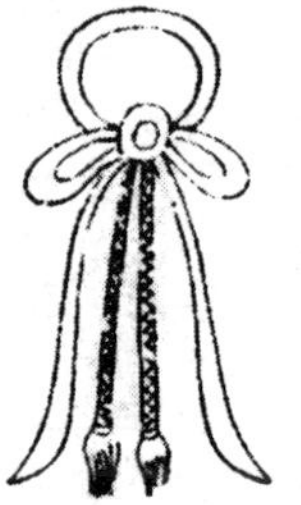

## 緇冠

舊圖

新圖

按家禮緇冠下註武高寸許上爲五梁跨頂前後下著於武屈其兩端各半寸自外向內武之兩旁半寸之上竅以受笄笄則是梁之兩頭各蓋武上而反屈其末於武內也今卷首舊圖者乃加梁於武之上際武之前而又鏤形如俗所謂條環者又於武兩旁各增一片以受笄不知作圖者何所據也且圖下所註一依本文而畫以爲圖却又不然殊不可曉今人家多泥此圖所作幾與朝服梁冠等覺得太高與溫公畫像全不相類今依家禮本文尺寸制度別爲新圖形制庶幾與溫公畫像相合而仍列舊圖如左使相質證云作法見制度

## 幅巾圖

裁幅巾法詳見制度

## 履圖

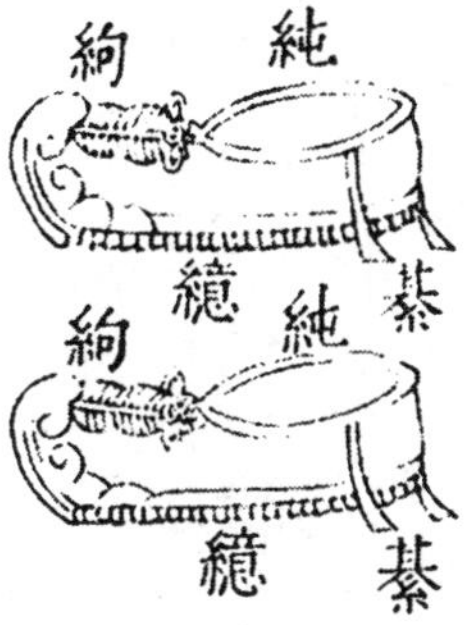


家禮深衣用白而履用黑考儀禮玄端則用黑履素積則用白屨屨當順裳色也今依卷首圖註作白屨舊圖鶡突今考證儀禮等書別爲圖如上詳見考證

## 屈指量寸法圖

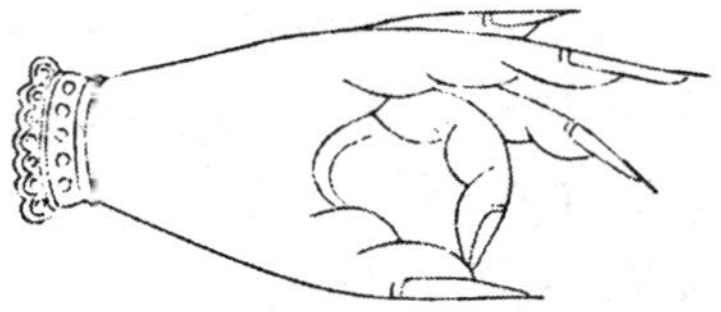

家禮裁深衣及衰服皆用中指中節爲寸蓋以人身有長短雖周尺準以貨泉者楊氏亦謂其於中人中指之寸長短畧同然終不可爲定法也指節人人殊與人身相爲短長鍼經以之定俞穴無有差爽者尤用以裁衣豈有不稱體也哉但世人往往昧於取法今取鍼經圖列于其上而以其定法著之於下便裁衣者有所據依云鍼經云中指第二節內度兩橫文相去爲一

## 伸指量寸法圖

寸文云中指中節橫文上下相去長短爲一寸謂之同身寸註云若屈指節旁取指側中節上下兩文角相去遠近爲一寸若伸指節正取指中自上節下橫文至中節中從上第二條橫文長者相去遠近爲一寸與屈指之寸長短亦相符合然人之身手指或有異者至于指文亦各不同更在詳度之也

# 文公家禮儀節卷之二

## 冠禮

### 冠

男子年十五至二十，皆可冠。必父母無期以上喪，始可行之。

大功未葬，亦不可行。○【按】：擇日。古禮筮日，今不能然，但正月内擇一日可也。既有定日，豫爲訪求合用之人，措辦當用之物，然後告廟、戒賓，庶行禮之時，不致失誤。今具如左：

合用之人：【賓】，主人擇子弟親識習禮者爲之。【贊】，賓自擇之，或主人自擇。【執事者】，用子弟爲之。【禮生】，今人家子弟，未必皆習禮，况禮多曲折，非有引導唱贊者，不能一一中節。今擬請習禮者一人爲禮生，引導唱贊如官府行禮之儀，先期演習，然後行之，庶幾無失。

合用之物：帷帳、灰、櫛、頭繩、𦆽、掠、網巾、簪、深衣、幅巾、履、大帶、帽子、儒巾、四方平定巾、盤領袍、直身鞋、靴、襪、絛。

前期三日，主人告于祠堂。

主人，謂冠者之祖父母、父母。兄弟家長者〔二〕，若宗子已孤而自冠，則自爲主人。

儀節：序立。男左女右，世爲一行。【詳見《通禮》】。盥洗，啓櫝，出主。復位。降神，主人詣香案前，跪，焚香，酹酒，盡傾茅沙上。俯伏，興。拜，興。拜，興，平身。復位。參神，衆拜。鞠躬，拜，興。拜，興。拜，興。拜，興，平身。主人斟酒，主婦點茶，畢，二人竝拜。鞠躬，拜，興。拜，興，平身。主婦復位。主人不動。跪，主人以下皆跪。讀祝，俯伏，興。拜，興。拜，興，平身。復位。辭神，衆拜。鞠躬，拜，興。拜，興。拜，興。拜，興，平身。焚祝文。奉主入櫝，禮畢。

祝文維〇〇【幾】年歲次【干支幾】月朔【某】日，孝玄孫【某官姓名】，敢昭告于顯高祖考【某官】府君、【無官隨神主所稱】。顯高祖妣【某封某】氏、顯曾祖考【某官】府君、顯曾祖妣【某封某】氏、顯祖考【某官】府君、顯祖妣【某封某】氏、顯考【某官】府君、顯妣【某封某】氏，【某】之子【某】，若某親之子【某】。年漸長成，將以【某】月【某】日加冠於其首。謹以酒果，用伸虔告。謹告。若宗子自冠，則云「某以某月某日加冠於首」。

---

〔二〕「兄弟家長者」，順德本、太平府本爲「凡爲家長者」。

戒賓。

古禮筮賓，今不能然，擇僚友中賢而有禮者一人可也。前期三日，主人自詣其家，隨意致辭請之。地遠，則遣子弟致書。

書式【按】：《家禮》戒賓辭乃《儀禮》本文，語意簡奥，非今世所宜。又按：《書儀》「使者不能記其辭，則爲書如儀中之辭，後云『某上』，一辭爲一紙，使者以次達之，賓答亦然」，今櫽括其辭爲書如左：

【某郡姓某】再拜奉啓

【某官執事】：【稱呼隨宜】。【某】有子【某】【若某親之子某】。年及成人，將以【某】月【某】日加布於其首，求所以教之者。僉曰：以德以齒，咸莫吾子宜。至日不棄寵臨，以惠教之，則【某】之父子感荷無極矣。未及躬詣門下，尚祈炤亮，不宣。

【具位姓某】再拜

右請書若宗子自冠，則前去「有子某」三字。後去「之父子」三字。

【某郡姓某】再拜奉復

【某官執事】：【稱呼隨宜】。【某】無似。伏承吾子不棄，召爲冠賓，深恐不克共事，以病盛禮。然嚴命有加，敢不勉從。至日，謹當躬造，治報弗虔。餘需面既，不宣。

【具位姓某】再拜奉復

右復書【按】：禮有賓對曰：「某不敏，恐不能供事，以病吾子，敢辭。」主人曰：「某願吾子之終教之也。」據此當再有書請，但以今人家請賓，須是預先使人通知，然後發書，不必過爲虚文可也。若有欲盡禮者，如禮再書往復亦可。

前一日，宿賓。

遣子弟以書致辭。

書式

【某】上

【某官執事】：【稱呼隨宜】。【某】將以來日加冠於子【某】。【若某親某子某】。吾子既許以惠臨矣。敢宿。

【某】再拜上宗子自冠，改加冠於「子」作「某」。

【某】復

【某官執事】：【稱呼隨宜】。承命以來日行禮，既蒙見宿，敢不夙興。

【某】再拜上

陳設。

如人家廳堂無房，宜將帷幕隔之。無階級，用石灰畫而分之。凡冠者席與賓主位次，皆用灰，依圖界畫，至日按畫敷布。長子席在阼階上之東，少北，西向。衆子則少西，南向。宗子自冠，則如長子之席，少南。○洗盆、帨巾設於東階下東南。又於便室或用帷幕隔一處，爲賓次。【詳見圖】。

## 厥明，夙興，陳冠服。

是日早起，用卓子陳當用衣、帶、靴、履、梳篦、網巾，并用笥盛於房中。凡衣皆東領，以北爲上。又用卓子設酒注盞盤并脯醢楪于衣服卓子北。○又按圖布席，其三加冠巾，各盛以盤，以帕蒙之，用卓子陳西階下，執事者一人守之。○【按：本條下注有陳櫛、纚、掠，於房中。而温公《書儀》合紒用櫛、篦、總、幞頭四物。其自注云總是頭纚，幞頭是掠頭也。《家禮》去篦，用櫛、纚、掠三物。櫛是梳子，頭纚即是總，《禮》注所謂「裂練繒以束髮」是也。掠頭，今無其制。考《喪禮》篇解「免」字謂「裂布或縫絹廣寸，自項向前交於額上，却〔二〕繞髻後，如着掠頭」，則其制亦可以意推矣。今皆不用，擬以時制網巾代之】。

## 主人以下序立。

主人以下盛服各就位。將冠者，童子服，在房中南面。若非宗子之子，則其父立於主人之右。尊則少進，卑則少退。○宗子自冠，則服如將冠者而就主人之位。○【按：本條下注「將冠者雙紒，四䙆衫，勒帛采屐」，紒即是髻字，《書儀》注「童子髻似刀環」，疑是作兩圓圈子也。四䙆衫，不知其制。考《玉篇》《廣韻》等書，竝無「䙆」字，惟《車服志》史炤釋文曰「䙆，音睽桂反，衣裾分也」，李膺《師友談記》有云「國朝面賜緋，即

---

〔二〕「却」原作「郤」，顯有訛誤，徑改。

四襈義襴衫」，《事物紀原》「衫」下注云「有缺胯衫，庶人服之，即今四袴衫也」。《紀原》宋高承作，所謂「今」者，指宋時言也，豈四袴衫即此四襈〔二〕耶？又按：《書儀》始加，適房服四襈衫。無四襈衫，即服衫」，則是四襈衫亦可無也。況此服非古制，殊非深衣之比，隨時不用可也。若夫所謂勒帛采屐者，《書儀》無采屐，而於「勒帛」下有「素」字，自注云「幼時多躡采，將冠可以素」，謂之躡，意勒帛乃用以裹足者也。屐是木履，今云「采屐」，疑是以采帛代木爲之。謂之勒帛采屐，似是以帛裹足納履中也。此蓋當時童子服，今不必深泥，惟隨時用童子所常服者代之，似亦無害】。

賓至，主人迎入，升堂。

賓既至，宜暫於便處少憩以待主人之出。主人將出時，賓於門外東面立。贊者在右少退。

**儀節** 禮生【唱】：序立。主人立東階下，少東西向。子弟親戚童僕重行在後，北上。儐立門外西向，賓贊既至門外，儐入至主人前曰：賓至。【唱】：請迎賓。主人出門外見賓。賓主相見。主東賓西。鞠躬，拜，興。拜，興，平身。主人見贊者，揖，平身。主人側身就贊者揖之，【此揖乃作揖】。贊者報揖。主人揖賓，請行。主人舉手作揖遜狀，【此揖乃揖讓之揖，非作揖之揖】。請賓行，儐贊從之入門，分庭而行。升階，至階，主人舉手揖賓，請升，凡三次。賓主各就位。主人先由東階升，即東席，

〔二〕「襈」原作「袴」，據順德本、太平府本、常州府本改。

西向。【非宗子之子，其父立主人之右】。賓繼由西階升，即西席，東向。贊者盥洗，贊者洗訖，由西階升，立于房中，西向。儐者布席。儐按畫布冠者之席，【按圖布之】。長子則于東階上之少北，西向。衆子則少西，南向。將冠者出房，南面，立于席右，向席。贊者奠櫛。贊者用笥盛梳子、網巾置于席左，興，立於將冠者之左。【櫛，側瑟反。按，《儀禮》「櫛實于簞」注「簞，笥也」，今補入】。

賓揖將冠者就席，爲加冠巾。冠者適房，服深衣，納履，出。

【按：孟懿子曰：「始冠，必加緇布之冠，何也？」孔子曰：「示不忘古。」今冠禮始加，以緇冠幅巾，亦此意也。或者乃以其非世所常服，而別以他巾代之，蓋亦不考禮之過也。且古之時，冠而弊之，今恐其拂時而不之常服。冠畢而藏之，亦可也】。

儀節 禮生【唱】：賓揖將冠者即席。賓舉手揖之，將冠者即席。跪，將冠者即席，西向跪。贊者亦即席，如其向跪。櫛髮，贊者改其髮梳之，合紒，包網巾訖，贊者降。行始加禮。賓詣盥洗所，賓降階，主人從之，賓洗畢。復位。主人揖賓升，俱復初位。執事者進冠笄。以盤子盛冠并簪子，進至階。賓降受，賓降階一等，受冠笄，執之，正容，徐行。詣將冠者前，賓向將冠者。祝辭賓祝。【曰】：「吉月令日，始加元服。棄爾幼志，順爾成德。壽考維祺，以介景福。」跪，賓跪。加冠笄，以冠并簪子加將冠者之首，贊者代簪之。加幅巾，贊者又以幅巾跪進，賓受加之。興，賓起。復位。冠者興，起。賓揖冠者適房易服，賓舉手揖之，冠者入房解童子服，服深衣，加大帶，納履。

冠者出房。出房南面立，未即席。

再加帽子。服皂衫、革帶，繫鞋。

今擬以時樣帽子、直領衣、絲條、布鞋，或皮鞋。○【按：所謂「帽子、皂衫」者，其制不可考，惟文公《語録》有云「前輩士大夫家居，常服紗帽、皂衫、革帶」，又云「温公冠禮，先裹巾，次裹帽」，又云「今來帽子做得恁地高硬，既不便於從事，又且費錢，皂衫更費重。向疑其必廢，今果人罕用也」，由是數言推之，則帽子必是以紗爲之。温公時猶以軟幅裹頭，至文公時，始爲高硬之制，後與皂衫俱不用於世也。然此亦非古服，乃是一時之制。在當時已不用，今不用之亦可，故擬代以時制。但今世所戴帽子有二等，所謂大帽者，乃是笠子，用以蔽雨日之具，決不可用。惟所謂小帽者，以皺紗或羅或段爲之，此雖似褻服，然今世之人，通貴賤以爲燕居常服。環衛及邊方官舍以事朝見者，亦往往戴之。今世除此二帽之外，别無他帽。必不得已用以再加，其紗製者，似亦可用】。

儀節 禮生【唱】：賓揖冠者即席。賓舉手揖之即席。跪，冠者跪。行再加禮。執事者進再加服，執事者以盤子盛帽子，進至階。賓降受，降階二等受之。詣冠者前，祝辭賓祝。【曰】：「吉月令辰，乃申爾服。謹爾威儀，淑慎爾德。眉壽萬年，享受胡福。」祝畢，贊者徹巾冠。○【按：《儀禮》及舊本皆作【「胡」，今本作「遐」，改從舊】。跪，賓跪。加帽，以帽子加冠者之首。興，賓起。復位。冠者興，起。賓揖冠者適房易服。賓舉手揖之，冠者入房，釋深衣，服直領衣，絲條繫鞋。冠者出房。出，南面立。

三加幞頭。公服，革帶，納靴，執笏。若襴衫，納靴。

今擬爲生員者，儒巾、襴衫、皂絛條、皂靴。餘人，平定巾、盤領袍、絛條、皂靴。○【按：此三加用幞頭、公服，而温公《書儀》亦云「幞頭靴笏」，則是幞頭在宋時上下通服也。今惟有官者得用幞頭，而襴衫專爲生員之服，今〔一〕世未有既官而後冠者，其幞頭、公服、革帶、靴笏，不可用，故擬代以時制如此云。】

儀節 禮生【唱】：賓揖冠者即席。賓舉手揖之即席。跪，冠者跪。行三加禮。執事者進三加服，執事者以盤子盛巾進至階。賓降受，降三級階受之。詣冠者前，祝辭賓祝。【曰】：「以歲之正，以月之令，咸加爾服。兄弟具在，以成厥德。黄耇無疆，受天之慶。」祝畢，贊者徹帽，授執事者。跪，賓跪。加巾，以巾加冠者之首。興，賓起。復位。冠者興，賓揖冠者適房。徹櫛，執事者收去梳子之類，入于房。儐者設醮席。【衆子仍舊席，不用此句】。若長子，則改席于堂中間，少西南向。冠者出房。南向立。

乃醮。

儀節 禮生【唱】：行醮禮。贊者酌酒，贊者酌酒于房中，出房，立於冠者之左。賓揖冠者即

〔一〕「今」，順德本、太平府本、常州府本作「且」。

席。賓舉手揖，冠者立席右，南向。賓受酒，贊者捧酒授賓，賓受之。詣醮席，北向。祝辭賓祝。【曰】：「旨酒既清，嘉薦令芳。拜受祭之，以定爾祥。承天之休，壽考不忘。」冠者鞠躬，拜，興。拜，興，平身。【賓不答】。冠者升席，南向。受酒。受而立。賓復位，東向立，答冠者向時所拜。鞠躬，拜，興。拜，興，平身。賓拜畢。【冠者不答】。【補】贊者薦脯醢。贊者以楪盛脯，自房中出。冠者進席前，跪，祭脯醢，冠者，左手執盞，右手執脯醢楪，置于席前空地上。祭酒，傾酒少許于地，興。退就席末，跪，啐酒，飲酒少許。啐，子對切。興，降席授盞。以盞授贊者，執事者徹脯醢楪。冠者拜賓。冠者南向拜。鞠躬，拜，興。拜，興，平身。賓東向答拜。拜贊者。冠者略側身西向拜贊者。鞠躬，拜，興，平身。贊者立賓左，東向少退，答拜。【按：《家禮》本《書儀》，略去《儀禮》「薦脯醢」一節。然温公以人家無醴，既改「甘醴惟厚」作「旨酒既清」矣。而下文「嘉薦令芳」，古注謂「脯醢芳也」。若去「薦脯醢」一節，即是此一句爲虚設矣。今補入。若從簡省，不用亦可】。

賓字冠者。

賓或別作詞，命以字之之義，亦可。

儀節　禮生【唱】：賓主俱降階，賓降階，東向。主人降階，西向。冠者降階，冠者降自西階，少東南向。祝辭賓祝。【曰】：「禮儀既備，吉月令日，昭告爾字。爰字孔嘉，髦士攸宜。

宜之于嘏，【叶音古】。永保受之。【伯某】甫。」【或仲、叔、季，惟所當】。冠者對辭【曰】：「【某】不敏，敢不夙夜祇奉。」【補】鞠躬，拜，興。拜，興，平身。冠者拜，賓不答。○【按：《家禮》無此再拜之文。今補之者，蓋以下文冠者見于鄉先生有誨焉，且拜而不答，況賓祝之以辭乎？】

禮畢。

出就次。

賓請退，主人請禮賓，賓出就次。

儀節 行禮畢，賓揖主人。【曰】：「盛禮既成，請退。」主人揖賓。【曰】：「【某】有薄酒，敢醴從者。」賓辭。【曰】：「【某】不敢當。」主人請。【曰】：「姑少留。」賓。【曰】：「敢不從命。」主人乃舉手揖賓送出外，贊從之，至客次。揖，平身。賓主對揖，主人乃退，命執事治具。

主人以冠者見于祠堂。

陳設如常儀。【見《通禮》】。

儀節 主人以下盛服。序立。男左女右，【詳見圖】。世爲一行。盥洗。立定，主人、主婦及子婦將出主者，皆洗拭訖。啓櫝，出主。主人出考主，主婦出妣主，其餘子婦出祔主。各置正位之左，皆畢。復位。主婦以下，先降復位。降神，執事者洗手上階，開缾，實酒于注。一人奉注詣主人右，一人執盞盤詣主人左。主人詣香案前，跪，焚香，主人焚香畢，左執事者跪，進酒注。右執事者亦跪，以盞盤向主人。主人受注，斟酒于盞，反注于左執事者，取盤盞自捧之。一執事者皆起。酹酒。主人左手執盤，右手執盞，盡酹茅沙上。畢，置盞香案上。俯伏，興，少退。鞠躬，拜，興。拜，興，平身。復位。參神，主人以下凡在位者皆拜。鞠躬，拜，興。拜，興。拜，興。拜，興，平身。主人斟酒，主人自執酒注，斟酒于逐位神主前空盞中，先正位，次祔位。次命長子斟諸祔位之卑者。畢，主人稍後立。主婦點茶。主婦執瓶斟茶于各正祔位前空盞中，【或命子弟捧茶托，主婦捧盞，逐位以獻亦可】。命長婦、長女斟諸祔位之卑者。畢，主婦退，與主人竝立，拜。鞠躬，拜，興。拜，興，平身。復位。主人不動。跪，主人跪。告辭有【祝則曰】「讀祝」。【曰】：「某之子【某】【若某親】之子【某】。今日冠畢。敢見。」【宗子自冠，則】止曰：「【某】今日冠畢。敢見。」俯伏，興，平身。復位。冠者見，冠者兩階間拜。鞠躬，拜，興。拜，興。拜，興。拜，興，平身。【宗子自冠，去「興，平身，復位，冠者見，鞠躬」五句】。復位。辭神，衆拜。鞠躬，拜，興。拜，興。拜，興。拜，興，平身。【有祝文則曰】「焚祝文」。奉主入櫝。禮畢。

## 冠者見于尊長。

父母堂中南向坐，其餘親戚依次序坐。冠者拜父母，父母爲之起。同居有尊長，則父母以冠者詣其室拜之，尊長爲之起，還就東西序。每列皆再拜。宗子自冠，有母拜母如儀。族人宗之者來見，宗子西向拜其尊長，受卑者拜。

**儀節** 鞠躬，拜，興。拜，興。拜，興。拜，興，平身。父母四拜。餘再拜。

乃禮賓。

主人以酒饌延賓及儐贊者，酬之以幣而拜謝之。【親朋有來觀禮者，亦併待之】。

**儀節** 主人至客次迎賓，主人先行，客從之。儐贊禮生及諸親朋各以序，隨至堂階。主人以手揖賓請升，賓辭讓，主人先升自東階，賓繼升自西階，贊以下各以序升。就位。賓主以下各序立如常儀。致辭，主人拱手向賓前。【曰】：「【某】子【若孫姪，隨所稱】。加冠，賴吾子教之。敢謝。」主人拜。鞠躬，拜，興。拜，興，平身。賓答拜。謝贊者。鞠躬，拜，興。拜，興，平身。謝儐同上。若贊儐卑幼，不敢當拜，揖之可也。主人獻酒，賓酢酒，主人獻贊儐以下如常儀，酒遍。請升席，主人自席末先升，賓次升，贊儐及陪席者以次皆升，坐。行酒，冠者及執事者行酒，或三行，或五行。進饌，或三，或五，隨俗。奉幣。執事以盤奉幣進，主人受以獻賓，賓受以授從者。賓謝主人。鞠躬，拜，興。拜，興，平身。主人答拜，以次奉贊者、儐者幣，及贊者、儐者謝主人，主人答拜，皆同。送賓。至大門外。揖，平身。俟賓上馬。歸賓俎。

冠者遂出，見于鄉先生及父之執友。

冠者拜先生、執友，皆答拜。若有誨之，則對如對賓之辭，且拜之。先生、執友不答拜。

**儀節** 冠者見鄉先生及父執友。鞠躬，拜，興。拜，興。拜，興。拜，興，平身。先生若有教言，則對曰：「某不敏，敢不夙夜祗奉。」鞠躬，拜，興。拜，興，平身。不答拜。【按：《鄭氏家集〔二〕》有「或因事故倉卒簡便行禮之儀」，今恐人家有力不能備禮者，略放其儀，別爲儀節附其下】。

儀節

是日夙興，告祠堂如朔日之儀，不用祝。先期擇親屬一人爲賓，子弟一人爲贊，一爲禮生。主人立堂上東階上，賓立西階上。禮生【唱】：鞠躬，拜，興。拜，興，平身。執事者布冠者席于主人後少北。【唱】：將冠者即席，跪，梳髮〔三〕，合髻。行加冠禮。賓盥。進冠笄。執事者捧進，賓受之，行至冠者前。祝辭用始加之辭，如賓不能祝，不用亦可。跪（賓跪），加巾，興，復位。冠者興。易服，冠者改舊服，着時服，納靴，出降下階立，少東南向。賓字冠者，賓主俱降階。祝辭用前辭，若賓不能祝，只曰「字汝曰某」，冠者對辭。若加冠無祝辭，此亦不用。鞠躬，拜，興。拜，興，平身。禮畢。冠畢見于祠堂尊長，俱如上儀。

## 笄

女子許嫁，笄。

年十五，雖未及嫁，亦笄。

---

〔二〕「集」，順德本、太平府本、常州府本作「儀」。

〔三〕「梳髮」，常州府本爲「合紒梳髮」。

母爲主。

行於中堂。與宗子同居，則於私室。

前期三日，戒賓。一日，宿賓，

賓，擇親姻婦女之賢而有禮者爲之，遣人致書以請。

書式

忝親【某】氏拜啓【非親則云「辱交」或「辱識」】。

【某親某封】妝次：笄禮久廢，兹有女年適可笄，欲舉行之。伏聞吾親閑於禮度，敢屈

【非親則改「夫人」「孺人」，隨所稱】。惠臨以教之，不勝幸甚。

月　日【某】氏拜啓

右請書

忝親【某】氏拜復

【某親某封】妝次：蒙不棄，召爲笄賓，自念粗俗不足以相盛禮，然既有命，敢不勉從。

謹此奉復。

月　日【某】氏拜復

右復書

陳設。

依圖界畫，如衆子冠禮。

厥明，陳服。

以盤子盛冠笄，置西階下。

序立。

主婦如主人之位，將笄者房中南向。

賓至，主婦迎入，升堂。

不用贊者。

賓爲將笄者加冠笄，適房，服背子。

祝用始加之辭，不能則省。

儀節 序立。主婦東階下，少東西向。女眷重行在後，北上。賓至，請迎賓。主婦出中門見賓。賓主相見。拜，興。拜，興。拜，興。拜，興。請升堂，賓主各就位。主婦東，賓西。布席。侍者布席于東階之東，少西南向。將笄者出房，侍者奠櫛。贊者取梳篦之類，置席左。賓揖將笄者即席。賓以手導將笄者即席，西向立。跪，笄者跪，侍者亦如其向跪。櫛髮，解髮梳之。合紒，爲之合髻。行加笄禮。賓降盥洗，賓降階，主婦亦降，洗訖。復位。主婦請賓復初位。侍者進冠笄，侍者以冠笄盤進。賓詣將笄者前，祝辭賓祝。【曰】：「吉月令日，始加元服。棄爾幼志，順爾成德。壽考維祺，以介景福。」跪，賓跪。加冠笄，興，賓起。復位。笄者興，適房，易服。徹櫛。笄者出房。服上衣出。

乃醮。

儀節 行醮禮。侍者酌酒，立于笄者之左。賓揖笄者即席，笄者立席右，南面。賓受酒，詣醮席，祝辭【曰】：「旨酒既清，嘉薦令芳。拜受祭之，以定爾祥。承天之休，壽考不忘。」笄者拜，興。拜，興。拜，興。拜，興。賓答拜。跪，笄者跪。受酒，祭酒，傾少許于地。啐酒。略飲少許。興。拜，興。拜，興。拜，興。拜，興。

乃字。

儀節 賓主俱降階，主東，賓西。笄者降階，笄者降自西階，少東南向。祝辭賓祝。【曰】：「禮儀既備，昭告爾字。女士攸宜，永受保之。【曰某】。」笄者拜，興。拜，興。拜，興。拜，興。賓不答拜。禮畢。

【補】主人以笄者見于祠堂。

儀節 序立。盥洗，啓櫝。詣香案前，跪，焚香，告辭【曰】：「【某】之第【幾】女【某】，今日笄畢。敢見。」俯伏，拜，興。拜，興，平身〔二〕。笄者見。立西階上，少東。拜，興。拜，興。拜，興。拜，興。主人、主婦。鞠躬，拜，興。拜，興，平身〔三〕。禮畢。

【補】笄者見于尊長。

乃禮賓。

以上皆如冠儀而少省。

【冠禮餘注】温公曰：「古者二十而冠，皆所以責成人之禮。蓋將責爲人子，爲人弟，爲人臣，爲人少者之行於其人，故其禮不可以不重也。近世以來，人情輕薄，過十歲而總角者，少矣。彼責以四者之行，豈知之哉？往往自幼至長，愚騃若一，由不知成人之道故也。今雖未能遽革，且自十五以上，俟其能通《孝經》《論語》，粗知禮義，然後冠之，其亦可也。」【右冠期】。○主人，謂冠者之祖父，自爲繼高祖之宗子者。若非宗子，則必繼高祖之宗子主之。有故，則命其次宗子，若其父自主之。若宗子已孤而自冠，則亦自爲主人。【右主人】。○冠者私室有曾祖、祖以下祠堂，則各因其宗子而見。自爲繼曾祖以下之宗，則自見。【右見祠堂】。○父母堂中南面坐，諸叔父兄在東序，諸叔父南向，諸兄西向，諸婦女在西序，諸叔母姑南向，諸姊嫂東向。冠者北向拜父母，父母爲之起。同居有尊長，則父母以冠者詣其室拜之，尊長爲之起。還就東西序，每列再

---

〔二〕「平身」，據順德本、太平府本、常州府本補。
〔三〕「平身」，據順德本、太平府本、常州府本補。

拜應答，拜者答。若非宗子之子，則先見宗子及諸尊於父者於堂，乃就私室見於父母及餘親。○若宗子自冠，有母則見于母，如儀。族人宗之者皆來見於堂上。宗子西向拜其尊長，每列再拜，受卑幼者拜。【以上見尊長】。○【笄】凡婦人自稱於己之尊長，則曰「兒」，卑幼則以屬於夫黨，尊長則曰「新婦」，卑幼則曰「老婦」。非親戚而往來者，各以其黨爲稱。後放此。【右戒賓】。

## 冠禮考證

【《儀禮》】：「贊者洗于房中。」古注曰：「洗，盥而洗爵者。」疏曰：「凡洗爵者，無盥〔二〕，此經不具，故古注明之。」按：此則冠禮不但設盥帨于堂下，而房中亦當設也。然《儀禮》所謂「洗」，特言洗爵耳。盥乃注家增入也。若人家窄狹，就於堂下所設盥帨處，先洗爵，持入房中，亦可。○「薦脯醢。」注曰：「贊冠者也。脯，乾肉。醢，肉醬。」冠者即筵坐，左執觶，右祭脯醢。」古坐是跪。筵是席。觶，酒器。儀節增入「祭脯醢」本此。○「醴辭曰：『甘醴惟厚，嘉薦令芳。』」古注：「嘉，善也。善薦，謂脯醢芳香。」【按】：《書儀》「古用醴，或用酒。醴則一獻，酒則三獻。今私家無醴，以酒代之，改醴辭『甘醴惟厚』作『旨酒既清』矣。」夫温公改「醴」爲「酒」者，以禮不可虛僞也。醴與酒一物，但有醇醨之異，用以相代，似亦無害。而公必易古辭者，

〔二〕「無盥」，顯有訛誤，考禮經，疑爲「先盥」。

欲名實之相稱也。況醴辭明有「嘉薦令芳」一句，今既舉之以醮冠者，而不用古禮「薦脯醢」一節，可乎？今補入。○「賓出，主人送於廟門外。不出外門，將醴之。請醴賓，賓禮辭許，賓就次。」此「醴」當作「禮」，謂以醴禮之也。禮賓者，謝其勤勞也。次，門外更衣處也。按：禮辭，一辭而許曰「敢辭」，再辭而許曰「固辭」，三辭曰「終辭」，不許也。今曰「禮辭許」，則一辭而許矣。○「乃禮賓以一獻之禮，主人酬賓束帛、儷皮。注：「飲賓客而從以財貨曰酬。束帛，十端也。一疋兩端，十端，五疋也。儷皮，兩鹿皮也。」按：《書儀》曰：「端、疋、丈、尺，臨時隨意。凡君子使人必報之。至於昏、喪相禮者，當有以酬之。若主人實貧，相禮者亦不當受也。」索取決不可。賓出，主人送于外門外。再拜。歸賓俎。」歸賓俎，使人歸諸賓家也。按古注：「一獻之禮，有薦，有俎，其牲未聞。」則似古亦或用牲矣，但無明文耳。今擬當家用之亦可。貧無力者，不用可也。按：《士冠禮》一篇，無非切於行冠禮者。今惟録此數條者，蓋文公已用之以爲行禮之儀文節制者，今不復載。所不載者，偶有闕遺，今增補之耳。恐觀者未暇詳考，故表出之。昏、喪、祭，放此。

《冠義》：「古者冠禮，筮日，筮賓，所以敬冠事。敬冠事，所以重禮。重禮，所以爲國本也。」按：今《家禮》於日與賓惟擇之而已。○「見於母，母拜之。見於兄弟，兄弟拜之。成人而與爲禮也。」按：温公曰：「此禮〔一〕今難行，但於拜時，母爲起立可也。」○「冠者，禮之始也，嘉事之重者也。

〔一〕「禮」原作「理」，據順德本、太平府本、常州府本改。

謂此禮乃嘉禮之最重者。是故，古者重冠。重冠，故行之於廟。」按：温公曰：「今人少家廟，但冠於外廳，笄於中堂可也。」○《郊特牲》：「始冠之緇布之冠也。大古冠布，齊則緇之。謂上古之時，冠之用布。齊時所服者，以緇色爲之。其緌〔一〕也，孔子曰：『吾未之聞也。』孔子言吾未聞其有垂下之緌纓。冠而敝之可也。』注云：「此冠，後世不復用，而初冠暫用之，不忘古也。」又見《家禮》始加服條下引《家語》孔子答懿子語。故適子冠於阼，以著代也。顯其爲主人之次也。醮於客位，加有成也。酌而無酬酢曰「醮」，加禮於有成之人也。三加彌尊，喻其志也。」始加緇布冠，次加皮弁，又次加爵弁。緇布之粗，不若皮弁之精。皮弁之質，不若爵弁之文。服益尊，則喻益大。故曰「喻其志」。○按：今冠禮三加之冠未必彌尊者，拘於時服。非若古人服制，可以上下通服也。【《曾子問》：「曰】：『將冠子，冠者至，謂賓贊。揖讓而入，聞齊衰、大功之喪，如之何？』孔子曰：『内喪則廢，謂死者在大門之内。外喪謂死者在大門之外。則冠而不醴，行三加禮而不醮。徹饌而掃，即位而哭。徹去饌具，掃除冠之位次，而後即位舉哀。冠者未至，即廢。亦謂賓贊。如將冠子，而未及期日，謂在期日之先。有齊衰、大功、小功之喪，則因喪服而冠。』」因著喪之成服而加喪冠也。【《雜記》】：「以喪冠者，雖三年之喪，可也。既冠於次，謂居喪之次。入，哭踊三者三，乃出。」三者三，言一次三踊，凡三次三踊也。司馬公曰：「因喪而冠，恐

〔一〕「緌」原作「綏」，顯有訛誤，徑改。下「緌」字同。

於今難行。」按：今世俗有行之者。【《禮記注疏》】：「冠禮始早晚，書傳無正文。《世本》曰『黄帝造旃冕』，是冕起於黄帝也。黄帝以前，以羽皮爲冠，以後乃用布帛。其冠之年，天子諸侯皆十二。」【程子曰】：「冠禮廢，天下無成人。或欲如魯襄公十二而冠，此不可。所以責成人事。十二年，非可責之時。既冠矣，且不責以成人事，則終其身不以成人望之也，徒行此節文，何益？雖天子諸侯亦二十而冠。」【按】：《家禮》十五至二十皆可冠，不必二十也。【又曰】：「今行冠禮，若制古服而冠，冠了，又不常服，却是僞也，必須用時之服。」【按】：古禮，始加緇布冠，再加皮弁，三加爵弁。緇布冠，亦是當時不用之服，豈是僞哉！今《家禮》始加用深衣、幅巾，而再加、三加以時服，似亦是存古之意，宜從之，不必泥程子此説也。【朱子曰】：「古禮，惟冠禮最易行。」又曰：「冠禮比他禮却易行。」○「冠昏之禮，如欲行之，當須使冠昏之人易曉其言，乃爲有益。如三加之辭，出門之戒，若只以古語告之，彼將謂何？」曰：「只以今之俗語告之，使之易曉，乃佳。」

# 長子冠圖

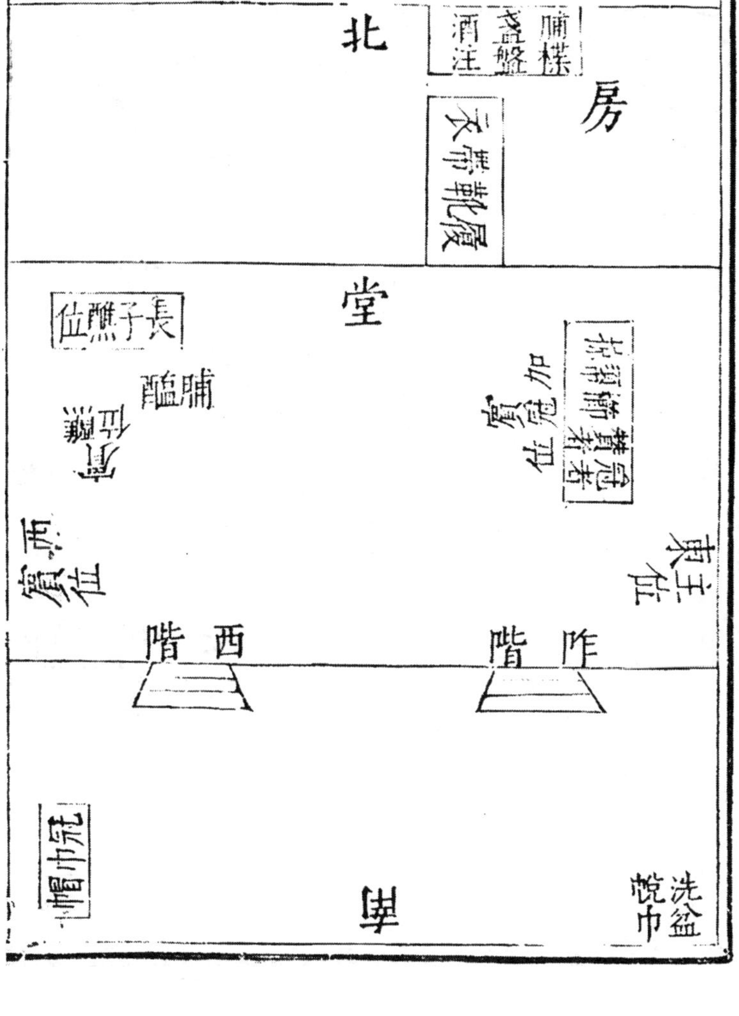

# 衆子冠圖

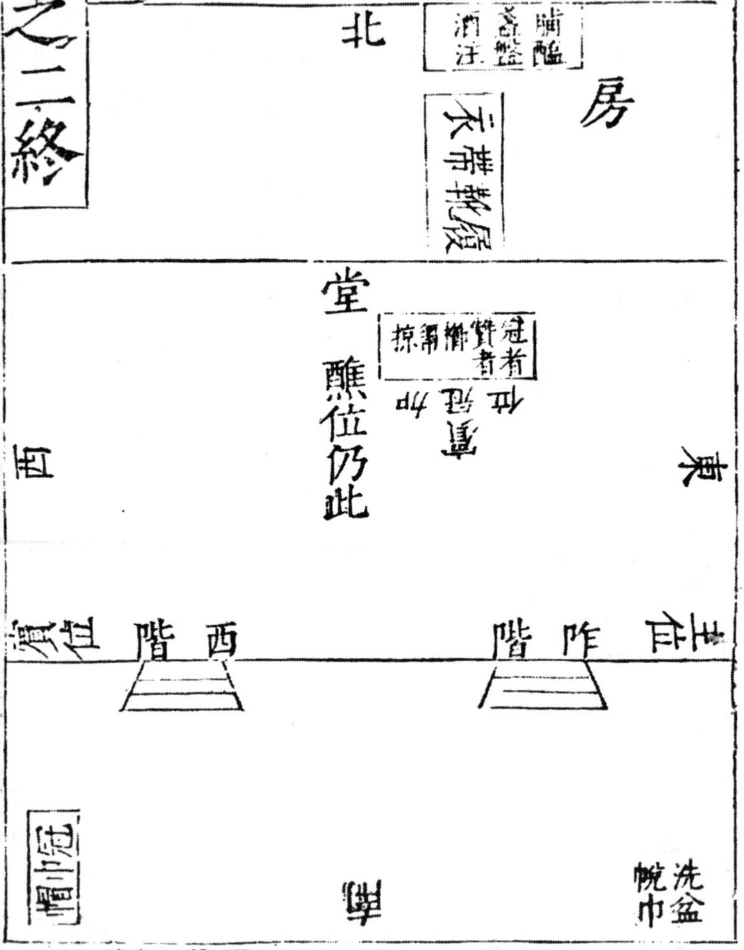


卷之二終

# 文公家禮儀節卷之三

## 昏禮

濬按：古有六禮，《家禮》略去問名、納吉、請期，止用納采、納幣、親迎，以從簡省。今擬以問名併入納采，而以納吉、請期併入納幣，以備六禮之目。然惟於書辭之間略及其名而已，其實無所增益也。

### 議昏

男子年十六至三十，女子年十四至二十。身及主昏者無期以上喪，乃可成昏。

大功未葬，亦不可主昏。○凡主昏，謂婿之祖父、父，及凡爲家長者。宗子自昏，則以族人之長爲主。

必先使媒氏往來通言，俟女氏許之，然後納采。

納其采擇之禮，即今世俗所謂言定也。

## 納采問名附。

主人具書，

主人，即主昏者。書用牋紙，如世俗之禮。若族人之子，則其父具書告于宗子。補按《儀禮・士昏禮》：「下達，納采用雁。」而《書儀》亦云：「使者盛服，執生雁。」《家禮》削去不用，從簡也。今國朝定制，庶民昏姻定爲三等，其禮許用絹布、猪羊、鵝酒、果麵之類。世俗往往踰制奢侈，狃於見聞已久，而行古禮者，過於落漠如此，蓋人情有所不堪。今擬用鵝酒、果合之類，如富而有力者，用羊、酒亦可，但不可太過耳。

書式【今隱括《儀禮》納采、問名告對之辭爲書。】

【某郡姓某】啓【不稱親者，方議而未成也】。

【某郡某官】執事：【稱呼隨宜】。伏承尊慈，不鄙寒微，曲從媒議，許以令愛貺室僕之男【某】。【或某親之子某】。兹有先人之禮，謹專人納采，因以問名。敢請令愛爲誰氏出，及其所生月日，將以加諸卜筮。伏惟尊慈，俯賜鑒念，不宣。

年　月　日【某郡姓某】啓

夙興，奉以告祠堂。

陳設如常儀，用盤子盛書置香案。

**儀節**序立。男左女右，世爲一行。盥洗，啓櫝，出主，復位。降神，主人詣香案前，跪，焚香，酹酒。盡傾茅沙上。俯伏，興。拜，興。拜，興，平身。復位。參神，衆拜。鞠躬，拜，興。拜，興。拜，興。拜，興，平身。主人斟酒，主婦點茶。畢，二人竝拜。鞠躬，拜，興。拜，興，平身。主婦復位。主人不動。跪，主人以下皆跪。讀祝，俯伏，興，平身。主人獨拜。鞠躬，拜，興。拜，興，平身。復位。辭神，衆拜。鞠躬，拜，興。拜，興。拜，興。拜，興，平身。焚祝文。奉主入櫝。禮畢。

**祝文**維○○【幾】年歲次【干支幾】月【干支】朔【幾】日【干支】，孝玄孫【某官姓名】，敢昭告于顯高祖考【某官】府君、【無官隨神主所稱】。顯高祖妣【某封某】氏、顯曾祖考【某官】府君、顯曾祖妣【某封某】氏、顯祖考【某官】府君、顯祖妣【某封某】氏、顯考【某官】府君、顯妣【某封某】氏，【某】之子【某】【若某親之子某】。年已長成，未有伉儷。已議娶【某官某封[一]姓名】之女，今日納采，就以問名，不勝感愴。謹以酒果，用伸虔告。謹

[一]「封」，順德本、太平府本、常州府本作「郡」。

告。【若宗子自昏則自告】。

乃使子弟爲使者如女氏，女氏主人出見使者。

【按】：《儀禮》用賓，而《家禮》本温公《書儀》用子弟爲使者，恐與女氏主人非敵，難於行禮。今擬兩家通往來者一人，如世俗所謂保親者，用以代賓。

**儀節** 賓至女家門外，媒氏先入告主人，執事者陳禮物于大門外，用盤子盛書函置卓子上。賓至，請迎賓。主人出門外迎賓。主人揖賓請行。主人舉手作揖遜狀，請賓行，凡三次。主人先登東階，賓登西階。【非宗子之女則其父位主人之右，尊則少進，卑則少退】。升堂。東西相向立。揖，平身。賓主〔一〕相唱喏。陳書幣。執事者舉書案于廳上，禮物陳庭中。【納幣有幣帛，則以置階前或卓子上】。賓主各就坐。主賓俱坐。奉茶。執事者以茶進，啜訖。賓興，主人亦起。進書，執事以書授賓，賓以奉主人。主人受書。受以授執事者，北向拜。鞠躬，拜，興。拜，興，平身。賓避席屏立，不敢答。【此拜乃謝書，非拜賓也】。請賓就次。

遂奉書以告于祠堂。

以盤盛婿家書置香案上，禮物陳案前或庭中。

---

〔一〕「主」，順德本、太平府本、常州本作「至」。

**儀節** 與前夙興告祠堂同。

**祝文** 【竝同前式，但云】「【某】之第【幾】女【某】【若某親之子某】。年漸長成，許嫁【某官某郡姓某】之子【某】。今日納采，不勝感愴。謹以」。【後同】。

出以復書授使者，遂禮之。

其從者，亦禮之於別室，皆酬以幣。

**儀節** 主人告祠堂畢，出見賓。各就位。主賓東西對坐，如前。復書，執事者以書進主人，主人以奉賓。受書。賓受之以授從者。主人曰：「敢備薄禮，請醴從者。」賓曰：「敢辭。」主人固請，賓曰：「敢不從命。」鞠躬，拜，興。拜，興，平身。賓拜主人，主人答拜。各就位。主人就東階，客就西階，俱北面。主人獻酒，主人降階酌酒，至賓席前，奉酒于賓，賓趨席末，主人以揖送酒，賓趨席末受之而揖，且遍揖坐客而後飲，如常儀。飲畢，復揖主人，主人報之。賓酢酒。賓降階酌酒以奉主人，如前儀。飲畢，主人以盞置卓子上。請升席。主人自席末先升，賓次升，媒氏及陪席者以次皆升坐。執事者行酒，或三行、五行，隨意。進饌，或三，或五，如俗。奉幣，賓謝主人。賓出席。鞠躬，拜，興。拜，興，平身。主人答拜。送賓。至大門外。揖，平身。主人拱，俟賓上馬。

**書式**

【某郡姓某】啓〔一〕

【某郡某官】【執事】：伏承【稱呼隨宜】。尊慈不棄寒陋，過聽媒氏之言，擇僕之第【幾】女【某】【某親之幾女某】。作配令嗣。【或作某親弟姪，隨稱】。弱息蠢愚，又弗能教，既辱采擇，敢不拜從。重蒙問名，謹具所出及其生年月日如别幅，伏惟尊慈，特賜鑒念，不宣。

年　月　日【某郡姓某】啓

名帖式

父【某】

母【某】氏

女【某】行【幾某甲子】年【幾】月【幾】日【某】時生

使者復命婿氏。

儀節　賓至門外，婿氏主人出迎。揖，平身。問勞隨俗。升堂，各就位。坐訖。奉茶。畢。興，各起。進書，從者以書進，賓以奉主人。受書。主人受書，以授從者。【補】鞠躬，拜，興。拜，興，平身。主人再拜，賓退避。請賓就次。【今所以補此者，蓋以女氏受婿家之書，既再拜，而婿家受

---

〔一〕「啓」，順德本、太平府本、常州府本無。

女家之書，不拜可乎】？

主人復以告于祠堂。

以盤子盛所復書及名帖子，置香案上。

儀節 竝同前。無祝，改讀祝爲告辭：「【某】之子【某】聘【某官某郡姓某】之第【幾】女，【某某】年【某】月【某】日【某】時生。今日納采且問名，禮畢。敢告。」

## 納幣 納吉、請期附。【若納幣未即娶，則別請期。今補于後】。

納幣。

幣用色繒，貧富隨宜，少不過兩，多不踰十，更用釵釧羊酒果實之屬，亦可【各從鄉俗】。

具書。

書式

忝親【某郡姓某】啓

【某郡某官】尊親家【執事】：【稱呼隨宜】。伏承嘉命，許以令女貺室僕之子【某】。【若某親之子某】。加之卜占，已叶吉兆。兹有先人之禮，敬遣使者行納徵禮。謹涓吉日以請曰，「【某】日【甲子】」實惟昏期，可否？惟命端拜以俟。伏惟尊慈，特賜鑒念，不宣。【若昏期尚遠，去「謹涓」以下至「以俟」二十三字】。

年　月　日忝親【某】再拜

【補】夙興，主人以書告于祠堂。

陳設如常儀，用盤子盛書及幣帛，置香案上。○【《家禮》納幣不告廟。按《儀禮》納徵辭曰「有先人之禮，儷皮束帛」，夫禮之行，必稱「先人」，恐亦當告，今補入】。

儀節　竝同納采。

祝文　維年歲次月朔日辰，【竝同】。【某】之子【某】，【若某親之子某】。已聘【某官某郡某氏】之第【幾】女爲婦，卜之叶吉。今行納幣禮，且以日期爲請，曰【某】月【某】日【甲子】吉，宜成昏。不勝感愴。謹以。【後同。若昏期尚遠，去「且以日期」以下至「宜成昏」十七字】。

遣使者如女氏，【補】女氏出見使者。

儀節　竝同納采。

【補】遂奉書以告于祠堂。

陳設如常儀。用盤子盛書及幣帛，置卓子上。餘物陳庭中。

儀節　竝同納采。

祝文 維年歲次月朔日辰，【竝同】。【某】之第【幾】女【某】，已許【某官某郡某氏】之子爲昏。今日報吉，且行納幣。因以期日爲請，曰【某】月【某】日【甲子】吉，宜成昏。不勝感愴。謹以。【後同】。【昏期尚遠，去「因以」至「宜成昏」十七字】。

女氏受書，復書，禮賓。

儀節 竝同納采。

書式

忝親【某郡姓某】啓

【某官某郡】尊親家執事：伏承嘉命，委禽寒宗，顧惟弱息，教訓無素，切恐弗堪，卜既叶吉，僕何敢辭。兹又蒙順先典，貺以重禮，辭既不獲，敢不重拜。若夫昏期，惟命是聽，敬備以須。伏惟尊慈，特賜鑒念，不宣。【若昏期尚遠，去「若夫昏期」至「敬備以須」十二字】。

【某】年【某】月【某】日忝親【某】再拜

使者復命，竝同納采之儀。

儀節 竝同納采。

【補】婿氏主人復以告于祠堂。

以盤子盛所奉書，置香案上。

**儀節** 竝同納采，但改「讀祝」爲「告辭」。【曰】：「【某】之子【某】」，【若某親之子某】。聘定【某郡某官】之女爲婦。今日行納幣禮畢，將以【某】月【某】日成昏。敢告。」【若昏期尚遠，去「將以」以下成昏十字】。○【按：《家禮》於昏之六禮止用其三，愚合問名於納采，而以納吉、請期附納幣，以備六禮之數。若是人家納幣未即親迎者，遽以期日爲請，失之太早，宜如附注別行請期一節爲是】。**儀節** 凡具書、受書、復書、禮賓、復命、告祠堂，竝同納采。**祝文** 竝同納幣，但男家則去其中「卜之叶吉」四字，及改「今」爲「既」，改「且」爲「將」。女家則去其中「日報吉且行納幣因」八字，其餘竝同。**書式** 竝同納幣，但男家書中去「加之卜占，已叶吉兆，茲有先人之禮」十四字，改「敬」字作「今」字。女家書中，去「顧惟弱息」至「重拜若夫」四十字，惟云「既蒙貺以嘉幣。今定昏期，惟命是聽，敬備以須，伏惟」，以下竝同。【告辭】中去「今日行納幣禮畢」七字，餘竝同。

## 親迎

近則迎於其家，遠則迎於其館。

前期一日，女氏使人張陳其婿之室。

俗謂之鋪房。然所張陳者，但氈褥、帳幔、帷幙應用之物，其衣服鎖之篋笥，不必陳也。

厥明，婿家設位于室中。

設椅、卓子兩位，東西相向。卓子列食品如常，外一卓上置合卺【音謹】杯酒注，又設盥盆二于室隅。

女家設次于外。

初昏，婿盛服。

世俗新婿帶花勝以擁蔽其面，殊失丈夫之容體，勿用可也。

主人告于祠堂。

儀節 主人以下盛服。序立。男左女右，世爲一行。【詳見《通禮》】。盥洗，啓櫝，出主。主人出考主，主婦出妣主。復位。主婦以下，先降復位。降神，執事者洗手上階，開瓶，實酒于注。一人奉注詣主人右，一人執盞盤詣主人左。主人詣香案前，跪，焚香。既焚香畢，左執事者跪進酒注，右執事亦跪，以盞盤向主人。主人受注，斟酒于盞，反注于左。執事者取盤盞自捧之，二執事者皆起。酹酒。主人左手執盤，右手執盞，盡酹茅沙上畢，置盞香案上。俯伏，興。少退。鞠躬，拜，興。拜，興，平身。復位。參神，主人以下凡在位者皆拜。鞠躬。拜，興。拜，興。拜，興。拜，興，平身。主人斟酒，主人升，自執酒注斟酒于逐位神主前空盞中，先正位，次祔位，次命長子斟諸祔位之卑者。畢，主人稍後立。主婦點茶。主婦執瓶斟茶于各正祔位前空盞中，命長婦、長女斟諸祔位之卑者。畢，主婦退與主人竝立，拜。鞠躬。拜，興。拜，興，平身。復位。主人不動。跪，主人跪。讀祝，畢。俯伏，興，平身。復位。子將親迎，見，婿立兩階間拜。鞠躬。拜，興。拜，興。拜，興。拜，興，平身。復位。辭神。衆拜。鞠躬，拜，興。拜，興。拜，興。拜，興，平身。焚祝文。禮畢。

祝文 維年歲次月朔日辰，【並同前】。【某】之子【某】，將以今日親迎于【某官某郡某氏】，不勝感愴。謹以。【後同】。

遂醮其子而命之迎。

先以卓子盛酒注盤盞於堂上，設主人座於東序，西向。設婿席於其西北，南向。○擇子弟之習禮者一人爲贊者。【詳見圖】。○【非宗子之子，則其父醮於私室】。

儀節 請升座。父升坐畢。婿就位，婿先立于階下，至是升自西階，立于席西，南向。贊者酌酒，贊者取酒斟于盤盞，執詣婿席前。鞠躬，拜，興。拜，興，平身。婿拜訖。升醮席，婿升席南向。跪，贊者授婿酒。受酒，婿受之。祭酒，傾少許于地。興。退就席末，跪，啐酒，略飲少許。興。降席。婿降席西，授盞于贊者。鞠躬，拜，興。拜，興，平身。詣父座前，婿詣父座前，東向。跪，聽訓戒。父曰：「往迎爾相，承我宗事。勉率以敬，若則有常。」婿答曰：「諾。惟恐不堪，不敢忘命。」俯伏，興。拜，興。拜，興，平身。【若宗子已孤而自昏，則不用此禮。非宗子之子，改「宗事」爲「家事」】。

婿出，乘馬。

以二燭導前。

至女家，俟于次。

婿下馬于大門外，入俟于次。

女家主人告于祠堂。

陳設如常儀。

儀節 其儀如婿家。【但改】「子將親迎見」【爲】「女將適人辭」。

祝文 維年歲次月朔日辰，【竝同】。【某】之第【幾】女【某】，將以今日歸于【某官某郡某氏】，不勝感愴。謹以。【後同】。

遂醮其女而命之。

設父座于廳事之東，西向。母座于西，東向。女席於母座之東，南向。○擇乳母或老女僕一人爲姆。是日女盛飾，姆相之，立於室外。○又擇侍女之一人爲贊者。

儀節 請升座。父東母西，對坐。【補】諸親屬以次東西序列。姆導女出至兩階間，北向立。【其有父之尊屬，先一日父母導之就其室辭】。辭父母。拜，興。拜，興。拜，興。拜，興。辭親屬。或逐位，或東西向，各四拜。拜，興。拜，興。拜，興。拜，興。拜畢。行醮禮。女就席，姆導女趨席右，北向。贊者酌酒，女侍者用盞酌酒，執詣女席前。拜，興。拜，興。拜，興。拜，興。升席，女自席右升席。跪，受酒，贊以酒授女。祭酒，女受酒，傾少許于地。啐酒，以盞略沾唇。拜，興。拜，興。拜，興。拜，興。父命辭，姆導女出於母左，父起命之曰：「戒之敬之，夙夜毋違爾舅姑之命。」【或易以俗語曰：「戒謹小心，早晚聽你公婆言語。」】母命辭，姆導女至西階上，母起送之，整其冠帔，命之曰：「勉之敬之，夙夜毋違爾閨門之禮。」【易以俗語曰：「勉力敬謹，早晚守你閨門禮數。」】諸母命辭，諸母及諸姑嫂姊，【諸母或作姑嫂姊，隨其所有稱】，送至于中門之外，申以父母之命曰：「謹聽爾父母之言。」【易以俗語曰：「謹聽你爺娘的言語。」按：《家禮》止有醮女一節，而無女辭父母親屬之儀。夫以女子生長閨門，與諸親屬共聚處，一旦出以適人，略無辭别之禮，似非人情。故今補之。又古訓戒辭，非今世女子所曉，擬以俗語代之，附于各條之下】。

主人出迎，婿入奠雁。

雁用生者，左首以生色繒交絡之，無則刻木爲之。【按：《白虎通》云「婚禮，贄不用死雉，故用雁也」，刻木爲雁，近於死，無則代以皂鵝，蓋鵝形色類雁，足皆蹼屬，故借以代之。詳見《餘注》《考證》下。或謂「交絡」爲兩雁，非是】。

［儀節］婿至門外。賓至，請迎。主人出大門外迎之，主東婿西。揖讓請行，主人舉手揖遜請婿行，婿辭。主人先入，婿從之，至廳事。升階。主人升自東階立，西向。婿升自西階，北向。跪，婿跪。奠雁，置雁于地，主人侍者受之。俯伏，興。拜，興。拜，興，平身。主人立，不答拜。【按：附注引《儀禮》「主人出迎，西面，再拜。賓東面答拜」，以見古人重大昏之義。或欲行之，可於「賓至出迎」下補入「賓主再拜」一節：鞠躬，拜，興。拜，興，平身。主人先拜，婿答拜】。

姆奉女登車。

【儀節】婿奠雁畢，姆奉女出中門。婿揖新人行，婿舉手揖遜請女行，降自西階先出，女從之，至轎邊。婿舉簾。婿舉轎簾以俟，姆致辭曰：「未教，不足以爲禮。」請升車。女登轎。

婿乘馬，先婦車。

婦車亦以二燭前導。

至其家，導婦以入。

【儀節】婿至家，立于廳事以俟。請下車。婦下車。婿揖新人行。婿舉手揖婦先行，導以入室。

婿婦交拜。

婦從者布婿席于東方，婿從者布婦席于西方。

就坐，飲食。畢，婿出。

【儀節】婿婦至室中。盥洗。婿盥于南，婦從者沃之，進帨巾；婦盥于北，婿從者沃之，進帨巾。婿揖婦就席。婿、婦各即席，婦先拜，婿答拜。拜，興。拜，興。拜，興。拜，興。婦四拜，婿再拜。畢。婿揖婦就坐。各就坐，婦東婿西。舉饌案，從者舉饌案于婿婦前。進酒，從者以盞盛酒，分進于婿婦前。祭酒，婿婦各傾酒少許于地。舉殽，各以殽少許置卓子上空處，從者又斟上酒。請飲。婿揖婦，婦起答拜，各舉飲。合巹，從者以兩巹杯斟酒，和合以進，婿婦各執其一。請飲。婿揖，婦起答拜，各飲訖。徹饌案，請即席。婿婦各就原拜席。拜，興。拜，興。拜，興。拜，興。婿兩拜，婦四拜。

禮畢。餕餘。婿從者餕婦之餘，婦從者餕婿之餘。

復入，脱服，燭出。

婿脱服，婦從者受之。婦脱服，婿從者受之。

主人禮賓。

男賓於外廳，女賓於中堂，隨鄉俗禮。

饗送者。

凡女家送來者，皆酬以幣。

## 婦見舅姑

明日夙興，婦見于舅姑。

舅姑禮之。

婦夙興盛服俟見，侍女以盤盛贄幣從之。舅姑竝坐堂中，東西相向，各置卓子其前。家人男女少於舅姑者，以次立于兩序。【按：《集禮》「舅姑竝南面坐堂中」，今人家多如此，或從俗亦可】。

**儀節** 舅姑坐定。序立。婿婦竝立兩階間。鞠躬，拜，興。拜，興。拜，興。拜，興，平身。婿婦俱拜，拜畢，婿先退。【《家禮》無「婿拜」之文，今從俗補之】。詣舅位前。姆引婦至舅前。拜，興。拜，興。拜，興。拜，興。獻贄幣，從者以贄幣授婦。婦以贄幣置卓子上，舅受之。復位。拜，興。拜，興。拜，興。拜，興。婦獨拜。詣姑位前，姆引婦至姑前。拜，興。拜，興。拜，興。拜，興。獻贄幣，從者以贄授婦，婦置幣卓子上，姑受之。復位。拜，興。拜，興。拜，興。拜，興。姆引婦退立。禮婦，設席。執事者設婦席于姑座之東，南向。婦就席，姆引婦趨席右，北向。酌酒。侍者斟酒于盞，捧至舅姑前。拜，興。拜，興。拜，興。拜，興。婦拜。升席，婦自席右升席。跪，侍者授盞于婦。受酒，婦受之。祭酒，傾少許于地。啐酒，飲沾唇。興。授盞于從者。拜，興。拜，興。拜，興。拜，興。禮畢。降自西階。【非宗子之子而與宗子同居，則行此禮於其私室】。

## 婦見于諸尊長。

同居有尊於舅姑，以婦見於其室。不同居，則廟見而後往，無贄。○【按：今世人家娶婦，親屬畢聚，宜留至次日行，見舅姑禮畢，先見本族尊長及卑幼，次見諸親屬】。

**儀節** 舅姑既以婦見同居尊長畢，還拜兄弟、姊妹、親屬之在兩〔一〕序者。其長屬應受拜者，少進立。

〔一〕「兩」原作「西」，據順德本、太平府本、常州府本改。

見尊長。拜，興。拜，興。拜，興。拜，興。長屬皆受之，長屬退。幼屬應相拜者，少進。卑幼見。拜，興。拜，興。婦居左，卑幼居右。如小姑、小郎之類，俱答拜。【按：《書儀》「長屬雖多，共爲一列受拜，以從簡便」，然婦新入門，未必知孰爲長幼，須姑一一命之，或無姑則親屬之長者代之】。

若冢婦則饋于舅姑，

舅姑饗之。

是日食時，婦家具酒饌，遣人送至婿家，用卓子盛如常儀，置于廳事。○又設盥盆巾架東階下東南，帨架在其東。

[儀節] 請就位。舅姑竝坐訖，婦拜。拜，興。拜，興。拜，興。拜，興。舉饌案。執事者奉婦家所設饌案，各置舅姑前。盥洗。姆引婦盥手、洗盞，斟酒于盞，奉之。詣舅位前。拜，興。拜，興。進酒，跪，俟飲訖。興。受盞。復位。拜，興。拜，興。拜，興。拜，興。婦退，洗盞，斟酒于盞，奉之。詣姑位前，拜，興。拜，興。進酒，跪，俟飲訖。興。受盞。復位。拜，興。拜，興。拜，興。拜，興。進湯，從者以盤盛湯至，婦自捧詣舅姑前，置卓子上。進飯。從者以盤盛飯，【或饅頭】，婦自捧詣舅姑前，置卓子上，食訖。徹饌案，餕餘。婦就餕姑之餘，婦之餘以餕從者。饗婦。是日舅姑先命侍者設三饌案，待婦饋畢，命舉以入。舉饌案。舅姑前各一，其一置舅姑旁之東，少南。斟酒，侍者捧酒盞至姑側。詣舅姑前，婦立介兩間。拜，興。拜，興。拜，興。拜，興。跪，

侍者以盞授婦。受酒，啐酒，略沾唇。興。授盞于從者。拜，興。拜，興。拜，興。拜，興。湯飯隨宜，畢。降階。舅姑先降自西階，婦降自東階。

## 廟見

三日，主人以婦見于祠堂。

陳設如常儀。

儀節 序立。盥洗，啓櫝，出主，復位。降神，詣香案前，跪，上香，酹酒，執事者跪進盤盞，主人受之，傾茅沙上。俯伏，興。拜，興。拜，興，平身。稍後立。復位。參神，衆拜。鞠躬，拜，興。拜，興。拜，興。拜，興，平身。主人斟酒，主人執注自斟于逐位神主前。主婦點茶。畢，分立香案前。鞠躬，拜，興。拜，興，平身。主婦復位，主人不動。跪，告辭【曰】：「【某】之子【某】，【若某親之子某】。以【某】日昏畢。新婦某氏敢見。」俯伏，興，平身。新婦見，婿婦竝立兩階間，竝拜。【古無婿拜之禮，今從俗補之】。鞠躬，拜，興。拜，興。拜，興，平身。復位。辭神，衆拜。鞠躬，拜，興。拜，興。拜，興。拜，興，平身。若宗子自昏，則告辭云：「某今昏畢，敢以新婦【某】氏見。」行四拜禮畢，新婦點茶，復位，又四拜。

## 婿見婦之父母

明日，婿見婦之父母。

婦父非宗子，即先見宗子夫婦，不用幣，如儀。然後見婦之父母。

次見婦黨諸親。

不用幣。

婦家禮婿，如常儀。

儀節　其日婿盛服往婦家，至大門外立，侍者先入。婿至，請出迎。婦父出大門外迎之。揖婿請行，婦父舉手揖婿入，先行，婿從之，從者執贄幣隨婿。婦父升自東階，婿自西階。各就位。婦父立于東，少北。婿立西，少南。鞠躬，拜，興。拜，興。拜，興。拜，興，平身。婦父跪而扶之。奉贄幣。從者授婿幣，婿以奉婦父，受之以授從者。見外姑。婦母闔門左扉，立于門內，婿拜于門外。鞠躬，拜，興。拜，興。拜，興。拜，興，平身。奉贄幣。婿以奉婦母。從者受以入。【補】廟見。婦父引婿至祠堂前，婦父拜。鞠躬，拜，興。拜，興，平身。跪，上香，告辭【曰】：「【某】之女【某】，【若某親之女某】。婿【某】來見。」俯伏，興，平身。新婿見。婿立兩階間。鞠躬，拜，興。

拜，興。拜，興。拜，興，平身。畢，婿父鞠躬，拜，興。拜，興，平身。禮畢。【按：《禮》止有婿見婦黨諸親而無廟見之儀。今據《集禮》等書補之。蓋生女適人，生者既有謁見之禮，而於死者漠然不相干，況又有已孤而嫁者乎】？見尊長，婦父引婿回廳事，有尊長則就所居見之。鞠躬，拜，興。拜，興。拜，興。拜，興，平身。無幣。卑幼見，皆再拜或答或跪而扶之，隨婦父所命。禮婿。其日預設酒席，如時俗儀，婦父曰：「今備薄酒，敢醴從者。」婿辭之不獲，婿答曰：「敢不從命。」婿拜。鞠躬，拜，興。拜，興，平身。答拜。各就位。婦父立東階上，婿西階，俱北向。主人酌酒，婦父持酒以奉婿，婿趨席末，受之而揖，又遍揖在席諸親。婿跪，婿跪而飲，婦父以一手扶之。啐酒，興，揖，平身。婿酢酒。婿降階洗盞斟酒以奉婦父，婦父亦受而遍揖在席者。跪，婿跪，婦父以一手扶之，飲訖。興，婿起，婦父以盞置酒案上。請升席。婦父及諸陪者，皆席于東序，婿獨席於西序，少南近階。執事者行酒，或三行，或五行，隨宜。進饌，如時俗儀，酒闌婿起。婿拜謝，鞠躬，拜，興。拜，興，平身。婦父跪而扶之。答婿幣，或巾、服、幣帛之類，隨宜。婿受之以授從者。鞠躬，拜，興。拜，興，平身。亦跪而扶之。送婿，至大門外。揖，平身。【今詳于禮婿儀者，以鄉俗有尊婿太過者，又有卑婿太甚者。謹按《集禮》等書，酌中道以爲此儀】。

【昏禮餘注】司馬温公曰：「古者，男子三十而娶，女子二十而嫁。今令文：男年十三以上，竝聽昏嫁。今爲此説，所以參古今之道，酌禮令之中，順天地之理，合人情之宜也。」○「凡議昏姻，當先察其婿與婦之性行，及家法何如，勿苟慕其富貴。婿苟賢矣，今雖貧賤，安知異時不富貴乎？苟爲不肖，今雖富盛，安知異時不貧賤乎？婦者，家之所由盛衰也，苟慕其一時之富貴而娶之，彼挾其富貴，鮮有不輕其夫而傲其舅姑，養成驕妬之性，異日爲患，庸有極乎？借使因婦財以致富，依婦勢以取貴，苟有丈夫之志氣，能無媿乎？又世俗好於襁褓童幼之時輕許爲昏，亦有指腹爲昏者，及其既長，或不肖無賴，或身有惡疾，或家貧凍餒，或喪服相仍，或從宦遠方，遂至棄信負約，速獄致訟者多矣。是以先祖太尉嘗曰『吾家男女，必俟既長，然後議昏。既通書，不數月必成昏。故終身無此悔』，乃子孫所當法也。」【右議昏】。○司馬温公曰：「文中子曰『昏娶而論財，夷虜之道也』，夫昏姻者，所以合二姓之好，上以事宗廟，下以繼後世也。今世俗之貪鄙者，將娶婦，先問資裝之厚薄，將嫁女，先問聘財之多少，至於立契約云『某物若干，某物若干』以求售其女者，亦有既嫁而復欺紿【徒愷切】負約者，是乃駔【子助切】儈【音膾】賣婢鬻奴之法，豈得謂之士大夫昏姻哉？其舅姑既被欺紿，則殘虐其婦，以攄其忿，由是愛其女者，務厚其資裝，以悦其舅姑。殊不知彼貪鄙之人，不可盈厭，資裝既竭，則安用汝女哉？於是質其女以責貨於女氏，貨有盡而責無窮，故昏姻之家往往終爲仇讐矣。是以世俗生男則喜，生女則戚，至有不舉其女者，用此故也。然則議昏姻而有及於財，皆勿與爲婚姻可也。」【右張陳】。○「凡贄用生雁，左首以生色繒交絡之，無則刻木爲之，取其順陰陽往來之義。程子曰『取其不再偶也』。」【右奠雁】。○【按：古者執贄相見，大夫用雁，士用匹。故《儀禮》謂昏禮用雁爲下達，蓋言士亦得通執大夫所贄之雁也。是即所謂攝盛也。《家禮》仍《書儀》，謂「取其順陰陽往來之義」，又引程子「不再偶」之言，質之《儀禮》，似非古意。今若主二説所取之義，則婿所贄必用雁，决不可以他物代之，無則刻木爲之可也。若主《儀禮》攝盛之義，則執贄爲禮，於昏義本無所取，苟類似之物，亦可用以代之矣。矧雁之爲物，不常有於四時，而閩廣之地亦所不到，鵝形類於雁，借以代之，亦無害。刻木爲雁，近於用死，恐非嘉慶之禮所宜也】。○司馬温公曰：「古詩云『結髮爲夫婦』，言自少年束髮即爲夫婦，猶李廣言『結髮與匈奴戰』也，今世俗昏姻乃有結髮之禮，謬誤可笑，勿用可也。」【右結髮】。○「親迎之夕，不當見婦母及諸親及設酒饌，以婦未見舅姑故也。」【右禮婿】。

## 昏禮考證

【《士昏禮》】：「下達，納采，用雁。下達者，雁本大夫贄，而自士以下皆得通用也。是則所謂攝盛者也。【按】：《士昏禮》六禮皆用雁，《家禮》惟用之親迎者，從簡省也。使者玄端至，擯者出請事，入告。主人如賓服，迎于門外，再拜，賓不答拜。揖入。」注謂「使者，夫家之屬」，即下所謂賓也。所謂屬者，如主人是上士，則屬是中士，主人是中士，則屬是下士，其位分不甚相遠。今人家既無官屬，即得用子弟爲使者。愚以爲用弟猶可，若用子則於婿爲兄弟列，恐於主人難行禮。故擬擇兩家通往來稍卑者一人爲之，似亦可行。○「主人玄端，迎于門外，西面，再拜，賓東面答拜。主人揖入，賓執雁從。至于廟門，揖入，三揖至于階，三讓。主人升，西面。賓升，北面，奠雁。賓，謂婿也。楊氏謂今不立廟制，雖不親迎于廟，而勉齋定龔氏親迎禮，「主人迎于門外，西面，再拜。賓東面答拜。主人揖入，三揖三讓，主人升，西面。賓升，北面，奠雁」。【按】：此似亦可從。婿御婦車，授綏，姆辭不受。」注曰：「婿御者，親而下之。綏，所以引升車者。」御車，僕人禮，姆辭不受者，謙也。【按】：《書儀》謂「今無綏，故舉簾代之」。○「凡行事必用昏昕，受諸禰廟。」行禮用平旦，親迎用黃昏，詳見下。○「宗子無父，母命之。「命」謂命使者。支子則稱其宗，弟則稱其兄。」謂宗子之弟。○「辭無不腆，無辱。腆，善也，厚也。賓不言幣不善，主人不謝來辱，蓋以使者之來承其主之命故也。摯不用死。」摯，雁也。【《郊特牲》】：「夫昏禮，萬世之始也。取於異姓，所以附遠厚別也。託於遠嫌之人，重其有別之禮。辭無不腆，辭以通昏姻之情，必厚善。幣必誠，幣以將昏姻之意〔二〕，必誠實。告之以直信，正直誠信。信事人也。信，婦德也。」事人之道，爲婦之德。○「出乎大門而先，男帥女，女從男，夫婦之義，由此始也。」謂親迎之時，婿先導。○「婦盥，饋舅姑卒食，婦餕餘，私之也。私之猶言恩也。舅姑降自西階，婦降自阼階，授之室也。」阼，主人之位，言子既有婦，則以主家之事付之也。○「昏禮，不賀人之序也。」人之序，謂相承代之次第也。【《昏義》】：「昏禮者，將合二姓之好，去。上以事宗廟，下以繼後世也，故君子重之。是以昏禮納采、納雁以爲采擇之禮。問名、問女生之母名氏也。納吉、得吉卜而納之也。納徵、又謂之納徵〔三〕者，納幣

〔二〕「意」，順德本、太平府本作「情」。
〔三〕「徵」，順德本、太平府本、常州府本作「幣」。

以爲昏姻之證也。請期，請昏姻之日期也。皆主人筵几於廟而拜迎於門外，入，揖讓而升，聽命於廟，所以敬慎、重正昏禮也。」【按】：古者六禮皆布筵几於廟，則不止納采告廟明矣。【《曾子問》】：「孔子曰：『嫁女之家，三夜不息燭，思相離也。欲相離，故不能寐。取婦之家，三日不舉樂，思嗣親也。』」【按】：《郊特牲》亦云「昏禮不樂，幽陰之義也」。合而觀之，以理言，則幽陰之禮，不可用樂。以情言，則代親之感，不忍用樂。今舉世用之，不以爲怪，何也？昔裴嘉昏會用樂，猶有一薛方士非之。今則舉時安之矣，知禮君子，不用可也。○【《曾子問》曰】：「『親迎，女在塗而壻之父母死。則如之何？』孔子曰：『女改服，更其嫁時衣。布深衣，今擬用素服。縞總，以生白絹束髮。以趨喪。如女在塗，而女之父母死，則女反。』」女已在塗，聞其父母死，尚且反還其家。今世乃有停喪嫁娶，或因葬送而舁歸者，此何禮也？○「『如親迎，女未至，而有齊衰、大功之喪，則如之何？』曾子又問。孔子曰：『男不入，改服於外。更其親迎之服於門外之次。女入，改服於内次，更嫁服於門内之次。然後即位而哭。』」就喪位舉哀。○【按】：疏曰：「曾子不問小功者，《雜記》云『小功可以冠子取婦』，明小功輕，不廢昏禮，待昏禮畢，乃哭也。」又云：「此謂在塗聞齊衰、大功廢昏禮，若婦已揖遜入門，内喪則廢，外喪則行，如冠禮也。」又問：『除喪，不復昏乎？』」又問：行禮時遭喪，不能備禮，除喪之後，可復補行乎？孔子曰：『祭，過時不祭，禮也。又何反於初？』」言祭重而昏輕，重者過時尚廢，輕者不復補可知。【《左傳》】：「鄭公子忽如陳逆婦嬀。逆，迎也。嬀，陳姓也。陳鍼子送女，先配配合。而后祖。廟見。鍼子曰：『是不爲父母〔二〕，誣其祖矣，非禮也，何以能育。』」今世俗新婦入門即先拜祖而後成昏，往往舉此以藉口。朱子曰「此説與《儀禮》不同，疑左氏不足信，或所據者，當時之俗禮而言，非先王之正法也」，又曰「恐其所謂後祖者，亦譏其先失布几筵告廟之禮耳」。【按】：馬氏謂鍼子初譏，自謂鄭忽當迎婦不先告廟，注家引公子圖〔三〕告莊公之廟而後行爲證，即非婦入門時事。【注疏曰】：「謂之昏者，娶妻之禮以昏爲期，因名焉。必以昏者，取陽往陰來之義。」今世俗不知昏之爲義，往往拘忌陰陽家書選擇時辰，雖昕旦晝夜亦皆成禮，殊爲紕繆。【朱子曰】：「士人欲行昏禮，而彼家不從，只得宛轉使人與之議。古禮也省徑，人何苦不行？」【李涪《刊誤》】：「雁非時莫能致，故以鵝替之。《爾雅》云『舒雁，鵝』，鵝亦雁之屬也。」按：涪，唐人，則唐時已用鵝替雁矣。或者謂不當用鵝，當替以巾帕，無所據。

〔二〕「父母」，考經文，當爲「夫婦」。
〔三〕「圖」，顯有訛誤，當作「圍」。

## 醮壻圖

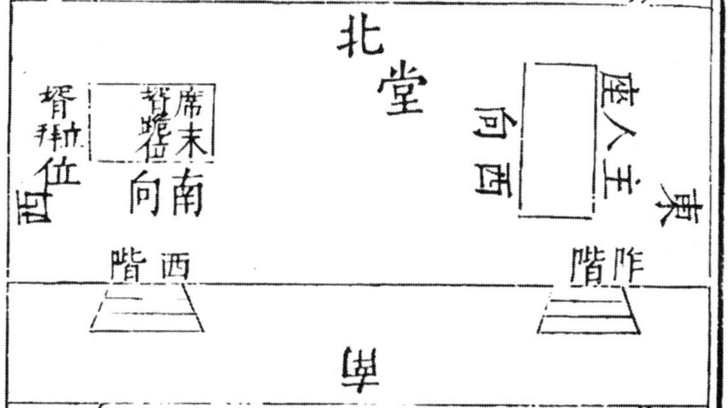
北
堂
東
主人座西向
阼階
席末
壻跪位
壻拜位
南向
西
西階
南

## 親迎圖

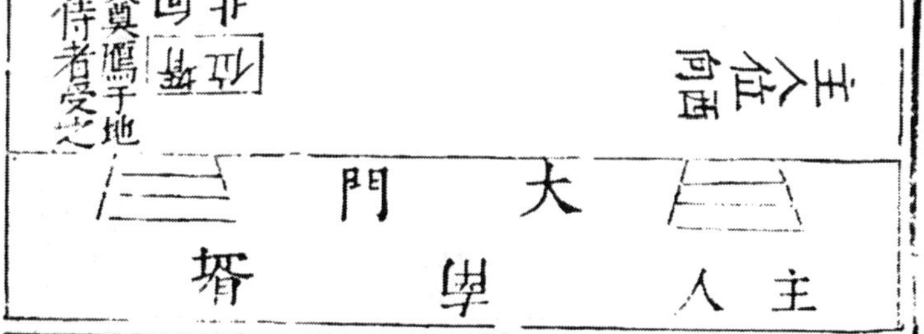
北
東
主人位西向
西
壻位北向
奠鴈于地
侍者受之
大門
主人
南
壻

卷之三終

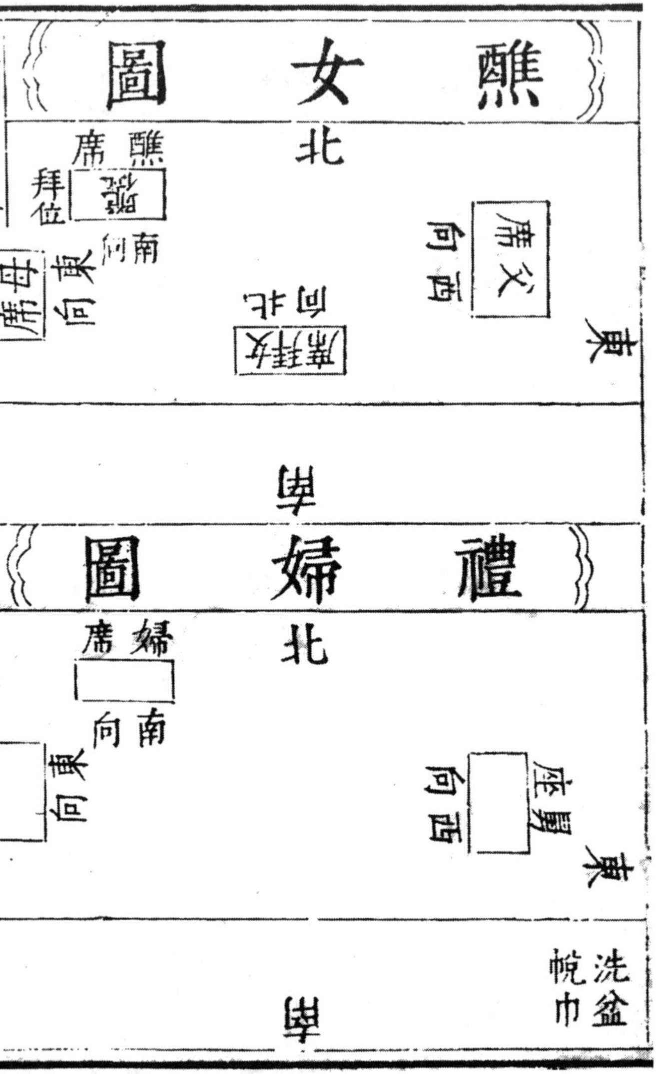

# 文公家禮儀節卷之四

## 喪禮

### 初終

疾病，遷居正寢。

正寢，即今人家所居正廳也。【按：《士喪禮》鄭氏謂爲「士喪其父母」之禮，今《家禮》亦然。所謂遷居正寢者，惟家主爲然，餘人則各遷於其所居之室中。】

既絶，乃哭。

儀節　若病勢度不可起，則先設牀于正寢中。【凡喪禮儀節，特揭出以曉人，非用以唱贊也。後放此】。遷居正寢，子弟共扶病者出，居牀上，東首。【東首者，受生氣也】。戒内外。既遷，則戒内外安静，毋得諠譁驚擾。仍令人坐其旁，視手足。男子不死婦人之手，婦人不死男子之手。【補】書遺言。問病者有何言，有則書于紙，無則否。【出《大明集禮》】。加新衣。徹去舊衣，加新衣。【《喪大記》用朝衣，今但用新者可也】。屬纊。置新綿于口鼻之間，以俟氣絶。【綿不動，則是氣絶】。廢牀寢地。病者氣將絶，則鋪薦席褥于地，俟其氣絶，則扶居其上，以衾覆之。楔齒。以一筯横口中，楔齒，使不合，可以【含】。【按：古禮楔齒用角柶。柶，用角爲之，長六寸，兩頭屈曲。爲將含，恐死者口閉，故以柶柱齒，令開而受含也。今以筯代之】。舉哀。至是，婦女入，男女哭擗無數。【以上初喪禮。自補入以下若倉卒不能盡從，惟用遷居正寢、屬纊、廢牀寢地、楔齒、舉哀五節亦可】。

復。

儀節 遣一人持死者之上衣曾經服者，左執領，右執腰。【上衣即今俗所謂上蓋衣也】。升屋，自前升屋〔二〕脊北面。招呼呼曰：「【某人】復。」凡三次。【男子稱名，或字及行第。婦人稱姓氏，或行第，隨常所稱呼】。卷衣，降，自屋後下，以所卷衣覆尸上。哭擗。復畢，男女哭擗無數。

【移】乃易服不食。

此本在司書、司貨之下，今移此。

儀節 易服。妻子婦妾皆去冠及上服，諸有服男子，皆插上衣之前衿於帶。餘有服者，皆去華飾。【華飾，謂凡衣服之有色者，男子腰帶，婦人首飾簪珥之類】。被髮徒跣。【爲人後者爲本生父母，及女

〔二〕「升屋」原爲「屋升」，據順德本、太平府本、常州府本改。

子已嫁者，則不被髮徒跣】。不食。諸子三日不食，期九月之喪三不食，五月、三月之喪，再不食。【親戚隣里爲糜粥以食之，尊長强之，少食可也】。【補】男女哭擗無數。哭少間，即議以下數事。

立喪主、

凡主人，謂死者長子，無則長孫承重者，專奉饋奠。

主婦、

謂死者之妻，無則主喪者之妻。

護喪、

以子弟知禮能幹者一人爲之。○【補】立主賓，用同居之尊且親者一人爲之。如無同居者，擇族屬之親賢者。又無族屬，則用親戚。又無親戚，則用執友亦可。專主與賓客爲禮。立相禮。【按】：禮，司徒敬子之喪，孔子爲之相。杜橋母喪，宮中無相，時人譏其粗略。則喪必有相也久矣。况禮廢之後，人家子弟，未必皆知禮，宜議親友或鄉隣中之素習禮者一人爲相禮，凡喪事皆聽之處分而以護喪助焉。

司書、

以子弟知書者爲之。

司貨。

置二曆：其一書凡喪禮當用之物，及財貨出入。其一書親賓賻襚祭奠之數。○凡喪事合當用之物，相禮者俱命司貨豫爲之備，及所用之人，亦當與護喪議，豫求其人，庶臨時得用，不致缺乏。今謹詳其目如左：

【棺具】：板、油杉爲上，柏次之，土杉爲下。油、桐麻。漆、灰、瀝青、用少蚌粉、黄蠟、清油合煎之。【出《厚終禮》】。糯米、紙、麻、穰、鐵釘、鐵鐶、大索、七星板。用板一片，其長廣棺中可容者，鑿爲七孔。

【遷尸之具】：幃、聯白布爲之以障尸。尸牀、以木爲之，去脚。牀簀、以竹爲之。枕、衾、以上皆用舊者，無則買之，或造。卓子。

【沐浴之具】：幃。縫白布爲之。掘坎爲垼。【音役】。以土塊爲竈，煮沐浴湯者。盆、盛水者。瓶、汲水者。沐巾、浴巾、二，俱用布，上下體各用其一。櫛、梳也。組。絲繩，束髮根者。

【襲具】：襲牀、草薦、席、褥、枕、幅巾、其制如今之暖帽，以代古之掩也。充耳、用白綿二塊，如棗核大，以塞耳。幎目帛、用熟絹方尺二寸，夾縫，内充以絮，四角有繫，於後結之。【幎】【音覓】。握手帛、用熟絹二幅，各長尺二寸、廣五寸，以裹手，兩端各有繫。【二物制見後圖】。深衣、明衣裳、用白布新製，貼身者。大帶、布履、一雙。袍襖、有綿者。汗衫、袴、布襪、勒帛、裹肚、以上隨所用之多少，皆新製者。衾、冒。【見《考證》】。今世用冒於小斂，非是。

【含具】：錢、二[一]文，有金珠亦可。箱、竹木器皆可，用以盛錢者。米、二升，臨用，以新水淅令

[一]「二」，順德本、太平府本、常州府本作「三」。

精。椀、盛米者。匙、盥盆。

【斂具】：綿布、用細者，絹亦可，用以爲二斂之絞。衾、二，一即向以覆者，一有綿者。衿、單被也，用布五幅。牀、席、褥、薦。

【奠具】：卓子、香鑪、香合、香匙、酒注、酒盞、椀、盤、楪、茶盞并托，罩巾、製竹爲之，蒙以細紗。盥盆、帨巾、燭臺、脯、醢。

【括髮、免、髽之具】：麻繩、布頭帮、用以括髮者。裂布、或絹亦可，用以免者。竹簪。木亦可，用以髽者。【免】音問。

【服制之具】：麻布、凡六等，極麤生者以爲斬衰服，次等麤生者以爲齊衰服，次等生者以爲期服，稍麤熟布爲大功服，稍細熟布爲小功服，細熟布爲緦麻服。有子麻、枲麻、草屨、線、竹杖、或桐木。綿。

【靈座、魂帛、銘旌之具】：交椅、卓子、幃幕、用布爲之，設於堂裏，以別内外者也。衣架、帕、坐褥、衣服、生時所用者。櫛合、頮盆、帨巾、牀帳、枕席衾褥全，靸鞋，凡生時奉養之具皆備。紅絹、爲銘旌者，或段子。竹竿、木跗、白絹、爲魂帛者。粉、書銘旌者。箱。盛魂帛者。

【治葬之具】：炭、石灰、細沙、黄土、瀝青、石、淡酒、薄板、桐油。

【送葬之具】：明器、下帳、苞筲罌、翣、功布、喪車、竹格、木主箱、木主、并櫝。方相戈盾冠服面具、方相服冠如道士，執戈揚盾，【盾，牌也。】四品以上四目爲方相，以下兩目爲魌頭。靈車、玄、皂色絹。纁、淺紅色絹。布幕。所以障婦人者。

【當用之物】：燭、香、木、竹、石灰、炭、黃泥、盆、甕、刀、斧、鋤、鋸、畚、杵。

【當用之人】：贊者、祝、侍者、以上皆用親戚及常役使者，臨時爲之。內御者、沐浴婦人用之。執事者、方相、用狂夫或師巫爲之。木工、針工、漆工、石工。以上物事皆相禮者與護喪者計議，或因其舊而用之，或一器而數處用之，或借諸其親隣，或買之市肆，或命工修造，皆次第預爲措辦，免致臨時倉卒失誤，則禮不難行矣。

乃易服，不食。此條已移前。

治棺。

其制方直，頭大足小，僅取容身，勿令高大及爲虛檐高足。內外皆用灰漆，內仍用瀝青鎔瀉，厚半寸以上，以煉熟糯米灰鋪其底，厚四寸許，加以紙，紙上加七星板，其底四隅各釘大鐵鐶，動則以大索貫而舉之。

訃告于親戚僚友。

護喪、司書爲之發書。

書式

【某親某人】以【某】月【某】日得疾，不幸於【某】月【某】日棄世。專人訃告。

月　日　哀子【某】泣血

【某親某人】

【按：禮，喪稱哀子、哀孫，祭稱孝子、孝孫，而《書儀》於父亡則稱孤子，母亡則稱哀子，父母俱亡則稱孤哀子，不知何所據也。凡禮中所言孤子，如當室及不純采之類皆謂已孤之子，非謂所自稱也。而鄭氏禮注亦云「三十以下無父稱孤」，明三十以上不得爲孤也。今既行古禮，父母喪俱宜稱哀子，然世俗相承已久，恐卒難變，或欲隨俗亦可】。

## 沐浴　襲　奠　爲位　飯含

執事者設幃及牀，遷尸掘坎。

儀節 設幃堂，縫白布爲幃幙，以障内外。【不用薦及氊褥】。設尸牀，縱置于尸前，施簟設席枕。遷尸牀上，執事者盥手，共遷尸于牀上，南首，覆以衾。掘坎。掘于偏僻潔净處。

陳襲衣、

以卓子陳襲具于堂前東壁下，西領南上。【具見前】。

沐浴飯含之具。

以卓子陳沐浴飯含之具於堂前西壁下，執事者爲湯于盆。

乃沐浴、

**儀節** 侍者以盆盛湯入。喪主以下出幃，於幃外北面立。舉哀。俱哭。沐，侍者解髪沐之，晞以巾，且以組撮髪爲髻。浴，侍者以手抗其所覆之衾，先澡其上身，以巾拭之。又澡其下身，別以一巾拭之。畢，還覆以衾。剪爪，盛于囊，俟大斂納于棺。埋餘水。其沐浴餘水并巾櫛，棄于所掘坎埋之。

襲。

**儀節** 侍者先於幃外空處設襲牀。設襲牀，施薦席褥枕，加衣帶等物於其上。舉襲牀，遂舉以入，置浴牀之右。遷尸于襲牀上，執事共舉尸置牀上。易衣。悉去病時衣及復衣，易以新衣，但未着幅巾、深衣、履。【復衣不用襲斂】。

徙尸牀，置堂中間。

當堂正中，南首。〇若亡者乃卑幼，則各於其室中間。【餘言在堂者放此】。

乃設奠。

執事者以卓子置脯醢，安于尸東當肩。

**儀節** 既設奠案。祝盥洗，祝盥手，洗盞，斟酒。奠酒，奠于卓子上而不酹。罩巾。以巾覆酒醢之類。

主人以下，爲位而哭。

**儀節** 就位。【主人】，坐於尸牀東，奠北。【衆男】，應服三年者，坐主人之下，皆藉藁草。【同姓丈夫】，期功以下以服爲次，坐主人、衆男之後，西面，南上。【尊行】，以長幼坐于牀東北壁下，南向，西上，藉以席薦。【主婦】，坐于尸牀西，對主人。【衆婦】，坐主婦之下，對衆男，皆藉以藁。【同姓婦女】，以服爲次，坐主婦、衆婦之後，東面，南上。【尊行】，以長幼坐于尸牀西北壁下，南向，東上，藉以席薦。【妾婢】，立婦女之後，以服爲行，無服在後。○【異姓丈夫】，坐於幃外之東，北向，西上。【異姓婦女】，坐於幃外之西，【按《書儀》「外」作「内」】，北向，東上，俱藉以席。舉哀。【自是以後，凡言爲位哭，皆如此儀】。○若内喪，則親男及婦女皆如此儀。同姓丈夫，不分尊卑，皆坐于幃外之東，北向，西上。異姓丈夫，坐于幃外之西，北向，東上。【有羸病者，不能寢藁，藉以草薦亦可】。

乃飯含。

儀節 舉哀，主人哭盡哀。左袒，自前扱於腰之右。盥洗，洗手，訖。奉含具，主人執箱以入，侍者插匙於米椀，執以從，置于尸右。徹枕，徹去其枕。覆面，以幎巾入，覆面。舉巾。主人就尸左，由足而向右，牀上坐，東面舉巾。初飯含，以匙抄米，實于尸口之右，并實以一錢。再飯含，再以匙抄米，實于尸口之左，又實以一錢。三飯含。三以匙抄米于尸口之中，又實以一錢。去楔齒，復位。主人含訖，掩所袒衣，復哭位。

侍者卒襲，覆以衾。

儀節 先加幅巾，次充耳，次設幎目，次納履，次襲深衣，次結大帶，次設握手，次覆衾。

## 靈座　魂帛　銘旌

具靈座，

尸前設衣架，架上覆以帕，或錦被。架前置椅，椅上置坐褥，褥上置衣服，衣服上置魂帛。椅前設卓子，卓子上設香爐、香合、酒盞、酒注、茶甌、果盤、菜楪之類。侍者朝夕設櫛頮奉養之具，皆如生時。

設魂帛，

魂帛以白絹爲之，如世俗所謂同心結者，垂其兩足。【按：魂帛之制，本注引温公説，謂用束帛依神，而朱子本文則又謂結〔二〕白絹爲之。考古束帛之制，用絹一匹，卷兩端相向而束之。結之制，無可考。近世行禮之家有摺帛爲長條而交互穿結，如世俗所謂同心結者，上出其首，旁出兩耳，下垂其餘爲兩足。有肖人形，以此依神，似亦可取。雖然用帛代重，本非古禮，用束用結，二者俱可】。

設銘旌。

以絳帛爲之，廣終幅。三品以上，九尺。五品以下，八尺。六品以下，七尺。以粉筆大書曰「【某官某】公

〔二〕「結」原作「潔」，據順德本、太平府本改。

之柩」，無官，則隨其生時所稱，以竹爲杠，如旐而稍長，倚于靈座之右。

不作佛事。詳見後。

執友親厚之人，至是入哭可也。

主人未成服來哭者，素淡色衣可也。【按：高氏曰「古人謂吊喪不及尸，非禮也。今多待成服而後吊，則非矣」，又曰「親始死，雖不敢出見賓，然有所尊者則不可不出」。今本注有「吊主人，相向盡哀，主人以哭對，無辭」之文，則是主人出賓矣，然考《書儀》及《厚終禮》，又有未成服，主人不出，護喪代拜之説。今兩存之，各爲其儀于後，俾有喪者於所尊親用前儀，於所疏遠者用後儀云】。

儀節　舉哀，吊者臨尸哭，詣靈座前，上香，鞠躬，拜，興，拜，興，平身。哀止。吊主人，吊者向主人致辭曰：「【某人】如何不淑。」主人稽顙，拜，興。拜，興。主人徒跣，扱衽拊心，立西階下，向賓立，且拜且哭，無辭，賓答拜。相向哭，吊者與主人相向，哭盡哀。禮畢。吊者哭出，主人哭入，護喪送吊者出門。【以上，主人未成服，有來吊者，用此。蓋本《家禮》本注及《喪大記》也。】舉哀，吊者入門，望尸哭。哀止，護喪者見。吊者致辭【曰】：「竊聞【某】如何不淑。」拜，興。拜，興，平身。吊者拜，護喪答拜。護喪答辭【曰】：「孤【某】遭此凶禍，蒙慰問，以未成服不敢出見，不勝哀感，使【某】拜。」拜，興。拜，興，平身。吊者答拜。禮畢。吊者退，護喪送出門外。【以上，主人未成服者，有來吊者，用此儀。蓋本《書儀》及《厚終禮》也。若成服以後，有來吊者，其儀見本條下】。

厥明，

謂死之明日。

執事者陳小斂衣衾。

以卓子陳于堂東北壁下。死者所有衣服，隨宜用之，不必盡用。【衾】用複者，【複謂袷。絞】用細白綿布爲之，橫者三幅，直者一幅，每一幅兩頭皆析爲三片。橫者之長，取足以周身相結。直者之長，取足以掩首至足而結於身中。

設奠，

設卓子於阼階東南，置饌及盞注於其上，用巾罩之。又設盥盆、帨巾各一于饌東，别以卓子設水盆、拭巾于其東，以備洗盞、拭盞。

具括髮麻、免布、髽麻。

【括髮】，謂麻繩撮髻，又以布爲頭𢄙也。【免】，謂裂布或縫絹廣寸，自項向前交於額上，却繞髻如着掠頭也。【以麤布爲巾代之，亦可。髽】，亦用麻繩撮髻，竹木爲簪也，設之皆於别室。【補】具環絰，【用一股麻爲之】，散垂，腰絰，【其末長三尺】。絞帶，【或麻或布】。

設小斂牀，布絞、衾。

儀節　設牀，設牀于西階之西。施薦席，於牀上施薦。施褥，席上施褥。鋪布絞，先布橫者三幅於褥上，乃布直者一幅於橫者上。加衾，又於布絞上加衾。加衣，衾上加衣，或顛或倒，但取方正，惟上衣不可倒。舉斂牀。既畢，乃舉牀置于尸南。

乃遷襲奠，

連卓子遷之靈座西南，俟設新奠乃去之。【後凡奠皆放此】。

遂小斂。

儀節 侍者盥手，洗畢。舉尸，男女共扶助之。安尸于牀，遷尸于向所設牀上。去枕，先去其枕。藉首，舒絹疊衣，以墊其首。補空，仍卷兩端以補兩肩空處。夾脛，又卷衣以夾其兩脛，取其正方，然後以餘衣掩口。掩尸，其衣皆衽向左，爲死結而不爲紐。裹衾，裹之以衾，其横直之絞皆未結，開其首不掩。覆衾。又别以衾蓋之。【按：《儀禮》有「卒斂徹帷」之文，無有未結絞未掩面猶俟其生之説。《家禮》此説蓋本温公《書儀》也。今擬若當天氣暄熱之時，死者氣已絶，肉已冷，決無可生之理。宜依《儀禮》卒斂爲是。增入掩首結絞於裹衾之下，而於大斂條舉棺入置堂中儀節下，去掩首結小斂絞】。

主人、主婦憑尸哭擗。

主人西向，主婦東向。

袒、括髮、免、髽于别室。

男子斬衰者袒開上衣，始用麻繩括其散髮，齊衰〔二〕以下至同五世祖者，皆袒開上衣，用布纏頭，【或用布

〔二〕「衰」，順德本、太平府本、常州府本作「喪」。

巾】。婦人用麻繩撮髻，戴竹木簪。

還，遷尸牀于堂中，

儀節 執事者徹幃，徹去向所設之幃堂。徹襲牀，遷尸牀，連牀遷尸于堂中，安於向所置襲牀處。

【補】謝賓，主人降階下〔一〕，凡與斂之人皆拜之。拜，興。拜，興。哭踊，拜訖，即於階下且拜〔二〕且踊訖。襲衣，掩向所袒之上衣。且經帶，首戴白布，巾上加以單股之經。【禮所謂環経也，成服日去之】。具腰經，散垂其末，三尺，及具絞帶。復位。【按：《禮》於奉尸俠于堂之後，有「拜賓」「襲経」之文，《家禮》無之。今補入者，蓋以禮廢之後，能知斂者少，賓友來助斂者，不可不謝之也。及《家禮》卷首腰経圖有散垂，至成服乃絞之説，而《家禮》無有所謂未成服而先具腰経者，故據《禮》補入。以上俱詳見《考證》】。

乃奠。

儀節 祝帥執事者盥洗，洗手。舉奠案。先所設奠案，至是舉之，升自阼階，置靈座前。祝詣靈座前，跪，焚香，興，洗盞。斟酒，奠酒。卑幼者皆再拜。【孝子不拜】。拜〔三〕。鞠躬，拜，興。拜，興，平身。罩巾，用巾罩奠饌。舉哀。

〔一〕「階下」，順德本、太平府本、常州府本爲「下階」。
〔二〕「拜」，順德本、太平府本、常州府本作「哭」。
〔三〕「拜」，順德本、太平府本、常州府本無，當爲衍文。

主人以下哭盡哀，乃代哭不絕聲。

使人更相代哭，朝夕不斷聲。

**大斂**【按：《家禮》小斂條「厥明，陳小斂衣衾」，其注下備書布絞縱横之數。又於設奠、具麻之後，「設小斂牀，布絞、衾衣」，其注下又備書布絞先後之序。至於大斂條，止書「陳大斂衣衾」，而注下無布絞之數。惟云「衣無常數，衾用有綿者」，所謂衣者即乃大斂條下卷以塞空缺者也。所謂衾者，即舉棺條下垂其裔于外者也。皆非用以斂者也。且此後竝無設大斂布絞衣衾之文，而乃大斂條下注所云「掩首，結絞」者，蓋以小斂時未掩其面，未結以絞，至是始掩而結之。所謂結絞者，政謂結小斂之絞耳。注中所謂「收衾」，亦謂收向置于棺内，其裔之外垂者也。由是觀之，《家禮》無大斂之絞，明矣。惟卷首有大斂圖，其布絞之數，亦與附注所引高氏説不同，蓋非《家禮》本文也。竊意《家禮》本《書儀》，蓋合兩斂以爲一。小斂雖布絞而未結，至將入棺乃結之，似是以入棺即爲大斂也。温公非不知古人大小斂之制，蓋欲從簡，以便無力者耳。然君子不以天下儉其親，有力者自當如禮。大斂絞數，用縱一横五，而斂之於牀，斂訖，舉以入棺，别用衣塞其空處，而以衾之有綿者裹之，斯得禮意矣。若夫無力者不得已如《家禮》只一小斂，亦可。又詳見《考證》及楊氏説】。

厥明，

謂死之第三日也。

執事者陳大斂衣衾，

用卓子陳于東壁下，衣無常數。【衾】有有綿者一，單者一。【絞】用布三大幅爲之，横者三幅，通身劈〔二〕裂爲六片，去其一片而用五片。直者一幅，裂開兩頭，各爲三片，留其中間三分之一，其長如小斂者。

設奠具。

如小斂之儀。

舉棺入，置于堂中，少西。

儀節 執事者先遷靈座，次遷小斂奠，俱於旁側。舉棺，役者先置兩凳于堂中少西，舉棺以入，置凳上。置衾棺中，置衾之有綿者，垂其裔于四外。設大斂牀，牀上施薦褥衾絞如小斂，畢，舉而置尸牀之右，竝列。盥洗，侍者與子孫婦女俱洗手。掩首，掩蓋其頭。結小斂絞，先結直者，後結横者。舉尸，侍者洗手。安尸于大斂牀，徹小斂牀。

乃大斂。

儀節 盥洗，子孫、婦女及侍者俱洗手。掩衾，單被也。結絞，先結直者三，後結横者五。舉尸

〔二〕「劈」，順德本、太平府本、常州府本作「擘」。

于棺，結絞畢，子孫婦女及侍者共舉尸納棺中綿衾内。實齒髪，實生時齒髪及所剪爪于棺中四角。塞空缺，又揣其空缺處卷衣塞之，務令充實，不可摇動。收衾。收綿衾之裔垂棺外者，先掩足，次掩首，次掩左，次掩右，令棺中平滿。憑哭盡哀，主人、主婦憑棺而哭，哭畢，婦人俱退入幕中。蓋棺。乃召匠加蓋下釘。謝賓，拜，興。拜，興。徹大斂牀，復靈座，于故處設銘旌趺。立于柩東。

設靈牀于柩東。

牀、帳、薦、枕、衣、被、屏風、靸鞋，皆如平生時。

乃設奠。

儀節 如小斂之儀。

主人以下各歸喪次。

中門之外，擇樸陋之室，爲丈夫喪次。斬衰，寢苫，枕塊，不脱絰帶，不與人坐焉，非時見乎母也，不及中門。齊衰，寢席。大功以下異居者，既殯而歸，居宿於外，三月而復寢。婦人次于中門之内别室，或居殯側，去幃帳衾褥之華麗者，不得輒至男子喪次。

止代哭者。

【喪禮餘注】司馬温公曰：「棺欲厚，然太厚則重而難以致遠，又不必高大，占地使壙中寬，易致摧毁，宜深戒之。椁雖聖人所制，自古用之，然板木歲久終歸腐爛，徒使壙中寬大，不能牢固，不若不用之爲愈也。

孔子葬鯉，有棺而無槨，又許貧者還葬而無槨，今不欲用，非爲貧也，乃欲保安貧[一]者爾。」○程子曰：「雜書有松脂入地千年爲茯苓，萬年爲琥珀之説。蓋物莫久於此，故以塗棺，古人已有用之者。」【右治棺】。○主人坐於牀東奠北。衆男應服三年者坐其下，皆藉以藁。同姓期功以下，各以服次坐于其後，皆西向南上。尊行以長幼坐於牀東北壁下，南向西上，藉以席薦。主婦、衆婦女坐于牀西，藉以藁。同姓婦女以服爲次，坐于其後，皆東向南上。尊行以長幼坐于牀西北壁下，南向東上，藉以席薦。妾婢立於婦女之後。別設幃以障內外。異姓之親，丈夫坐于幃外之東，北向西上；婦人坐于幃外之西，北向東上。皆藉以席，以服爲行，無服在後。○若內喪，則同姓丈夫尊卑坐于幃外之東，北向西上。異姓丈夫坐于幃外之西，北向東上。○三年之喪，夜則寢于尸旁，藉藁枕塊，羸病者，藉以草薦可也。期以下，寢於側近，男女異室，外親歸家可也。【右爲位】。○司馬温公曰：「世俗信浮屠誑誘，於始死及七七日、百日、期年、再期、除喪飯僧，設道場，或作水陸大會，寫經造像，脩建塔廟，云爲死者滅彌天罪惡，必生天堂，受種種快樂，不爲者必入地獄，剉燒舂磨，受無邊波吒之苦。殊不知人生含氣血，知痛癢，或剪爪剃髮從而燒斫之，已不知苦，况於死者，形神相離，形則入於黄壤，朽腐消滅，與木石等，神則飄若風火[二]，不知何之，借使剉燒舂磨，豈復知之？且浮屠所謂天堂地獄者，計亦以勸善而懲惡也，苟不以至公行之，雖鬼可得而治乎？是以唐廬州刺史李舟《與妹書》曰：『天堂無則

[一]　「貧」，順德本、太平府本、常州府本作「亡」。
[二]　「火」原作「吹」，據《書儀》改。

已，有則君子登。地獄無則已，有則小人入。』世人親死而禱浮屠，是不以其親爲君子，而爲積惡有罪之小人也。何待其親之不厚哉。就使其親實積惡有罪，豈賂浮屠所能免乎？此則中智所共知，而舉世滔滔信奉之，何其易惑而難曉也。甚者至有傾家敗産然後已，與其如此，曷若早賣田營墓而葬之乎？彼天堂地獄，若果有之，當與天地俱生，自佛法未入中國之前，人死而復生者，亦有之矣，何故無一人誤入地獄，見閻羅等十王者耶？不學者固不足與言，讀書知古者亦可以少悟矣。」【右佛事】。〇司馬温公曰：「《禮》曰：『三日而斂者，俟其復生也。三日而不生，則亦不生矣。故以三日爲之禮也。』今貧者喪具或未辦，或漆棺未訖，雖過三日，亦無傷也。世俗以陰陽拘忌，擇日而斂，盛暑之際，至有汁出蟲流，豈不悖哉？」〇司馬温公曰：「周人殯于西階之上，今堂室異制，或狹小，故但於堂中少西而已。今世俗多殯於僧舍，無人守視，往往以年月未利，踰數十年不葬，或爲盜賊所發，或爲僧所棄，不孝之罪，孰大於此。」〇司馬温公曰：「凡動尸舉棺，哭擗無算，然殯斂之際，亦當輟哭臨視，務令安固，不可但哭而已。」〇按：古者大斂而殯，既大斂則累墼塗之，今或漆棺未乾，又南方土多螻蟻，不可塗殯，故從其便。【右大斂】。

## 【喪禮考證】

【《喪大記》】：「疾病，内外皆掃，謂病困時也。寢東首於北牖下。廢牀。置之於地，冀其生氣復反也。徹褻衣，脱去褻居之衣。加新衣，加上新製之衣，貴者朝服，庶人深衣。體一人。加衣之時，每手足各一人持之。屬纊以俟絶氣。【按】：此廢牀寢地在屬纊之前，而高氏《厚終禮》則屬纊在廢牀之前。今從高氏者，恐有妨於將死者也。男子不死於婦女之手，婦女不死於男子之手。」恐其褻也。○「始死，遷尸于牀。病困時置于地，至是死，則遷尸于牀。幠音呼。用斂衾，幠，覆也。覆尸則用將用以大斂之被也。去死衣。去向所加以死者之新衣也。小臣楔齒用角柶，綴足用燕几。」見儀節。【《士喪禮》】：「死于適室。」正寢之室。○《喪大記》亦云：「士之妻皆死于寢。」【右初終】。【《問喪》】：「親始死，鷄斯徒跣扱上衽。」注謂「鷄斯」讀爲「笄纚」。笄謂以骨爲笄也，纚即《内則》所謂縰者，韜髮之繒也。蓋謂親始死，孝子去其冠，露出笄纚而未及去，至括髮乃去之也，非謂以之爲喪服也。歷考古禮竝無有所謂被髮者，惟唐《開元禮》有男子易以白布衣被髮，女子易以青縑衣被髮之説。温公謂「笄纚，今人平日所不服，被髮尤哀毀無容，故從《開元》」，愚【按】：今世人雖無韜髮之纚，然實用笄以貫髮，今其包網巾，與纚頗相似，今擬初喪即去冠帽，露出網巾骨笄，至括髮時始去之，似亦同古意，然不敢自是，姑記于此。【右易服】。【《士喪禮》】：「帷堂。」堂上設帳幙也。【《檀弓》】：「曾子曰：『尸未設飾，故帷堂，小斂而徹帷。』」始死未襲斂而設帷於堂，蓋以人死斯惡之矣，故遮蔽之。至小斂則設飾矣，故徹去焉。【右帷堂】。【《奔喪》】：「凡喪，父在，父爲主。謂父在而子有妻子之喪則父主之，與賓客爲禮，宜使尊者。朱子曰：「父存，子無主喪之禮。」父没，兄弟同居者，各主其喪。父没之後，兄弟雖同居，各主其妻子之喪。朱子曰：「凡妻之喪，夫自爲主。以子爲喪主，未安。」親同，長者主之。謂同是兄弟輩，父母喪則長子主之，兄弟喪，則長兄主之。不同，句斷。親者主之。」謂親不同者，則推其最親者一人主其喪，如從父兄弟之喪，則用彼親者自主之也。【《喪大記》】：「喪有無後，無無主。」言雖絶嗣，不可無喪主也。【按】：《家禮》立喪主，注「凡主人，謂長子。無，則長孫承重，主饋奠。其與賓客爲禮，則同居之親且尊者主之」，蓋親者主饋奠，尊者主賓客，凡喪皆然。【右直喪主】。【《樂記》】：「商祝辨乎喪禮。」商祝，明商禮者，周人以相喪禮。【《周禮》】：「肆師，凡卿大夫之喪相其禮。」【《檀弓》】：「杜橋之母之喪，宫中無相，以爲沽音古。也。」疏曰：「沽，麤略也。孝子喪親，悲迷不復自知，禮節事儀皆須人相導，而橋母死，宫中不立相，故時人謂其於禮爲麤略也。」【《家語》】：「孔子在衛。司徒敬子之卒，夫子吊焉。主人不哀，夫子哭不盡聲而退。蘧伯曰：『衛鄙俗不習喪禮，煩吾子相焉。』孔子許之。」按：此數條則喪禮不可無相，明矣。【右相禮】。【《士虞禮》】：「賓執事者如吊服，皆即位于門外。」【《曲禮》】：「助喪必執紼。」【《檀弓》】：「孔子之故人曰原壤，其母死，夫子助之沐椁。」〇「孔子之喪，公西赤爲志焉。志，記識也。子張之喪，公明儀爲志焉。」按：此則喪禮之行，不可無執事之人，明矣。【右執事】。【《檀弓》】：「父兄命赴者。」疏曰：「生時與人有恩識者，今死，則其家宜使人往相赴告。《士喪禮》孝子自命赴者，蓋大夫以上，則父兄代命之。士則自命赴可也。」〇按：《家禮》有司書，蓋孝子初喪其親，悲迷不暇自書，有司代爲書，而稱哀子名可也。【右報赴】。【《士喪禮》】：「陳襲事于房中，西領南上，不綪。襲事，謂衣服也。綪，讀爲䋊。䋊，屈也，謂所陳之衣皆直而不屈也。掩，音奄。練帛廣終幅，長五尺，析其末。掩，裹首也。析其末，爲將結於頤下，又還結於項中，今《家禮》以幅巾代之。瑱用白纊。瑱，充耳也。纊，新綿也。用綿以塞尸耳也。幎目用緇，方尺二寸，赬裏，著，組繫。幎，音覓。幎目，用覆面者也。緇，黑色，用皂絹爲之，四方尺有二寸。赬者，赤也，用赤色爲裏。著者，充之以綿絮也。組繫者，四角用組爲繫，結之於後也。握手，用玄。纁裏，長尺二寸，廣五寸，牢中旁寸，著，組繫。握手，用帛一幅於死者手中握之也。其色用玄，以淺絳色爲裏，長一尺二寸，廣五寸。牢讀爲樓，義取樓斂狹少之義，謂削約握之中央以安手也。著，謂其中絮綿。組繫，謂有繫以結之也。冒，緇質，長與手齊，赬殺，去聲。掩足。」冒，韜尸者也，以布爲二囊：上曰質，黑色，其長與手齊；下曰殺，絳色，其長三尺，下掩足。其制，縫合一頭，又縫連一邊，餘一邊不縫，又於不縫之邊，上下安三帶，綴以結之。《喪大記》曰「士冒，綴旁三」者，是也。用時先以殺韜足而上，後以質韜首而下。今小斂有衾，不用亦可，然用之亦無害。【按】：此所謂乃襲不用時事者，今人不知古制，乃縫如兩袋，套於既斂衾衣之上，非是。【右掩冒】。【《檀弓》】：「銘，明旌也。以死者爲不可別也，故以其旗識音志。之。」【右銘旌】。「重，平聲主道也。」注云「士，重木三尺，始死作重以依神，雖非主而有主之道，故曰『主道也』」。温公《書儀》以魂帛代之，朱子謂其合時之宜，不必泥古。【《雜記》】：「重，既虞而埋之。」【右重】。【《檀弓》】：「縣子曰：『夫喪，不可不深長思也。買棺外内易。』」買棺當令精好，斲削内外，使之平易。【《王制》】：「六十歲制。」歲制，謂棺也。人至六十，則死期將近矣，故必豫爲制之，恐其一旦不測，倉卒之變，猝難措置，縱能成之，亦多苟且取具。木既非良，漆亦不固，或遇暑月，遂至穢惡外聞，孝子事親，烏可以豫凶事爲解而不先事爲備哉！且古者，國君即位而爲椑，歲一漆之，况士庶乎！【《孟子》】：「古者棺椁無度，中古棺七寸，周七寸，只如今四寸許。椁稱之，自天子達於庶人。非直爲觀美也，然後盡於人心。」朱子曰：「欲其堅厚久遠，非特爲人觀視之美而已。」【右治棺】。【《檀弓》】：「子思曰：『喪三日而殯，凡附於身者，必誠必信，勿之有悔焉耳矣。三月而葬，凡附於棺者，必誠必信，勿之有悔焉耳矣。』」附於身者，襲斂衣衾之具。附於棺者，明器用器之屬。〇「喪具，君子耻具。一日二日而可爲也者，君子弗爲也。」此即《王制》所謂「絞、紟、衾、冒，死而後制」者也，若夫棺椁之類，不可猝置者，自不妨歲制、時制、月制、日修矣。然謂之「耻具」者，耻成其制也，非謂不可不蓄其質也。「子游問喪具。夫子曰：『稱家之有無。』子游曰：『有無惡乎齊？』夫子曰：『有，句絶。毋過禮。苟亡矣，斂手足形還葬，還讀爲旋，謂斂畢即葬也。縣懸。棺而封，封作窆，謂以手懸繩而下之。人豈有非之者哉！』」禮有定制，富而厚葬，非也。貧而厚葬，尤非也。苟貧以稱家有無而不能備禮焉，人豈非之哉？【《孟子》】：「不得，不可以爲悦；無財，不可以爲悦。此泛説葬禮，不專爲棺也。不得爲法制所不當爲。得之爲有財，古之人皆用之，吾何爲獨不然？」言有財者自當如禮制爲之。〇「吾聞之也，君子不以天下儉其親。」朱子曰：「送終之禮，所當得爲而不自盡，是爲天下愛惜此物而薄於吾親也。」【右喪具】。【《喪大記》】：「小斂於户内，大斂於阼。小斂布絞，縮者一，横者三。縮，直也。大斂布絞，縮者一，横者五。絞一幅爲三，不辟。」謂大斂，直絞也。臨川吴氏曰：「『絞一幅爲三，不辟』者，辟讀如闢，開也。蓋小斂之絞，縮一横三者，曰一曰三，皆以布之全幅爲數也。大斂之絞，縮三横五者，曰三曰五者，皆以布之小片爲數也。横絞之五，既是以兩幅之布，通身裁開爲六片，而用其五片矣。縮絞之三，亦是以一幅之布裁開其兩端爲三，但中間當腰處約計三分其長之一不剪破爾。其横縮之絞八片皆狹小，故結束處不用更辟裂之也。若小斂横縮之絞是全幅之布，則其末須是剪開爲三，方可結束也。但其剪開處不甚長，非如大斂之縮絞三分其長之二皆剪開也。紟五幅者，蓋用布五幅，聯合爲一，如今單布被。斂衾直鋪，布紟横鋪。斂時先緊卷布紟以包裹斂衾，然後結束縮絞之三。縮絞結束畢，然後結束横絞之五也。」○【按】：《家禮》本注無大斂絞之文，止是附注引高氏説「縮者三，蓋取一幅布裂爲三片也；横者五，蓋取布三幅裂爲六片而用五也」。世俗不察乎此而惑于卷首圖注，往往以横者五爲五全幅，遂至每幅兩端，各析爲十五片，間有用高氏説者，亦不知直幅裂入三分之二及横幅通身裁開之説。今引吴氏此説，庶行禮者有據云。○「君將大斂。小臣鋪席，商祝鋪絞紟衾衣，士盥于盤，上士舉遷尸于斂上。」疏曰：「小臣鋪席者，謂下莞上簟，簇於阼階上，供大斂也。商祝，喪祝也。鋪絞紟衾衣等，致于小臣所鋪席上，以待尸也。士，喪祝之屬也，將舉尸，故先盥手盤上也。斂上，即斂處也。」【按】：此則大斂不在棺中可知矣。世俗不知卷首圖非朱子本意，往往據其説就棺中大斂，殊非古禮，况棺中逼窄，結絞甚難，讀禮者細考之。【《士喪禮》】：「小斂衣十九稱，大斂三十稱，紟不在算，不必盡用。」單衣、複衣皆具曰「稱」，今人家不能皆具，隨所有用之，可也。【右小大斂】。【《士喪禮》】：「主人奉尸，斂于棺，踊如初，乃蓋。」注曰：「棺在肂中斂尸焉，所謂殯也。」肂，埋棺之次也。【《檀弓》】：「孔子曰：『周人殯于西階之上。』子游曰：『大斂於阼，殯於客位。』」注曰：「大斂出在東階，未忍離其爲主之位也。主人奉尸斂于棺，則在西階矣。掘肂於西階之上。肂，陳也，謂陳尸於坎也。置棺于坎而塗之，謂之殯。」○【按】：阼階在東，客位在西。大斂與殯，一在東，一在西，是爲兩處，則爲兩事亦明矣。《家禮》從簡省，止於大斂條下云「舉棺入，置于堂中少西」，而注引温公説「周人殯于西階之上，今堂室異制，但于堂中少西而已」，則固以殯爲言矣。惟乃大斂注下云「古者大斂而殯，既大斂則累墼塗之」，其意蓋謂古人大斂既畢，即殯于坎中而塗之，所謂「累墼塗之」，即注所謂「置棺于坎而塗之之謂殯」也，今世雖不塗棺，而奉尸入棺亦殯也，然大斂既畢即舉尸入棺，雖曰二事而實同日行之，故《通解》雖分大斂與殯爲兩節，而陳大斂殯具併作一節書之，此亦可見。【右殯】。【《士喪禮》】：「士舉，男女奉尸，俠于堂。此即《家禮》所謂「還遷尸于堂中」也。主人出于足，降自西階，衆主人東即位。婦人阼階上，西面。主人拜賓，大夫特拜，士旅之。即位踊。襲絰于序東，復位。」拜賓，面賓位拜之也。主人拜賓訖，即面東方阼階下，即西面位踊，踊訖，襲絰也。襲謂掩向所袒之衣。絰，謂首絰及腰絰也。【《喪大記》】：「奉尸俠于堂，降拜。」【《雜記》】：「小斂、大斂、啓，辯拜。」辯與遍同，謂事竟於堂下遍拜之也。【右謝賓】。【《雜記》】：「小斂環絰，公、大夫、士一也。」環絰，一股而纏也。蓋兩股相交，謂之絞。環是周迴纏繞之名。疏云：「素委貌。大夫以上素爵弁而加此絰焉，散帶。」正義云：「親始死，孝子去冠，至小斂，不可無飾。士素委貌，大夫以素弁，而貴賤悉得加環絰，故云『公、大夫、士一也』。」《喪服變除》云：「小斂之後，大夫以上冠素弁，士則素委貌。其素弁、素冠皆加環絰，故云『小斂環絰，君、大夫、士一也』。」【《喪大記》】：「君將大斂，子弁絰。」此弁絰，謂弁上加絰也。弁如爵弁而素，疏云：「成服則著喪冠也，此雖以大斂爲文，小斂時亦弁絰。」【按】：此二條及諸家之説，則首絰之下必有巾帽以承之，可知矣。三代委貌、爵弁之制，今世不存，宜用白布，如世俗製孝巾之帽之類，似亦得禮之意。【右環絰及絰上加弁】。【《士喪禮》】：「苴絰，大鬲，下本在左，要絰小焉。散帶垂，長三尺。牡麻絰，右本在上，亦散帶垂。」苴絰者，斬衰之絰也。牡麻絰者，齊衰以下之絰也。疏云：「小斂訖，當服未成之麻也。」【按】：此條《儀禮圖》列於陳小斂服前，或者不考疏家未成麻之説，遂謂腰絰之制，成服後亦當如此，非是。【《雜記》】：「大功以上散帶。」小功緦輕，初即絞之，大功以上散垂，不忍即成之，至成服乃絞。【按】：《家禮》卷首所圖絰帶，據此二條。【《喪禮記》】：「既憑尸，主人絞帶，衆主人布帶。」疏云：「小斂于户内訖，主人袒，括髮，散帶。」又云：「衆主人，齊衰以下，至緦麻，皆免也。」【按】：此二條，則小斂之後，俠堂之前，則凡有服者，不徒具腰絰，又當具絞帶也。但服斬者，則用環絰，齊衰以下，首不用絰，皆免耳。

# 襲含哭位之圖

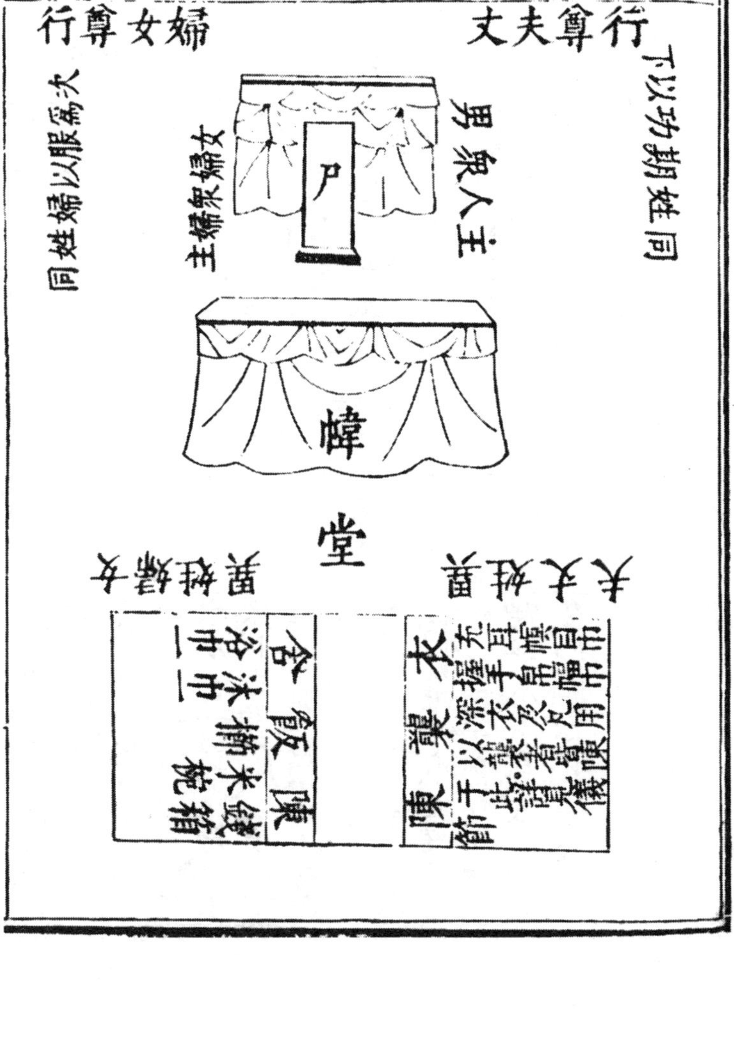
丈夫尊行
婦女尊行
同姓期功以下
主人衆男
主婦衆婦女
同姓婦女以服為次
尸
幃
堂
異姓丈夫
異姓婦女
陳襲衣
陳飯含
錢箱
米椀
櫛
沐巾一
浴巾一

# 靈座牀之圖

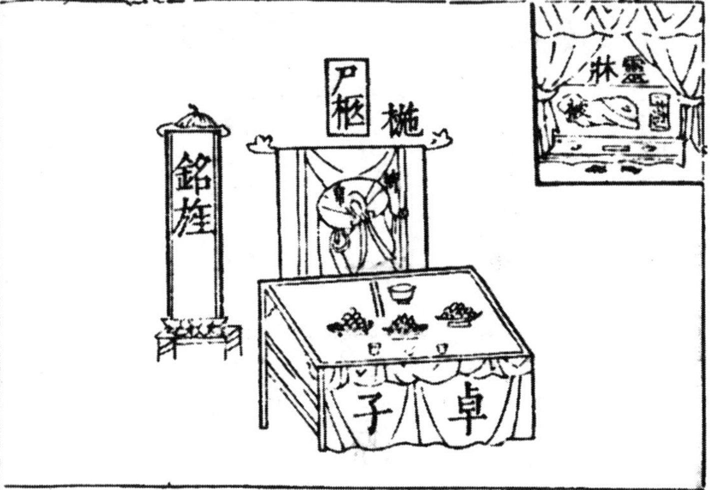


按卷首襲含哭位圖於尸前置椸及卓椅上設魂帛旁立銘旌不合家禮蓋家禮魂帛銘旌之設在於旣飯含之後及陳襲衣圖有二冒皆非家禮本意今列爲圖正之

# 幎目巾

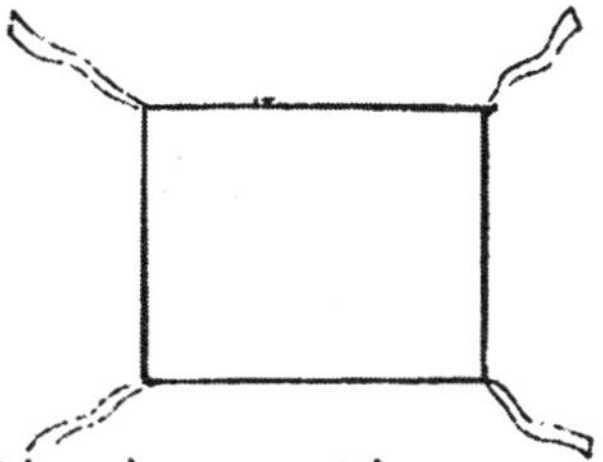

用熟絹方尺二寸，夾縫之，內充以綿，四角有帶，繫於後結之。

握手帛

用熟絹二幅，每幅長尺二寸，內充以綿，裹手兩端，各有帶繫。

# 魂帛圖

束帛式

古者束帛之制，用絹一疋兩端，捲起至中間相轃，此溫公所謂束帛依神者也。

結帛式

用白絹一疋，結如世俗所謂同心結者，朱子所謂結絹，蓋如此云。

## 小斂圖

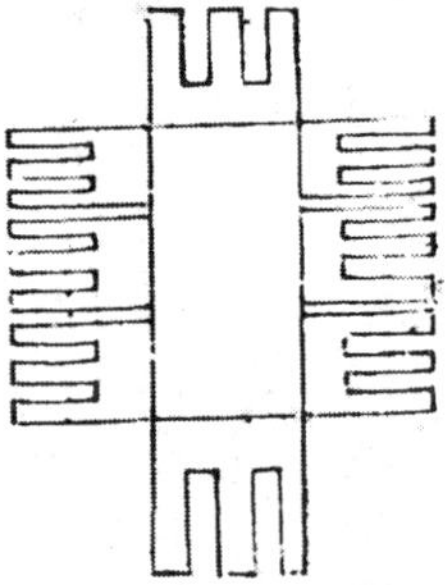

## 大斂圖

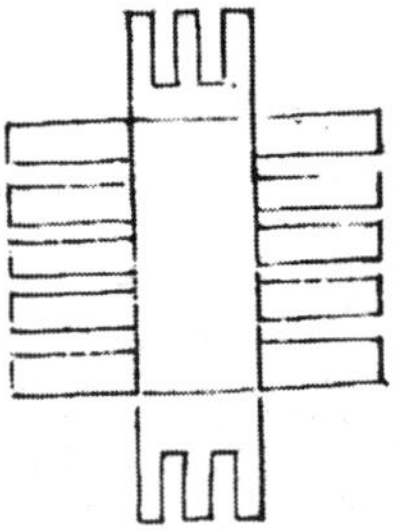

按家禮無大斂之文而附註引高氏厚終禮謂大斂之絞縮者三蓋取一幅布裂爲三片也橫者五蓋取布二幅裂爲六片而用五也並無用橫布五幅裂爲十五片之說亦不言在棺中附註本高氏高氏本喪大記不知爲圖者何所本云詳見儀節及考證

## 成服

厥明，

死之第四日也。

五服之人，各服其服，入就位，然後朝哭，相吊如儀。

儀節 是日夙興。具服，五服之人各服其服，執杖，有腰絰者，絞其麻本之散垂者。各就位。男位於柩東，西向。女位於柩西，東向。各以服爲次序。舉哀，相吊。諸子孫就祖父前及諸父前跪哭，皆盡哀。又就祖母及諸母前哭，亦如之。女子就祖母及諸母前哭，遂就祖父諸父前，如男子之儀。主婦以下，就伯叔母哭，亦如之。訖。復位。【按：哭吊儀出《大明集禮》，今採補入。】

其服之制：

一曰斬衰三年。

正服：【已】：子爲父。【女】：女在室及嫁反在室者爲父。

加服：【已】：嫡孫，父卒，爲祖，爲高曾祖父承重者。父爲嫡子當爲後者。

義服：【婦】：婦爲舅，夫承重則從服，夫爲人後則從服。妻爲夫。【繼】：爲人後者爲所後父。爲所後者承重其祖。【庶】：妾爲君。【君，謂夫】。

今制：【己】：子爲母，爲繼母，爲慈母。【謂生母卒，父命他妾養己者】。爲養母。【謂自幼過房與人】。庶人爲其所生母。嫡孫，父卒，爲祖母若高曾祖母承重者。【女】：女在室及嫁反在室者爲母。【婦】：婦爲姑，夫承重則從服。庶子之妻爲夫之所生母。婦，爲人後者爲其所後母及爲高曾祖母承重者。

二曰齊衰三年、

正服：【己】：子爲母。士之庶子爲其母同，爲父後則降。

加服：【己】：嫡孫，父卒，爲祖母若高曾祖母承重。【婦】：母爲嫡子當爲後者。

義服：【己】：爲繼母，爲慈母。【婦】：婦爲姑，夫承重則從服。繼母爲長子。【庶】：妾爲君之長子。

齊衰杖期、

正服：【己】：嫡孫，父卒，祖在，爲祖母。

降服：【己】：子爲嫁母、出母。

義服：【己】：父卒，繼母嫁而己從之者。子爲父後，則爲嫁母、出母及繼母。出俱無服。夫爲妻。

今制：【己】：嫡子、衆子爲庶母、嫁母、出母。【婦】：嫡子、衆子之妻爲夫之庶母。

齊衰不杖期、

正服：【己】：爲祖父母。庶子之子爲父之母，而爲祖後則不服。【謂父是庶出者，己若承祖後，則不爲父所生母服】。爲伯叔父。爲兄弟。爲在室之姑姊妹，及嫁無夫與子者。爲衆子及女在室與嫁而無夫與子者。爲兄弟之子。【女】：女爲祖父母，雖適人不降。女在室者爲兄弟、姊妹，及兄弟之子。其適人而無夫與子者同。姊妹既嫁相爲服。【庶】：妾爲其子。

加服：【己】：爲嫡孫及曾玄孫當爲後者。【女】：女適人，爲其兄弟之當爲父後者。

降服：【己】：父在則爲妻不杖。【女】：女適人者爲其父母。【婦】：嫁母、出母爲其子，子雖爲父後，猶服。妾爲其父母。【繼】：爲人後者爲其本生父母。

義服：【己】：爲伯叔母。舅爲嫡婦。父母在者爲妻。【婦】：爲夫兄弟之子。姑爲嫡婦。繼母、嫁母爲前夫之子從己者。【謂非親生者】。【繼】：爲人後者爲所後之祖父母。【庶】：妾爲女君，【謂夫之正室】。妾爲君之衆子。妾爲君之父母。【異】：繼父同居，父子兩無大功之親者。

今制：【己】：父爲嫡長子。【婦】：母爲嫡長子。繼母爲長子及衆子。慈母爲長子及衆子。妾爲夫之長子及所生母。

齊衰五月、

正服：【己】：爲曾祖父母。【女】：女爲曾祖父母，適人者不降。

義服：【己】：爲人後者爲所後之曾祖父母。【按：附注引《儀禮通解》補服條增「爲所後者之祖父母若子也」，蓋其所謂「所後者之祖父母」，在所後之人者則爲曾祖父母也，「若子」之「若」字，解與「如」字同，謂如其人之親子也，非若本注「若高曾祖承重者」「若曾玄當爲後者」之「若」之比。附注凡引補服條，皆放此】。

齊衰三月。

正服：【己】：爲高祖父母。【女】：女爲高祖父母，適人者不降。

義服：【己】：族人爲宗子、宗子之母妻。【繼】：爲人後者爲所後之高祖父母。【異】：同居繼父有子及己有大功以上親者。爲先同居今不同居之繼父，其原不同居者不服。

三曰大功九月。

正服：【己】：爲從父兄弟及姊妹之在室者。【謂堂兄弟姊妹】。爲衆孫男及孫女之在室者。

降服：【己】：爲女適人者。爲姑姊妹及兄弟女適人者。爲兄弟之子爲人後者。【女】：女適人者爲衆兄弟及兄弟之子。女適人者爲伯叔父母姑姊妹及兄弟之女在室者。【繼】：爲人後者爲其本生兄弟及姑姊妹在室者。爲人後者爲其本生伯叔父母。

義服：【己】：爲衆子婦。爲兄弟之子婦。【謂姪婦】。【婦】：爲夫之祖父母、伯叔父母及兄弟之子婦。【謂姪婦】。爲夫兄弟女之適人者。【繼】：夫爲人後，其妻爲本生舅姑。

四曰小功五月。

正服：【己】：爲從祖祖父及從祖祖姑之在室者，【即伯祖父、叔祖父、祖姑母】。爲從祖父及從祖姑之在室者，【即堂伯父、堂叔父、堂姑母】。爲從祖兄弟之子及姊妹之在室者，【即再從兄弟姊妹】。爲兄弟之孫及女之在室者，【即姪孫】。爲從父兄弟之子，【即堂姪】。爲外祖父母，【謂母之父母】。爲舅，【母之兄弟】。爲甥，【姊妹之子】。爲從母，【即姨母】。【異】：爲同母異父之兄弟姊妹。

降服：【己】：爲孫女適人者。爲從父姊妹之適人者。【女】：女適人者爲從父之兄弟。【繼】：爲人後者爲其本生姑姊妹適人者。

義服：【己】：爲從祖祖母，【即伯祖母、叔祖母】。爲從祖母，【即堂伯母、堂叔母】。爲庶母慈己者，【謂庶母之乳養己者】。庶子爲嫡母之父母兄弟姊妹，嫡母死則不服。母出爲繼母之父母兄弟姊妹。爲兄弟之妻。爲嫡孫及曾玄孫之當爲後者之婦，其姑在則否。【女】：女爲兄弟姪之妻，已適人者亦不降。【婦】：爲夫兄弟之孫及女之在室者，【即夫姪孫】。爲夫從兄弟之子及女之在室者，【即夫堂姪】。爲夫之兄弟。爲夫之姑姊妹，適人者不降。爲娣姒，【長婦謂次婦曰娣，次婦謂長婦曰姒，俗所謂嫂嬸也】。爲庶婦。【繼】：爲人後者爲所後之外祖父母。

五曰緦麻三月。

正服：【己】：爲族曾祖父及族曾祖姑之在室者，【即曾伯祖、曾叔祖、曾祖姑，出嫁者無服，下同】。爲兄弟之曾孫。爲族祖父及族祖姑之在室者，【即堂伯祖、堂叔祖、堂祖姑】。爲族父、族姑之在室者，【即再從伯父、叔父、姑母】。爲族兄弟及姊妹之在室者，【即三從兄弟姊妹】。爲從父兄弟之孫及女之在室者，【即堂姪孫】。爲從祖兄弟之子及女之在室者，【即再從姪】。爲曾孫，【婦無服，玄孫同】。爲玄孫，【曾孫之子】。爲外孫，【女之子】。爲從母兄弟姊妹，【即兩姨子】。爲外兄弟，【即姑之子】。爲内兄弟，【舅之子】。

降服：【己】：庶子爲父後者爲其母，其母之兄弟姊妹無服。爲兄弟之孫女出嫁者。爲從父兄弟之女出嫁者。爲從姊妹之出嫁者。爲從祖祖姑及從祖姑之出嫁者，【即祖姑母及堂姑母】。【女】：女出嫁爲從祖父母，【即伯叔祖父母】。女出嫁爲從父母，【即堂伯叔父母】。女出嫁爲從父兄弟之子女，【即堂姪、堂姪女】。女出嫁爲從祖祖姑及從祖姑在室者，【即堂祖姑及堂姑】。爲從祖姊妹之出嫁者，【即堂姊妹】。【繼】：爲人後者爲其本生外祖父母。

義服：【己】：爲族曾祖母，【即曾伯祖母、曾叔祖母】。爲族祖母，【即堂伯叔祖母】。爲族母，【即再從伯叔母】。爲庶母，謂父妾之有子者。爲乳母。爲庶孫之婦。爲兄弟孫之婦，【即姪孫婦】。爲從父兄弟子之婦，【即堂姪婦】。爲妻之父母，妻亡而別娶，亦同，即妻之親母，雖嫁猶服。爲婿。爲甥婦。爲外孫婦。爲從兄弟之妻。爲同爨。爲朋友。【女】：女爲姊妹之子婦。【婦】：爲夫兄弟之曾孫，【即夫曾姪孫】。爲夫從兄弟之孫，【即夫堂姪孫】。爲夫從祖兄弟之子，【即夫再從姪】。爲夫之曾祖、高祖父母。爲夫之從祖祖父母，【即夫之堂伯叔祖父母】。爲夫之從祖父母，【即夫堂伯叔父母】。爲夫從父兄弟之妻，【即夫堂兄弟之妻】。爲夫之從父姊妹，適人者不降，【即夫之堂姊妹】。爲夫兄弟孫之婦，【即夫姪孫婦】。

爲夫之外祖父母，爲夫之從母及舅。爲夫之從父兄弟。爲夫之從祖姑及從祖姑之在室者。

凡爲殤服，以次降一等。

凡年十九至十六爲長殤，十五至十二爲中殤，十一至八歲爲下殤。應服期者，長殤降服大功九月，中殤七月，下殤小功五月。應服大功以下，以次降等。不滿八歲，爲無服之殤，哭之以日易月。生未三月則不哭也。男子已娶，女子許嫁，皆不爲殤。

凡男爲人後，女適人者爲其私親皆降一等，私親之爲之也亦然。

女適人者，降服未滿被出，則服其本服。已除，則不復服也。○凡婦服夫黨，當喪而出，則除之。○凡妾爲其私親，則如衆人。【按：《家禮》於服制條下，於凡女之出嫁未嫁之類，皆不書而撮其凡例於此，使人推究而得之也。今愚就於本條下添入在室及出嫁於各條下，大意便於觀者也。】

成服之日，主人及兄弟始食粥。

諸子食粥，妻妾及期九月疏食飲水，不食菜果。五月、三月者，飲酒食肉，不與宴樂。自是無故不出，若以喪事及不得已而出入，則乘樸馬素鞍，素轎布簾。

凡重喪未除而遭輕喪，則制其服而哭之，月朔設位，服其服而哭之。既畢，返重服。其除之也，亦服輕服。若除重喪而輕服未除，則服輕服以終其餘日。

**喪服制度** 度用指尺，裁製之際，又當量其人長短肥瘠以爲度。○尺式及指尺圖見首卷。○【愚按：喪服制度，《家禮》備矣，但詞義深古，及附注所引用又多繁雜。深於問學者，固已瞭然於心，若夫窮鄉淺學之士，泥文者各執己見，任情者妄有作爲，卒無定制。竊不揆愚陋，一本《家禮》而又考古禮經以參定之，易簡古之辭以淺近之語，庶幾學古者易曉云】。

斬衰。用極麤生麻布爲之。斬，不緝也。凡衣裳旁及下際，皆不縫緶。

【衣制】：身，用布二幅，各長四尺四寸。【用指尺】。每幅分中屈之，爲前後兩葉，每葉長二尺二寸。【兩幅共四葉，前兩葉，後兩葉】。屈訖，然後將後兩葉縫合爲脊縫，留上四寸不合。【凡縫皆以邊幅向外，後有縫者皆放此】。袂，即袖也。用布二幅，亦各長四尺四寸。【與衣身同】。亦分中屈之，亦長二尺二寸，縫連衣身，前後四葉，又縫合其下際，以爲袖。【按：《儀禮》曰：「袂屬幅。」注「謂不削」也，不削謂隨其布幅，不用剪裁修飾】。袪，即袖之口也。袖長二尺二寸，從下量上，一尺縫合之，留其上一尺二寸，不縫，爲袖口。適，即所謂辟領也。從衣身分中屈處，直量下四寸，【即後兩葉脊縫原留不合處，及在前兩葉之上邊】，前後四葉各横裁入四寸。【當直量下四寸處分裁從邊入中四寸，雖裁〔二〕開不斷】，裁訖，分摺所裁者向外，當衣身兩肩上爲左右適，在左肩上向左爲左適，右肩上向右爲右適。既轉所裁者向外，其間空缺處，前後俱名爲闊中。領。別用布一幅，長一尺六寸，闊八寸，重摺爲兩長條。【不斷，分上下條，上四寸，下四寸】。將其下條之兩頭各裁出一塊方四寸，除去不用，留其中間八寸連上條，裁訖，將所留

〔二〕「裁」，據順德本、太平府本補。

連上八寸處，綴在衣身後兩葉合縫上原裁爲闊中處，以塞其空缺。【此謂後闊中】。既綴定，又將上條分中斜摺兩頭向前，綴在前兩葉原裁爲闊中處。【此謂前闊中】。帶下尺，又用布高一尺，上縫連衣身，横繞腰前後。衽。用布二幅，各長三尺五寸，每幅上下各從一頭，直量入一尺。先於上頭所量一尺處，從左横裁入中間六寸，又於下頭所量一尺處，從右横裁入中間六寸，然後從上邊所裁六寸處斜裁〔一〕去，尋下邊所裁六寸處分爲兩片，各長二尺五寸，其兩片俱以所留一尺處爲上，用裁開處相向，其上片蓋下片，垂下兩條如燕尾狀，綴在衣身兩旁當腋下，蓋過帶下尺以掩裳之旁際分開者。衰，用布一片，長六寸，廣四寸，綴在衣前左邊當心處。負版，用布一幅，方一尺八寸，綴於衣後當領下垂之。【以上皆不緶邊】。【補】衣繫。【按：禮疏有綴衰於外衿之上之文，既謂有外衿，則必有内衿矣。今世俗作衰，綴繫帶於衣身兩衿之旁際，如世俗所謂對衿衣者，衣着之際遂使衰不當心，殊失古制。今擬綴繫帶四條，一如朝祭等服，以外衿掩於内衿之上，則具服之際，衰正當心矣】。

【裳制】：裳。裳用布七幅，其長短隨人身。前縫三幅作一聯，後縫四幅作一聯，前後不相連。每一幅做三個㡇子，前三幅九個，後四幅十二〔二〕個。其作㡇子也，於每幅布上頭將入腰處，用指提起布少許摺向右，又提起少許摺向左，兩相輳着，用線綴住而空其中間以爲㡇子，其大小隨人肥瘦。【大約㡇子如今

〔一〕「裁」，順德本、太平府本、常州府本作「剪」。
〔二〕「二」原作「三」，據順德本、太平府本、常州府本改。

人裙幅相似，但裙幅向一邊順去，此幅子則兩邊相向耳】。其縫也，邊幅皆向内。前三，後四，共七幅，同作一腰，腰兩頭各有帶。【冠制】：冠，即所謂梁也。褙厚紙爲梁，廣三寸，長足以跨頂。前後用稍細布裹之，就摺其布爲細幅子三條，直過梁上，其幅俱向右，是謂【三辟積】。其梁之兩頭盡處卷屈向外以承武，是謂【外畢】。武，用麻繩一條，折其中，從額上約之，至項後交過前，各至耳邊結住以爲武。纓。又以武之餘繩垂下爲纓，結於頤下。【按：《禮》「喪冠條屬」，疏謂纓武同材，今世俗别用繩爲之，非是。詳見《考證》】。【合冠制】。先將冠梁折彎，安在武内。又於冠梁兩頭盡處各出少許於外向上，却將武安在其上，向外縫之，垂纓兩旁，下結。【經帶〔一〕制】：首絰，用有子麻帶黑色者爲單股繩，約長一尺七八寸，圓圍九寸。【或云：只是大指與第二指一搤也】。先將麻頭安在左邊當耳上，却將其餘從頭前向右邊圍回項後，過至左邊原起頭處，即以麻尾加在麻頭上綴殺之。又以細繩二條，一繫在左邊原起麻頭上，一繫在右邊當耳上，以固結之。各垂其末爲【纓】，如冠之制。【按：知此爲單股者，以《家禮》本注腰絰有「兩股相交」之説，故知此爲單股也】。腰絰，用有子麻兩股相交爲麤繩，圓圍七寸有餘，兩相交結之，除圍身外兩頭各存散麻三尺未結，待成服日方結之。其交結處，兩頭各綴細繩繫之。絞帶。用有子麻爲繩一條，圓圍二三寸許。初起長二尺，就當中屈轉，分爲兩股，各長一尺，結合爲一彄子。然後合兩股爲一條，

〔一〕「帶」原作「冠」，據順德本、太平府本、常州府本改。

【比腰絰較小些】。圍腰從左過後至前，乃以末梢串從彄子中過，反插於右邊，在絰之下。【如今人繫公服之華帶相似。○按：文公《語録》「首絰大一搤，腰絰較小，絞帶又小於腰絰」。今《家禮》本注絞帶下謂其大如腰絰。今擬較小爲是】。【杖屨制】：杖。父，用竹爲之。母，用桐木。削上圓下方，其長俱齊心，圍九寸，本在下。【按：古禮衰服，父斬母齊。斬杖用竹，齊杖用桐】。【今制，父母俱服斬，其冠裳之制竝同，獨於杖有異，今從之】。屨。用菅草或麤麻爲之，其餘末收向外。【以上俱見《考證》】。

【婦人服制】：大袖，用極麤生麻布爲之，如今婦人短衫而寬大，其長至膝，袖長一尺二寸，其邊皆縫向外，不緶邊。【準男子衰衣之制。○按：古者婦人皆有衰，《家禮》本《書儀》而代以時俗之服。所謂大袖者，今世不知何等服也。今人家有喪，婦女或爲短衫，或爲長衫，其制不一。按《事物紀原》唐命婦服裙襦大袖爲禮衣，又云「大袖在背子下，身與衫子齊而袖大」。及考衫子之制，乃云「女子衣與裳連，至秦始皇方令短作衫，衣裙之分自秦始也」，據此説則大袖長短與衫子齊，衫子既是秦所作之短衫，則大袖亦是衫之短者，但袖大耳。然謂之大袖，則裁制必須寬大，今準以衰袂之袪爲長尺二寸，蓋準袂恐太長，故酌中而準以袪耳】。長裙，用極麤生麻布六幅爲之，六幅共裁爲十二破，聯以爲裙，其長拖地，其邊幅俱縫向内，不緶邊。【準男子衰裳之制】。○【按：《事物紀原》「隋作長裙十二破，今大衣中有之」，然不謂之幅而謂之破，意其分一幅而爲兩也，故擬其制如此。然古禮婦女亦有衰，不若準衰裳之制，前三幅，後四幅，每幅爲三㡇子，爲不失古意，姑書所見以俟擇者】。蓋頭，用稍細麻布爲之。【比衣裙稍細者】。凡三幅，長與身齊，不緝邊。【按：《事物紀原》「唐初宫人，着羃羅，全身障蔽。永徽之後，用幃帽，又戴皂羅五尺，今曰蓋頭，凶服者，亦以三幅布爲之」。按此則蓋頭之來也遠矣。雖非古制，是亦古禮婦人出而擁設其面之意】。布頭䌌，用略細布一條爲之，長八寸，用以束髮根而垂其餘於後。○【按：此即所謂總也。《儀禮》，女子在室爲父布總。「傳曰：總長六寸。」注謂六寸出髻外所垂之飾也。《曾子問》「縞總」，注「縞，白絹也，長八寸」。今世俗婦女有服者，用白布束髻上，謂之孝圍，亦是此意，但彼加於髻上而不束髮，亦〔二〕不垂其餘】。竹釵，削竹爲之，長五六寸。【按：此即《儀禮》所謂箭笄也。「傳曰：釵笄長尺。」今恐太長，其長僅以約髮可也】。麻鞋，用麻爲之，或粗生布亦可。背子，本注云「衆妾則以背子代大袖」。用極麤生布爲之，長與身齊，小袖縫向外，不緝邊。【按：《事物紀原》：「秦詔衫子加背子，其制袖短於衫，身與衫齊。」由是觀之，則今背子乃長衫也】。【補】腰絰。用有子麻爲之，制如男子，繫於大袖之上，未成服，不散垂。○【按：《家禮》婦人服制皆本《書儀》，自大袖以下皆非古制，今亦不敢擅有增損，姑因其舊而詳考其制如右。又特補入腰絰一事者，蓋以禮，男子重乎首，婦人重乎帶，存其一之最重者，使後人或因此以復古也。故既補此，而又詳考禮書以爲婦人服制考證於後，有志於復古者誠能參考以有取焉，使三代之時男女服制皆復其舊，是亦朱子待後世之意也】。

齊衰。齊，緝也。用比斬衰次等麤生布。凡衣裳旁及下際，皆緝。

〔二〕「亦」，順德本、太平府本、常州府本作「本」。

【衣制】：身，袂，祛，適，帶下，衽，負版。裳。俱與斬衰同，但布與緝邊不同。【冠制】：冠制俱同，惟武與纓不同。武。用布一條，重疊之，折其中，從額上約之至項後交過前各至耳，用線綴之爲【武】，各垂其末梢爲【纓】，結之頤下。【按：世俗齊衰下冠武，往往褙紙爲材，用布裹之，別以布爲纓，非《儀禮》條屬之制，不可用。詳見《考證》】。【絰帶制】：首絰，用無子麻爲麤繩，周圍七寸餘。先將繩頭安在右邊當耳上，却將餘繩從額前向左邊圍向項後，過至右邊原起繩頭處，即以繩尾藏在繩頭之下，繩頭搭在繩尾之上，綴殺之。又用布兩條，約長二尺許，廣寸半許，用綿綴在首絰上，左右兩邊垂下以爲【纓】。腰絰，大五寸餘，其制一如斬衰而小。絞帶。用布夾縫之，約寬四寸許。屈其右端尺許，用線綴之，連下梢，通長七八尺。繫時圍腰從左過後至前，乃以其末梢穿過其右端屈轉處之中，而反插於右邊。【如今革帶之制】。【杖屨制】：杖，用桐木爲之，土圓下方，長齊心，圍五寸餘。屨。以草或麻爲之，收其餘末向內。【婦人服制】：大袖，長裙，蓋頭，背子，俱同斬衰，但用布稍細，緝邊。布總，竹釵，麻鞋，或用布。腰絰。制如男子，用無子麻爲之。

杖期，制俱同上，但用麤生布，此齊衰三年所用者又次等耳。

【衣制】：衰、負版、辟領，俱同上。【按：楊氏附注謂，旁親不用衰、負版、辟領，以爲朱子後來議論之定者。愚按：齊衰，有三年杖期、不杖期之別，然禮通謂之齊衰，恐不當分別也。使有所分別，則古人必異其稱矣。當從《家禮》本注爲是。詳見《考證》】。裳，首絰，腰絰，杖，屨。【婦人服制】：俱同上。

不杖期，服制同杖期，但不杖又用麤生布，比杖期所用者又次等耳。

五月，三月。服制俱同不杖期。

大功。大功者，言布之用功麤大也，服制同齊衰，但用布比齊衰稍熟耳。

【衣制】：無衰、負版、辟領，餘竝同。裳，冠，同上。首絰，圍五寸餘。腰絰，四寸餘。絞帶，同上。屨。用布爲之。【婦人服制】：同上，但用布稍熟。

小功。小功者，言布之用功細小也。服制同大功，但用布比大功稍熟細耳。

【衣制】：裳，同上。冠，辟積縫向左。首絰，圍四寸餘。腰絰，三寸餘。絞帶，屨。用白布爲之。【婦人服制】：俱同上，但用布稍熟細。

緦麻。緦，絲也，治其縷細如絲也。又以澡治莩垢之麻爲絰帶，故曰緦麻。服制同小功，但用極細熟布爲之。

【衣制】：裳，同上。冠，辟積縫向左。首絰，圍三寸。腰絰。圍二寸，竝用熟麻爲之。【婦人服制】：同小功，但用熟麻布，極熟細。

## 【喪服考證】

【《儀禮》】：「斬衰裳，苴絰、杖、絞帶，冠繩纓，菅屨者，凡喪服，上曰衰，下曰裳。謂之斬者，斬布以爲衰裳也。不言裁割，而言斬者，取痛甚之意也。苴是惡色，苴絰、杖、絞帶者，謂以苴麻爲首絰、腰絰，苴竹爲杖，及以苴麻爲絞帶也。冠繩纓者，謂以布爲冠，又屈繩爲武，垂下爲纓也。菅屨，謂以菅草爲屨也。傳曰：斬者何？不緝也。謂斬布爲衰裳而不緶也。緝，今人謂之緶。疏衰裳，齊，牡麻絰，冠布纓，削杖，布帶，疏屨，三年者，傳曰：齊者何？緝也。疏，麤也。牡麻，枲麻也。用枲麻爲首絰也。冠用布爲纓。削杖者，削桐木爲之，上圓下方也。疏屨者，疏，取用草之意，不熟之貌也。三年者，明此爲齊衰三年服制也。疏衰裳，齊，牡麻絰，冠布纓，削杖，布帶，疏屨，期者。」解見上。謂之期者，明此爲齊衰期年服制也。觀其文，不異如此，則期年服亦有負版、衰、適明矣。【《儀禮注》】：「前有衰，後有負版，左右有辟領，孝子哀戚之心，無所不在。」疏曰：「孝子有哀摧之志。負者，負其悲哀。適者指適緣於父母，不念餘事。」楊氏曰：「按注釋衰、負版、辟領三者之義，惟子爲父母用之，旁親則不用也。《家禮》至大功乃無衰、負版、辟領者，蓋《家禮》乃初年本也，後先生之家所行之禮，旁親皆無衰、負版、辟領，若此之類，皆從後來議論之定者爲正。」愚按，服有五：斬衰、齊衰、大小功、緦麻是也。惟斬、齊二者，謂之衰，既同謂之衰，則其制度必皆同矣，但緝不緝異耳。古人喪父以斬，喪母以齊，喪母而父在，則齊杖期，父没則齊三年，則是服之重者，莫大乎斬與齊也。齊衰服有三年杖期、不杖期、五月、三月之異，用布則有粗細不同，若其制度則未必有異也。使其有異，古人必異其稱矣。凡喪服上曰衰，下曰裳，五服皆同，惟於斬齊二服，又用布一片當心，亦謂之衰，意者古人因此而特用以爲名稱歟！不然，何功、緦之稱，則專取於用功治絲之義，而於此乃獨以其上衣爲名哉？必不然也。《儀禮注》所謂「孝子哀戚之心，無所不在」，特就其重者言爾。豈具服者於其旁親，皆無哀戚之心，特假是以爲文具哉！所見如此，姑書之以俟知禮之君子。【右總論服制】。【《喪服》】：「凡衰言凡者，總五服而言也。外削服，謂縫之邊幅向外也。裳内削幅，謂縫之邊幅向外也。幅三袧。音鉤，言每裳一幅三帆子也。若齊，音咨。裳内衰[二]外。言若是四等齊衰之服，緶裳邊，則展入内。緶衰邊，則展出外。負，廣出於適寸。負，負其悲哀也。言負版綴背上兩邊各出辟領外一寸也。適，博四寸，出於衰。適即辟領也。以其闢開爲領，故謂之辟領。以其指適不念餘事，故謂之適。博，廣也。左右兩適，各旁出於衰之外。衰，長六寸，博四寸。衰者，摧也。以孝子有摧衰之志故也。此當心者既名以衰，而喪服又通以衰爲名，取其哀摧在於徧體，不止心也。衣帶下尺。謂衣腰也。此謂帶衣之帶，非大帶、革帶比也。衽二尺有五寸。凡用布三尺五寸，上止一尺，燕尾一尺五寸。袂屬幅。屬，猶連也。謂不削去其幅也，即俗所謂整幅。衣二尺有二寸。衣謂身也。袪尺有二寸。」【右衰裳】。【《喪服》】：「斬衰冠，鍛而勿灰。」鍛，用水濯布，勿用灰也。○「斬衰，冠繩纓條屬。」條屬，謂通屈一條繩爲武，垂下爲纓，而著之冠也。【《雜記》】：「喪冠條屬，以別吉凶。」按：禮疏曰「吉冠則纓武異材，凶冠則纓武同材」，今世人爲齊衰以下冠，往往以紙糊爲武，而用布裹之，而又別用布爲纓，蓋不知條屬之義也，今正之。【服圖説】：「按：五服之喪冠，其制度之異者有四。

[二]「衰」原作「齊」，據順德本、太平府本、常州府本改。

升數之不同，一也。凡布八十縷爲一升，【升音登】。斬衰六升，齊衰七升，大功十升，小功十一升，緦十五升。繩纓之與布纓澡纓，二也。右縫之與左縫，三也。大功以上，右縫。小功以下，左縫。勿灰之與灰，四也。惟斬衰用鍛而弗灰，自齊以下皆用灰治之布，緦麻則用治絲所爲之布，是則所謂澡纓也。其制之同者亦四。條屬，一也。條屬解見前。五服之冠之武與纓皆然。外畢，二也。辟積之數，三也。五服皆三。廣狹之數，四也。」冠梁皆廣三寸。【右冠】。【《喪服》】：「斬衰，苴絰。傳曰：苴絰者，麻之有蕡者也。」以色言謂之苴，以質言謂之蕡。蕡，有子麻也。○「疏衰，凡言疏衰，皆指齊衰也。牡麻絰。傳曰：牡麻者，枲麻也。枲是雄麻，蕡是子麻。苴是色惡者，枲是色好者。○【按】：絰麻，斬衰用苴麻，齊衰以下皆用牡麻，小功以下用澡麻。澡麻者，治枲麻，去莩垢，使之滑浄也。今世人五服之麻，少有分别者，失輕重之差矣。苴絰，大搹，朱子：「首絰大一搤，只是拇指與第二指一圍也。」去五分一以爲帶。齊衰之絰，斬衰之帶也，去五分一以爲帶。大功之絰，齊衰之帶也，去五分一以爲帶。小功之絰，大功之帶也，去五分一以爲帶。緦麻之絰，小功之帶也，去五分一以爲帶。」斬衰絰九寸圍，五分去一則餘七寸二分，故斬衰帶圍如之。斬衰帶圍七寸二分，則齊衰之絰圍亦如斬衰之帶。餘倣此。○【按】：《語録》：「首絰大一搤，腰絰較小，絞帶又小於腰絰。腰絰象大帶，兩頭長垂下。絞帶象革帶，一頭有彄子，以一頭串於中而結之。」【右絰帶】。【《喪服》】：「斬衰，菅屨。傳曰：菅屨者，菅菲也，菲，屨之别名。外納。」外納者，謂收餘末向外，取醜惡不可飾也。【按】：《家禮》用粗麻，然則考古禮，用菅草爲是。「疏衰，疏屨。傳曰：藨皮表反。蒯之類也。」二者皆草名。「不杖，麻屨。」【《喪小記》】：「齊衰三月與大功同者，繩屨。」【《喪服》注】：「小功以下，吉屨無絇。」絇，屨頭飾也。○按：此數條則知五服之屨，各有等差矣。【右屨】。【《喪服》】：「杖各齊其心，皆下本。」本，根也。根在下，順本性。「杖下本，竹、桐一也。」【《喪大記》】：「杖大如絰。」杖之大小，如其腰絰。【右杖】。「女子在室，爲父衰三年。」注曰：「凡服，上曰衰，下曰裳。此言衰不言裳者，婦人不殊裳，衰如男子衰，下如深衣，深衣則衰無帶下，又無衽。」○楊氏曰：「衰如男子衰，未知備負版、辟領之制與否。下如深衣，未知裳用十二幅與否。此雖無文可明，但衣身必二尺二寸，袂必屬幅，裳必上屬於衣，裳旁兩幅必相連屬。此所以衣不用帶下尺，裳旁不用衽也。」愚【按】：此言則婦人亦有衰服，但衰與裳相連而無帶下與衽耳。今無可據，雖不敢爲負版、辟領之制，然亦宜用極麤生布如深衣制度爲之。上身，外其縫。裳用十二幅，内其縫。斬衰則不緝，齊衰以〔二〕下則緝之。然既謂之衰，則亦宜於衣左衿上如男子服制，綴布一片以爲衰。雖未必盡合古制，然猶彷彿古人遺意之一二。如此，則女皆古服矣。謹書所見如此，以俟知禮君子質焉。【《士喪禮》】：「婦人之帶，牡麻，結本。」其制如男子，但男子未成服散垂，婦人則結其本而不垂。【《士虞禮》】：「卒哭，婦人脱首絰。」【《少儀》】：「婦人葛絰而麻帶。」此既虞、卒哭之絰。【《間傳》】：「男子除乎首，婦人除乎帶。男子

〔二〕「以」，據順德本、太平府本補。

重首，婦人重帶。」注云：「小祥，男子除首絰，婦人除腰絰。居重喪而遭輕喪，男子易腰絰，婦人易首絰。」觀此數條，則婦人首、腰皆有絰，明矣。今《家禮》無之，楊氏云「當以禮經爲正」，故補之。又見制度。【《喪大記》】：「三日，子、夫人杖。五日，大夫、世婦杖。」【《喪小記》】：「婦人不爲主而杖者，姑在爲夫杖。」【《喪服傳》】：「婦人何以不杖，不能病也。」賈疏曰：「婦人不杖，謂童子婦人，若成人，婦人正杖。」楊氏曰「如傳所云，婦人不皆杖，非不杖也。《家禮》用《書儀》服制，多與古異，又恨不得質正」云。【右婦人服制】。【《檀弓》】：「衰與其不當物也，寧無衰。」不當物，謂精麤、廣狹不應法制也。○臨川吴氏曰：「喪禮制爲斬齊功緦之服者，其文也。不飲酒食肉，不處内者，其實也。中有其實而外飾之以文，是爲情文之稱。徒服其服而無其實，則與不服等耳。雖不服其服而有其實者，謂之心喪。心喪之實，有隆而無殺，服制之文有殺而有隆，古之道也。」【右總論喪服】。【程子曰】：「師不立服，不可立也。當以情之厚薄、事之大小處之。如顔閔於孔子，雖斬衰三年可也，其成己之功，與君父竝。其次各有淺深，稱其情而已。下至曲藝，莫不有師，豈可一槩制服。」【右師服】。

# 裁辟領圖

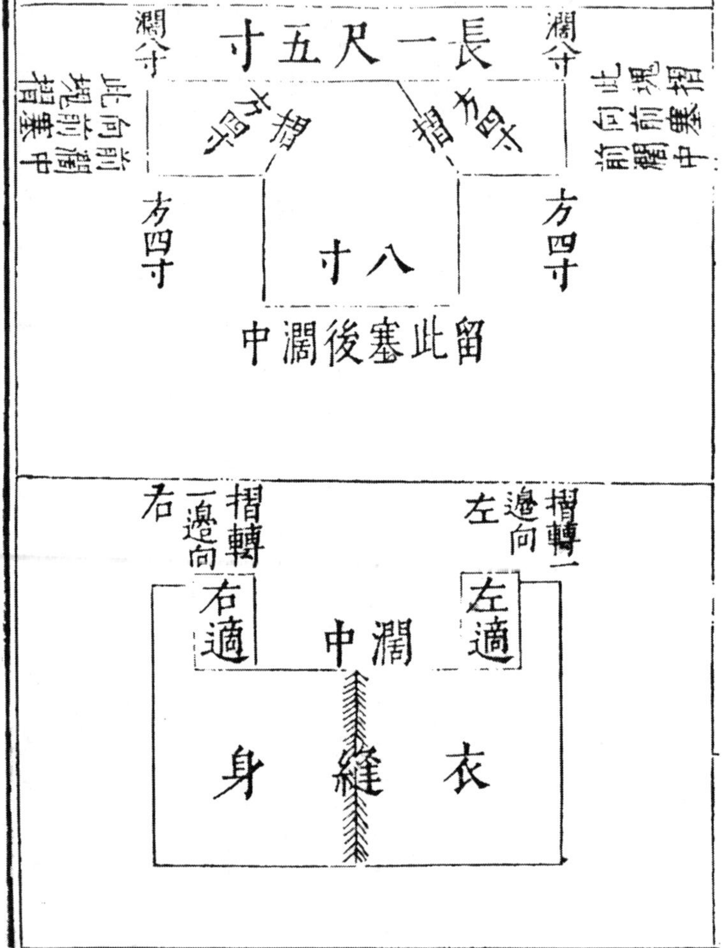
長一尺五寸
濶分寸
摺方四寸
方四寸
八寸
留此塞後濶中
摺重中規前濶此句前
摺轉一邊向左
摺轉一邊向右
左適
右適
中濶
衣縫身

## 裁衽圖

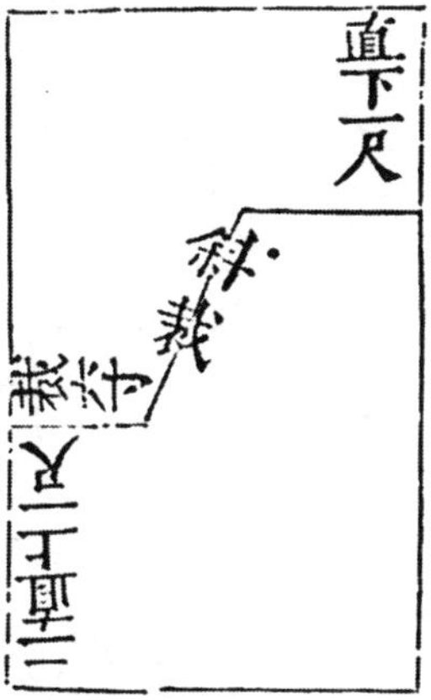


## 兩衽相疊圖

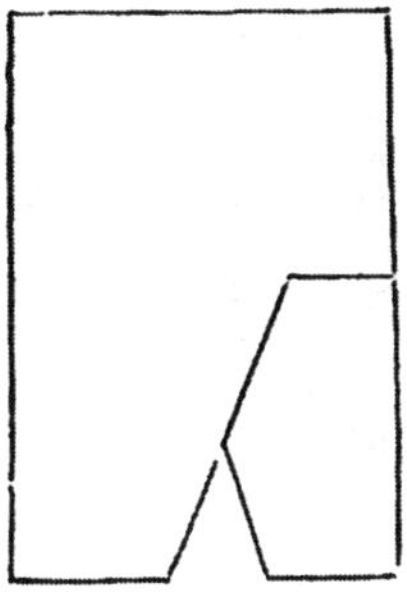

## 裳制

後四幅前三幅

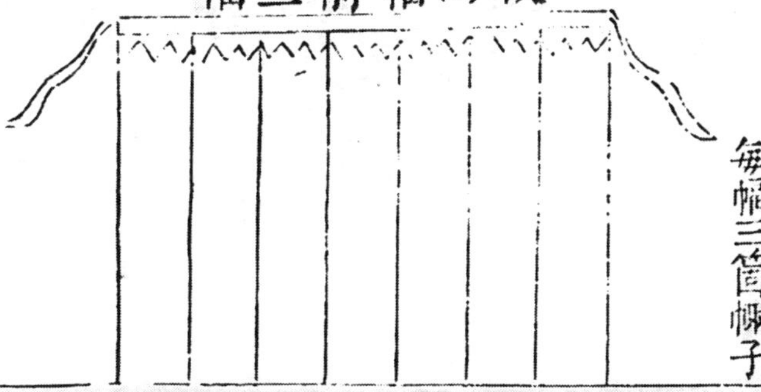

# 衰衣圖

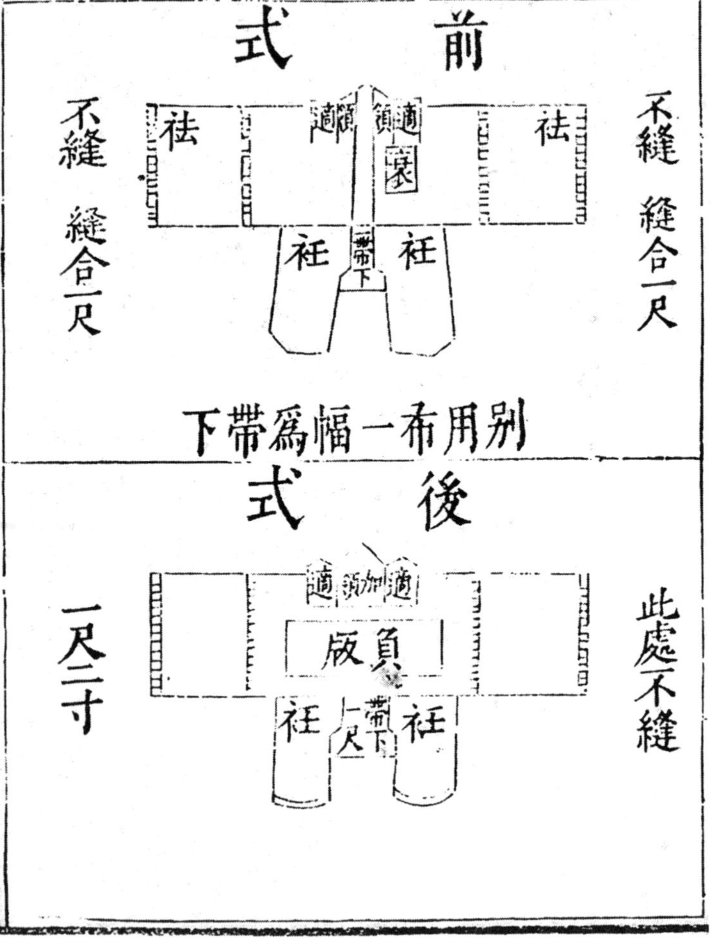
前式
不縫
縫合一尺
不縫
縫合一尺
袪
袪
適
領
領
適
衰
衽
衽
帶下
別用布一幅爲帶下
後式
一尺二寸
此處不縫
適
加領
適
負版
衽
衽
帶下一尺

# 冠制

## 斬衰冠

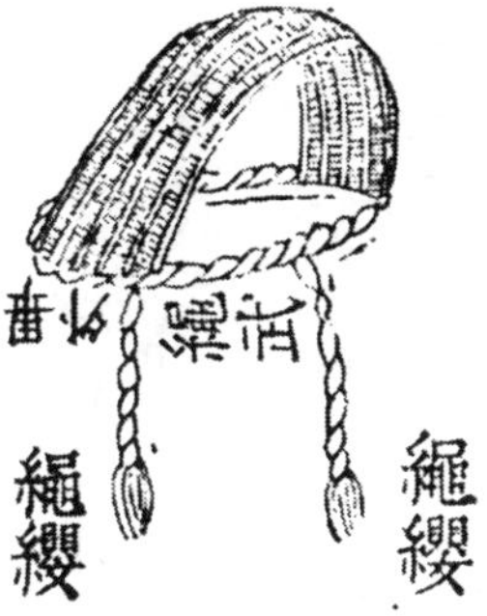


## 齊衰冠

## 大功冠

並同齊衰

## 小功緦麻

三辟積向左。餘與齊衰同。澡纓辟積同小功。餘與齊衰同

**按**今世俗於冠兩旁當耳處垂兩綿絮。不知於禮何據。意者因克耳之說而誤耶。

# 絰帶圖

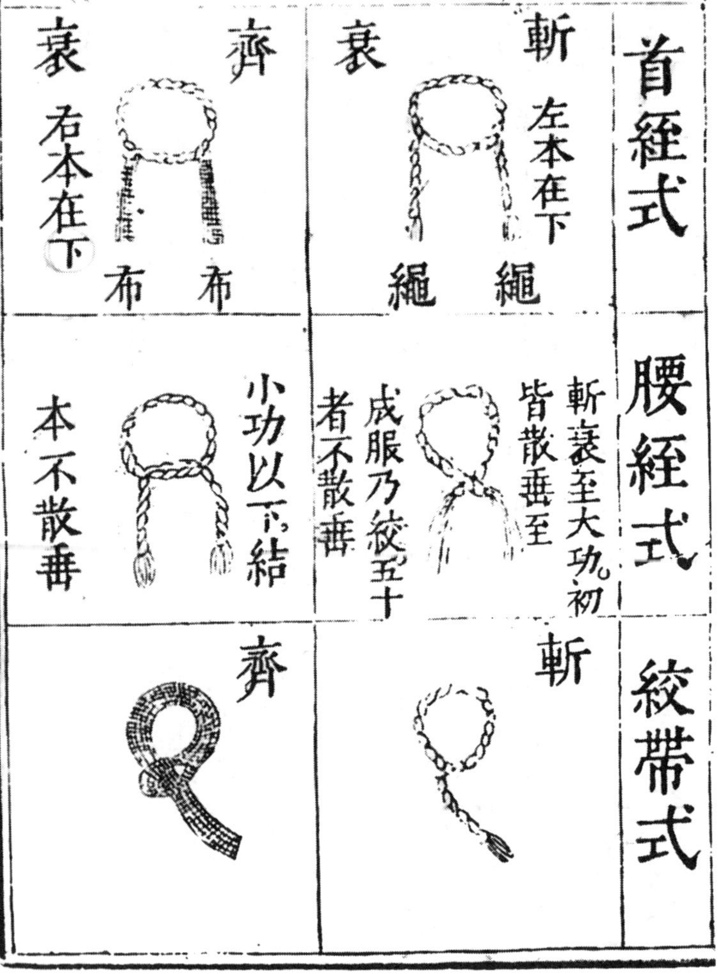
首絰式
斬衰
左本在下
繩　繩
齊衰
右本在下
布　布
腰絰式
斬衰至大功，初皆散垂，至成服乃絞，五十者不散垂
小功以下，結本不散垂
絞帶式
斬
齊

# 三父八母

## 繼

同居繼父 父子皆無大功以上親乃義服不杖期○不同居 謂先隨母嫁繼父同居後異或雖同居而繼父有子

## 嫡母

妾生子謂父正室曰嫡母。正服齊衰三年。母與嫡子亦報服○為衆子則服不杖期○庶子為嫡母之父母兄弟姊妹小功。母死不服

## 庶

謂父妾之有子者衆子為之義服緦麻○士之庶子為其母齊衰三年。為母後則降○庶子為父後者為其母緦麻而為其母之父母兄弟姊妹則無服○庶子之子為父之母不

## 慈母

謂庶子無母而父命他妾之無子者慈己也同親母義服齊衰三年。不命則小功

## 乳

謂小乳哺曰乳母。義服

## 出母

謂被父離棄降服杖期。母為子降服不杖期○子為父後者則不服○女適人為出母。乃降服大功。母為女亦報服

# 服制之圖

已有大功已上親服齊衰三月元不同居則無服附異父同母之兄弟姊妹各服小功五月

## 父

## 繼母

謂父再娶之母爲服齊衰三年○繼母爲長子報服齊衰三年○爲衆子乃服不杖期○繼母出則無服○著父卒繼母嫁而已從之乃服杖期繼母報服不杖期○母出爲繼母之兄弟姊妹小功

## 母

杖期而爲祖後則無服○庶母爲其子爲君之衆子齊衰不杖期○爲君之長子齊衰三年○妾爲君斬衰三年○爲女君爲其父母不杖期○庶母慈己者謂自小乳養己者義服小功

今制養母嫡母繼母慈母俱斬衰三年○嫁母出母俱齊衰杖期○庶母齊衰杖期所生子斬衰三年○乳母緦麻三月

## 母

緦麻

## 養母

謂養同宗及三歲以下遺棄之子者與親母同正服齊衰三年

## 嫁母

謂父亡母再嫁者降服杖期母爲子報服不杖期○女子已適人者乃服大功母爲女報服○子爲父後者不服○前夫之子從己嫁者服不杖期

# 本宗五

適孫父卒。為祖若曾高祖承重者。斬衰三年。為祖母為曾高祖母承重者。齊衰三年。祖在杖期。

緦麻 三從兄弟 妻無

緦麻 再從伯叔父母
小功 再從兄弟 妻無
緦麻 再從姪 妻無

緦麻 從祖伯叔父母
小功 從伯叔父母
大功 從兄弟 妻緦麻
小功 從姪 妻緦麻
緦麻 從姪孫 婦無

緦麻 曾祖伯叔父母
小功 祖伯叔父母
不杖期 伯叔父母
不杖期 兄弟 妻小功
不杖期 姪 妻大功
小功 姪孫 婦緦麻
緦麻 曾孫 婦無

齊衰三月 高祖父
齊衰五月 曾祖父
齊衰不杖期 祖父
斬衰三年 父
己
長子三年 今制期 衆子期 子
適不杖期 衆子期 孫
緦麻 曾孫
緦麻 玄孫

凡男為人後者。為其私親皆降一等。惟本生父母降服不杖期。其本生父母亦降服不杖期

凡同五世祖族屬在緦麻絶服之外皆為袒免遇葬則服素服尺布纏頭。

# 服之圖

高祖母　齊衰三月

曾祖母　齊衰五月

曾祖姑　緦麻　嫁無

祖母　齊衰不杖期

祖姑　小功　嫁緦麻

從祖姑　緦麻　嫁無

母　齊衰三年　今制斬衰

姑　不杖期　嫁大功

從姑　小功　嫁緦麻

再從姑　緦麻　嫁無

妻　齊衰杖期　父母在不杖

姊妹　不杖期　嫁大功

從姊妹　大功　嫁緦麻

再從姊妹　小功。嫁緦麻

三從姊妹　緦麻。嫁無

婦　長婦期。衆婦大功

不杖期　女　姪女　嫁大功

從姪女　小功　嫁緦麻

再從姪女　緦麻。嫁無

孫婦　嫡婦小功。庶婦緦麻

嫁小功。女大功。姪女小功。嫁緦麻

從姪孫女　緦麻。嫁無

曾孫婦　無服

緦麻。曾姪孫女　嫁無

玄孫婦　無

姑姊妹女子在室服並與男子同嫁反者亦同適人無夫與子者爲其兄弟姊妹及兄弟之子不杖期

凡女適人者爲其私親皆降一等爲祖曾高祖不降爲兄弟之爲父後者不降爲兄弟姪之妻不降

# 出嫁女為本宗降服之圖

| | | | | |
|---|---|---|---|---|
| | | 高祖父母 齊衰三月 | | |
| | | 曾祖父母 齊衰五月 | | |
| | 祖姊妹 緦麻嫁無 | 祖父母 期年 | 祖兄弟 緦麻 | |
| 父堂姊妹 緦麻嫁無 | 父姊妹 大功 | 父母 期年 | 伯叔父母 大功 | 父堂兄弟 緦麻 |
| 堂姊妹 小功 | 姊妹 大功 | 已身 | 兄弟 大功 | 堂兄弟 小功 |
| 堂姪女 緦麻 | 兄弟女 大功 | | 兄弟子 即姪 大功 | 堂姪 緦麻 |

# 妻爲夫黨服圖

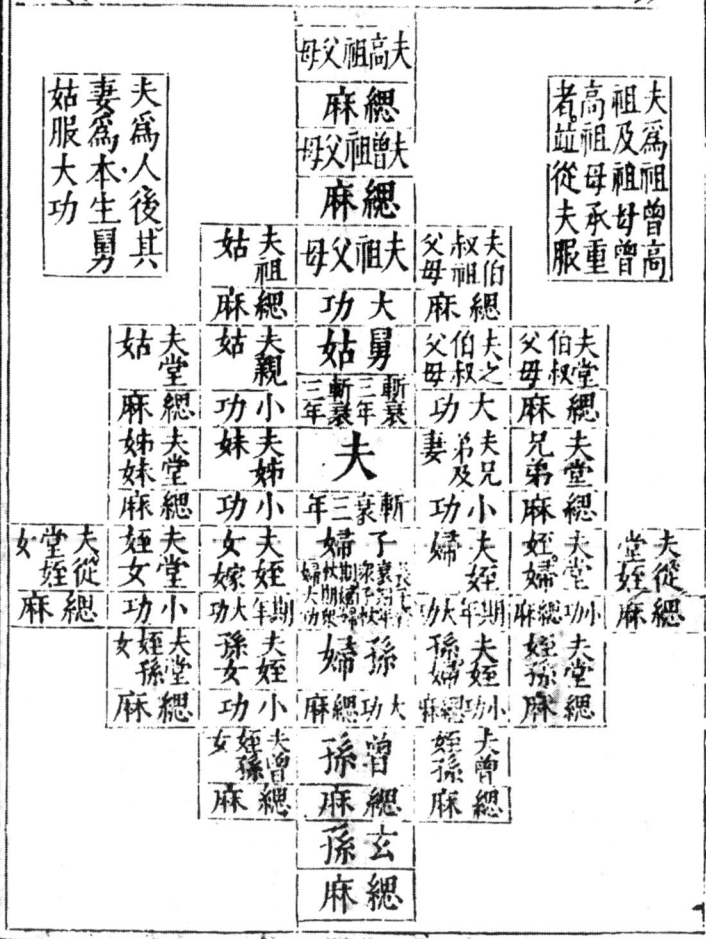

夫爲祖曾高祖及祖母曾高祖母承重者並從夫服

夫爲人後其妻爲本生舅姑服大功

| | | | | | | |
|---|---|---|---|---|---|---|
| | | | 夫高祖父母 | | | |
| | | | 緦麻 | | | |
| | | | 夫曾祖父母 | | | |
| | | | 緦麻 | | | |
| | | 夫祖姑 | 夫祖父母 | 夫伯叔祖父母 | | |
| | | 緦麻 | 大功 | 緦麻 | | |
| | 夫堂姑 | 夫親姑 | 舅姑 | 夫之伯叔父母 | 夫堂伯叔父母 | |
| | 緦麻 | 小功 | 斬衰三年 斬衰三年 | 大功 | 緦麻 | |
| | 夫堂姊妹 | 夫姊妹 | 夫 | 夫兄弟及妻 | 夫堂兄弟 | |
| | 緦麻 | 小功 | 斬衰三年 | 小功 | 緦麻 | |
| 夫從堂姪女 | 夫堂姪女 | 夫姪女嫁 | 子婦 | 夫姪婦 | 夫堂姪婦 | 夫從堂姪 |
| 緦麻 | 小功 | 期年 大功 | 長子斬衰三年 衆子杖期 嫡婦杖期 衆婦大功 | 期年 大功 | 小功 緦麻 | 緦麻 |
| | 夫堂姪孫女 | 夫姪孫女 | 孫婦 | 夫姪孫婦 | 夫堂姪孫 | |
| | 緦麻 | 小功 | 大功 緦麻 | 小功 緦麻 | 緦麻 | |
| | | 夫曾姪孫女 | 曾孫 | 夫曾姪孫 | | |
| | | 緦麻 | 緦麻 | 緦麻 | | |
| | | | 玄孫 | | | |
| | | | 緦麻 | | | |

# 妾爲家長族服之圖

| | | |
|---|---|---|
| | 家長父母期年 | |
| | 家長斬衰三年 正室期年 | |
| 爲其子期年 | 家長長子期年 | 衆子期年 |

# 外族母黨妻黨服圖

婦人爲夫外
外祖父母小功
祖父母緦麻

母之兄弟婦人
舅小功
爲夫之舅緦麻

妻亡別娶亦同妻
妻父母緦麻
親母雖嫁出猶服

母之姊妹婦人
從母小功
爲夫從母緦麻

姑之子曰外兄弟
舅姑之子緦麻
舅之子曰內兄弟

己身

兩姨兄弟姊妹
從母之子緦麻
謂從母之子也

姊妹之子曰甥
甥小功婦緦麻

壻緦麻

姊妹之女曰甥女
甥女小功

女之子也
外孫緦麻
婦服並同

卷之四終

文化乙亥

# 文公家禮儀節卷之五

## 喪禮

### 朝夕哭奠　上食

凡奠，除酒器之外，盡用素器，不用金銀稜裹之物，以主人有哀素之心故也。

朝奠，

每日晨起，侍者設頮盆、帨巾、櫛具于靈牀側，【凡生時所用之物皆列之】。執事者設蔬果、脯醢、羹飯、茶酒、匙筯于靈座前卓子上。○置執事盥盆、帨巾於其座東。【按：補注「凡奠用脯醢者，蓋古人家常有之，如無，别具饌數器亦可。朝夕奠者，謂陰陽交接之時思其親也。朝奠將至，然後徹夕奠，夕奠將至，然後徹朝奠，各用罩子，若暑月，恐臭敗，則設饌如食頃去之，止留茶酒果屬，仍罩之」】。

儀節 主人以下各服其服，入。就位，尊者坐，卑者立。舉哀。皆哭盡哀。奉魂帛出就靈座。侍者入靈牀，捧出魂帛，寘交椅上。【魂帛出，侍者入靈牀中歛枕被】。祝盥洗，祝洗手。焚香，斟酒，點茶。主人以下，拜，興。拜，興，平身。且哭且拜。禮畢。罩巾。用罩子〔二〕罩蔬果之類。夏月徹去脯醢茶酒之類。

食時上食，

執事者徹去朝奠，陳設如前。

儀節　主人以下各服其服，入。就位，舉哀。祝盥洗，焚香，斟酒，點茶。主人以下，拜，興。拜，興，平身。禮畢。罩巾。如朝奠儀〔三〕，但不用出魂帛。

夕奠，

執事者徹去舊奠，陳設如前。

儀節　主人以下各服其服，入。就位，舉哀。祝盥洗，焚香，斟酒，點茶。主人以下，拜，興。拜，興，平身。且拜且哭。奉魂帛入靈牀。侍者先入靈牀内，鋪被安枕，然後出奉魂帛安牀上，置靸鞋于牀下，收晨所陳纇櫛之具。

哭無時。

〔二〕「子」，順德本、太平府本、常州府本作「巾」。
〔三〕「如朝奠儀」，順德本、太平府本爲「一如朝奠儀」。

朝夕之間，哀至，則哭於喪次。

## 朔日，則於朝奠設饌。

是日，晨起，侍者陳設蔬果肉魚麵米等食，羹飯茶酒之類，比朝夕奠加盛。【望日如常儀】。

儀節 主人以下各服其服，入。就位，舉哀。奉魂帛出就靈座。盥洗，焚香，斟酒，點茶。拜，興。拜，興，平身。且哭且拜。禮畢。罩巾。【按禮，母喪朔祭，則用父爲主。用父爲主，則是以夫而祭妻也，其禮視子於父母爲輕，其行禮之際，稍加節文似亦不爲過。今擬子之喪母有父在，主祭者之儀在後】。就位，主人以下次立舉哀。奉魂帛出就靈座。主人盥洗，詣香案前，焚香，斟酒，執事者點茶。鞠躬，拜，興。拜，興，平身。禮畢。【按母喪而父主之，若父不親焚香、斟酒，則與子主者何異？未葬〔一〕父母所以不親行者，居重喪，未葬不當自行也】。

## 有新物則薦之。

新物，若五穀、果品、菜蔬，一應新熟之物。凡初出而未嘗者，用大盤盛，陳于靈座前卓子上。

儀節 如上食儀。

〔一〕「未葬」，順德本、太平府本、常州府本爲「子喪」。

# 吊奠賻

凡吊，皆素服。

各隨其人所當服之衣而用縞素者。【按：本注「幞頭衫帶，皆以白生絹爲之」。今制惟國恤用布裹紗帽，其餘則不許。有官者，衣可變而冠不可變。若無官者，用素巾可也】。

**儀節**[一]吊者至，護喪先入白，主人以下各服其服，就位哭，以待。就位，吊者至，向靈座前立。舉哀，哀止。詣靈座前，上香，鞠躬，拜，興。拜，興，平身。吊者拜畢，主人持杖哭出，西向立。賓吊主人【曰】：「不意凶變，【某親某官】如何不淑。」【隨意致辭亦可】。鞠躬，拜，興。拜，興，平身。吊者拜，主人答拜。【尊長來吊，不拜主人】主人致辭【曰：「非父某】，罪逆深重，禍延【某親】。【母及承重不用此二句】。蒙賜慰問，不勝哀感。」稽顙，拜，興。拜，興，平身。主人拜，吊者答之。禮畢。吊者退，主人哭入喪次，護喪代送出，或少延待一茶。【按：《家禮》未小斂前，已有親厚者入哭條。愚既從[二]爲儀節矣，而又爲此者，蓋未成服以前來吊者，用前儀。成服以後來吊者，用此儀。有祭奠，用下儀】。

---

[一]「儀節」下，順德本、太平府本、常州府本有陰刻文「此參用《書儀》及《厚終禮》」。

[二]「從」，太平府本作「擬」。

奠用香、茶、燭、酒、果，

有狀，或用食物，即别爲文。

賻用錢帛。

有狀，惟親友分厚者有之。

入哭，奠訖，乃吊而退。

【儀節】既通名，主人炷香、然燭、布席，各具服就位哭以俟，護喪出迎賓。賓〔一〕至，進揖訖，引至靈座前立定。序立。【獨祭則曰「就位」】。舉哀，哀止。鞠躬，拜，興。拜，興，平身。詣靈座前，若是衆賓，則尊者一人獨詣。焚香，跪，尊長者，則不用此句。酹酒，執事者跪奉盞與賓，賓接之，傾酒于地。奠酒，執事接盞，置靈座前。讀祭文，祝跪于賓之右，讀訖。舉哀。俯伏，興，平身。若不跪，不用此二句。復位。鞠躬，拜，興。拜，興，平身。焚祭文。哀止。禮畢。【按：《曲禮》「凡非吊喪，非見國君，無不答拜者」，則吊喪不答拜明矣。而《家禮》本《書儀》，乃從世俗，有賓主拜答之文。蓋禮從宜，二〔二〕先生蓋以義起也。吊不答拜，禮有明訓〔三〕，二先生尚以義起之。若夫祭奠而主人代亡者拜，

〔一〕「賓」原作「祝」，據順德本、太平府本、常州府本改。
〔二〕「二」原作「三」，據順德本、太平府本、常州府本改。下「二」字同。
〔三〕「訓」，順德本、太平府本、常州府本作「説」。

恐無甚害。今從吊奠者，尊長於亡者，則主人代拜，平等與卑者則否】。

慰謝儀行禮畢，主人哭出，西向。主人稽顙，拜，興。拜，興。賓亦哭，答拜。賓慰主人【曰】：「【某親】傾背，哀慕何堪。」主人謝賓【曰】：「伏蒙奠酹并賜慰臨，不勝哀感。」拜，興。拜，興。賓答拜。舉哀，賓主相向，哭盡哀。哀止。賓哀止，寛主人【曰】：「願抑孝思，俯從禮制。」禮畢。賓揖而出，主人哭而入，護喪送出，或少延茶湯而退。

祭文式

維〇〇【幾】年歲次【某干支某】月【干支】朔越【若干】日【干支】，忝親【某官姓某等】，謹以清酌庶羞之奠致祭于【某親某官某】公之柩。云云。尚饗。

賻奠狀式

具位【姓某】

【某物若干】

右謹專送上【某官某】公靈筵，聊備賻儀，香茶酒食，則云「奠儀」。伏惟歆納。謹狀。

年　月　日【具位姓某】狀

## 聞喪　奔喪

始聞親喪，哭。

親，謂父母也。以哭答使者，又哭盡哀，問故。

易服，

裂布爲四脚白布衫，繩帶麻屨。【按：裂布爲脚，《家禮》本《書儀》，恐是當時有此製。今世人不用，忽然以行遠路，恐駭俗觀。擬用有子粗麻布爲衫，戴白帽，束以麻繩，着麻鞋】。

遂行。

日行百里，不以夜行，雖哀戚，猶避害也。【按：日行百里，言其大約也。道路舍止，不能皆然。《書儀》云：「今人雖或與親屬偕行，不能百里，道中亦不可留滯也。」】

道中，哀至，則哭。

哭，避城市喧雜之處。○司馬温公曰：「今人奔喪及從葬者，遇城邑則哭，過則止，是飾詐之道也。」

望其州境、其縣境、其城、其家，皆哭。

家不在城，則望其鄉哭。

入門，詣柩前，再拜，再變服，就位哭。

【奔喪】儀節　奔喪者將至，在家者，男、婦各具服就次〔二〕哭以〔三〕待，奔喪者至，哭入門，升自西階。

詣柩前，拜，興。拜，興。拜，興。拜，興。且拜且哭。擗踊無數。哭少間。拜吊尊長，受卑幼拜吊。且哭且拜，并問所以病死之故，乃就東方，去冠及上衣。披髮徒跣，不食，如初喪。就位哭。各就其位次而哭。第二日，晨興，男子袒，括髮，婦女髽，至上食時，襲衣，卷所袒衣。加絰帶。首戴白布巾，上加環絰，腰具絰，散垂其末，并具絞帶。詳見初終儀。

後四日，成服。

儀節　是日朝奠時，在家男、婦各服其服就位，哭。舉哀，奔喪者具衰絰。持杖向靈座，伏地，哭。相吊，少頃詣所尊諸父前跪哭，又向諸母前跪哭，卑幼者又向奔喪者前跪哭，一如前成服儀。受吊，賓客有來吊慰者，則哭出迎之。稽顙，拜，興。拜，興。且拜日哭，尊長不答拜。其餘否。

若未得行，則爲位不奠，

無子孫在喪側，則設奠。

〔二〕「次」，順德本作「位」。

〔三〕「以」原作「入」，據順德本、太平府本、常州府本改。

變服，

亦以聞後之第四日。

聞喪儀【按：《禮記》有《奔喪》篇，《家禮》本《書儀》，《書儀》本《禮記》，但略舉其要耳。其間次第儀節，蓋已詳具《家禮·喪禮》篇，於此不復重出，使人臨時考行而已。然今世士夫，游宦於外，一聞凶訃，心緒膭亂，平時不素講明，倉卒之際，豈能細考，縱一閲之，亦焉能因其略而遽得其詳哉？今條析爲儀節于後】。

【聞訃】儀節 是日訃至。舉哀，舉家男、婦皆哭，少頃，問使者以病及終之故。易服，男子皆去冠及上服，女子去首飾與凡華盛之服。披髮徒跣，不食，男女哭擗無數。

【爲位】儀節 是日堂中設椅子一枚，以代柩。椅子前設卓子一張，上置香爐、香合、燭臺之類。各就位，主人坐於位東，衆男坐其下，皆藉以藁。主婦坐於位西，衆婦女坐其下，以南爲上。舉哀。哭不絶聲。○是日，具括髮、絰帶、衰服等物。

【變服】儀節 聞訃之次日，袒，男子皆袒，去上衣。括髮，散髮者，用麻繩束之。具絰帶。首戴白布巾，上加單股之絰。【禮所謂環絰也】。具腰絰，散垂其末三尺，及具絞帶。【詳見《喪禮》篇初終還尸牀條下】。婦人髽，婦人用麻繩撮髻，插竹木簪。服輕者袒免。音問。服輕者皆着素服，袒開上衣，用布纏頭，或着白巾亦可。

【設奠】儀節 爲位之後，是日即陳設蔬果、脯醢、羹飯、茶酒之類於卓子上，【有子孫在喪側者，不設】。用侍者一人爲祝。盥洗，祝洗手。跪，焚香，興。斟酒。鞠躬，拜，興。拜，興，平身。祝拜。罩巾。舉哀。自是以後，朝、夕、日中，凡三次。遇朔日即盛設，如在家儀。

【成服】儀節 聞訃第四日，夙興，各具服，五服之人各服其服，執杖，有腰絰者，絞其麻本之散垂者。【去環絰不用】。各就位。男位於靈位東，女位于西，各以尊卑爲序。舉哀，相吊，卑幼者，以次就尊長前，跪哭吊慰，盡哀。復位。

【受吊】儀節【未成服以前來吊者】。吊者入門，子弟出見之，揖訖。【或門生屬吏皆可】。賓致辭【曰】：「竊聞【某親某官，或隨所言】。不淑，何時訃至。」答辭【曰】：「孤【某】遭此凶變，蒙賜慰問，以未成服，不敢出見，不勝哀感。使【某】拜。」鞠躬，拜，興。拜，興，平身。賓答拜，尊長則回半禮。禮畢，賓退，子弟送出門，或少延茶湯。禮畢。

已成服以後來吊者。吊者入門，望位哭，主人持杖哭而出。吊主人【曰】：「【某親某官】不淑，何時訃至。」鞠躬，拜，興。拜，興，平身。主人答拜。主人致謝【曰】：「蒙慰問，不勝哀感。」稽顙，拜，興。拜，興，平身。賓答拜。禮畢。賓退，子弟送之出，或少延茶湯。

【按：《書儀》賓答拜後，有「主人置杖坐兀子，或不設坐褥，或設白褥，茶湯至，則不執杔子，賓退，持杖而送之」之文。今世士大夫聞喪，賓吊之，有設草座對客者，客出不送。此雖俗禮，若來吊者果平日親厚之人，有事相資者，少留，恐亦無害，姑書于此。】

【至家】**儀節** 在家者，聞其至，各具服以俟。其人衰絰持杖，哭入門，升自西階。詣柩前，拜，興。拜，興。拜，興。拜，興。且拜且哭。哭擗無數。拜吊尊長，哭拜且吊，如成服儀。受卑幼拜吊。就位哭。就其位次坐哭，在家者皆哭。

在家至道，皆如上儀。

若喪側無子孫，則在道朝夕爲位設奠。至家，但不變服，其相吊、拜賓如儀。

若既葬，則先之墓哭拜。

之墓者，望墓哭，至墓哭拜，如在家之儀。未成服者，變服於墓。【如奔喪至家儀節，但改「柩前」作「靈前」，下同】。歸家詣靈前，哭拜。【如聞喪至家儀節】。四日成服如儀。【如奔喪成服儀節】。已成服者亦然。【如聞喪至家儀節〔二〕】。

齊衰以下，聞喪，爲位而哭。

尊長於正堂，卑幼於別室。

若奔喪，則至家成服。

奔喪者，釋去華盛之服，裝辦即行。既至，齊衰望鄉而哭，大功望門而哭，小功以下至門而哭。入門，詣

〔二〕 此句後，順德本、太平府本、常州府本均有陽刻文「但不變服」。

柩前，哭，再拜。【其儀節與聞喪至家同】。成服，就位，哭吊如儀。【其儀節與奔喪四日成服同】。

若不奔喪，則四日成服。

不奔喪者，齊衰三日中，朝夕爲位會哭。四日之朝，成服，亦如之。大功以下，始聞喪，爲位會哭，四日成服，亦如之。【爲位成服儀節，俱與聞喪下同，但爲位各就位下不藉藁，成服下不相吊耳】。皆每月朔爲位會哭，月數既滿，次月之朔，乃爲位會哭而除之。【爲位會哭儀節同上】。其間，哀至則哭，可也。

## 【喪禮考證】

【《曲禮》】：「知生者，吊。知死者，傷。知生而不知死，吊而不傷。知死而不知生，傷而不吊。」【《檀弓》】：「吊於人，是日不樂。行吊之日，不飲酒食肉焉」。○「死而不吊者三：畏、自經於溝瀆之類。壓、立巖牆下之類。溺。」無故不舟而游之類。○「婦人不越疆而吊人。」【《曾子問》】：「孔子曰：『三年之喪而吊哭，不亦虛乎？』」已有父母之喪而哀吊他人，則是哀在吾親而吊爲虛僞矣，言不可吊也。【《雜記》】：「凡喪服未畢，有吊者，則爲位而哭，拜，踊。」言凡者，五服皆然。【《少儀》】：「尊長於己踰等，喪俟時，不犆特。吊」。俟時，謂待朝夕哭時，因而吊之，不特吊也。【《論語》】：「羔裘玄冠不以吊。」【按】：《家禮》本注「幞頭衫帶，皆以白生絹爲之」。○今制唯國恤用白布裹冠帽。其餘人家喪，恐不可也。【右吊】。【《公羊》】：「車馬曰賵，貨財曰賻，衣被曰襚。」【《穀梁》】：「具玉曰含。」【《檀弓》】：「孔子之衛，遇舊館人之喪，入而哭之哀，出，使子貢脱驂而賻之。」【右賻喪】。○吕氏《吊説》曰：「《詩》曰『凡民有喪，匍匐救之』，不謂死者可救而復生，謂生者或不救而死也。夫孝子之喪親，不能食者三日，其哭不絶聲，既病矣，杖而後起，問而後言。其惻怛之心、痛疾之意，不欲生，則思慮所及，雖其大事有不能周知〔一〕者，而况於他哉！故親戚僚友鄉黨聞之而往者，不徒吊哭而已，莫不爲之致力焉。始則致含襚以周其急。【見《士喪禮》《文王世子》】。三日則共糜粥以扶其羸。【見《閒喪》】。每奠則執其禮。【見《曾子問》】。將葬則助其事。【見《檀弓》】。其從柩也，少者執紼，長者專進止。【見《雜記》《曾子問》】。其掩壙也，壯者盈坎，老者從反哭。【見《雜記》】。祖而賵焉，不足則贈焉，不足則賻焉。【竝見《士喪禮》】。凡有事則相焉。【見《檀弓》】。斯可謂能救之矣。故適有喪者之詞，不曰願見而曰比。雖國君之臨，亦曰寡君承事。他國之使者曰寡君使某，毋〔二〕敢視賓客。【見《少儀》《檀弓》《雜記》】。主人見賓不以尊卑貴賤，莫不拜之，明所以謝之，且自别於常主也。賓見主人無有答其拜者，明所以助之，且自别於常賓也。【見《曲禮》】。自先王之禮壞，後世雖傳其名數，而行之者多失其義〔三〕。喪主之待賓也，如常主；喪賓之見主人也，如常賓。如常賓，故止於吊哭而莫敢與其事；如常主，故舍其哀而爲衣服飲食以奉之。其甚者至於損奉終之禮

〔一〕「知」，順德本、太平府本、常州府本作「之」。
〔二〕「毋」原作「母」，據順德本、太平府本、常州府本改。
〔三〕「義」原作「儀」，據順德本、太平府本、常州府本改。

以謝賓之勤，廢吊哀之儀以寬主之費。由是，則先王之禮意，其可如是〔二〕而已乎？今欲行之者，雖未能盡得如禮，至於始喪則哭之，有事則奠之。【奠不必更自致禮，惟代主人之獻爵是也】。又能以力之所及爲營喪具之未具者，以應其求，輟子弟僕隸之能幹者，以助其役。易紙幣壺酒之奠，以爲襚。除供帳饋食之祭，以爲賵與賻。凡喪家之待己者，悉以他辭受焉，庶幾其可也。」【按】：今世俗於親賓來吊奠，往往設席以待之，裂帛以散之，是正吕氏所謂如待以常賓，「舍其哀而爲衣服飲食以奉之」者。今世俗之人，送往之日，親友醵錢爲主人設宴於墓所，醉飽歌唱，甚者孝子亦預飲啜，此何禮也？今擬親賓之來路遠者，令無服之人設素饌以待之，似亦無害，但不可飲酒耳〔三〕。至於裂帛分散，習俗已久，一旦驟革，恐亦未能。有力之家，隨俗亦可。若貧無力者，勉强舉債鬻産爲之，則不可耳。【總論吊】。【《喪小記》】：「爲父母、長子稽顙。婦人爲夫與長子稽顙。」注曰：「服重者，先稽顙而後拜賓；服輕者，先拜賓而後稽顙。」○朱子曰：「稽顙而後拜，開兩手而先以首叩地，却交手如常也。」【右稽顙】。

【《奔喪》】：「奔喪之禮：始聞親喪，以哭答使者，盡哀，問故，又哭，盡哀。遂行」，方氏曰：「四方，男子所有事。苟有事於四方，安能免離親哉！然則奔喪之事，不幸而時亦有焉，此先王所以作爲之禮也。」【又始聞喪】。「至於家，入門左，升自西階，殯東西面坐哭，盡哀，括髮，袒。降堂東即位，

〔二〕「如是」，順德本、太平府本、常州府本爲「以下」。
〔三〕「耳」，順德本、太平府本、常州府本作「爾」。

西鄉去聲。哭，成踊。襲，絰于序東，絞帶，反位，拜賓，成踊，送賓反位」，此言奔父喪之禮。爲人子者，升降不由阼階，今父新死，未忍異於生，故入自門左，升自西階也。在家而親死，則笄纚，小斂畢，乃括髮。此自外而至，故即括髮而袒衣也。奔喪在殯後，故自西階降，而即其堂下東之位也。襲絰者，掩其袒而加要絰也。不散麻者，亦異於在家之節也。此絞帶，即襲絰之絰，非象革帶之絞帶也。反位，復先所即之位也。凡拜賓皆就賓之位而拜之，拜竟則反己之位而哭踊也。【右至家】。「若除喪而後歸，則之墓，哭成踊，東括髮，袒，絰。拜賓，成踊，送賓。反位，又哭盡哀，遂除。袒絰者，袒而襲，襲而加絰也。遂除，即於墓除之也。主人之待之也，無變於服，與之哭，不踊。謂在家者但着平常吉服也。自齊衰以下，所以異者，免、麻」。齊衰、大小功、緦之服，其奔喪在除服之後者，惟首免、要麻絰於墓所，哭罷即除，無括髮等禮也。【按：今制，仕宦者於杖期以下喪，不得奔喪，及其官滿而歸，往往在服滿之後。今擬戴白布巾，具要絰，詣其靈，再拜哭踊，隨俗具酒饌以奠獻亦可】。【右除喪後歸】。

## 治葬

三月而葬，前期擇地之可葬者。

【按：禮，大夫、士，三日而殯，故三月而葬。既殯之後，即謀葬事。其有祖塋則袝葬其次，若窄狹及有所妨礙，則別擇地可也】。

【補】告啓期。【按：《儀禮》既卜葬〔二〕，請啓期，告于賓，而《書儀》於筮得吉之後，主人至殯前哭，「遂使人告于親戚僚友應會葬者」。《家禮》無之，今補入】。

既得地，則擇日，豫先以啓期告于親戚、姻婭、僚友之當會葬者。

擇日，開塋域，

主人既朝哭訖，帥執事者於所得地掘兆。先掘其四隅，出其土壤於外，次掘其中，出其土壤於南，乃於其中壤及四隅各立一標，當南門立兩標。○主人若歸，則靈座前哭，再拜。後放此。【按：掘兆，謂掘地四隅爲塋兆之域，兆謂開穴也。今《家禮》刻本多誤以「兆」字爲「穴」字，相承之誤久矣，殊不知本文止是開塋域，下文穿壙方是掘穴。至今制塋地，一品周圍九十步，二品以下每品降十步，七品以下三十步，士庶之家準此以降殺可也】。

祠后土。

擇遠親或賓客一人，吉冠，素服，告后土氏。祝帥執事者設位于中標之左，南向，設盞注、酒果、脯醢於其前，又設盥盆、浴巾二於其東西〔三〕。其東，告者所盥；其西，執事者所盥也。

---

〔二〕「卜葬」，太平府本、常州府本爲「僅哭」。

〔三〕「西」，順德本、太平府本、常州府本作「南」。

儀節 就位。告者立，北向，執事者二人在其後。鞠躬，拜，興。拜，興，平身。告者與執事者皆拜。盥洗，告者與執事者俱洗。詣香案前，跪，上香，斟酒，執事者一人執酒注西向跪，一人執盞東向跪，告者取注斟酒于盞，畢，反注取盞。酹酒，傾酒于地。獻酒。復斟酒置神位前。俯伏，興。少退立。讀祝，祝執板跪于告者之左而讀之。復位。鞠躬，拜，興。拜，興，平身。禮畢。

祝文 維○○【幾】年歲次【干支幾】月【干支】朔【幾】日【干支，某官姓某】，敢昭告于土地之神。今爲【某官姓名，母則云某封某氏】。營建宅兆，神其保佑，俾無後艱。謹以清酌脯醢，祇薦于神。尚饗。【按：古禮雖有舍葬墓左之文，而無所謂后土氏者，惟唐《開元禮》有之，温公《書儀》本《開元禮》，《家禮》本《書儀》，其喪禮開塋域及窆與墓祭俱祀后土。然后土之稱，封皇天也，士庶之家，有似乎僭。考之《文公大全集》，有祀土地祭文，今擬改后土氏爲土地之神】。

遂穿壙，

穿地直下爲壙。

作灰隔。

穿壙既畢，先布細炭末於壙底，築實，厚二三寸。然後布石灰、細沙、黄土拌勻者於其上，灰三分，細沙、黄土各一分，篩拌令勻，以淡酒遍灑之，築實，厚二三尺。别用薄板爲灰隔，納以瀝青塗之，厚三寸許，中取容棺。墻高於棺四寸許，置於灰上，乃於四旁旋下四物，亦以薄板隔之。炭末居外，三物居內，如底之厚。築之既實，則旋抽築板近上，復下炭灰築之，及墻之平而止。

刻誌石，

用石二片：其一爲蓋，刻云「【某朝某官某】公之墓」，無官書其字曰「【某】君【某甫】」。其一爲底，刻云「【某官某】公，諱【某】字【某】，【某】州【某】縣人。考諱【某某官】，母【某】氏【某封。某】年月日生，歷任【某處某官。某】年月日終，葬于【某】鄉【某】里，年【若干】。娶【某】氏【某人】之女，子男【某某官】，女【某】適【某官某人】」。〇婦人，夫存，有官，則蓋云「【某官某人某封某】氏之墓」。【無封，則云「某人之妻」】。夫亡，則云「【某官某】公【某封某】氏」。無官，則云「【某】君【某甫】妻【某】氏」。年【若干】，適【某】氏，因夫子致封號，無則否。葬之日，以二石字面相向而以鐵束束之，埋于壙前，近地面三四尺〔二〕。

造明器，

刻木爲車、馬、僕從、侍女，各執奉養之物，象平生而小。五品、六品，三十事。七品、八品，二十事。其餘十五事。【泥塑亦可】。

下帳，

謂牀帳、茵席、椅卓之類，亦象平生而小。

筲、

〔二〕「近地面三四尺」，順德本、太平府本、常州府本爲「近地面三四尺間」。

竹掩一〔一〕，以盛遣奠脯醢。

筲、

竹器五，以盛五穀。

甖、

瓷器三，以盛酒醯醢。○自明器以下，俟實土及半，乃於旁穿便房以實之。【愚按：朱子謂：「此雖古人不忍死其親之意，然實非有用之物。且脯肉腐敗，生蟲蟻，尤爲非便，雖不用可也。」竊謂宜小其制，每種各置少許，五穀每種存數十粒，脯醢存一二塊，庶幾存古，似亦無害】。

大轝、

竹格附。

翣。

以木爲筐，如扇而長。黼翣畫斧，黻翣畫黻，雲翣畫雲氣。

作主。

以上制式，俱見圖。

---

〔一〕「一」原作「三」，據順德本、太平府本、常州府本改。

【補】功布。
用新布稍細者爲之，長三尺，用以御柩。遇路有低昂傾虧，則視之以爲節，使舁柩者知所備。

## 遷柩　朝祖　奠　賻　陳器　祖奠

發引前一日，因朝奠以遷柩告。
設饌如朝奠。
儀節 就位。五服之外親皆來會，各服其服，入，就位，哭。奉魂帛出靈座。祝盥洗，跪，斟酒，告辭【曰】：「今以吉辰遷柩。敢告。」俯伏，興，平身。舉哀。主人以下，拜，興。拜，興，平身。禮畢。

奉柩朝于祖。
【按：奉柩朝祖，象其人平生出必辭尊者也，固不可廢。但今人家多狹隘，難於遷轉。今擬奉魂帛以代柩，雖非古禮，蓋但主於必行，猶愈於不行者爾。若其屋宇寬大者，自宜如禮】
儀節 將遷柩，婦人退避，主人以下輯杖立。【輯謂舉之不以拄地】。祝跪，告辭【曰】：「請朝祖。」俯伏，興，平身。祝以箱奉魂帛。奉魂帛詣祠堂，執事者奉奠及倚卓前行，銘旌次之，魂帛又次之。【按：奉柩則魂帛前行。今以魂帛代柩，故次銘旌】。主人以下哭從，男子由右，婦人由左。重服在前，輕服在後。婦人皆蓋頭至祠堂前。執事者布席。先布席以俟。既至，奉魂帛朝祖，置魂帛箱於席上，北向。主人以下就位，婦人去蓋頭。舉哀，少頃。哀止。奉魂帛還柩所，若奉柩則去「奉魂帛」。主人以下哭從，如來儀。安魂帛於靈座，主人以下就位，舉哀，哀止。

遂遷于廳事，

執事者設幃於廳事。○【今人家未必有廳，又有堂，其停柩之處，即是廳事，略移動可也。若有兩處者，自合依禮遷之】。

儀節 役者入，婦人退避。祝跪，告辭【曰】：「請遷。」柩于廳事。俯伏，興，平身。役者舉柩。祝奉魂帛前導，右旋。主人以下哭從。如朝祖儀。布席，執事先布席于廳事中。安柩，役者置柩于席上，南首。設靈座，設奠，主人以下就位，藉以薦席。舉哀。坐哭。

乃代哭。

如未斂之前，以至發引。

親賓至賻奠。

初喪，奠用香、茶、燭、酒、果。至是，親厚者用牲可也。祭文不能作者，請文士代之，亦可。

儀節 陳設祭儀訖，主人就位哭，俟護喪出迎賓，賓至，引詣柩前立定。贊唱：序立，舉哀，哀止。

鞠躬，拜，興。拜，興，平身。【若婿甥及弟子，四拜】。詣靈座前，跪，【尊長不用此】。焚香，執事者一人執酒注向右跪，一人執酒盞向左跪，祭者取注斟酒于盞，反注取酒。酹酒，傾少許于地。奠酒，執事者接盃置靈座上，【若卑幼則三獻】。讀祭文，祝跪讀祭文于祭者之右，讀訖，起。舉哀。俯伏，興，平身。若不跪，不用此句。復位。鞠躬，拜，興。拜，興，平身。若卑幼，四拜。焚祭文，哀止。禮畢。

祭文式牲，豕曰剛鬣，羊曰柔毛，俱有，則竝稱。

賻狀式式俱見前。

陳器。

方相在前。次【明器、下帳、苞筲】，盛以卓子舁之。次【銘旌】，次【靈車】，以奉魂帛香火。次【大轝】，轝前有【功布】，旁有【翣】，皆使人執之。【詳見圖】。

日晡時，設祖奠。

設饌如朝奠儀，而加禮〔二〕。○若柩自他所歸葬，則行日但設朝奠，哭而行，至葬乃備此及下遣奠禮。

[儀節] 主人以下，就位，舉哀，哀止。祝盥洗，詣靈座前，跪，焚香，斟酒，告辭【曰】：「永遷之禮，靈辰不留。今奉柩車，式遵祖道。」俯伏，興，平身。舉哀，主人以下，且哭且拜。

〔二〕「加禮」，順德本爲「如禮」，太平府本、常州府本爲「加豐」。

拜，興。拜，興。拜，興。拜，興，平身。禮畢。

## 遣奠

厥明，遷柩就轝。

出殯之日也，婦人退避。

儀節 是日役夫納大轝於中庭，脱柱上横扃。執事者徹祖奠。祝跪，告辭【曰】：「今遷柩就轝。敢告。」俯伏，興，平身。遷靈座。置旁側訖，召役夫。【婦人退避】。遷柩就轝，役夫俱用手舉柩底以遷之，既就，乃載柩于轝，施扃加楔，以索維之，令極牢實。戴轝，畢，主人視載，主人從柩哭降，視其載柩於轝。婦人哭于幃中。安靈座。祝帥執事者遷靈座于柩前，南向。

乃設奠。

饌如朝奠，有脯。惟婦人不在。

儀節 主人以下，就位，舉哀，哀止。祝盥洗，祝洗手。詣靈座前，跪，焚香，斟酒，告辭【曰】：「靈輀既駕，往即幽宅。載陳遣禮，永訣終天。」俯伏，興，平身。納脯。納于筥中，置舁卓子上。舉哀，主人以下，且哭且拜。拜，興。拜，興。拜，興。拜，興，平身。禮畢。

祝奉魂帛升車，焚香。

儀節 別以箱盛主，置魂帛後。至是，婦人乃蓋頭出幃，降階，立哭。舉哀。祝奉魂帛升車，焚香，守舍者辭柩。男左女右，且哭且拜。【尊長不拜】。拜，興。拜，興。拜，興。拜，興，平身。

## 發引

柩行。

儀節 先方相，次明器牀，次銘旌，次靈車，次大轝，夾以功布及翣。【今世俗送葬有食案、香案，從俗用之亦可】。

主人以下，男女哭步從。

男左女右，隨柩後行，出門則以白幕夾障之。

尊長次之，無服之親又次之，賓客又次之。

皆乘車馬。親賓或先待於墓所，或出郭哭拜，辭歸。

親賓設幄於郭外路旁，駐柩而奠。

如在家之儀。

儀節 如前親賓致賻奠儀。

途中遇哀則哭。

若墓遠，則每舍設靈座於柩前，朝夕哭奠，食時上食，夜則主人兄弟皆宿柩旁，親戚共守衛之。

## 及墓　下棺　祠后土　題木主成墳

未至，執事者先設靈幄、

在墓道右，如墓向，有椅卓。

親賓次、

在靈幄〔一〕前十數步，男左女右，後與靈幄相直，皆南向。

婦人幄。

在靈幄後，壙之右。

方相至，

〔一〕「幄」原作「座」，據順德本、太平府本、常州府本改。

以戈擊壙四隅。

明器等至，

陳於壙前，以後爲上。

靈車至，

祝奉魂帛就幄座，主箱亦置帛後。

遂設奠而退。

陳設酒果、脯醢於柩前靈座上。

柩至。

執事者先布席於壙前，柩至，脱載置席上，北首。執事者取銘旌，去杠，置于柩上。

主人男女各就位哭。

主人男子立於壙左，向右。婦人立於壙右幄内，向左。皆以後爲上。

賓客拜辭而歸。

儀節 賓客詣柩前，舉哀。鞠躬，拜，興。拜，興，平身。主人謝賓。鞠躬，拜，興。拜，興，平身。賓答拜。

乃窆。

儀節 橫杠，役者先用木杠横於灰隔之上。主人以下輟哭。審視。下棺。乃用索四條穿柩底鐶，不結而下之。至杠上，别摺細布，【或生絹】，兜柩底而下之，更不抽出，截其餘棄之。整柩衣，鋪銘旌。須令平正。

主人贈。

玄六，纁四，長丈八尺。玄，皂色。纁，淺紅色。貧家不能具此數，玄纁各一，亦可。其餘金玉玩好，皆不可入壙，恐爲死者之累。

儀節 主人奉玄纁置柩傍，就位。且拜且哭。拜，興。拜，稽顙，以首叩地。興。舉哀。在位者皆哭盡哀。

加灰隔，内外蓋，

先度灰隔大小，制薄板一片，旁距四墻，取令脗合。至是，加於柩上，更以油灰彌之。然後旋旋少灌瀝青於其上，令其速凝，即不透板，約已厚三寸許，乃加外蓋。

實以灰。

三物拌匀者居下，炭末居上，各倍於底及四旁之厚，以酒灑而躡實之。恐震動柩中，故未敢築，但多用之，以俟其實。

乃實土而漸築之。

下土每尺許，即輕手築之，勿令震動。

祠后土於墓左。

儀節 見治葬條下。

祝文 維年歲次月朔日辰，【並同。但云】「今爲【某官】窆茲宅兆，神其」。【後同〔一〕】。

藏明器等，

實土及半，乃藏明器，下帳、苞、筲、甖於便房，以板塞其門。

下誌石，

墓在平地，則於壙内近前先布磚一重，置石其上，又以磚四圍之而覆其上。若墓在山側峻處，則於壙前數尺間掘地，深四五尺，依此法埋之。

復實以土而堅築之。

下土亦以尺許爲準，但須密杵堅築。

題主。

執事者設卓子於靈座前，左向。右置硯、筆、墨，卓置盥盆、帨巾。

---

〔一〕「同」原作「云」，顯有訛誤，徑改。

儀節 主人向卓子前拜〔二〕。盥洗，祝與題主者俱洗。出主，祝開箱，出木主，卧置卓子上。題主者，盥手畢，向右立。題主，先題陷中，次題粉面，題畢。祝奉主置靈座，置畢。收魂帛。乃藏魂帛於箱中，置主後。祝焚香，斟酒，跪，主人以下，皆跪。讀祝，祝讀畢懷之，不焚。興。復位。鞠躬，拜，興，拜，興。拜，興。拜，興，平身。主人以下，哭盡哀。【補】謝題主者。主人再拜，題主者答拜。

題主式【陷中】。父則【曰】：「明故【某官某】公諱【某】字【某】行【幾】神主。」母則【曰】：「明故【某封某】氏諱【某】字【某】行【幾】神主。」【粉面】。父則【曰】：「顯考【某官封謚】府君神主。」母則【曰】：「顯妣【某封某】氏神主。」其下左旁，皆書【曰】：「孝子【某】奉祀。」無官則以生所稱爲號，如父【曰】：「顯考處士府君神主。」

祝文 維年歲次月朔日辰，孤子【某】，敢昭告于【某官封謚】府君。形歸窀穸，神返室堂。神主既成，伏惟尊靈，舍舊從新，是憑是依。母則改「孤子」爲「哀子」。

祝奉神主升車。

魂帛箱在其後。

執事者徹靈座，遂行。

〔二〕「拜」，順德本、太平府本、常州府本作「立」。

主人以下，男左女右。○重服在前，輕服在後。出墓門，尊長乘車馬。去墓百步，許卑幼亦乘車馬，但留子弟一人監視實土以至成墳。

墳高四尺。立小石碑於其前，亦高四尺，趺高尺許。

碑石，闊尺以上，其厚居三之二，圭首而刻其面，如誌之蓋。

## 反哭

主人以下，奉靈車，在途徐行哭。

哀至，則哭。

至家，哭。

望門即〔一〕哭。

祝奉神主入，置于靈座。

執事者先設靈座於故處。祝奉神主入，就位，櫝之，并出魂帛箱，置主後。

〔一〕「即」原作「則」，據順德本改。

主人以下，哭于廳事。

主人以下及門，哭入，升自西階，哭于廳事。婦人先入，哭于堂。

遂詣靈座前，哭。

盡哀止。

有吊者，拜之如初。

謂賓客之親密者既歸，待反哭而復吊。

期九月之喪者，飲酒食肉，不與宴樂。小功以下、大功異居者，可以歸。

【喪禮餘注】司馬温公曰：「古者，天子七月，大夫三月，士踰月而葬。今《五服年月敕》王公以下皆三月而葬。然世俗信葬師之説，既擇年月日時，又擇山水形勢，以爲子孫貧富、貴賤、賢愚、壽夭，盡繫於此，而其爲術又多不同，争論紛紜，無時可決。至有終身不葬，或累世不葬，或子孫衰替，忘失處所，遂棄捐不葬者。正使殯葬實能致人禍福，爲子孫者亦豈忍使其親臭腐暴露，而自求其利耶！悖禮傷義，無過於此。然孝子之心，慮患深處，恐淺則爲人所抇。【音骨】。深則濕潤速朽，故必求土厚水深之地而葬之，所以不可不擇也。」或問：「家貧鄉遠，不能歸葬，則如之何？」公曰：「子游問喪具，夫子曰：『稱家之有無。』子游曰：『有無惡【音烏】乎齊？』【子細切】。夫子曰：『有，毋過禮[一]。苟無矣，斂手足形還葬，懸棺而窆【彼歛切】，人

[一] 「禮」原作「體」，顯有訛誤，徑改。

豈有非之者哉！』昔廉范千里負喪，郭平自賣營墓，豈待豐富，然後葬其親哉！在禮，未葬不變服，食粥、居廬、寢苫、枕塊，蓋閔親之未有所歸，故寢食不安。奈何舍之出游，食稻衣錦，不知其何以爲心哉！世人又有游宦没于遠方，子孫火焚其柩，收燼歸葬者。夫孝子愛親之肌體，故斂而藏之。殘毀他人之尸，在律猶嚴，況子孫乃悖謬如此。其始蓋出於羌胡之俗，浸染中華，行之既久，習以爲常。見者恬然，曾莫之怪，豈不哀哉？延陵季子適齊，其子死，葬於嬴、博之間，孔子以爲合禮。必也不能歸葬，葬于其地可也，豈不猶愈於焚之哉！」○程子曰：「卜其宅兆，卜其地之美惡也，非陰陽家所謂禍福者也。地之美者，則其神靈安，其子孫盛。若培壅其根而枝葉茂，理固然矣。地之惡者，則反是。然則，曷謂地之美者？土色之光潤，草木之茂盛，乃其驗也。父祖子孫同氣，彼安則此安，彼危則此危，亦其理也。而拘忌者惑以擇地之方位，決日之吉凶，不亦泥乎？甚者不以奉先爲計，而專以利後爲慮，尤非孝子安厝之用心也。惟五患者不得不謹，須使他日不爲道路，不爲城郭，不爲溝池，不爲貴勢所奪，不爲耕犁所及也。」一本云：「所謂五患者，溝渠、道路、避村落，遠井窑。」○按：古者葬地、葬日皆决於卜筮，今人不曉古法，且從俗擇之可也。【右治葬】。○司馬温公曰：「今人葬有二法：有穿地直下爲壙而懸棺以窆者，有鑿隧道傍穿土室而攛柩於其中者。按古者惟天子得爲隧道，其他皆直下爲壙而懸棺以窆，今當以此爲法，其穿地宜狹而深，狹則不崩損，深則盜難近也。」【右穿壙】。○蓋既不用槨，無以容瀝青，故爲此制。又炭禦木根，辟水蟻。石灰得沙而實，得土而黏，歲久結而爲全石，螻蟻盜賊皆不得進也。○程子曰：「古人之葬，欲比化者，不使土親膚。奇玩之物，尚保藏固密，以防損污，況親之遺骨，當何如哉？世俗淺識，惟欲不見而已，又有求速化之說者。是豈知必誠必信之義？且非欲求其不化也，未化之間，保藏當如是爾。」【右灰隔】。○蓋慮異時陵谷變遷，或誤爲人所動，而此石先見，則人有知其姓名者，庶能爲掩之也。【右誌石】。○司馬温公曰：「自明器以下，俟實土及半，乃於其旁穿便房以貯之。」愚按：此雖古人不忍死其親之意，然實非有用之物，且脯肉腐敗，生蟲聚蟻，尤爲非便。雖不用，可也。【右明器】。○司馬温公曰：「府君、夫人共爲一櫝。」○按：古者虞主用桑，將歛〔二〕而後易之以栗。今於此便作栗主，以從簡便。或無栗，止用木之堅者。櫝用黑漆，且容一主。夫婦俱入祠堂，乃如司馬氏之制。【右作主】。○蓋古者啓殯之奠，今既不塗殯，則其禮無所施，又不可全無節文，故爲此禮也。【右遷柩】。○司馬温公曰：「按令式，墳碑石獸大小多寡，雖各有品數，然葬者當爲無窮之規，後世見此等物，安知其中不多藏金玉耶？是皆無益於亡者而反有害。故令式又有貴得同賤，賤不得同貴之文，然則不若不用之爲愈也。」○今按：孔子防墓之封，其崇四尺，故取以爲法。用司馬温公説，別立小碑，但石須闊尺以上，其厚居三之二，圭首而刻其面，如誌之蓋，乃略述其世系名字行實，而刻於其左，轉及後右而周焉。婦人則俟夫葬乃立，面如夫亡誌蓋之列云。【右立碑】。○其反如疑，爲親在彼。【右反哭】。

〔二〕「歛」，疑當作「練」。

## 【喪禮考證】

【《檀弓》】：「孔子曰：『之死而致死之，不仁而不爲也；之，往也。以禮往送死者，而極以死者之禮待之，是無愛物之仁。之死而致生之，不知而不可爲也。往送死者而以生者之禮待之，是無燭理之明。是故竹不成用，竹器。瓦不成味，瓦器不成黑沬〔一〕之光。木不成斲，其曰明器，神明之也。』」以神明之道待之也。○「孔子謂：『爲明器者知喪道矣，備物不可用也。』」高氏曰：「晉成帝詔：重壤之下，豈宜重飾，惟潔掃而已。」張説曰：「墓中不置鉼瓴，以其近於水也。不置羽毛，以其近於尸也。不置黄金，以其久而爲怪也。不置丹朱、雄黄、礜石，以其近烈而燥，使土枯而不滋也。古人納明器於墓，此物久而致蟲必矣。如必欲用之，則莫若於壙旁别爲坎以瘞之也。」【右明器】。【《士喪禮》】：「商祝飾棺，注「爲設墻柳也」。「墻即柳衣也。柳者，聚也，諸飾之所聚也。以此障柩，猶垣墻之障家，故名。」一池。池者，象宫室之承霤，編竹爲籠，衣以青布。設披，披，用帛爲之，繫於柳中，人牽之，登高則引前，以防車之軒，適下則引後，以防車之飜。欹左則引右，欹右則引左。屬引。」屬，猶着也。引，所以引柩車也。【《喪大記》】：「大夫畫幃，幃，柳車邊障也，畫爲雲氣。二池，畫荒，荒，蒙也，柳車上覆也。火三列，畫爲火三行。黻三列，又畫兩己相背，三行。素錦褚，素錦，白色錦也。褚，屋也。纁紐二，玄紐二，紐，用帛爲之，聯帷與荒，前綘

〔一〕「沬」，順德本、常州府本作「漆」，太平府本作「沫」。

後黑。齊三采，三貝〔二〕，齊者，猶臍也。用絳黃黑三色繒衣之。三貝者，又連貝爲三，交絡齊上。黼翣二，畫翣二，皆戴綏，翣形如扇，用木爲之。在路則障車，入椁則障柩。黼者，畫黑白斧形也。畫者，爲雲氣也。綏者，用五采羽作蕤，綴翣之兩角也。魚躍拂池。以銅魚懸池之下，車行則魚跳躍上拂於池也。大夫戴，前纁後玄，披亦如之。戴者，用帛繫棺，紐着柳車之骨也。士布幃，布荒，皆白布，不畫也。一池，幃前有之。揄讀爲揺。絞，揺，翟也，雉類，赤質五色。絞用青黃絹，畫翟〔三〕於絞。纁紐二，緇紐二，齊三采，一具，畫翣二，皆戴綏。士戴，前纁後緇，二披用纁。」【按】：禮，大夫、士棺飾如此華盛。《家禮》從簡便，惟用竹格。若仕宦之家有餘力者，於竹格上稍加華飾，似亦不爲過。【右飾棺及翣】。【《士喪禮》】：「既夕哭，請啓期，告于賓。」將葬，當遷柩于祖。執事者於是請啓柩之期於主人，以告賓，使賓知其時，可以會葬也。【右啓期】。【《士喪禮》】：「薦車直東榮，北輈。薦，進也。進車者，象生時將行陳駕也。輈，轅也。薦馬，纓三就。入門，北面交輿，圉人夾牽之。纓，馬鞅也。三就，三色也。記：薦乘車，載皮弁服，道車載朝服，稾車載簑笠。」【按】：此則今世俗送葬，象生時所乘鞍馬，牽之柩前，及將所衣衣服陳列從葬，似亦無害。【右送葬】。【《喪禮》】：「商祝拂柩用功布。」功布者，大功之布也。用灰治布，用布長

〔二〕「貝」原作「具」，據常州府本改。下二「貝」字同。
〔三〕「翟」原作「翣」，據順德本、太平府本、常州府本改。

三尺。道有低昂傾虧，以布爲抑揚左右之節。【右功布】。【《周禮》】：「方相氏，狂夫四人，掌蒙熊皮，黄金四目，玄衣朱裳，執戈揚盾。大喪，先匶，柩同。及墓，入壙，以戈擊四隅。」冠服如道士，四品以上爲四目。以下，兩目。爲魌頭。【右方相】。【《檀弓》】：「葬者，藏也。藏也者，欲人之弗得見也。」温公曰：「葬者，藏也。孝子不忍其親之暴露，故斂而藏之。齎送不必厚，厚者有損無益。古人論之詳矣。今人葬不厚於古，而拘於陰陽禁忌則甚焉。古者雖卜宅、卜吉，蓋先謀人事之變，然後質諸蓍龜，庶無後艱耳，無常地與常日也。今之葬書，乃相山川岡畝之形勢，考歲月日時之支干，以爲子孫貴賤、貧富、壽夭、賢愚皆繫焉，非此地、非此時不可葬也。舉世惑而信之，於是葬親者往往久而不葬。問之，曰：『歲月未利也。』又曰：『未有吉地也。』又曰：『游宦遠方，未得歸也。』又曰：『貧，未能辦葬具也。』至有終身累世而不葬，遂失尸柩不知其處者。嗚呼！可不令人深歎愍哉！人所貴於身後有子孫者，爲能藏其形骸也。其所爲乃如是，曷若無子孫，死於道路，猶有仁者見而殣之耶？」朱子曰：「葬之爲言藏也，所以藏其祖考之遺體也。以子孫而藏其祖考之遺體，則必致其謹重誠敬之心，以爲安固久遠之計。使其形體全而神靈得安，則子孫盛而祭祀不絶。此自然之理也。是以古人之葬必擇其地，而卜筮以决之。不吉，則更擇而卜焉。近世以來，卜筮之法雖廢，而擇地之説猶存。其或擇之不精，地之不吉，則必有水泉、螻蟻、地風之屬，以賊其内，使其形神不安，而子孫亦有死亡絶滅之憂，甚可畏也。其或雖得吉地，而葬之不厚，藏之不深，則兵戈亂離之際，無不遭罹發掘、暴露之變。此又所當慮之大者也。」「葬於北方，北首。三代之達禮也，之幽之故也。」殯猶南首，未忍以鬼神待其親也。【《孟子》】：「且比化者，無使土親膚，於人心獨無恔乎？」比，猶爲也。化者，死者也。恔，快也。言爲死者，不使土親近於膚肌，於人子之心，豈不快然無所恨乎！伊川曰：「古人之葬，欲比化者，不使土親膚。今奇玩之物，尚保藏固密，以防損污，况親之遺骨，當何如哉？土中之患有二，蟲與水是也。所謂毋使土親膚者，不惟以土爲污，蓋有土則有蟲，蟲之侵骨，甚可畏也。」【《葬經》】：「葬者，乘生氣也。」臨川吴氏曰：「葬師之説，盛於東南，《郭氏葬經》者，其術之祖也。蓋必原其脉絡之所從來，審其形勢之所止聚，有水以界之，無風以散之，然後乘地中之生氣以養死者之留骨，俾常温暖而不速朽腐。死者之體魄安，則子孫之受其氣以生者，不致凋瘁，乃理之自然，而非有心覬其效之必然也。若曰某地可公、可侯、可將、可相，則術者倡是術以愚世人而要重糈者也，其言豈足信哉？」羅大經曰：「古人所謂卜其宅兆者，乃孝子慈孫之謹重親之遺體，使異日不爲城邑、道路、溝渠耳。借曰精擇，亦不過欲其山水迴合，草木茂盛，使親之遺體得安耳。豈借此以求子孫富貴乎？世之人惑於術士之説，有貪求吉地，未能愜意，至數十年不能葬其親者。有既葬以爲不吉，一掘未已，至再至三者。有因買地致訟，棺未入土而家已蕭條者。有兄弟數房，惑於各房風水之説，至於骨肉化爲仇讐者。凡此皆璞之書所爲也。且人之生，貧富貴賤，天稟已定，謂之天命，不可改也。豈冢中枯骨所能轉移乎？若如其説，則上天之命反制於一抔之土矣。」【愚按】：風水之説，其希覬求富貴之説，雖不可信，若夫乘生氣以安祖考之遺體，蓋有合於伊川本根枝葉之論，先儒往往取之。文公先生與蔡季通預卜藏穴，門人裹糗行紼，六日始至，蓋亦慎擇也。昔朱子論擇地，謂「必先論其主勢之强弱，風氣之聚散，水土之淺深，穴道之偏正，力量之全否，然後可以較其地之美惡」。後之擇葬地者，誠本朱子是説，而參以伊川光潤茂盛之驗及五患之防，庶幾得之矣。【右葬地】。【《白虎通》】：「合葬者，所以同夫婦之道也。故《詩》曰：『穀則異室，死則同穴。』又，

《禮·檀弓》曰：『合葬，非古也。自周以來，未之有改也。』」按：朱子《語録》，陳淳問合葬夫婦之位。曰：「某初葬亡室時，只存東畔一位，亦不考禮是如何。」淳問：「地道以右爲尊，恐男當居右否？」曰：「祭而以西爲上，則葬時亦當如此方是。」【愚按】：葬位固當如祭位，但世俗循習已久，凡葬皆男左女右，一家忽然如此行之，數世之後安知子孫不誤以考爲妣乎？不如且姑從朱子葬劉夫人之例也。【右合葬】。【《檀弓》】：「孔子既合葬於防，曰：『吾聞之，古者墓而不墳。今丘也，東西南北之人也，不可以弗識【音志】。也。』於是封之，崇四尺。」墓，塋域也。封土爲壠曰「墳」。○【按】：國朝稽古定制：塋地，一品九十步，每品減十步。七品以下，不得過三十步，庶民止於九步。墳，一品高一丈八尺，每品減二尺。七品以下，不得過六尺。其石碑，一品螭首，二品麒麟，三品天禄、辟邪，皆用龜趺，四品至七品皆圓首方趺。其石人、石獸，長短、闊狹以次減降，其石人、石獸、望柱皆有次第，著在令甲，可考也。貴得同賤，雖富不得同貴。慮遠者於所當得，縱不能盡去，少加減殺可也。【右墳墓】。【《檀弓》】：「季康子之母死，公肩假曰：『公室視豐碑。』」豐碑，以木爲之，樹於椁前，後穿中爲鹿盧，繞之綍，用以下棺耳，非刻字其上也。秦漢以來，稍用石爲之刻字，其上亦謂之碑。晉、宋間，死者皆有神道碑，蓋地理家以東南爲神道，碑立其地，故因以名墓碣。近世五品以下，所用文與碑同。墓表，則有官無官皆可用，表立墓左，誌銘埋地中。司馬温公曰：「古人有勳德，刻銘鍾鼎。」止以自知其賢愚耳，非出於禮經。南宋元嘉中，顔延之爲王球作墓志，以其素族無銘誄，故以記行。自此遂相祖習。大抵碑表叙學行、履歷、勳業，誌銘述名系、爵里、生卒。雖其義稱美不稱惡，然前人有言：無其美而稱者，謂之誣。有其美而弗稱者，謂之蔽。誣與蔽，君子弗由也。」【右碑誌】。【《左傳》】：「公孫夏命其徒歌虞殯。」【按】：杜預注云：「虞殯，送葬歌也。」則執紼者挽歌，其來遠矣。舊説以爲出于田横之客，其後李延年分爲薤露、蒿里二曲。晉新禮又以爲出於漢武役人之勞，歌聲哀切，遂爲送終之禮。雖音曲摧愴，非經典所制，方在哀慕，不宜以歌爲名。摯虞謂：「《詩》稱『君子作歌，維以告哀』，以歌爲名，亦無所嫌。」遂復用之。然莊子曰：「紼纚之生，必於斥苦。」注謂：「斥，疏緩也。苦，用力也。引紼所以有纚者，爲人用力不齊，故促急之也。」此説近之。大抵古人挽歌，專用之以相斥苦、齊衆力。至于今世舁柩者猶歌之，辭雖鄙俚，亦是嘆人生必死，死者不可復回之意。非若近世所謂挽詩者，父祖物故，子孫爲之，遍干世之能詩者爲之，甚至死已數十年，猶追爲之者，失古意矣。唐宋以來，固有是作，然皆平日交游，有契誼之舊，有親比之好，一旦聞其死而哀傷之，自發於言耳。近世作詩者與其人，乃至有素昧平生，無半面之識、一日之雅者，亦皆强作之，大無謂也。【右挽歌】。

## 大轝舊圖

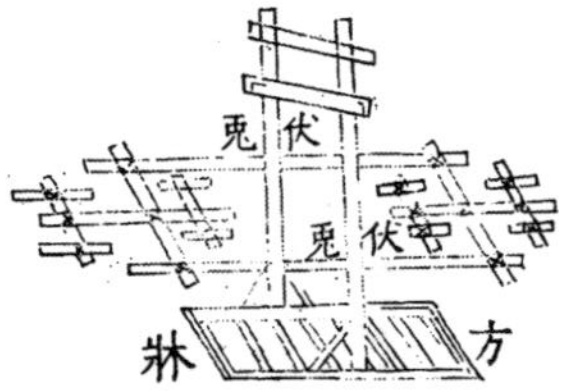


大轝之制用兩長杠杠上加伏兎附杠處爲圓鑿別作小方杔以載柩足高二寸旁立兩柱柱外施圓枘蕳令入鑿中長出其外枘鑿之間須梃圓滑以膏塗之兩柱近上加橫扃扃兩頭出柱外者更加小扃杠兩頭施橫杠橫杠上加短杠短杠上更或加小杠此本註也[illegible]治棺下註云棺制僅取容身勿爲高大甶是推之大約不過二

## 大轝新圖

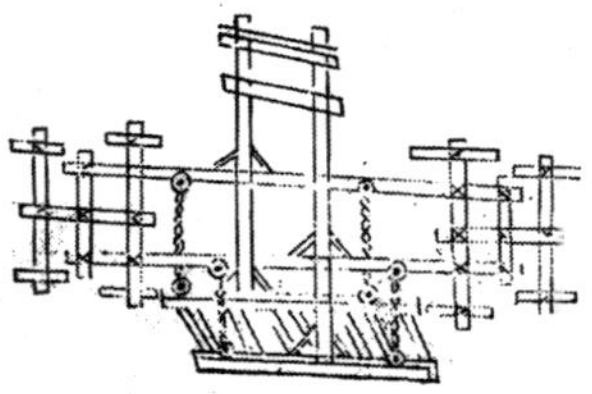

尺餘而已若如卷首圖於兩杠間施以短杠四人於中並行扃促迫窄實難轉動況本註亦無明說令擬施橫杠出兩長杠之外庶幾寬敞可以行動又棺中歛物不無多寡枘鑿轉動多致偏重臨載之際或偏有低昂須用他物稱墜方得適平令擬於方牀四隅各加一鐵鐶而兩長杠之上亦如之繫繩於下鐶而貫之於上隨其低昂

## 新製遠行轝圖

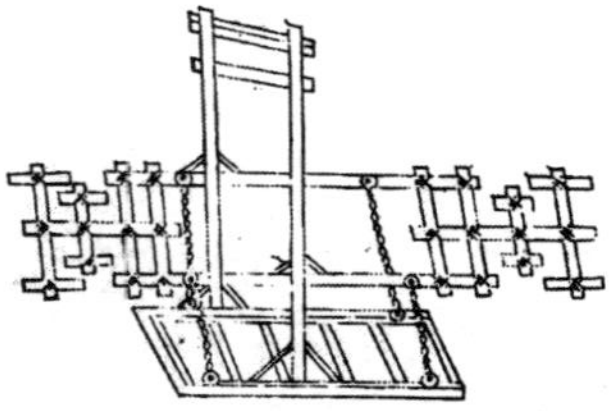

而摽縱之如此則適平矣又此轝止可行近地寬平之處不可行遠今增損舊制別爲新式以便行遠其長杠量截去兩頭每頭出棺首尾各留尺五六寸就於兩頭各施橫杠從杠頭量八尺許又施橫杠却於分中處加一直杠俱用麻繩札縛然後加以短杠如舊式或用八人十六人隨宜以此行遠庶幾側隘之處無所妨礙

## 竹格式

### 舊式

### 新式

## 功布

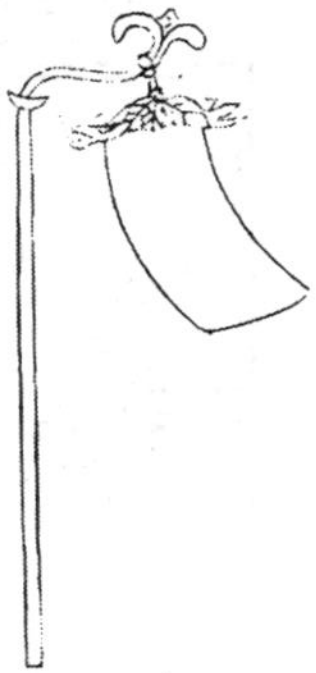

用白熟布稍細者爲之長三尺柄長五六尺

偓

## 黼翣

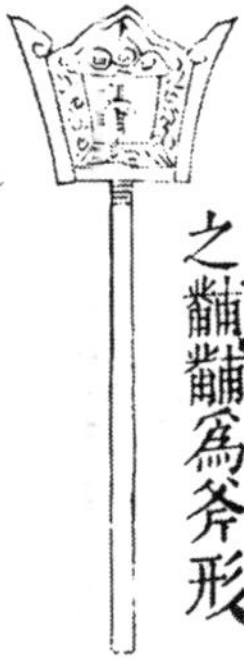

周禮白與黑謂之黼黼爲斧形

翣以木爲偓如扇而方偓兩高廣二寸高二尺四寸衣以白布柄長五尺黼翣畫黼黻翣畫黻雲翣畫雲

## 黻翣

周禮黑與青謂之黻今擬用黑青二色相間爲亞形

## 雲翣

以紫畫爲雲氣

氣其緣爲雲氣皆畫以紫准格謂之准格者依宋制也按禮准諸侯得用黼翣以家禮本註有之始畫于此以備其制今擬大夫用黻翣二雲翣二士用雲翣二

## 方相圖

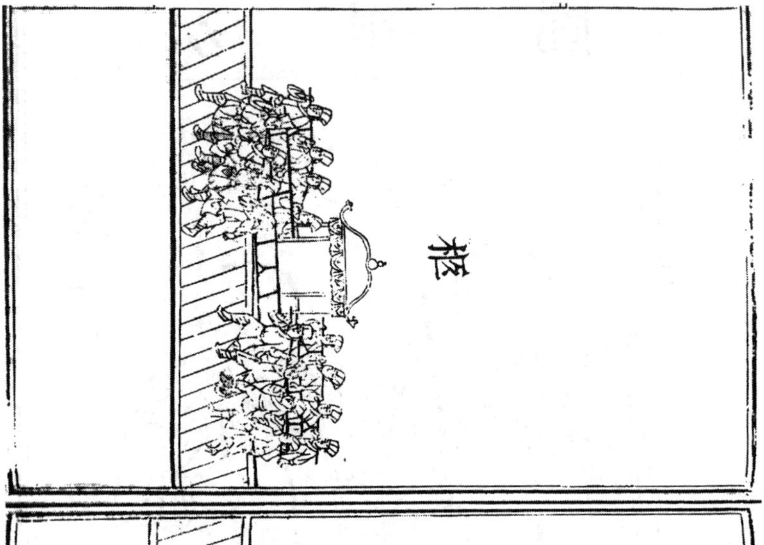
發引圖
柩
布幃

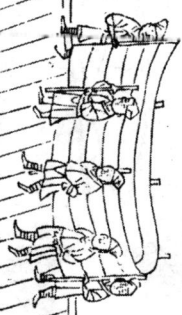

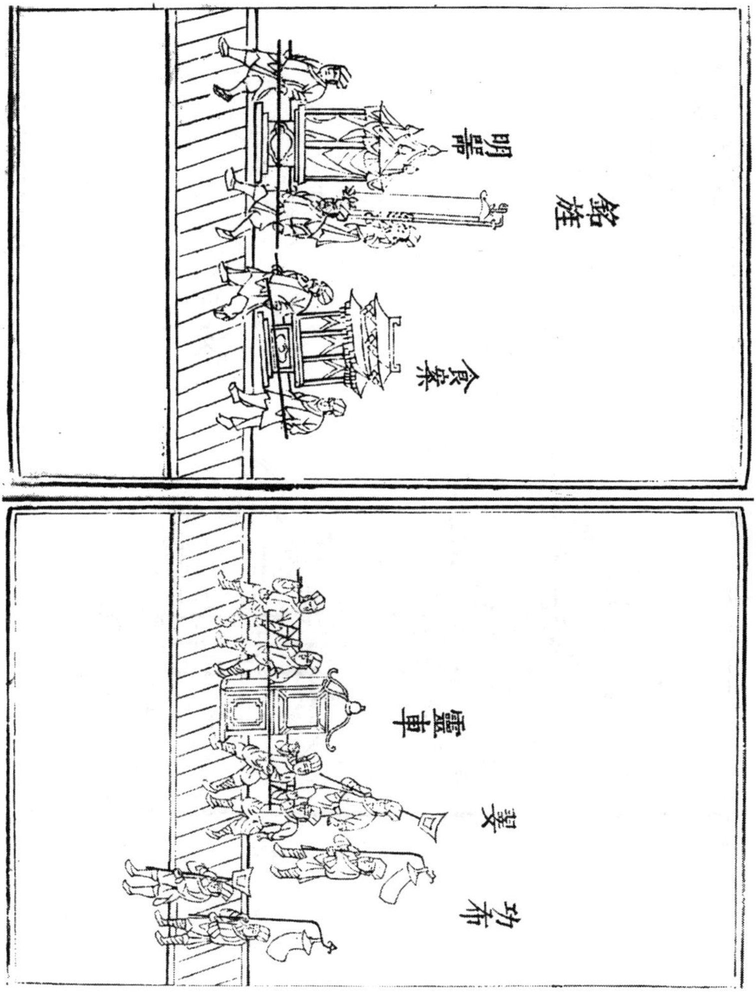
明器
銘旌
食案
靈車
翣
功布

卷之五終

# 文公家禮儀節卷之六

## 喪禮

### 虞祭

葬之日，日中而虞。或墓遠，則但不出是日可也。若出家經宿以上，則初虞於所館行之。【按：所館行禮，恐寓他人宅舍，未必皆寬敞，及哭泣於他宅，俗人所忌。若經宿以上，預先用蓬蓽搆一屋，度寬可行禮，似爲簡便】。

主人以下皆沐浴。

或已晚不暇，即略澡潔可也。

執事者陳器，

設盥盆、帨巾二付於西階之西東南上。在東者有架，在西者無架。【若所館行禮，不必備，但得一可也】。又以架盛酒瓶在靈座東南，置卓子一張在酒瓶架之東，上盛酒注及盤盞。又設火爐、湯瓶在靈座西南，置卓子一張在火爐之西，上盛祝版。又於靈座前正中設香案一張，上陳香爐、燭臺。案下少前，束茅聚沙。

具饌。

於靈座前卓子上近靈前一行，設匙筯當中。近内設酒盞在匙筯西，醋楪在東，羹在醋楪東，飯在酒盞西。次二行以俟行禮時進饌，次三行設蔬菜脯醢，次四行設果實。又於卓子前置一卓以盛牲俎。【按：此據禮陳設耳。若夫倉卒之際，即用世俗所設卓面，似亦簡便，况乃死者平生所用，似亦得事死如事生之意】。

祝出神主于座，主人以下皆入哭。

主人及兄弟倚杖於室外，及與祭者皆入哭於靈座前，其位皆北面，以服爲行列，重服者居前，輕服者居後。尊長坐，卑幼立。丈夫處東，西上。婦人處西，東上。逐行以長幼爲序。侍者在後。

降神。祝進饌。初獻，亞獻，終獻，侑食。主人以下皆出，祝闔門。祝啓門，主人以下哭，辭神。

儀節【通贊唱】：序立。出主，祝啓櫝出主。服重者在前，輕者在後，男東女西，以長幼爲序。【今擬用禮生二人：一通贊，一引贊，其説具祭禮】。舉哀，少頃。哀止。【引贊唱】：盥洗，詣靈座前，焚香，鞠躬，拜，興。拜，興，平身。降神，執事者二人皆洗手。一人開酒實于注，西面立。一人取卓子盤盞捧之，東面立。跪，主人跪，執事二人者向主人跪。執注者以注授主人，主人受注，執之斟酒于執事所捧之盞。斟訖，以注授執事者。酹酒，主人左手取盤盞，右手執盞，盡傾于茅沙上。訖，以盤盞授執事者。俯伏，興，平身。少退。鞠躬，拜，興。拜，興，平身。復位。參神，鞠躬，拜，興。拜，興，平身。進饌。祝以魚肉炙肝米麵食進，列于靈前卓子上次二行空處。初獻禮。主人進詣注子卓前，執注北向立。執事者一人取靈座前盤盞，立主人之左。主人斟酒于盞中，訖，反注于卓子上。【引】詣靈座前，主人詣靈座前，執事者捧盞隨之。跪，主人跪。祭酒，執事者跪進酒盞，主人受之。三傾于茅沙上。奠酒，執事者受盞，置靈座前。俯伏，興，平身。退，稍後立。跪。【通】主人以下皆跪。【引】讀祝，祝執版立主人之右，西向跪讀之，畢。俯伏，興，平身。少退。【通】舉哀，主人以下，皆哭少頃。哀止。【引】鞠躬，拜，興。拜，興，平身。主人獨拜。復位。【通】亞獻禮。【引】詣靈座前，跪，祭酒，奠酒，俯伏，興。拜，興。拜，興，平身。【若主婦行禮，不跪，不俯伏。立傾酒于地，四拜】。復位。【通】終獻禮。【引】詣靈座前，跪，祭酒，奠酒，俯伏，興。拜，興。拜，興，平身。復位。【通】侑食。子弟一人執注就添盞中酒。主人以下皆出，主人立於門東，西向。卑幼丈夫在其後，重行北上。主婦立於門西，東向。卑幼婦女在後，重行北上。尊長休於他所，俱肅静以俟。闔門。執事者閉門。無門，下簾。食頃。祝噫歆，祝當門北向作欬聲者三。啓門。乃開門卷簾。復位。主人以下復舊位。點茶，執事者進茶，置匙筯旁。告利成。祝立于主人之右，西向。【曰】：「利成。」辭神。主人以下皆拜。舉哀，且拜且哭。鞠躬，拜，興。拜，興，平身。哀止。焚祝文，納主，徹饌。禮畢。【按】：虞祭於辭神下有云「主人以下，哭再拜」，而前此只是主人行禮，而主人以下惟序立而已，別無參拜之文，今補入。又若路遠於所館行禮，恐不能備，可略去闔門、啓門、噫歆、告利成四節。

【祝文式】維〇〇【幾】年歲次【干支幾】月【干支】朔【幾】日【干支】，孤子【某】，敢昭告于【母則云「哀子」】。【某】【考】【妣】【某】【官】【府君】，【封】【孺人】，〇〇〇日月不居，奄及初虞。夙興夜處，哀慕不寧。謹以潔牲柔毛、粢盛庶品，哀薦祫〔一〕事。尚饗〔二〕。

祝埋魂帛。

祝取魂帛，帥執事者埋於屏處潔地。若路遠於所館行禮，必須三虞後至家埋之。

罷朝夕奠。

朝夕哭，哀至，哭如初。

遇柔日，再虞。

乙、丁、己、辛、癸爲柔日。前期一日，陳器，具饌。夙興，設菜〔三〕果酒饌，質明行事。〇若墓遠，亦於所館行之。

【儀節】並同初虞。

---

〔一〕「祫」原作「袷」，顯有訛誤。後文同此者皆徑改，不再出校。

〔二〕「尚饗」下，順德本、太平府本、常州府本多小字「牲用豕曰剛鬣並用曰柔毛剛鬣」。

〔三〕「菜」，順德本、太平府本、常州府本作「蔬」。

【祝文】前後竝同初虞，【但改】「初虞」爲「再虞」，「祫事」爲「虞事」。

遇剛日，三虞。

甲、丙、戊、庚、壬爲剛日。若墓遠，途中遇剛日，且缺，須至家乃行之。

儀節 竝同再〔一〕虞。○【若初虞未埋魂帛，至是祭畢埋之。】

祝文 前後竝同再虞，【但改】「再虞」爲「三虞」，「虞事」爲「成事」。【《檀弓》曰卒哭日是也〔二〕】。

卒哭〔三〕

《檀弓》曰：「卒哭曰成事。是日也，以吉祭易喪祭。」故此祭漸用吉禮。

三虞後遇剛日，卒哭。前期一日，陳器，具饌。

竝同虞祭，惟更設玄酒瓶。

厥明，夙興，設蔬果酒饌。

竝同虞祭，惟更取井花水充玄酒〔四〕。

〔一〕「再」，順德本、太平府本作「前」。

〔二〕「《檀弓》曰」以下八字，順德本、太平府本、常州府本無，疑爲衍文。

〔三〕「卒哭」，順德本、太平府本爲「日卒哭」。

〔四〕「玄酒」下，太平府本多「設而不用」句。

質明，祝出主。

行事皆如虞祭之禮[一]。

主人以下皆入哭，降神。主人、主婦進饌。初獻，亞獻，終獻。侑食，闔門，啓門，辭神。

儀節【通】序立。出主，祝盥洗，啓櫝，出主。服重者在前，輕者在後，男東女西，以長幼爲次序。【以上旁注竝同虞祭】。舉哀，哀止。降神。【引】盥洗，主人降階洗手。詣香案前，跪，上香，酹酒。傾於茅沙上。俯伏，興。拜，興。拜，興，平身。復位。【通】參神。鞠躬，拜，興。拜，興。拜，興。拜，興，平身。進饌。主人奉魚肉，主婦奉麪米食。主人奉羹，主婦奉飯。初獻禮。【引】詣靈座前，跪，祭酒，傾少許于茅沙上。奠酒。執事者接盞，置神主前。俯伏，興。拜，興。拜，興，平身。退，稍後立。【引】跪。【通】主人以下皆跪。讀祝，祝執版立於主人之左，東向讀之，畢。俯伏，興，平身。少退。【通】舉哀，主人以下，皆哭少頃。哀止。【引】鞠躬，拜，興。拜，興，平身。主人獨拜。復位。亞獻禮。詣靈座前，跪，祭酒，奠酒，俯伏，興。拜，興。拜，興，平身。【若主婦行禮則拜四拜，不用俯伏、平身】。復位。【通】終獻禮。【引】詣靈座前，跪，祭酒，奠酒，俯伏，興。拜，興。拜，興，平身。復位。【通】侑食。子弟一人執注，就添盞中酒。主人以

[一]「行事皆如虞祭之禮」，順德本爲「同再以爲虞」，太平府本爲「同再以爲虞三日已」。

下皆出，闔門。執事者閉門。無門，下簾。少頃。祝噫歆，祝當門北向，作聲三。啓門。乃開門。復位。主人以下皆復位。點茶，執事者以茶進。告利成。祝立西階上，東向。【曰】：「利成。」辭神。舉哀，主人以下皆哭。鞠躬，拜，興。拜，興。拜，興。拜，興，平身。哀止。焚祝文，納主，徹饌。禮畢。

**祝文** 竝同虞祭，【但改】「三虞」爲「卒哭」，「哀薦成事」【下云】「來日躋祔于祖考某官府君。尚饗」。【餘竝同。所謂祖考，亡者之祖考也】。

自是朝夕之間，哀至不哭。猶朝夕哭。

主人兄弟，蔬食水飲，不食菜果，寢席[一]枕木。

## 祔

父則祔于父之祖考，母則祔於祖妣。祔父則設祖考、妣二位，祔母則設祖妣一位而已，卑不敢援尊也。○若

[一]「席」原作「食」，據順德本、太平府本、常州府本改。

喪主非宗子，則宗子主祭，降神，初獻。喪主行亞獻。○異居，則宗子爲告于祖，爲牌位而祭。畢，則焚之。

卒哭明日而祔。卒哭之祭既徹，即陳器具饌。

陳器于祠堂。若是祠堂狹，則設於廳事，或他所隨便。祔父則設父之祖考、妣二位，當中南向。設亡者位在其東南，西向。若祔母則惟設祖妣一位、亡者一位。具饌，每位一卓。又於香案裏置一卓，上盛牲俎。設酒瓶、玄酒瓶于阼階上，火爐、湯瓶於西階上，其餘竝同卒哭。在祠堂，則設一卓在西階上，盛新主。若在他所，則設二卓在西階上，一盛祖考妣櫝，一盛新主櫝。

厥明，夙興，設蔬果酒饌。

竝同卒哭。

質明，主人以下哭於靈座前。

主人兄弟皆倚杖于階下，入靈座前哭，盡哀止。

詣祠堂，奉神主出，置于座。

儀節 主人兄弟既於靈座前哭，止。詣祠堂。主人以下俱往。啓櫝，祝就啓祠堂所祔之祖考妣櫝。請主就座。出其主，置所設祖考、妣位上。若行禮於他所，則跪告曰「請主，詣某所」，乃捧其櫝以行，至置西階卓子上，然後啓櫝，請主就位。

還，奉新主入祠堂，置于座。

儀節 主人以下，自祠堂還至靈座前。舉哀，祝奉新主詣祠堂。若在廳事，則曰「詣廳事」。祝捧櫝以行。主人以下哭從，男子由右，女子由左，重服在前，輕服在後，至門。哀止。祝乃以櫝置西階卓子上。啓櫝，請新主就座。祝啓櫝，出主，置于所設亡者位上。○若非宗子，則惟喪主、主婦還迎。

序立。參神，降神，祝進饌。初獻，亞獻，終獻。

若喪主非宗子，則宗子、宗婦立兩階間，喪主在宗子之右，主婦在宗子之婦之左。○若宗子自爲喪主，則主婦爲亞獻，親賓爲終獻。若喪主非宗子，則喪主爲亞獻，主婦爲終獻。

侑食，闔門，啓門，辭神。祝奉主，還故處。

儀節【通】序立。服重者在前，輕者在後，男東女西。主人非宗子，則宗子主祭，主人立宗子右。宗子若於亡者爲尊長則不拜。【通】參神。鞠躬，拜，興。拜，興。拜，興。拜，興，平身。降神。【引】盥洗，詣香案前，跪，上香，酹酒。俯伏，興。拜，興。拜，興，平身。進饌。祝以饌進，執事者佐之。初獻禮。【引】詣祖考神位前，跪，祭酒，奠酒，俯伏，興。拜，興。拜，興，平身。【祔母則不用祖考】。詣祖妣神位前。跪，祭酒，奠酒。俯伏，興。拜，興。拜，興，平身。【通】跪，主人以下皆跪。讀祝，祝執版立主人之左，東向跪讀，畢。俯伏，興。主人獨拜。【引】鞠躬，拜，興。拜，興，平身。詣顯考神位前，母則云「妣」，後放此。跪，祭酒。奠酒。俯伏，興。拜，興。拜，興，平身。【通】跪，主人以下皆跪。讀祝。祝立主人之左，南向跪讀之，畢。俯伏，興。主人獨拜。【引】鞠躬，拜，興。拜，興，平身。復位。【通】亞獻禮。【引】詣祖考神位前，跪，祭酒，奠酒。俯伏，興。拜，興。拜，興，平身。詣祖妣神位前，跪，祭酒，奠酒。俯伏，興。拜，興。拜，興，平身。詣顯考神位前，跪，祭酒，奠酒。俯伏，興。拜，興。拜，興，平身。【通】終獻禮。其儀一如亞獻。侑食。執事者以注遍斟滿盞中酒。主人以下俱出，闔門。有門則閉，無則下簾。祝噫歆，祝當門北面作聲者三。啓門。主人以下復位。主婦點茶。告利成。祝立西階上，東面。【曰】：「利成。」辭神。鞠躬，拜，興。拜，興。拜，興。拜，興，平身。焚祝文。納主。祝先納祖考、妣於匵中，次納亡者神主西階卓子上，俱匣之。奉新主返靈座，主人以下哭從。舉哀。至靈座中安主訖，又哭之〔一〕。禮畢。【若禮行于廳事，則改「納主」云】「奉神主返祠堂」。【主人送至祠堂，納主訖，後回西階卓子上奉新主】。

祝文式

【祔父】維年歲次月朔日辰，孝孫【某】，謹以潔牲柔毛、粢盛醴齊，適于顯曾祖考【某官處士】府君，隮祔孫【某官處士】。尚饗。【如用豕則曰「剛鬣」，竝用羊豕則曰「柔毛剛鬣」】。

【祔母】維年歲次月朔日辰，【以下至「適于」竝同前】。顯曾祖妣【某封某】氏，隮祔孫婦

〔一〕「又哭之」，順德本、太平府本、常州府本爲大字「哀止」。

【某封某】氏。尚饗。

【亡者】維年歲次月朔日辰，【以下至「醴齊」竝同前】。哀薦祔事于先考【某官】府君處士，【母則改云「先妣某封某氏」】。適于顯曾祖考【某官】府君。【母則改云「曾祖妣某封某氏」】。尚饗。

## 小祥

期而小祥。

初忌也。若已除服者來與祭，皆服素衣。

自喪至此，不計閏，凡十三月。

前期一日，主人以下，陳器，具饌。

主人率衆丈夫灑掃滌濯。主婦率婦女滌釜鼎，具祭饌。

設次，陳練服。

丈夫、婦人各設次於别所，置練服於其中。男子以練服爲冠，去首絰、負版、辟領、衰。婦人截長裙，不令曳地，去腰絰。應服期者，改吉服，然猶盡其月不服金珠、錦繡、紅紫。【按：《家禮》於「設次，陳練服」下既曰「男子以練服爲冠」，而不言冠之制。又曰「去首絰、負版、辟領、衰」，而不言别有所製。今考之韵書，練，缊熟絲也。意其以練熟之布爲冠服，故謂之練焉。古人因其所服，遂以爲小祥之冠〔一〕。《雜記》云：「三年之練冠，亦條屬，右縫。」注謂：「三年練冠，小祥之冠也。」則小祥別有冠明矣。《服問》云：「三年之喪既練矣，則服其功衰。」《雜記》亦云：「有父母之喪，尚功衰。」注謂：「三年喪練後之衰，升數與大功同，故云功衰〔二〕也。」則小祥別有衰明矣。又《檀弓》云：「練，練衣黃裏，縓緣，葛腰帶，繩屨。」注：「練衣，中衣之承衰者也。葛腰帶，用葛爲腰絰也。繩屨，用麻繩爲屨也。」又《喪小記》曰：「練皆腰絰，杖，繩屨。」今擬冠別爲練，其制繩武，條屬，右縫，一如衰冠，但用稍粗熟麻布爲之。其服制則上衰下裳，一如大功衰服，而布用稍粗熟麻布爲之，不用負版、適、衰。腰絰用葛爲之，麻屨用麻繩爲之。父杖用竹，母杖用桐如故。○又按：温公《書儀》謂：「今人無受服及練服，小祥則男子除首絰及負版、辟領、衰，婦人長裙不令曳地。」蓋不復別有所製，惟仍其舊而已。冠上去首絰，服上去負版等三物。婦人之服只截去長裙，使不曳地。噫古禮以小祥爲練，小祥而不製練服，可乎？故今擬爲練服如右。及擬婦人服制，亦用稍粗熟麻布爲之，庶稱練之名云】。

厥明，夙興，設蔬果陳饌。

竝同卒哭。

質明，祝出主，主人以下入哭。乃出，就次易服，復入哭。降神，三獻，侑食，闔門，啓門，辭神。

---

〔一〕「冠」，順德本、太平府本、常州府本作「稱」。

〔二〕「衰」原作「喪」，顯有訛誤，徑改。

皆如卒哭之儀。

[儀節]祝出神主，主人以下入。舉哀，主人以下期親各服其服，倚杖哭於門外少頃。哀止，就次易服。各出就次易服。畢，各具新服。序立。舉哀，哀止。降神。自此以後，儀節竝同卒哭。

[祝文]維年歲次月朔日辰，【竝同前〔一〕】，【但云】：日月不居，奄及小祥。夙興夜處，小心畏忌，不惰其身，哀慕不寧。敢用潔牲柔毛、粢盛醴齊，薦此常事。尚饗。

止朝夕哭。

惟朔望未除服者會哭。

始食菜果。

## 大祥

再期而大祥。

第二忌日也。

〔一〕「竝同前」，順德本、太平府本、常州府本爲「並同前式」。

自喪至此，不計閏，二十五月。

前期一日，沐浴，陳器，具饌。

如小祥。

設次，陳禫服。

司馬温公曰：「丈夫，垂脚黲紗幞頭、黲布衫、布裹角帶。未祥間，假以出謁者。婦人冠梳假髻，以鵝黄、青碧、皂白，爲衣履，其金珠、紅繡皆不可用。【按：《説文》：「黲，淺黑青〔一〕也。」今世無垂脚幞頭之制，擬有官者用白布裹帽、白布盤領袍、布帶。無官者用白布巾、白直領衣、布帶。婦人純用素衣履】。

告遷于祠堂。

陳器如《通禮》朔日儀，别設一卓於其東，置浄水、粉盞、刷子、筆硯於其上。

儀節 序立。主人詣祠堂前。盥洗，啓櫝，出主，參神。鞠躬，拜，興。拜，興。拜，興。拜，興，平身。降神。盥洗，詣香案前，跪，上香，酹酒，俯伏，興。拜，興。拜，興，平身。斟酒。主人執注遍斟酒盞中。畢，少退立。主婦點茶。茶畢，與主人竝立。鞠躬，拜，興。拜，興。平身。主婦復位。主人不動。跪，主人以下皆跪。讀祝，祝跪讀之。俯伏，興。拜，興。拜，興，

〔一〕「黑青」，太平府本、常州府本爲「青黑」。

平身。請主。主人進奉主于卓子上，執事者洗其當改字，别塗以粉，俟乾，其親盡者，以紙裹，暫置卓子上。題主，命善書者改題曾祖考妣爲高祖，又改祖考妣爲曾祖，又改考妣爲祖，題畢。遷主。主人自奉其主遞遷而西，虚東一龕以俟新主，少退立。鞠躬，拜，興。拜，興，平身。復位。辭神。鞠躬，拜，興。拜，興。拜，興。拜，興，平身。焚祝文。禮畢。

祝文 維年歲次月朔日辰，孝孫【某】，敢昭告于【某官】府君、【某】氏【某封】、【某官】府君、【某】氏【某封】、【某官】府君、【某】氏【某封】，兹以先考【某官】府君大祥已届，禮當遷主入廟。【某官】府君、【某】氏【某封】親盡，神主當祧。【某官】府君、【某】氏【某封】神主，改題爲高祖。【某官】府君、【某】氏【某封】神主，改題爲曾祖。【某官】府君、【某】氏【某封】神主，改題爲祖。世次迭遷，不勝感愴。謹以酒果，用伸虔告。尚饗。【祝文神主止書官封稱呼，而不書高曾祖考妣者，是時高祖親盡，曾祖祖考妣神主未改題故也】。

【補按】：《禮・喪小記》：父母竝喪，則先葬母而不虞祔，以待父喪畢而後祔。今擬若父先死則用此告遷儀節。若父在，母先死，則是父爲喪主，惟祔于祖母之櫝，不必告遷也。待父死之後，然後用此儀節告遷，而於祝文「大祥已届」下，添入「及先妣某封某氏先亡，祔于祖妣」於「禮遷入廟」之上。若父先亡，已入祠堂，而後母死，只告先考一位。其祝文曰「兹以先妣某封某氏大祥已届，禮當祔於先考竝享。不勝感愴」，竝同。

厥明行事，皆如小祥之儀。畢，祝奉主入于祠堂。

儀節 序立。以下至辭神以上，其儀節竝同小祥，惟辭神後添舉哀。焚祝文。祝奉新主入祠堂，主人以下哭從。至祠堂。安神主，安神主于櫝。哀止。鞠躬，拜，興。拜，興，平身。禮畢。

祝文【竝同小祥，但改「小祥」曰】「大祥」，【「常事」曰】「祥事」。

徹靈座。斷杖，棄之屏處。

奉遷主埋于墓側。

【補】祥祭後，陳器具饌如朔日之儀。用卓子陳廳事上，質明，主人奉安親盡之主于卓子上。

儀節 序立。如常儀。參神。鞠躬，拜，興。拜，興。拜，興。拜，興，平身。降神。盥洗，詣香案前，跪，上香，酹酒。俯伏，興。拜，興。拜，興，平身。主人斟酒，主婦點茶。畢，竝立。鞠躬，拜，興。拜，興，平身。主婦復位。跪，讀祝。俯伏，興。拜，興。拜，興，平身。復位。辭神。鞠躬，拜，興。拜，興。拜，興。拜，興，平身。焚祝文。送主。執事者用盤盛主捧之，主人自送至墓側。埋主。【祝埋畢始回。按：楊氏附注引朱子他日與學者書，「既祥而徹几筵，其主且當祔于祖父之廟，俟三年喪畢，合祭而後遷」，蓋有取於橫渠祫祭後奉祧主於夾室之説也。而楊氏亦云「俟告祭前一夕以薦告遷主畢，乃題神主，厥明合祭畢，奉神主埋於墓所，奉遷主、新主各歸于廟」。夫所謂合祭者，即橫渠所謂祫祭也。《家禮》時祭之外，未嘗合祭。若即是時祭，又不知設新主位於何所？今不敢從，且依《家禮》爲此儀節，庶幾不失云】。

【補】祝文 維年歲次月朔日辰，孝玄孫【某】，敢昭告于五世祖考【某官】府君、妣【某氏】【某封】。古人制禮，祀止四代，心雖無窮，分則有限。神主當祧，不勝感愴。謹以酒果，百拜告辭。尚饗。

始飲酒食肉而復寢。【移後】。

## 禫

鄭氏曰：「澹澹然平安之意。」

大祥之後，中月而禫。

間一月也。自喪至此，不計閏，二十七月。

前一日下旬，卜日。

設卓子於祠堂門外，置香爐、香合、環珓、盤子于其上。

儀節 主人具素服於祠堂門外，西向。兄弟次之，子孫又次之。炷香薰珓，主人將環珓香煙上薰。

祝辭【曰】：「【某】將以來月【某】日，祗薦禫事于先考【某官】府君。尚饗。」卜珓。擲珓於盤，以一俯一仰爲吉。不吉，卜中旬。又不吉，卜下旬。又不吉，用忌日。既得吉，詣先考神位前，鞠躬，拜，興。拜，興，平身。跪，焚香，告辭【曰】：「孝子【某】將以來月【某】日，祗薦禫事于先考【某官】府君，卜既得吉。敢告。」俯伏，興，平身。復位。凡與在位者皆拜。鞠躬，拜，興。拜，興，平身。禮畢。

前期一日，沐浴，設位，陳器，具饌。

設神位於靈座故處，餘如大祥儀。設卓子一於西階上。

厥明行事，皆如大祥之儀。

儀節 主人以下具素服詣祠堂。焚香，跪，告辭【曰】：「孝子【某】將祗薦禫事，敢請先考神主出就正寢。」俯伏，興。拜，興。拜，興，平身。奉主就位，祝奉主櫝于西階卓子上。出主。祝出主置于座。【通】序立。舉哀，哀止。降神。盥洗，以後至辭神，竝同大祥。辭神。鞠躬，拜，興。拜，興。拜，興，平身。舉哀，哀止。焚祝文。送主，主人以下從。納主。禮畢。

祝文 維年歲次月朔日辰，孤子【某】，敢昭告于顯考【某官】府君神主。禫制有期，追遠無及。謹以清酌庶羞，祗薦禫事。尚饗。【母則改稱「妣」】。

【移】始飲酒食肉而復寢。

【按：此條舊在大祥下，今移此。按：《禮》：「中月而禫，禫而飲醴酒。始飲酒者，先飲醴酒。始食肉者，先食乾肉。」又大祥居復寢，禫而牀。由是觀之，則禫猶未可以食肉飲酒，惟飲醴食脯而已。而况大祥乎？今擬禫後始飲淡酒，食乾肉。大祥後，雖復寢，至是乃卧牀。庶幾得禮之意】。

【家禮餘注】鄭氏曰：「骨肉歸于土，魂氣則無所不之。孝子爲其彷徨，三祭以安之。」【右虞祭】。○《檀弓》曰：「殷，既練而祔。周，卒哭而祔。孔子善殷。」注曰：「期而神之，人情。」然殷禮既亡，其本末不可考。今三虞、卒哭皆用周禮次第，則此不得獨從殷禮。○《雜記》曰：「男子祔於王父則配，女子祔於王母則不配。」注：「有事於尊者，可以及卑。有事卑者，不敢援尊也。」【右祔】。○古者，卜日而祭。今止用初忌，以從簡易。大祥放此。○其遭喪以來，親戚之未嘗相見者相見，雖已除服，猶哭盡哀，然後叙拜。【右小祥】。○若無親盡之祖，則祝版云，告畢，改題神主如加贈之儀。遞遷而西，虛東一龕以俟新主。若有親盡之祖而其別子也，則祝版云云，告畢，而遷于墓所不埋。其支子也，而族人有親未盡，則祝版云云，告畢，遷于最長之房，使主其祭。其餘改題遞遷如前。若親皆已盡，則祝版云云，告畢，埋于兩階之間。【右大祥告遷】。

## 【喪禮考證】

【《檀弓》】：「葬日虞，弗忍一日離也。弗忍親之魂無所歸。是日也，以虞易奠。自始死至祖遣，皆是喪奠也。此日始以虞祭代，去喪奠。卒哭曰成事。是日也，以吉祭易喪祭。三虞皆是喪禮，至卒哭則漸吉禮矣。祭以吉爲成，故曰成事。明日，祔于祖父。」明日，卒哭之次日也。祔之爲言附也。祔祭者，告其祖考以當遷他廟，而告新死者以當入此廟也。【右虞、卒哭、祔】。【《喪服小記》】：「婦祔于祖姑。祖姑有三人，則祔于親者。」此言祔廟之禮。三人，有二繼也。親者，謂舅所生母者也。○【按】：此祔，《語録》李晦叔問祭儀，謂：「凡配止以正妻一人。或奉祀之人是再娶所生，即以所生母配。」曰：「程説恐誤。《唐會要》中有論，凡嫡母無先後，皆當竝祔合祭。」【右祔】。【《語録》】：問：「夫在，妻之神主宜書何人奉祀？」朱子曰：「旁注施於所尊，以下則不必書也。」○或問：「子之所生母死，題主當何稱，祭於何所？」曰：「若避嫡母，止稱妣，以別之也。伊川云『祭於私室』。」【右題主】。

【《曾子問》】「曰：『竝有喪，如之何？何先何後？』孔子曰：『喪〔二〕，先輕後重。如竝有父母喪，則先葬母。其奠也，先重而後輕。奠則先父。禮也。其禮如此。自啓及葬不奠，其先葬母也，惟設母啓殯、朝廟之奠，不爲設奠也。行葬不哀次，行葬之時，不得爲母伸哀於所次之處。反葬葬母而反。奠，而後辭於殯，殯當作賓。遂修葬事。既反，即於父殯設奠，告辭於賓，以啓父殯之期，遂修營葬父之事也。其虞也，先重而後輕，禮也。』」如虞祭偶同，則異日而祭，先父後母。【《喪小記》】：「父母之喪偕，謂父母同時死也。先葬者不虞祔，先葬母，不爲母設虞祔。待後事，葬母之明日，即治父葬。待葬父後虞祔畢，然後爲母虞祔也。其葬服斬衰。」從父服也。【《雜記》】：「有父之喪，如未没喪而母死，其除父之喪也，服其除服，卒事，反喪服。父喪未盡而遭母喪，則當除父喪之時，自服除喪之服，以行大祥之禮，此禮

〔二〕「喪」，當作「葬」。

事畢，即當服喪母之服。雖諸父昆弟之喪，如當父母之喪，其祭諸父昆弟之喪也，皆服其除喪之服，卒事，反喪服。當父母之喪，謂始死至除服皆在父母服内也。有殯，聞外喪，哭之他室。入奠，卒奠，出，改服即位，如始即位之禮。」有殯，謂父母未葬也。外喪，謂兄弟之喪在遠者也。入奠者，哭之明日之朝，着己本喪之服入奠殯宫，奠畢而出，脱己本喪服，着新死者未成服之服，而即他室所哭之位，如昨日始聞喪爲位哭之禮也。又按：曾擇之問於朱子曰：「三年喪復有期喪者，當服期喪之服以奠其喪，卒事，則反初服。或者以爲方服重，不當改衣輕服。」曰：「或者之説非是。」【右竝有喪】。【《喪小記》】：「久而不葬，唯主喪者不除。謂子於父母，妻於夫，孤孫於祖父母也。其餘謂期以下之親也。以麻終月數者，除喪則已。」

## 【補】改葬《家禮》無改葬，今采《集禮》補入。

將改葬，先擇地之可葬者。治棺，制服。子爲父，妻爲夫，緦麻，餘皆素服布巾。具歛牀、布絞、衾衣。如大歛儀。治葬具。大轝、竹格、功布、幃幙之類。擇日開塋域，祠土地，遂穿壙，作灰隔，皆如始葬之儀。

祠土地。

儀節 行禮者以士人主之，告者吉服入。就位。鞠躬，拜，興。拜，興，平身。告者與執事者皆拜。盥洗，告者與執事者俱洗。詣神位前，跪，上香，斟酒，執事者一人取酒，西向跪。一人取盞，東向跪。告者斟酒反注。酹酒，取盞，傾少許于神位前。獻酒。復斟酒置神位前。俯伏，興。少退立。讀祝。祝執版跪于告者之左而讀之。復位。鞠躬，拜，興。拜，興，平身。焚祝文。禮畢。

祝文 維○○【幾】年歲次【干支某】月朔日【干支，某官姓名】，敢昭告于土地之神。今爲【某親某官姓名】宅兆不利，將改葬于此。神其保佑，俾無後艱。謹以清酌脯醢，祇薦于神。尚饗。

前期一日，告于祠堂。

儀節 序立。男左女右。啓櫝，出主。出所當遷葬之主。參神。衆拜。鞠躬，拜，興。拜，興。拜，興，平身。降神。主人盥洗，詣香案前，跪，上香，酹酒。盡傾茅沙上。俯伏，興。拜，興。拜，興，平身。主人斟酒，主婦點茶。畢，二人竝拜。鞠躬，拜，興。拜，興，平身。主婦復位。主人不動。跪，主人以下皆跪。告辭【曰】：「玆以【某】考妣體魄〔二〕托非其地，恐有意外之患。驚動先靈，不勝憂懼，將卜以是月【某】日改葬于【某所】。敢告。」俯伏，興，平身。主人獨拜。鞠躬，拜，興。拜，興，平身。復位。辭神〔三〕。鞠躬，拜，興。拜，

〔二〕「魄」原作「魂」，據順德本、太平府本、常州府本改。

〔三〕「辭神」下，順德本、太平府本、常州府本有小字「衆拜」。

興。拜，興。拜，興，平身。納主。禮畢。

執事者於舊墓所張白布幙，開户向南，布席其下。爲男女位次。

厥明，内外諸親皆至，各就次。主人服緦麻服，餘皆素服。男子於墓東西向，婦人墓西東向，俱北上。婦女蔽以布帷。爲位哭盡哀。

祝祠土地。

儀節

祝文 竝同前。【但云】「茲有【某親某官】卜宅茲地，恐有他患，將啓窆遷于他所。謹以清酌脯醢，祗薦于神，神其祐之。尚饗」。

啓墓。

儀節 序立。舉哀，哀止。鞠躬，拜，興。拜，興，平身。詣墓道前，跪，焚香，酹酒，奠酒。俯伏，興。拜，興。拜，興，平身。復位。祝噫嘻三聲。祝告辭【曰】：「【某官某人】葬于茲地，歲月滋久，體魄不寧。今將改葬，伏惟尊靈不震不驚。」舉哀，鞠躬，拜，興。拜，興，平身，哀止。禮畢。各就他所。

役者開墳。俟開墳訖，内外各就哭如初。役者舉棺，出置于幙下席上，男女俱哭從於幙所，男東女西。

祝以功布拭棺，覆以衾。

祝設奠于柩前。用卓子二置酒盞、酒注、香爐，及設蔬果飯食如常儀。

儀節 主人以下鞠躬，拜，興。拜，興，平身。詣香案前，跪，焚香，酹酒，奠酒。俯伏，興。拜，興。拜，興，平身。少頃，徹奠。

役者舁新柩於幙門外。南向。遂詣幕所。以綿衾置棺中，垂四裔于外。執事者設斂牀於新柩之西。牀上施薦褥，褥上鋪布絞，横五直一，絞上加單被，被上加衣。【如不易棺，則不設牀】。執事者開棺，舉尸置于斂牀，遂斂，如大斂之儀。

儀節 侍者洗手，舁尸置于斂牀，安於布絞上，用净絲綿裹之。結絞，先結直者，後結横者。入棺，子孫婦女共舉尸置棺中。收衾，收綿衾之四裔垂者。蓋棺。召匠加釘，訖，仍覆以衾。舉哀，主人、主婦憑哭，盡哀。徹去舊奠。

遷柩舉轝。祝告【曰】：「今日遷柩就轝。敢告。」乃設奠。如常儀。

儀節 就位，舉哀。祝盥洗，焚香，斟酒，跪，告辭【曰】：「靈輀載駕，往即新宅。」俯伏，興，平身。鞠躬，拜，興。拜，興，平身。

發引。上加竹格。男女哭從，如始葬發引之儀。未至，執事者先設靈幄、靈座，在墓道西南向有倚卓。爲男女位次。男左女右，婦女蔽以行帷。柩至，執事者先布席於壙南。柩至，脱載，置席上，北首。主人男女各就位哭。男東女西，相向而哭。

乃窆。

儀節 橫杠，執事者先用木杠橫灰隔之上。主人輟哭。下棺。加灰隔，内外蓋。實以土，一如始窆之儀。

祠土地於墓左。

儀節 如常儀。

祝文 前後並同。【但改云】「今爲【某官】建兹宅兆，神其」。【後同】。

既葬，就幙所靈座前行虞祭。如初虞儀。

儀節 序立。舉哀，哀止。降神。盥洗，詣香案前，跪，上香，酹酒。俯伏，興。拜，興。拜，興，平身。復位。進饌。初獻禮。祭酒，奠酒，讀祝。俯伏，興。鞠躬，拜，興。拜，興，平身。復位。亞獻禮。祭酒，奠酒，俯伏，興。拜，興。拜，興，平身。終獻禮。祭酒，奠酒。俯伏，興。拜，興。拜，興，平身。侑食。點茶。辭神。鞠躬，拜，興。拜，興。拜，興。拜，興，平身。焚祝文。禮畢。

祝文 維年歲次月朔日辰，【某親某】，敢昭告于【某親某官】府君。新改幽宅，禮畢終虞，夙夜靡寧，啼號罔極。謹以清酌庶羞，祗薦虞事。尚饗。

祭畢，徹靈座。主人以下出就別所，釋緦麻服，素服而還。

告于祠堂。

儀節 與前同，【但改】告辭【曰】「孝孫【某】，今以【某親某官】體魄，托非其地。已於今月【某】日改葬于【某所】，事畢。敢告」。【餘竝同】。

## 【改葬考證】

【《喪服記》】：「改葬緦。」疏曰：「謂墳墓以他故崩壞，改設之如葬時也。服緦者，子爲父也，夫爲妻也。親見尸柩，不可無服。緦，三月而除之。」【朱子曰】：「改葬須告廟而後告墓，方啓墓以葬。葬畢，奠而歸，又告廟，哭，而後畢事，方穩當。行葬更不必出主，祭告時却出主於寢。」

## 【補】返葬儀

出外死者，初終至哭奠，其儀節皆如前。詳見前喪禮。製喪具，入棺後即作大轝、竹格、功布及雨具，其餘明器等物至家始備。告啓期。既擇定行期，預先告于死者之僚友及素相往來者。

啓行前一日，因朝奠以遷柩告。

儀節 就位。有服者各以其服就位哭。祝盥洗，焚香，斟酒，跪，告辭【曰】：「今擇以【某】日遷柩就轝，將還故鄉。敢告。」俯伏，興，平身。主人以下拜哭。拜，興。拜，興。拜，興。拜，興。禮畢。

親賓致賻奠。如前儀。陳器。若即日啓行，不用此。若在官故者，宜如前陳器，行至水次，或十里長亭，方斂之。

厥明，因朝奠告以遷柩就轝。

儀節 是日清晨，役夫納大轝於庭。脱杠上横扃。就位。各具服。祝盥洗，焚香，斟酒，跪，告辭【曰】：「今日遷柩就轝。敢告。」俯伏，興，平身。主人以下哭拜。徹靈座。遷柩就轝，役夫齊用手舉柩底以遷之，既就，乃載柩于轝，施扃加楔以維之，令極牢實，并備油單包裹。主人視載。

主人從柩哭降，視其載柩于轝。

發引。男左女右，隨柩後行，陸行至無人處，乃乘馬。舟行則至水次登舟。

設奠。登舟則設靈座，置銘旌，朝夕哭奠如儀。陸行則途次遇食時上奠。

迎柩。未至家前一日，豫遣人報知在家者，急於去家十里便處，設幄具奠以待。至日，五服之人各服其服，至幄次哭迎，柩至暫駐。

儀節 就位，有服者以服爲次序。舉哀。祝盥洗，焚香，斟酒，跪，告辭【曰】：「今靈輀遠歸，將至家，親屬來迎。敢告。」俯伏，興，平身。拜，興。拜，興。拜，興。拜，興。

主人以下男女步哭從。男左女右，隨柩後行，如儀。

柩至家。若死者乃宗子或尊屬，則由中門以入，安柩于中堂。若非宗子、尊屬，各隨便門入，安于其所居。若居城中，門禁不許入者，則先設次于郭外便安之處。【按：世俗出喪，多不由門往路，別拆墻壁以出。有旅殯者，多拘於忌諱，雖宗子、尊屬亦不許由中門以入，安於堂中。吁，生時所出入居處之處，其死也乃不容其居，孝子之心安乎】？

儀節 就位。有服者各具其服哭。祝盥洗，焚香，斟酒，跪，告辭【曰】：「靈輀遠歸至家。敢告。」俯伏，興，平身。舉哀。拜，興。拜，興。拜，興。拜，興。

相吊，卑者皆向尊者前，相向跪哭，如成服儀。

受吊。如奔喪儀。

自後朝夕哭奠、治葬、發引、虞、祔儀節，俱如常儀。

# 文公家禮儀節卷之七

## 祭禮

### 四時祭

【按】：《大全集》有歲暮祝文，擬增入歲暮一祭。

時祭用仲月，前旬卜日。

孟月下旬之首，擇仲月三旬各一日，或丁或亥。是日，設香案于祠堂中門外，向西，設香罏、香合、環珓、盥盤。

**儀節** 主人盛服立祠堂中門外，西向。序立。兄弟立其南，少退。子孫立其後，重行西向，北上。主人立香案前。焚香，薰環珓於上[一]。祝辭【曰】：「【某】以來月【某】日諏此歲事，適其祖

[一] 「薰環珓於上」，順德本、太平府本、常州府本爲「薰珓於其上」。

考。尚饗。」卜珓。擲珓于盤，以一俯一仰爲吉。反此，不吉，則卜中旬之日，又不吉，則不復卜而用下旬之日。既得日，則開中門，主人以下皆轉北向立，如朔望之位。【若不用卜，可去以上儀節，只留序立】。鞠躬，拜，興。拜，興，平身。主人詣香案前，跪，焚香。俯伏，興。拜，興。拜，興，平身。用子弟一人爲祝，執詞跪于主人之左。告祭期，祝【曰】：「孝孫【某】將以來月【某】日祇薦歲事于祖考，既得日。敢告。」俯伏，興。拜，興。拜，興，平身。復位。主人以下鞠躬，拜，興。拜，興，平身。祝闔門畢，主人以下復西向立，執事者立于門西，東面，北上。執事者受訓戒，祝立主人之右，命之【曰】：「孝孫【某】將以來月【某】日祇薦歲事于祖考，有司具脩。」執事齊應【曰】：「諾。」乃退。【按：朱子曰：「卜日無定，慮有不虔，司馬温公云只用分至亦可。」今擬若止用分至，宜先於前一月，主人詣祠堂告祭期】。

補〔二〕具脩。今人家貧富不同，不能皆立祠堂、置祭田、備祭器。其牲醴粢盛等物，臨時措辦實難。況禮久廢，行者頗少，不人人能也。苟非先事備物致用、講明演習，則其臨時失誤也必多矣。今擬合用之器、合備之物、合用之人于後，使行禮之家先期置辦、賃借、浼請，庶不至失誤云。

合用之器：倚，【正位，每位二張。祔位，隨用。或用凳子亦可】。卓子，【正面，共四卓。祔位，用

〔二〕「補」，據順德本、太平府本、常州府本補。

二長者。其餘雜用者隨備】。楪子，【每卓二十個，又量用小者，以盛鹽醋之類】。湯椀，【量多少用】。爵，【每主三個，無則以鍾子代之】。盞，【兩祔位用】。酒注、酒尊、玄酒尊、受胙盤。饌盤，【用以盛饌者】。匙、筯，茶甌、茶瓶。牲盤，【有大牲則用之】。火爐、湯瓶、托盤、盥盆。帨巾，【二付，一有臺架】。幙，【無門則用之】。香案、香鑪并匙、香合、燭臺、臺盤。茅沙，【束茅聚沙，每位及香案前共五付】。祝版。

合備之物：牲，【或羊，或豕，或鷄鵝鴨】。醴，【酒滓，無則用酒代之】。果、菜、醬、醋、麵、米粉、茶、柴、魚、脯、醢、鹽。

合用之人：禮生，【按：《書儀》祭禮注引《開元禮》有「設贊唱者位西南，西面」之文，況今禮廢之後，儀文曲折，行者不無參差。今擬用引贊一人，通贊一人，擇子弟或親朋二人爲之。先期演習，庶禮行之際，不至差跌】。祝，【讀祝兼致嘏辭】。執事者。

前期三日，齊戒。

主人帥衆丈夫致齊于外，主婦帥衆婦女致齊于内。沐浴，更衣，不飲酒、茹葷，不吊喪、問病、聽樂，凡凶穢之事，皆不得與。

前一日，設位，

主人帥衆丈夫及執事者灑掃正寢，洗拭倚卓。設高祖考、妣位一於堂之西，考西妣東。次曾祖考、妣。次祖、考妣。次考、妣。以次而東，世各爲位，不相連屬。每位用二倚一卓而合之，卓下置茅沙。祔位兩序相向，尊者居西。

陳器，

於堂中間，用一卓爲香案，上置香罏、香合、燭臺，下置茅沙。又於香案之東南階上設玄酒架，次設酒架，别設卓子於酒架東，上盛酒注、盤盞、受胙盤。又於香案之西南階上置火爐、湯瓶、香匙、火筯。又設卓子於火爐西，上盛祝版。又於東階上設盥洗帨巾二，一有架，一無架。又設陳饌大牀於其東。

省牲，

儀節 主人帥衆丈夫。詣省牲所，涖殺。省牲。省牲畢。

滌器，

主婦帥衆婦女滌濯祭器，潔釜鼎。

具饌。

主婦帥衆婦女具祭饌。每位，【果】，六品。【菜蔬脯醢】，每位各三品。【肉魚饅頭糕】，每位各一盤。【羹飯】，每位各一椀。肉，每位各二串。務令精潔，未祭之前，勿令人先食及爲猫犬蟲鼠所汙。【如天道炎熱，可半夜起具之】。〇【按：禮，事死如事生，事亡如事存。《家禮》所具之饌，亦非三代以前之禮，只是常時所用耳。今世俗宴會用卓面，且吾先祖平生所用者，若欲從簡用之，亦可。今擬每卓用按酒楪五，茶食、果菜楪各五，椒鹽、醋楪，匙，筯各一。每一奠之先，進饌一次，如羹米、麵食之類，皆預爲之備，臨祭時用】。

厥明，夙興，設蔬果酒饌。

主人以下及執事者俱詣祭所。飣楪，每卓分爲四行。近主邊一行，中置匙筯，鹽醋楪列其東，空其西以俟奠酒爵，爵之東設飯，醋楪之西設羹。次二行空，以俟行禮時進饌，列炙肝魚肉米麵食之類。次三行設脯醢蔬菜，相間而陳。次四行設果品。有牲，又於卓前置一卓子以盛牲俎，無則否。〇取井花水爲玄酒，盛以小瓶，及酒瓶俱安架上。熾炭於爐以炙肝肉，實水于瓶以點茶。主婦帥衆婦女炊煖祭饌，皆令極熱，各用合子盛出，置東階下大牀上，其酒亦令温熱。【若用卓面，如時俗儀。是早預先飣楪擺卓，炊蒸飯食，調羹温酒。每一獻，進羹飯一次。如世俗宴會之禮，似亦庶幾事死如事生之意】。

質明，奉主就位。

儀節 是日，主人、主婦詣祠堂前。盥洗，啓櫝，執事者啓櫝。出主。詣香案前，跪，焚香，告辭【曰】：「孝孫【某】今仲【某】之月有事于高曾祖考、妣。敢請神主出就正寢，恭伸奠獻。」俯伏，興，平身。執事者以盤盛主。主人前導，諸親從之，至正寢。奉主就位。主人奉考主，主婦奉妣主，子弟奉祔食主。

參神，降神。進饌。初獻，亞獻，終獻。侑食，闔門。啓門，受胙。辭神，納主。

儀節【通】序立。主人以下序立，如圖位。【凡書通者，通贊也。引者，引贊也】。參神。鞠躬，拜，興。拜，興。拜，興。拜，興，平身。降神。執事者開酒，取巾拭瓶口。【引】盥洗，詣香案前，跪，上香，酹酒。子弟一人跪于主人之左，進盤盞，主人受之。人跪于主人之右，執注斟酒于盞。主人左手執盤，右手執盞，盡傾于茅沙上。【斟畢，二人俱起】。俯伏，興。拜，興。拜，興，平身。復位。【通】進饌。主人升，主婦從。執事者，一人以盤盛魚肉，一人以盤奉米麵食，一人以盤奉羹飯。主人、主婦逐位自進。子弟進祔位，畢。初獻禮。主人升，執事者注酒于盞，每位各一人，捧盞從之。【亞獻、終獻同】。【引】詣高祖考、妣神位前，跪，祭酒，傾少許於茅沙上。奠酒，執事受之，置高祖考主前。祭酒，又傾少許于茅沙上。奠酒。執事者受之，置高祖妣主前。俯伏，興，平身。詣曾祖考、妣神位前，跪，祭酒，奠酒，祭酒，奠酒。【如高祖考、妣儀】。俯伏，興，平身。詣祖考、妣神位前，跪，祭酒，奠酒，祭酒，奠酒。【如曾祖考、妣儀】。俯伏，興，平身。詣考、妣神位前，跪，祭酒，奠酒，祭酒，奠酒。【如祖考、妣儀】。俯伏，興，平身。【引】詣讀祝位，跪，【通】主人以下皆跪，讀祝，祝取版跪主人之左，讀之，畢，起。俯伏，興。拜，興。拜，興，平身。【引】復位。【通】分獻，兄弟之長者分獻祔位。奉饌。執事者以盤盛肝，兄弟之長者每位奠之，卑幼進祔位。【每一獻畢，執事者以他器徹酒及饌，還〔二〕盞故處】。亞獻禮。【引】盥洗，【前人再行，則不用此句】。詣高祖考、妣神位前，跪，祭酒，奠酒，祭酒，奠酒。【如初獻，下同】。俯伏，興，平身。詣曾祖考、妣神位前，跪，祭酒，奠酒，祭酒，奠酒。俯伏，興，平身。詣祖考、妣神位前，跪，祭酒，奠酒，祭酒，奠酒。俯伏，興，平身。詣考、妣神位前，跪，祭酒，奠酒，祭酒，奠酒。俯伏，興，

〔二〕「還」，順德本作「置」。

平身。復位。【通】分獻，獻酒于祔位。奉饌。主婦亞獻，則諸婦之長者逐位進炙肉。若主人或其兄弟之長者行，則次長者進之。終獻禮。盥洗，詣高祖考、妣神位前，跪，祭酒，奠酒，祭酒，奠酒。俯伏，興，平身。詣曾祖考、妣神位前，跪，祭酒，奠酒，祭酒，奠酒。俯伏，興，平身。詣祖考、妣神位前，跪，祭酒，奠酒，祭酒，奠酒。俯伏，興，平身。詣考、妣神位前，跪，祭酒，奠酒，祭酒，奠酒。俯伏，興，平身。復位。【通】分獻，奉饌。如亞獻儀。【引】侑食。主人執注，遍斟諸位前，俱滿。主婦遍插匙飯中，俱退，分立香案前。鞠躬，拜，興。拜，興，平身。復位。【通】主人以下皆出。闔門。無門，則垂簾幙。男左女右，俱少休，食頃。祝噫歆，祝當門北向，作欬聲者三。啓門，主人以下各復位。獻茶。主人、主婦進茶於四代考、妣前，子弟婦女分祔位。飲福受胙。【引】詣飲福位，執事者設席於香案前，主人就席，北面立。跪，祝取酒盞于高祖前，詣主人之右，跪。主人亦跪。受酒，祝以盞授主人。祭酒，傾少許于地。啐酒，略嘗少許，祝取匙抄諸位之飯各少許，以盤子盛，詣主人左。【通】嘏辭【曰】：「祖考命工祝，承致多福無疆，于汝孝孫，來汝孝孫，使汝受禄于天，宜稼于田，眉壽永年，勿替引之。」主人置酒席前地上。【引】俯伏，興。拜，興。拜，興，平身。跪，受胙。祝以胙授主人，主人受飯嘗之，實于左袂，挂袂于手指。卒飲。取所置酒，卒飲之，以盞及飯受執事者。俯伏，興。拜，興。拜，興，平身。【若欲從簡，止詣飲福位。○跪。○嘏辭，飲福酒。○受胙。○俯伏，興。拜，興。拜，興，平身】。主人退立于東階上，西向。祝立於西階上，東向。【通】告利成。祝【曰】：「利成。」在位者皆拜。鞠躬，拜，興。拜，興，平身。主人不拜。【引】復位。【通】辭神。鞠躬，拜，興。拜，興。拜，興。拜，興，平身。焚祝文。送主，主人、主婦皆升，送〔二〕主婦祠堂，如來儀納之。徹饌。禮畢。【按：獻禮儀節不〔三〕盡用《家禮》本注，蓋參用今朝廷頒降祭神儀注，庶幾簡易可行】。

祝文式

維○○【幾】年歲次【干支幾】月【干支】朔【幾】日【干支】，孝玄孫【某官姓名】，敢昭告于顯高祖考【某官】府君、顯高祖妣【某封某】氏、顯曾祖考【某官】府君、顯曾祖妣【某封某】氏、顯祖考【某官】府君、顯祖妣【某封某】氏、顯考【某官】府君、顯妣【某封某】氏。歲序流易，時維仲春、夏、秋、冬。【歲暮改此句】爲「歲律將更」。追感歲時，不勝永慕。謹以潔牲粢盛庶品，祗薦歲事，以【某親某官】祔食。尚饗。【按：《家禮》四代各一祝文，今併省之，以從簡便】。

徹。

主婦還，監徹酒之在盞、注、他器中者，皆入于瓶，緘封之，所謂福酒。果蔬、肉食，竝傳于燕器。復歸監

〔二〕「送」，順德本、太平府本、常州府本作「奉」。

〔三〕「不」原作「下」，據順德本、太平府本、常州府本改。

滌祭器而藏之。

餕。

是日，主人監分祭胙以遺〔二〕人，分胙于親友。一以餕親屬，一以餕禮生。【子弟爲之，則否】。胙餘不足，則益以他酒肉。

**儀節** 祭畢。主人、主婦正坐堂中，南向。【有尊長，則依序立】。序立。諸子、諸婦世爲一列，男左女右，立階下。鞠躬，拜，興。拜，興。拜，興。拜，興，平身。長者一人捧酒盞。詣尊座前，當兩席間。跪，【若子姪，則坐受之。弟則起立】。祝辭【曰】：「祀事既成，祖考嘉饗。伏惟尊親，備膺五福，保族宜家。」祝畢，以盞授執盞者，置于尊者之前。俯伏，興，平身。復位。與衆男皆拜。鞠躬，拜，興。拜，興。拜，興。拜，興，平身。告諭。主人告諭【曰】：「祀事既成，五福之慶，與汝曹共之。」畢。鞠躬，拜，興。拜，興。拜，興。拜，興，平身。禮畢。然後衆丈夫餕于外，女子餕于內，如世俗儀。【補】謝禮生。祭畢，主人帥衆男子再拜謝禮生，禮生答拜。仍以祭餘設席待之，如常儀。若子弟自爲，則不用此禮。

凡祭，主於盡愛敬之誠而已。貧則稱家之有無，疾則量筋力而行之。財力可及者，自當如儀。

---

〔二〕「遺」，順德本、太平府本、常州府本作「遺」。

## 初祖

惟繼始祖之宗得祭。○【按：《附録》，或問朱子以始祖之祭，朱子曰：「古無此。伊川先生以義起，某當初也祭，後來覺得似僭，不敢祭。」今從之，不爲儀節】。

冬至祭始祖。

程子曰：「此厥初生民之祖也。冬至一陽之始，故象其類而祭之。」

前期三日，齊戒。

如時祭之儀。

前期一日，設位，

主人衆丈夫深衣，帥執事者灑掃祠堂，滌濯器具，設神位於堂中間北壁下，設屏風於其後，食牀於其前。

陳器，

設火鑪於堂中，設炊烹之具于東階下盥東，炙具在其南。束茅以下，竝同時祭。主婦衆婦女背子，帥執事者滌濯祭器，潔釜鼎，具果楪六、盤三、杅六、小盤三、盞盤匙筯各二、脂盤一、酒注酹酒盤盞一、受胙盤匙一。○按：此本合用古祭器，今恐私家或不能辦，且用今器以從簡便。神位用蒲薦加草席，皆有緣，或用紫褥，皆長五尺，闊二尺有半。屏風如枕屏之制，足以圍席三面。食牀以版爲面，長五尺，闊三尺餘，四圍亦以版，高一尺二寸，二寸之下乃施版，面皆黑漆。

具饌。

晡時殺牲，主人親割毛血爲二〔二〕盤，首心肝肺爲一盤，脂雜以蒿爲一盤，皆腥之。左胖不用，右胖前足爲三段，脊爲三段，脅爲三條，後足爲三段，去近竅一節不用，凡十一體。飯米一杅，置于一盤。蔬果各六品。切肝一小盤，切肉一小盤。

厥明，夙興，設蔬果酒饌。

主人深衣，帥執事者設玄酒瓶及酒瓶于架上。酒注、酹酒盤盞、受胙盤匙各一於東階卓子上，祝版及脂盤于西階卓子上，匙筯各一於食牀北端之東西，相去二尺五寸。盤盞各一於筯西。果子在食牀南端，蔬在其北。毛血腥盤切肝肉，皆陳于階下饌牀上。米實階下炊具中，十一體實烹具中，以火爨而熟之。盤一、杅六，置饌牀上。

質明，盛服就位。

如時祭儀。

降神，參神，

〔二〕「二」，太平府本作「一」。

主人盥升，奉脂盤詣堂中爐前，跪，告曰：「孝孫某，今以冬至有事于皇始祖考、皇始祖妣。敢請尊靈，降居神位，恭伸奠獻。」遂燎脂于爐炭上，俯伏，興。少退立，再拜。執事者開酒，主人跪酹，如時祭之儀。

進饌。

主人升詣神位前，執事者奉毛血腥肉以進。主人受，設之于蔬北西上。執事者出熟肉，置于盤，奉以進，主人受，設之腥盤之東。執事者以杅二盛飯，杅二盛肉湆不和者，又以杅二盛肉湆以菜者，奉以進。主人受設之，飯在盞西，大羹在盞東，鉶羹在大羹東。皆降復位。

初獻，

如時祭之儀，但主人既俯伏興，兄弟炙肝加鹽，實于小盤以從。祝辭曰：「維年歲月朔日子〔一〕，孝孫姓名，敢昭告于皇初祖考、皇初祖妣。今以仲冬陽至之始，追惟報本，禮不敢忘。謹以潔牲柔毛、粢盛醴齊，祗薦歲事。尚饗。」

亞獻，

如時祭之儀，但衆婦炙肉加鹽以從。

終獻。

如時祭及上儀。

〔一〕「子」原作「于」，據順德本、太平府本、常州府本改。

侑食，闔門，啓門，受胙，辭神，徹，餕。

竝如時祭之儀。

## 先祖

繼始祖、高祖之宗得祭。繼始祖之宗，則有初祖而下，繼高祖之宗，則自先祖而下。○【按】：冬至祭始祖，立春祭先祖，程子説也。朱子作《家禮》，多取温公，而此二祭則用程氏焉。楊氏謂朱子初年亦嘗行之，後覺其似僭，不敢祭。然朱子於《小學》書亦既載程子斯言。借曰《家禮》未成之書，而《小學》則已成矣，而不删去之，必有其説。《語録》又有「始祖之祭似禘，先祖之祭似祫」之説，考禮，禘爲王者之祭，祫則諸侯亦得行也，則祫比禘爲小矣。朱子他日答或人書論祔及遷有取横渠「喪畢，祫祭大廟。祭畢，還主迭遷」之説，則亦不以祫爲非。由是觀之，則先祖之祭似亦可行。今擬人家同居止四代者，固不必行此祭。其有合族以居，累世共爨，生者同居而食，死者異席而祭，恐難以〔二〕萃合人心於孝享之義。宜於立春之日中設先祖考妣位於中堂，自先祖而下，考左妣右，分爲兩列，每年一行。庶幾累世不分者，得以萃聚群心，總攝衆志，敬宗睦〔三〕族於悠久云。

〔二〕「難以」，順德本、太平府本、常州府本爲「乖易」。

〔三〕「睦」，順德本、太平府本、常州府本作「收」。

立春祭先祖。

程子曰：「初祖以下，高祖以上之祖也。立春，生物之始，故象其類而祭之。」【按】：《家禮》引程子謂祭初祖以下、高祖以上之祖，則自高祖以下四時常祭者，不復與也。今擬併高曾祖考祭之，所以然者，蓋專爲合族以居者設也。凡其子姓在序拜奔走之列者，其祖考皆在焉。不分遠近親疏，皆合享於一堂，合祀死者，所以萃聚生者也。

前三日，齊戒。

如祭初祖之儀。

前一日，設位，陳器，

是日，主人衆丈夫帥執事者灑掃〔一〕中堂，設神位其中，用紙爲牌如神主，面上書「某祖考某官府君」「某祖妣某封某氏」。高祖之父爲五世祖，推而上之，爲六世、七世，隨所知而書之。或以始遷之祖，或以起家之祖，在高祖以前者一人爲先祖，設其位當中南向，用屏障其後，前設倚子，倚前設卓子。其餘祖考妣無神主者，作紙牌。有主者，至祭時請主。凡同居合族之人有服及親未盡者，是日，皆合祭。分爲兩列，左昭右穆，相向，以北爲上。每考、妣前設一卓，如多，列不下，則每列各設一長卓，又於當中設一卓於香案之北，近裏，盛牲俎。牲卓南，設香案。香案前，列炭爐。其餘酒架、火爐、盥盆之類，一一皆如時祭之儀。

〔一〕「掃」原作「其」，據順德本、太平府本、常州府本改。

陳器，

先祖前卓子上，陳設如時祭儀。其餘兩列，考妣共爲一位，每位酒盞一〔一〕，匙筯各二，鹽醋楪各二，飯羹椀各二，脯醢菜蔬楪共四，魚肉楪各四，果品楪各四，牲肉盤一。

具饌。

晡時殺牲。主人先詣省牲所省牲，殺訖，親割毛血爲一盤，首心爲一盤，肝肺爲一盤，脂雜以乾蒿末爲一盤。【無蒿用香末代之】。切肝兩小盤，切肺兩小盤。又用肉汁不和者爲大羹，肉汁和以菜爲鉶羹，皆用椀盛，皆不煮熟。牲全設，盛以大盤。【按：《家禮》本注，牲體去左胖不用，右胖分爲十一體，蓋用古體也。然《家禮》於祭器既用今器以從簡便。則於此等處，不必拘古，似亦無害。今國家祭祀，牲體於正祭皆全用，其於祔祭，則每逐位分設〔二〕。今擬改〔三〕之】。

【補】省牲。

【按】：四時祭有省牲，今無，故補入。

儀節 主人帥衆丈夫詣省牲所，涖殺。省牲，省牲畢。

---

〔一〕「一」，順德本、太平府本、常州府本作「二」。
〔二〕「設」原作「叚」，據順德本、太平府本、常州府本改。
〔三〕「改」，順德本、太平府本、常州府本作「從」。

厥明，夙興，設蔬果酒饌。

主人帥執事者設玄酒瓶及酒瓶于架上，酒注、酹酒盤盞、受胙盤、匙筯各一於東階卓子上，祝版及脂盤于西階卓子上，毛血腥盤、切肝肉皆陳于階下牀上。【補】主人將祭，先詣祠堂請主。詣香案前，跪，上香，告辭曰：「孫【某】茲以立春合祭先祖于正寢。敢請高曾祖考妣同伸奠獻。」告畢，主人以盤盛主，捧至中堂，各隨次序列。其他神主在別室者，皆放此。告辭各隨所稱。

質明，盛服就位。降神，參神，進饌。初獻，亞獻，終獻。侑食，闔門，啓門，受胙，辭神，

**儀節**【通贊唱】：序立。主人以下，凡同族者皆在。男左女右，世爲一行。降神。【引贊唱】：盥洗，詣香案前，跪，上香，上香，三上香，告辭【曰】：「孝孫【某】，今以立春有事于先祖考【某官】府君、先祖妣【某封某】氏。敢請尊靈，降居神位，恭伸奠獻。」燎脂。主人以脂燎于爐炭上[二]，少退立。俯伏，興。拜，興。拜，興，平身。復位。詣酒尊所，執事者酌酒，詣香案前，跪，酹酒。如時祭儀。俯伏，興。拜，興。拜，興，平身。復位。【通】參神。主人以下皆拜。鞠躬，拜，興。拜，興。拜，興。拜，興，平身。進饌。【引】詣先祖考、妣神位前，進毛血，進腥肉，執事者奉毛血腥肉盤，主人受之，設之于蔬北，西上。進熟肉，執事者奉熟肉盤，主人受之，設腥盤東。

---

〔二〕「上」原作「已」，據順德本、太平府本、常州府本改。

進飯，執事者以飯椀進，主人受之，設酒盞西。進大羹，設在盞東。進鉶羹，設在大羹東。復位。【通】初獻禮。【引】詣先祖考、妣神位前，跪，祭酒，奠酒，祭酒，奠酒。俯伏，興。拜，興。拜，興，平身。進肝。兄弟奉肝兩小盤，置卓子上。詣讀祝位，跪，【通】主人以下皆跪，讀祝。祝取板，于主人之左讀之，畢，起。俯伏，興。拜，興。拜，興，平身。【引】復位。【通】分獻。兄弟之長者分獻兩列，逐位注酒于盞中。亞獻禮。【引】盥洗，【別有行禮者則贊此】。詣先祖考、妣神位前，跪，祭酒，奠酒，祭酒，奠酒。俯伏，興。拜，興。拜，興，平身。進炙肉。復位。【通】分獻。如初獻。終獻禮。【引】盥洗，【別有行禮者則贊此】。詣先祖考、妣神位前，跪，祭酒，奠酒，祭酒，奠酒。俯伏，興。拜，興。拜，興，平身。進炙肉。復位。【通】分獻。如亞獻。【引】侑食。主人執注，遍斟諸位前，俱滿。主婦遍插匙飯中。俱退，分立香案前。鞠躬，拜，興。拜，興，平身。復位。主人以下皆出，闔門。無門則垂簾幙，男左女右，俱少休，食頃。祝噫歆，祝當門北向作欬聲者三。啓門，主人以下各復位。獻茶。主婦進茶於先祖，諸婦分兩列。飲福受胙。詣飲福位，跪，嘏辭【曰】云云。【與時祭同】。飲福酒，受胙。鞠躬，拜，興。拜，興，平身。主人起，立于東階上，西向。告利成。祝立于西階上，東向。【曰】：「利成。」【引】復位。鞠躬，拜，興。拜，興，平身。【通】辭神。鞠躬，拜，興。拜，興。拜，興。拜，興，平身。焚祝文。併取牌子焚之。送主，徹饌。禮畢。

徹，餕。

儀節 並同時祭。

祝文 維○○【幾】年歲次【干支幾】月【干支】朔【幾】日【干支】，孝孫【某】，敢昭告于先祖考【某官】府君、先祖妣【某封某】氏。今以立春生物之始，追惟報本，禮不敢忘。謹以潔牲剛鬣、柔毛粢盛醴齊，祗薦歲事。凡我宗親，咸茲合食。尚饗。

## 禰

凡爲人長子者，皆得祭。支子不得祭。

季秋祭禰。

程子曰：「季秋，成物之始。亦象其類而祭之。」

前一月下旬，卜日。

若不卜，則擇日於收成之後祭之。

前三日，齊戒。前一日，設位，陳器，

止合兩卓，香案以下皆同。

具饌，

止設二位。若母存，止設一位。

厥明，夙興，設蔬果酒饌。

如時祭之儀。

質明，盛服詣祠堂，奉神主出就正寢。

如時祭于正寢之儀。

儀節 主人詣祠堂考妣櫝前，跪，焚香，告辭【曰】：「孝子【某】，今以季秋成物之始，有事于考【某官】府君、妣【某封某】氏。敢請神主出就正寢，恭伸奠獻。」俯伏，興。執事者以盤盛主，主人前導，衆親從之，至正寢。主人奉考主，主婦奉妣主于座。

參神，降神，進饌。初獻，亞獻，終獻。侑食，闔門，啓門，受胙，辭神，納主，徹，餕。

儀節 序立。主人、主婦及弟婦子姪，凡禰所出者皆在。參神。鞠躬，拜，興。拜，興。拜，興。拜，興，平身。降神。盥洗，詣香案前，跪，上香，酹酒。以下旁注，皆與時祭同。俯伏，興。拜，興。拜，興，平身。進饌。初獻禮。詣考、妣神位前，跪，祭酒，奠酒，祭酒，奠酒。俯伏，興，平身。詣讀祝位，跪，主人以下皆跪，讀祝。俯伏，興。鞠躬，拜，興。拜，興，平身。復位。奉饌。亞獻禮。盥洗，詣考、妣神位前，跪，祭酒，奠酒，祭酒，奠酒。俯伏，興，平身。復位。奉饌。終獻禮。盥洗，詣考、妣神位前，跪，祭酒，奠酒，祭酒，奠酒。俯伏，興，平身。奉饌。侑食。鞠躬，拜，興。拜，興，平身。復位。闔門。祝噫歆，啓門。主人以下復位。獻茶。飲福受胙。詣飲福位，跪，嘏辭【曰】：云云。【與時祭同，但去「祖」字】。飲福酒，受胙。鞠躬，拜，興。拜，興，平身。主人起立于東階上，西向。告利成。祝立于西階上，東向，【曰】：「利成。」復位。鞠躬，拜，興。拜，興，平身。辭神。鞠躬，拜，興。拜，興。拜，興。拜，興，平身。焚祝文。送主。徹饌。禮畢。

徹，餕。

止會食而不行慶禮。

祝文　維年歲次月朔日辰，孝子【某】，敢昭告于顯考【某官】府君、顯妣【某封某】氏。今以季秋成物之始，感時追慕，昊天罔極。【後竝同。按：古禮，禰之祭，支子不得行，蓋謂季秋成物之時也。若夫兄弟異居者，正祭雖不敢行，而時節奉鮮之獻，行之恐亦無害】。

## 忌日

前一日，齊戒。設位，陳器，具饌。

止一位一卓。

厥明，夙興，設蔬果酒饌。

竝如祭禰之儀。

質明，主人以下變服。

今擬用素服。

詣祠堂，奉神主出就正寢。參神，降神。初獻，亞獻，終獻。侑食，闔門，啓門，辭神，納主，徹。

儀節 竝如祭禰，除去「受胙」一節，其奉神主出就正寢。告辭【曰】：「今以【某親某官】遠諱之辰，敢請神主出就正寢，恭伸追慕。」若考妣及祖考妣近死，則讀祝後加舉哀，哀止。非考妣及祖考妣遠死，則否。餘儀皆如祭禰。

祝文 維年歲次月朔日辰，孝子【某】，【或孫，或曾孫、玄孫】。敢昭告于【某親某官】府君。歲序流易，諱日復臨，追遠感時，昊天罔極。【如祖考妣，改此句爲「不勝永慕」。旁親不用「追遠感時」一句，止云「不勝感愴」】。謹以牲醴，用伸奠獻。尚饗。

是日，不飲酒，不食肉，不聽樂，黲布素服以居，夕寢于外。

## 墓祭

三月上旬，前一日，齊戒，

如家祭之儀。

具饌。

墓上每分如家祭之品，別設魚肉米麵食各一大盤，以祭土神。

厥明，灑掃，

是日晨起，或前一二日，主人帥執事者詣墓所。

【儀節】鞠躬，拜，興。拜，興，平身。拜訖，環繞省視。除草棘，添土，畢。復位。鞠躬，拜，興。拜，興，平身。又除草〔二〕於墓左，祀土神。

布席，陳饌。

用新潔席陳於墓前，設饌如家祭之儀。

參神，降神。初獻，亞獻，終獻。辭神，乃徹。

【儀節】序立。如家祭之儀。參神。鞠躬，拜，興。拜，興。拜，興。拜，興，平身。降神。盥洗，詣香席〔三〕前，跪，上香，酹酒。俯伏，興。拜，興。拜，興，平身。進饌。初獻禮。詣

---

〔二〕「草」，順德本、太平府本、常州府本作「地」。

〔三〕「席」，順德本作「案」。

【某親】墓前，跪，祭酒，奠酒。俯伏，興，平身。如墓列葬非一，則逐位詣【某親】墓前。詣讀祝位，跪，俯伏，興。鞠躬，拜，興。拜，興，平身。奉饌。亞獻禮。詣【某親】墓前，跪，祭酒，奠酒，俯伏，興，平身。復位。奉饌。終獻禮。詣【某親】墓前，跪，祭酒，奠酒。俯伏，興，平身。復位。奉饌。侑食。主婦點茶。辭神。鞠躬，拜，興。拜，興。拜，興。拜，興，平身。焚祝文。禮畢。

祝文 維年歲次月朔日辰，孝子【或孫曾玄】。【某】，敢昭告于【某親某官】府君之墓。歲序流易，雨露既濡，瞻掃封塋，不勝感慕。謹以潔牲醴齊，祗薦歲事。尚饗。

遂祭后土。布席，陳饌。

布席于墓左，饌各用大盤，設盤盞匙筯如儀。

降神，參神。三獻。辭神，乃徹而退。

儀節 就位。降神。盥洗，詣香席前，跪，上香，酹酒。俯伏，興。復位。參神。鞠躬，拜，興。拜，興，平身。主人執注。初獻酒。跪，讀祝。祝跪主人之左讀之。俯伏，興，平身。復位。亞獻酒。三獻酒。辭神。鞠躬，拜，興。拜，興，平身。焚祝文。禮畢。

祝文 維年歲次月朔日辰【某官姓名】，敢昭告于土地之神。【某】躬修歲事于【某親某官】府君之墓，惟時保佑，實賴神休。敢以酒饌，敬伸奠獻。尚饗。

## 【補】焚黄告祭儀

《祠堂》章下雖有封贈告廟儀，然止一獻，况今朝官三年，推恩封贈，皆許請告焚黄，恭奉恩命，千里還鄉，光榮父母。而所行之禮，止於一獻，無乃太簡乎？今擬準時祭禮爲之儀注。

儀節　先期齊戒、省牲、設位、陳器，皆如時祭儀。是日夙興，主人詣祠堂。詣香案前，跪，焚香，請主【曰】：「今以子【某】列官于朝，追贈考妣，請告焚黄。敢請顯考【某官】府君、顯妣【某封某】氏神主出就正寢，恭伸祭告。」俯伏，興。執事者以盤盛主捧之，主人前導，至正寢，安于座。○【若仕者有父兄，則改云今某子某，或弟某。如告墓，不用此節】。序立。若仕者有父兄，則父兄主祭，仕者立本位。參神。鞠躬，拜，興。拜，興。拜，興。拜，興，平身。降神。盥洗，詣香案前，跪，上香，酹酒。俯伏，興。拜，興。拜，興，平身。復位。進饌。初獻禮。詣顯考神位前，跪，祭酒，奠酒。俯伏，興。拜，興。拜，興，平身。詣顯妣神位前，跪，祭酒，奠酒。俯伏，興。拜，興。拜，興，平身。詣讀祝位，跪，皆跪，讀祝。祝立主人之左，跪讀之，畢，興。宣制詞，禮生一人立香案前，面東讀之，畢。俯伏，興。鞠躬，拜，興。拜，興，平身。復位。奉饌。亞獻禮。有父兄，則父兄行初獻，仕者行亞獻。盥洗，詣顯考神位前，跪，祭酒，奠酒。俯伏，興。拜，興。拜，興，平身。詣顯妣神位前，跪，祭酒，奠酒。俯伏，興。拜，興。拜，興，平身。復位。奉饌。終獻禮。盥洗，詣顯考神位前，跪，祭酒，奠酒。俯伏，興。拜，興。拜，興，平身。詣顯妣神位前，跪，祭酒，奠酒。俯伏，興。拜，興。拜，興，平身。復位。奉饌。侑食，闔門，啓門。獻茶。竝同時祭。焚黄。於香案前併祝文焚之。辭神。鞠躬，拜，興。拜，興。拜，興。拜，興，平身。禮畢。

祝文 見《通禮》追贈儀，或自作之亦可。

## 【補】祀土地

【按】：《朱子大全集》有四時祭土地文，夫墓祭祭后土，則時祭而祭土地，亦禮之宜也。今擬祭儀于後。

每季仲月，擇日。及歲暮，布席，陳饌。

春則於所居之東，夏則南，秋則西，冬則北，隨俗設饌。

儀節 就位。主人以下序立。降神。詣香案前，跪，上香，祭酒。俯伏，興，平身。參神。鞠躬，拜，興。拜，興，平身。初獻酒。跪，讀祝。亞獻酒，三獻酒。辭神。鞠躬，拜，興。拜，興，平身。焚祝文。禮畢。

祝文 維年歲次月朔日辰，【某官姓名〔二〕】，敢昭告于土地之神。維此仲春，夏、秋、冬【隨時，惟歲暮則云】「歲律將更」。歲功云始，【夏】：時物暢茂。【秋】：歲功將就。【冬】：歲功告畢。【歲暮】：幸茲安吉。若時昭事，夏秋冬，改「昭」爲「報」。敢有弗虔。蘋藻雖微，庶將誠意，惟神鑒享，永奠厥居。尚饗。【此祝文出《大全集》】。

## 【補】祀竈

古者，大夫祀五祀，士立二祀，庶人立一祀。或立霤竈，或立户。今國初禁淫祀，庶人惟得祀其先及歲暮祭竈。今擬祭儀如後。

儀節 與祀土地同。

祝文 維年歲次月朔日辰，【某官】姓【某】，敢昭告于司竈之神。歲云暮矣，一門康吉，享茲火食，皆賴神休。若時報事，罔敢弗虔。菲禮將誠，惟神顧歆。尚饗。

〔二〕「名」，順德本、太平府本、常州府本作「某」。

## 【祭禮考證】

【《王制》】：「庶人祭于寢。大夫、士宗廟之祭，有田則祭，無田則薦。」何休云：「有牲曰祭，無牲曰薦。」【按】：後世非世富貴[一]者，不復有祭田，苟有禄食及財産者，皆當隨時致祭，不可拘田之有無也。【《楚語》】：「士庶人舍時。」歲乃薦也。【《公羊傳》】：「亟則黷，黷則不敬。君子行祭也，敬而不黷。疏則怠，怠則忘。士不及兹四者，則冬不裘，夏不葛。」注曰：「禮本爲士制，兹四者，謂四時祭也。士有公事而不及此四時祭者，則不敢着葛衣裘，蓋思念親之祭也。」【《祭義》】：「致齊於内，散齊於外。」齊於内，所以愼其心。齊於外，所以防其物。散齊，若所謂不飲酒、不茹葷之類。致齊，則所謂思其居處、笑語之類是也。【《祭統》】：「及時將祭，君子乃齊。散齊七日以定之，致齊三日以齊之。」○「君致齊於外，夫人致齊於内。【按】：此雖諸侯之禮，由是推之，則士庶之家亦然可知矣。君子有終身之喪，忌日之謂也。忌日不用，非不祥也。不用，不以此日爲他事也。忌日必哀稱諱，如見親祀之忠也。」【《郊特牲》】：「周人尚臭，灌用鬯臭，灌，謂灌地以求神也。鬯，用秬黍爲酒也。鬯酒有芳氣，故曰臭。鬱合鬯臭，臭陰達于淵泉。又擣鬱金香草之汁以和合鬯酒，使香氣滋甚，故曰鬱合鬯臭，後世

---

[一]「富貴」，順德本、太平府本、常州府本爲「貴富」。

酹酒降神取此義。蕭合黍稷，臭陽達於墻屋。故既奠，然後焫如帨反。蕭合羶讀爲馨。薌。」蕭，香蒿也。取此蒿及牲之脂膏，合黍稷而燒[一]之，使其氣旁達于墻屋之間。此雖是諸侯之禮，後世焚香祭神，實取此義。【按】：古無今世之香。漢以前止是焚蘭芷蕭艾之類，後百越入中國，始有之。雖非古禮，然通用已久，鬼神亦安之矣。○「祭用明水。」【按】：《禮運》「玄酒在室」，玄酒即明水也。太古無酒之時，以水行禮，後世祭則設之，重古道也。【《禮運》】：「祝以孝告，謂祝文也。嘏以慈告。」謂祖考命工祝也。【《禮器》】：「君親制祭，夫人薦盎。君親割牲，夫人薦酒。」【按】：此雖諸侯之禮，由此而推，則士庶之家亦必夫婦親之可知矣。【《内則》】：「女子觀於祭祀，納酒漿、籩豆、葅醢，禮相助奠。」言女子觀之，則其嫁人，躬親爲之可知矣。【《士虞禮》】：「祝聲三，啓户。」注：「聲者，噫歆也。將啓户，警覺神也。」《家禮》本注：「祝北向噫歆，告啓門三。」或者以爲告啓門凡三次，非是。【禮注】：「告利成。利，猶養也。謂共養之禮已成也。當祭，主人事尸禮畢，出，立户外，則祝東面告利成。」【《書儀》】：「時蔬、時果各五品，膾、今紅生。炙、今炙肉。羹、今炒羹。殽、今骨頭。軒、今白肉軒，音獻。脯、今乾脯。醢、今肉醬。庶羞、猪羊之外，其他異味。麵食、如薄餅、油餅、棗餻、餕頭、餺飥之類。米食，謂黍稷稻粱所爲粢餻團粽餳之類。共不過十五品。」若家貧，或鄉土異宜，或一時所無，不能辦此，則各隨其

[一]「燒」原作「澆」，據順德本、太平府本改。

所有，蔬果、肉、麵、米食各數品可也。○《孟氏家祭儀》：「用二至二分。」然今仕宦者，職業既繁，但時至事暇可以祭，則卜筮亦不必亥日及分至也。若不暇卜日，止依《孟儀》用分至，於事亦便也。○主婦，主人之妻也。禮，舅没則姑老，不與於祭，主人、主婦必使長男、長婦爲之。若或自欲與祭，則特位於主婦之前。或老疾不能久立，則休於他所，俟受胙，復來，受胙、辭神而已。【按】：老者，不以筋力爲禮，非獨主母。凡行禮，有尊長，闔門之時，少休於他所。【《語録》】：「籩豆簠簋之器，乃古人所用，故當時祭享，皆用之。今以燕器代祭器，常饌代俎肉，楮錢代幣帛，是亦以平生所用，是謂從宜也。」晁氏曰：「紙錢始於殷長史，漢以來里俗稍以紙寓瘞錢，至唐王璵乃用於祠祭。今儒家以爲釋氏法，於喪祭皆屏去。予謂不然，之死而致死之，不仁。之死而致生之，不知。以紙寓錢，亦明器也。俗謂果資於冥塗，則可笑。」【按】：此則用紙錢代幣帛，似亦無害。○問始祖之祭。朱子曰：「古無此，伊川先生以義起，某當初也祭，後來覺得似僭，今不敢祭。」○「始祖之祭似禘，先祖之祭似祫，今皆不敢祭。」○問：「而今士庶亦有始基之祖，莫亦只祭得四代，以上則可不祭否？」曰：「若是始基之祖，想亦只存得墓祭，無明文，雖親盡而祭，恐亦無害。」○無後祔食之位。「古人祭於東西廂，某家只位於堂之兩邊，正位三獻畢，使人分獻一酌，如學中從祀然。」○嘗書戒其子曰：「凡祭肉臠割之餘及毛皮之屬，皆當存之，勿令殘穢褻慢以重吾不孝。」○「比見墓祭土神之禮，全然滅裂，吾甚懼焉。既爲先公托體山林而祀其主者，豈可如此！今後可與墓前一樣，以盡吾寧親事神之意，勿令其有隆殺。」○「喪三年不祭，但古人居喪，衰麻之衣不釋於身，哭泣之聲不絶於口，其出入、起居、言語、飲食，皆與平日絶異，故宗廟之祭雖廢，而幽明之間兩無憾焉。今人居喪與古人異，卒哭之後遂墨其衰，凡出入、居處、言語、飲食與平日之所爲，皆不廢也，而獨廢此一事，恐亦有所不安。竊謂欲處此義者，但當自省所以居喪之禮，果能始卒一一合於典禮，即廢祭無可疑。若他時不免墨衰出入，或其他有所未合者尚多，即卒哭之前，不得已準禮且廢。卒哭之後，可以略放《左傳》杜預之説，遇四時祭日，以衰服特祀於几筵，墨衰常祀於宗廟可也」。

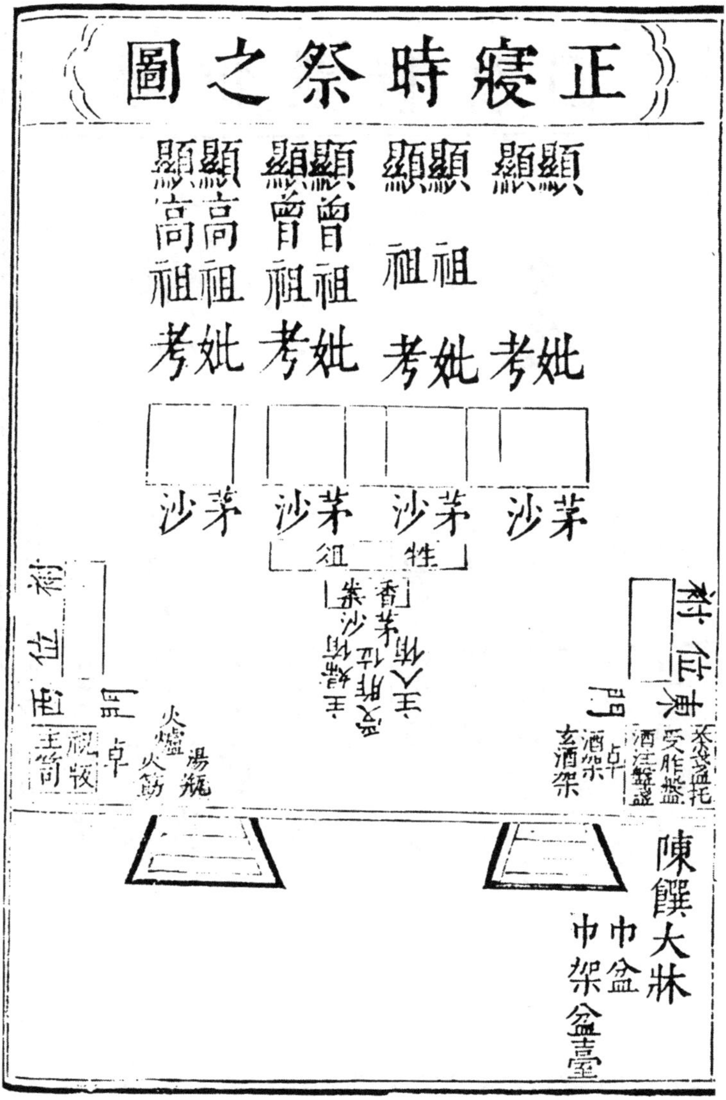
正寢時祭之圖
顯高祖妣
顯高祖考
顯曾祖妣
顯曾祖考
顯祖妣
顯祖考
顯妣
顯考
茅沙
茅沙
茅沙
茅沙
牲
俎
香案
茅沙
祔位東
祔位西
門
湯瓶
火爐
火筯
卓
陳饌大牀

# 每位設饌舊圖

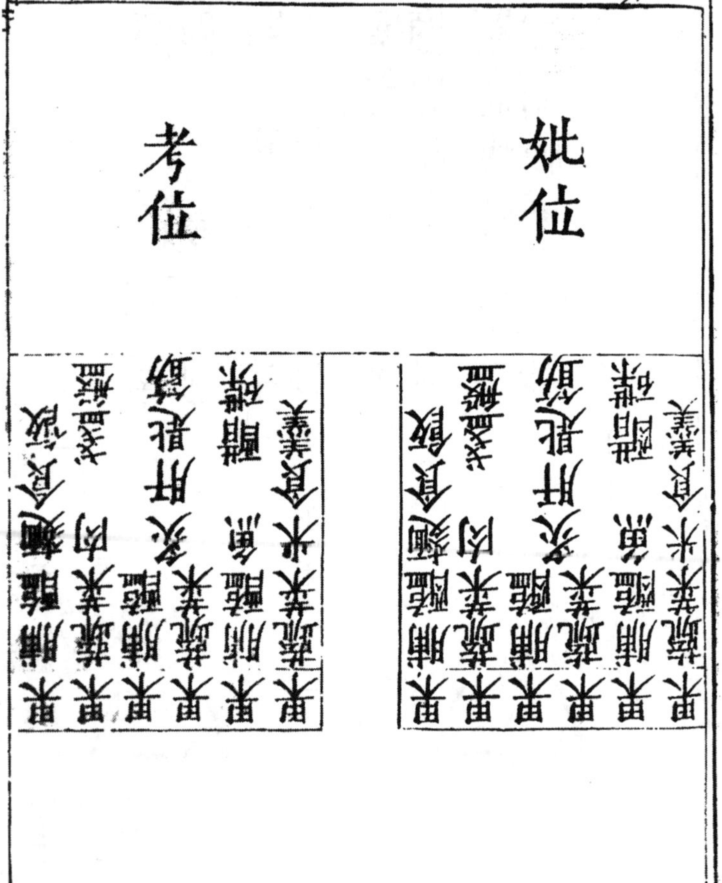

# 兩位竝設饌圖

妣　考

無爵用盞

肉或脯或醢

羹　爵　筯　飯　羹　爵　筯　飯

醋　鹽　醋　鹽

果蔬食肉菜　果蔬食肉菜　果蔬食肉菜　果蔬食肉菜　果蔬食魚菜

茶食或麵

或米隨宜

按舊圖考妣每位各設饌則四代該八卓矣今人家廳事多狹隘恐不能容今擬考妣兩位共一卓設饌如世俗所謂卓面者庶幾可行若夫地寬可容者自當如禮

卷之七終

# 文公家禮儀節卷之八

## 家禮雜儀

### 司馬氏居家雜儀

此章本在昏禮之後。今按：此乃家居平日之事，所以正倫理、篤恩愛者，其本皆在於此。必能行此，然後其儀章度數有可觀焉。不然，則節文雖具，而本實無取，君子所不貴也。故亦列於首篇，使覽者知所先焉。

凡爲家長，必謹守禮法，以御群子弟及家衆，分之以職，謂使之掌倉廩、廐庫、庖厨、舍業、田園之類。授之以事，謂朝夕所幹及非常之事。而責其成功。制財用之節，量入以爲出，稱家之有無，以給上下之衣食，及吉凶之費，皆有品節而莫不均壹。裁省冗費，禁止奢華，常須稍存贏餘以備不虞。

凡諸卑幼，事無大小，毋得專行，必咨禀於家長。《易》曰：「家人有嚴君焉，父母之謂也。」安有嚴君在上而其下敢直行自恣不顧者乎！雖非父母，當時爲家長者，亦當咨禀而行之，則號令出於一人，家政始可得而治矣。

凡爲子，爲婦者，毋得蓄私財。俸禄及田宅所入，盡歸之父母舅姑。當用則請而用之，不敢私假，不敢私與。《内則》曰：「子婦無私貨，無私蓄，無私器，不敢私假，不敢私與。婦或賜之飲食、衣服、布帛、佩帨、茝蘭，則受而獻諸舅姑。舅姑受之則喜，如新受賜。若反賜之，則辭，不得命，如更受賜，藏之以待乏。」鄭康成曰：「待舅姑之乏也，不得命者，不見許也。」又曰：「婦若有私親兄弟將與之，則必復請其故，賜而後與之。」夫人子之身，父母之身也。身且不敢自有，况敢有私財乎！若父母異財，互相假借，則是有子富而父母貧者，父母飢而子飽者。賈誼所謂「借父耰鉏，慮有德色，母取箕箒，立而誶語」，不孝不義，孰甚於此。茝，昌改切。耰，音憂。誶，音碎。

凡子事父母，孫事祖父母同。婦事舅姑，孫婦亦同。天欲明，咸起，盥音管，洗手也。漱，櫛阻瑟切，梳頭也。總，所以束髮，今之頭繻。具冠帶。丈夫：帽子、衫帶。婦人：冠子、背子。昧爽，謂天明暗相交之際。適父母舅姑之所，省問。丈夫唱喏，婦人道萬福。仍問侍者「夜來安否何如」，侍者曰「安」，乃退。其或不安節，則侍者以告。此即禮之晨省也。父母舅姑起，子供藥物。藥物乃關身之切務，人子當親自檢數調煮供進，不可但委婢僕。脱若有誤，即其禍不測。婦具晨羞。俗謂點心。《易》曰：「在中饋。」《詩》云：「惟酒食是議。」凡烹調飲膳，婦人之職也。近年婦女驕倨，皆不肯入庖厨。今縱不親執刀匕，亦當檢校監視，務令精潔。供具畢，乃退，各從其事。將食，婦請所欲於家長，謂父母舅姑，或當時家長也。卑幼各不得恣所欲。退具而供之。尊長舉筯，子婦乃各退就食。丈夫婦人各設食於他所，依長幼而坐。其飲食必均壹。幼子又食於他所，亦依長幼席地而坐。男坐於左，女坐於右。及夕食，亦如之。既夜，父母舅姑將寢，則安置而退。丈夫唱喏，婦女道安置。此即禮之昏定也。居閒無事，則侍於父母舅姑之所，容貌必恭，執事必謹，言語應對，必下氣怡聲。出入起居，必謹扶衛之。不敢涕唾喧呼於父母舅姑之側。父母舅姑不命之坐，不敢坐。不命之退，不敢退。

凡子受父母之命，必籍記而佩之，時省而速行之。事畢則返命焉。或所命有不可行者，則和色柔聲，具是非利害而白之，待父母之許，然後改之。若不許，苟於事無大害者，亦當曲從。若以父母之命爲非而直行己志，雖所執皆是，猶爲不順之子，況未必是乎！

凡父母有過，下氣怡色柔聲以諫。諫若不入，起敬起孝。悦則復諫。不悦，與其得罪於鄉黨州閭，寧熟諫。父母怒，不説而撻之流血，不敢疾怨，起敬起孝。

凡爲人子弟者，不敢以富貴加於父兄宗族。加，謂恃其富貴，不率卑幼之禮。

凡爲人子者，出必告，反必面。有賓客，不敢坐於正廳。有賓客，坐於書院。無書院，則坐於廳之旁側。升降不敢由東階，上下馬不敢當廳，凡事不敢自擬於其父。

凡父母舅姑有疾，子婦無故不離側，親調嘗藥餌而供之。父母有疾，子色不滿容，不戲笑，不宴遊，舍置餘事，專以迎醫檢方合藥爲務。疾已，復初。《顔氏家訓》曰：「父母有疾，子拜醫以求藥。」蓋以醫者親之存亡所繫，豈可傲忽也。

凡子事父母，父母所愛，亦當愛之。所敬，亦當敬之。至於犬馬盡然，而况於人乎？

凡子事父母，樂其心，不違其志，樂其耳目，安其寢處，以其飲食忠養之。幼事長，賤事貴，皆倣此。

凡子婦未敬未孝，不可遽有憎疾，姑教之。若不可教，然後怒之。若不可怒，然後笞之。屢笞而終不改，子放婦出，然亦不明言其犯禮也。子甚宜其妻，父母不悦，出。子不宜其妻，父母曰：「是善事我。」子行夫婦之禮焉，没世〔二〕不衰。

凡爲宫室，必辨内外，深宫固門，内外不共井，不共浴室，不共厠。男治外事，女治内事。男子晝無故不處私室，婦人無故不窺中門。男子夜行以燭，婦人有故出中門，必擁蔽其面。如蓋頭、面帽之類。男僕非有繕修及有大故，謂水火盜賊之類。不入中門。入中門，婦人必避之，不可避，亦謂如水火盜賊之類。亦必以袖遮其面。女僕，無故不出中門。有故出中門，亦必擁蔽其面。雖小婢亦然。鈴下蒼頭，但主通内外之言，傳致内外之物，毋得輒升堂室、入庖厨。凡卑幼於尊長，晨亦省問，夜亦安置。丈夫唱喏，婦人道萬福安置。坐而尊長過之，則起。出遇尊長於塗，則下馬。不見尊長，經再宿以上則再拜，五宿以上則四拜。賀冬至、正旦，六拜，朔望，四拜。凡拜數，或尊長臨時減而止之。

〔二〕「世」，順德堂本、太平府本、常州府本作「身」。

凡受女婿及外甥拜，立而扶之。扶謂搊策。外孫則立而受之可也。

凡子始生，若爲之求乳母，必擇良家婦人稍温謹者。乳母不良，非惟敗亂家法，兼令所飼之子性行亦類之。子能食，飼之教以右手。子能言，教之自名及唱喏、萬福安置。稍有知，則教之以恭敬尊長。有不識尊卑長幼者，則嚴訶禁之。古有胎教，况於已生。子始生，未有知，固舉以禮，况於已有知。孔子曰：「幼成若天性，習慣如自然。」《顔氏家訓》曰：「教婦初來，教子嬰孩。」故於其始有知，不可不使之知尊卑長幼之禮。若侮詈父母，毆擊兄姊，父母不加訶禁，反笑而奬之，彼既未辨好惡，謂禮當然。及其既長，習已成性，乃怒而禁之，不可復制。於是父疾其子，子怨其父，殘忍悖逆，無所不至。蓋父母無深識遠慮，不能防微杜漸，溺於小慈，養成其惡故也。六歲，教之數謂一十百千萬。與方名，謂東西南北。男子始習書字，女子始習女工之小者。七歲，男女不同席，不共食，始誦《孝經》《論語》，雖女子亦宜誦之。自七歲以下，謂之孺子，早寢晏起，食無時。八歲，出入門户及即席飲食，必後長者，始教之以廉讓。男子誦《尚書》，女子不出中門。九歲，男子誦《春秋》及諸史，始爲之講解，使曉義理。女子亦爲之講解《論語》《孝經》及《列女傳》《女戒》之類，略曉大意。古之賢女，無不觀圖史以自鑒。如曹大家之徒，皆精通經術，議論明正。今人或教女子以作歌詩、執俗樂，殊非所宜也。十歲，男子出就外傅，居宿於外。讀詩禮，傅爲之講解，使知仁義禮智信。自是以往，可以讀《孟》《荀》《揚子》，博觀群書。凡所讀書，必擇其精要者而讀之。如《禮記·學記》《大學》《中庸》《樂記》之類。他書倣此。其異端非聖賢之書，傅宜禁之，勿使妄觀以惑亂其志。觀書皆通，始可學文辭。女子則教以婉娩，音晚。婉娩，柔順貌。聽從，及女工之大者。女工謂蠶桑、織績、裁縫及爲飲膳，不惟正是婦人之職，兼欲使之知衣食所來之艱難，不敢恣爲奢麗。至於纂組華巧之物，亦不必習也。未冠笄者，質明而起，總角，靧面，靧，音悔，洗面也。面，以見尊長，佐長者供養。祭祀則佐執酒食。若既冠笄，則皆責以成人之禮，不得復言童幼矣。

凡内外僕妾，鷄初鳴咸起，櫛總，盥漱，衣服。男僕灑掃廳事及庭，鈴下蒼頭灑掃中庭。女僕灑掃堂室，設倚卓，陳盥漱櫛靧之具。主父、主母既起，則拂牀襞襞，音璧，疊衣也。衾，侍立左右，以備使令，退而具飲食。得間則浣濯紉縫，先公後私。及夜，則復拂牀展衾。當晝，内外僕妾，惟主人之命，各從其事，以供百役。

凡女僕同輩。謂兄弟所使。謂長者爲姊，後輩謂諸子舍所使。謂前輩爲姨。《内則》云：「雖婢妾，衣服飲食必後長者。」鄭康成曰：「人貴賤不可以無禮。」故使之序長幼。務相雍睦，其有鬭争者，主婦、主母聞之，即訶禁之。不止，即杖之，理曲者杖多。一止，一不止，獨杖不止者。

凡男僕有忠信可任者，重其禄，能幹家事次之。其專務欺詐，背公徇私，屢爲盗竊，弄權犯上者，逐之。

凡女僕年滿不願留者，縱之。勤舊少過者，資而嫁之。其兩面二舌，飾虚造讒，離間骨肉者，逐之。屢爲盗竊者，逐之。放蕩不謹者，逐之。有離叛之志者，逐之。

## 【補】冠禮雜儀

【按】：《家禮》本《書儀》，於《通禮》則有《居家雜儀》，《喪禮》則有《居喪雜儀》。今倣喪儀，則例補入冠、昏、祭雜儀。

【《冠義》】曰：「凡人之所以爲人者，禮義也。禮義之始，在於正容體、齊顏色、順辭令。言人爲禮，以此三者爲始。容體正、顏色齊、辭令順，而後禮義備，以正君臣、親父子、和長幼。言三始既備，乃可以求三行也。君臣正，父子親，長幼和，而後禮義立。立猶成也。故冠而後服備，服備而後容體正、顏色齊、辭令順，故曰『冠者，禮之始也』。成人之者，將責成人禮焉也。責成人禮焉者，將責爲人子，爲人弟，爲人臣，爲人少者之禮行焉。將責四者之行於人，其禮可不重與？故孝慈忠順之行立，而後可以爲人，可以爲人，而後可以治人也」。

【《國語》】：「晉趙文子冠，見欒武子。武子曰：『美哉！華則榮矣，實之不知，請務實乎！』見中行宣子，宣子曰：『美哉！惜也，吾老矣。』見范文子，文子曰：『而今可以戒矣！』見郤駒伯，駒伯曰：『美哉！然而壯不若老者多矣。』見韓獻子，獻子曰：『戒之！此謂成人。成人在始與善。始與善，善進善，不善蔑由至矣。始與不善，不善進不善，善亦蔑由至矣。如草木之產也，各以其物。人之有冠，猶宮室之有墻屋也，糞除而已，又何加焉。』見智武子，武子曰：『吾子勉之。』」【按】：此即禮所謂見於執友，執友誨之者也。

## 【補】昏禮雜儀

【《曲禮》】曰：「男女非有行媒不相知名。行媒，謂媒氏往來也。名，男女之名也。非受幣，不交不親。受幣，然後親交之禮定。娶妻不取同姓。【按】：《白虎通》曰：「重人倫，防淫佚，恐〔二〕與禽獸同也。」買妾不知其姓，則卜之。」卜其吉凶。

【《郊特牲》】：「壹與之齊，終身不改，故夫死不嫁。男子親迎，男先於女，剛柔之義也。天先乎地，君先乎臣，其義一也。執贄以相見，敬章别也。男女有别，然後父子親。父子親，然後義生。義生然後禮作，禮作然後萬物安。無别無義，禽獸之道也。出乎大門而先，男帥女，女從男，夫婦之義由此始也。共牢而食，同尊卑也。故婦人無爵，從夫之爵，坐以夫之齒。」

【《昏義》】：「敬慎重正而後親之，禮之大體，而所以成男女之别，而立夫婦之義也。男女有别，而後夫婦有義。夫婦有義，而後父子有親。父子有親，而後君臣有正。故曰『昏禮者，禮

〔二〕「恐」，疑當作「耻」。

之本也』。」「成婦禮，明婦順，又申之以著代，所以重責婦順焉也。婦順者，順於舅姑，和於室人，而後當於夫，以成絲麻布帛之事，以審守委積蓋藏。」

【《家語》】：「魯哀公問於孔子曰：『禮，男必三十而有室，女必二十而有夫也。豈不晚哉！』孔子曰：『夫禮，言其極也。男極於三十，女極於二十爲則。男子二十而冠，有爲人父之端。女子十五許嫁，有適人之道。於此而往，則爲昏矣。女子者，順男子之教而長其理者也，是故無專制之義，有三從之道。女有五不取：逆家子不取，爲其逆德。亂家子不取，爲其類不正。世有刑人不取，有惡疾不取，喪父長子不取。』」爲其無所受命。按：真西山曰：「五不取，擇婦之良法也。先儒以爲疑，若父雖喪而母賢，則其教子必有法，又非所拘也。」

【魯師春姜】曰：「夫婦以順從爲務，貞慤爲首，故婦人事夫有五：平旦纚笄而朝，則有君臣之嚴。沃盥饋食，則有父子之敬。報反而行，則有兄弟之道。期必信，則有朋友之信。寢席之交，而後有夫婦之際。」

【王吉上疏】曰：「夫婦，人倫大綱，夭壽之萌也。世俗昏娶大蚤，未知爲人父母之道而有子，是以教化不明而多夭。」

【文中子】曰：「昏娶而論財，夷虜之道也，君子不入其鄉。古者男女之族各擇德焉，不以財爲禮。」「蚤昏少娶，教人以偷。妾媵無數，教人以亂。且貴賤有等，一夫一婦，庶人之職也。」

【匡衡】曰："妃匹之際，生民之始，萬福之原。昏姻之禮正，然後品物遂而天命全。"

【胡安定】曰："嫁女必須勝吾家者，勝吾家，則女之事人必欽必戒。娶婦必須不若吾家者，不若吾家，則婦之事舅姑必執婦道。"

伊川曰："世人多謹於擇婿而忽於擇婦，其實婿易見、婦難知，所繫甚重，豈可忽哉！"或問："孀婦，於理似不可取，如何？"伊川曰："然凡娶婦以配身，若取失節者以配身，是已失節也。"

袁氏曰："男女議親，不可貪其門閥之高、資産之厚。苟人物不相當，則子女終身抱恨，況有不和而生他事者乎？人家有男，雖欲擇婦，有女雖欲擇婿，又須自量我家子女如何。如我子凡下，若娶美婦，豈特不和，或生他事。如我女不如彼子，萬一不和，卒爲所棄。男女婚嫁，切須自揣。"又："男女不可於幼小之時便議昏姻。大抵女欲得託，男欲得偶，若論目前，悔必在後。蓋富貧盛衰，更迭不常，男女之賢否，須年長可見。若蚤議昏姻，事無變易，固爲甚善。或昔富而今貧，或昔貴而今賤，或所議之婿，流蕩不肖，或所議之女，狠戾不檢，甚或有惡病、廢疾，從其前約，則事關宗祀，背其前約，則有乖禮義。争訟由之而興矣。""間有幼小議親便取歸家，世俗所謂豚養者，鮮有完全，長而仳離者多矣。其故何在？蓋男女年及昏嫁，情竇已開，一見交固，雖有過失，各相呑容。若夫髫齓相聚，嬉戲致争，飲食致争，平時相怒已積於胸中，縱及長成，雖已好合，而平昔積忿終不能平，必至於暌離而後已。""凡人家嫁女，須隨家力，不可勉强。然或財産寬餘，亦不可視爲他人，不以分給。今世固有生男不得力而依托女家，而身後葬祭皆由女子者，豈可謂生女之不如男也。稍或家道尋常必欲望高，陪費財産致破自家，亦不深思之過也。」「大抵固不可無媒，而媒者之言不可盡信。其言語反覆，紿女家則曰『男富』，紿男家則曰『女美』。至紿女家則曰『男家不求備禮且明聘定之資』，紿男家則厚其所遣之賄，且虛指數目。輕信其言而成昏，則責恨見欺，夫妻反目，至於仳離者有矣。」

## 居喪雜儀

【《檀弓》】曰：「始死，充充如有窮。既殯，瞿瞿如有求而弗得。既葬，皇皇如有望而弗至。練而慨然，祥而廓然。」「顔丁善居喪。始死，皇皇如有求而弗得。及殯，望望焉如有從而弗及。既葬，慨焉如不及其反而息。」【《雜記》】「孔子曰：『少連、大連善居喪。三日不怠，三月不解。期悲哀，三年憂。』」【《喪服四制》】曰：「仁者可以觀其愛焉，知者可以觀其理焉，彊者可以觀其志焉。禮以治之，義以正之，孝子弟弟貞婦，皆可得而察焉。」

【《曲禮》】曰：「居喪未葬，讀喪禮。既葬，讀祭禮。喪復常，讀樂章。」

【《檀弓》】曰：「大功廢業，或曰大功誦可也。」今居喪，但勿讀樂章可也。

【《雜記》】:「三年之喪，言而不語，對而不問。」言，言己事也，爲人説爲語。【《喪大記》】:「父母之喪，非喪事不言。既葬，與人立，君言王事，不言國事。大夫士言公事，不言家事。」【《檀弓》】:「高子皋執親之喪，未嘗見齒。」言笑之微。【《雜記》】:「疏衰之喪，既葬，人請見之則見，不請見人。小功請見人可也。」又:「凡喪，小功以上，非虞、祔、練、祥，無沐浴。」【《曲禮》】:「頭有創則沐，身有瘍則浴。」【《喪服四制》】:「百官備，百物具，不言而事行者。扶而起，言而後事行者。杖而起，身自執事而後行者，面垢而已。」凡此皆古禮，今之賢孝君子必有能盡之者。自餘相時量力而行之可也。

## 【補】祭祀雜儀

【《曲禮》】:「齊者，不樂，不吊。」【《祭義》】:「霜露既降，君子履之，必有悽愴之心，非其寒之謂也。春，雨露既濡，君子履之，必有怵惕之心，如將見之。致齊於内，散齊於外。齊之日，思其居處，思其笑語，思其志意，思其所樂，五教反。思其所嗜。齊三日，乃見其所爲去聲。齊者。祭之日，入室，僾然必有見乎其位。周旋出户，肅然必有聞乎其容聲。出户而聽，愾然必有聞乎其歎息之聲。色不忘乎目，聲不絶乎耳，心志嗜慾不忘乎心。致愛則存，極其愛親之心，則親雖亡而若存。致慤則著。極其敬親之心，則神雖微而猶著。著存不忘乎心，夫安得不敬乎！君子生則敬養，死則敬享，思終身弗辱也。君子有終身之喪，忌日之謂也。忌日不用，非不祥也，言夫日，志有所至，而不敢盡其私也。」夫日，此日也。志有所至，此心極於念親。不敢盡其私，不敢盡心於己之私事也。

「忌日必哀，稱諱如見親，祀之忠也。」「夫婦齊戒、沐浴，奉承而進之。洞洞乎！屬屬乎！如弗勝，平聲。如將失之，其孝敬之心至也與。」

【《祭統》】：「齊之爲言齊也。齊不齊，以致齊者也。及其將齊也，防其邪物，訖其嗜欲，訖，止也。耳不聽樂。故《記》曰『齊者不樂』，言不敢散其志也。心不苟慮，必依於道。手足不苟動，必依於禮。是故君子之齊也，專致其精明之德也。齊者，精明之至也，然後可以交於神明也」。

## 居鄉雜儀

按：《呂氏鄉約》有四，其一曰禮俗相交。而朱子增損禮俗相交以爲目，而又有四焉，曰尊卑輩行，曰造請拜揖，曰請召送迎，曰慶吊贈遺。今本呂氏舊條，而折衷以朱子之所增損者，其間又稍酌以時俗之宜，揭綱分目，使人易曉。附書于《家禮》雜儀之後，雖曰「鄉儀」，是亦人家日用之不可無者也。

### 輩行之等

尊者、謂長於己三十歲以上者，父之執友，及無服親在父行者，及異爵者皆是。長者、謂長於己十歲以下，在兄行者。敵者、謂年上下不滿十歲者。長於己爲稍長，少於己爲稍少。少者、謂少於己十歲以下者。幼者。謂少於己二十歲以下者。

## 相見之禮

禮見、凡有三：【時節】，謂歲首冬至、四孟月朔。【辭見】，謂久出而歸則見，遠適將行則辭，出入不及一月者否。【謝賀】，謂己有賀事當謝，人有慶事當慶。賀，如壽旦、生子、陞官、受封、起第之類。燕見。禮見之外有五：【候問】，謂久不相見，或有疾恙之類。【唁慰】，謂有驚恐、被訟、失物之類。【白事】，謂有事務相干，請求央托之類。【質疑】，謂己有事體未明，書義未曉，執問講求之類。【經過】，謂有事偶過所居，因便問訊之類。

## 往還之數

少幼於尊長，凡禮見，如時節、辭見、謝賀，皆冠帶，具名紙，躬詣門下，行四拜禮。燕見，亦具冠帶，或便服，但不具名紙，行揖禮。尊長於少幼。尊者受謁若不報，其歲首冬至，則具己名帖，令子弟報之。或少者有可敬者，尊者屈尊報之，隨意。長者歲首冬至，具名帖躬報之。餘若謝賀之類，令子弟以己名帖代行，長者或自行，亦隨意。凡尊長無事而至少者、幼者之家，唯所服。敵者，更相往還，或有故不能行，則以書或傳語告之。免禮。凡當行禮而有恙故，皆當使人白之。或遇雨雪，則尊長先使人諭止來者。

## 名帖之類〔二〕

名紙、幼少於尊長用之，用白紙一方幅，楷書其上曰：「侍生姓某再拜。」侍生，或作學生、鄉生、契家子。再拜，或作拜謝、拜賀，唯其宜。名帖。敵者以下用之。用箋紙一小片，書其上，曰「某拜」，或謝或賀，惟所宜。或於姓名上稱老拙辱交之類，及地名郡望亦可。

## 進退之節

見尊長，至門外下馬，俟於外次。通名，主人出迎，則趨揖之。告退則降階出門，主人送則揖而退，若命之上馬，則三辭，許則揖而退，出大門乃上馬，不許，則從其命。見敵者，至門外下馬，使人通名，俟于廡下，或廳側。主人出迎則趨相揖，告退則就階上馬。若客徒行，則主人送于門外。見少者，凡少者以下，則尊長先遣人通名，入門下馬，退則就階上馬。禮節。凡見敵者以上，入門必問主人食否，有他幹

---

〔二〕「類」，順德本、太平府本、常州府本作「式」。

否。度於〔一〕無所妨，則通名，有所妨，則少俟，或且退。若有急事，則不係此。○凡見主人語終不更端則告退，及主人有倦色，或方幹事而有所俟者，皆告退可也。尊長於幼、少則否。

## 迎送之禮

尊長、少幼先聞尊長來，則具衣冠以俟。若門外下馬，或徒行，則出迎于門外。若不及，入門下馬，據所至迎之，退則送上馬，徒行則送于大門外。既揖，則隨其行數步，望其行遠乃入。敵者、俟其通名，具衣冠，據所在出迎。退則送上馬，徒行則送于中門外，無中門則送至大門。少者。俟其通名，方具衣冠，將命者出，請賓入，主人迎于庭下。既退則送至上馬處。○凡迎送，入則主人先導，出則賓先退。

## 拜揖之禮

見尊長，禮見則四拜，燕見則揖之。若旅見，則少者爲一列，幼者爲一列。先請納拜，蒙允，然後四拜。如不允，則再拜。畢，復請納拜，後兩拜許，則再拜之。不允，則止，揖而退。主人命之坐，則致謝訖，揖而坐。見敵者，禮見則再拜，燕見則揖之。見少者，禮見，賓拜，則少者必力辭。燕見，主人先拜，則

〔一〕「於」，順德本、太平府本、常州府本作「其」。

賓辭而止。答拜。尊長之於幼者，則跪而扶之，少者則跪扶而答其半。若尊者、長者齒德殊絶，則幼者、少者堅請納拜，尊者許，則立而受之，長者許，則跪而扶之。

## 道塗之禮

遇尊長，凡遇尊長於道，皆徒行則趨進揖。尊長與之言，則對。否，則立於道側，以俟尊長已過，乃揖而行。或皆乘馬，於尊者則回避。避之不及，則下馬立道旁。於長者則立馬道側拱揖之，俟長者過乃行。若己徒行而尊長乘馬，則回避之。【避之不及，則致言，免其下】。若己乘馬而尊長徒行，望見則下馬前揖，已避亦然。過既遠，乃上馬。若尊長令上馬，則固辭。遇敵者，皆乘馬，則分道相揖而過。彼徒行而不及避，則下馬揖之，過則上馬。遇少者。遇少者以下皆乘馬，彼不及避，則揖之而過。或欲下，則固辭之，彼徒行不及避，則下馬揖之，於幼者不必下。

## 請召之禮

請尊長，凡請尊長飲食，必親往投書，面致其意。諾則拜之，長者辭則止。既許赴，至日黎明，復遣子弟迎之，既至，明日親往拜辱。若專召他客，則不可兼請尊長，如禮薄，不必書。召敵者，召敵者以書簡，既赴召，明日交使相謝。召少者，召少者，以書列客目，或傳言。明日賓躬謝主人。赴尊長召，若有衆客，則約之同往。始見則拜其見召，主人辭則止。明日，又親拜賜，主人預辭，則書簡謝之，非專召不拜。赴敵者召，始見，則揖謝之。明日傳言謝之。赴少者召。始見以言謝之，明日傳言致謝。

## 齒位之序

聚會，凡聚會，皆鄉人，則坐以齒，非士類則否。若有親，則別叙。若有他客，有爵者，則坐以爵。不相妨者，猶以齒。若有異爵者，雖鄉人亦不以齒。【異爵，謂古之上大夫，如今之在京堂上官是】。專召。若特請召，或迎勞出餞，皆以專召者爲上客，不論齒爵，餘爲衆賓，坐如常儀。如昏禮，則姻家爲上客。

## 獻酢之禮

燕集，凡燕席，設衆賓席，每席器具如常儀。又先設卓子於兩楹間，置酒盞洗器於其上。主人獻上客，主人降席，立於卓子東，西向。客亦降席，立於卓子西，東向。主人取杯就器洗之，上客辭之。主人洗畢，置杯卓子上，親執酒注斟之，以注授〔一〕執事者，遂執杯以獻上客。客受之，置杯卓子上。主人向西，再拜，客東向，再拜。客起取酒，東向跪祭。【傾少許于地】。起立，飲之，訖，以授贊者，遂拜主人，主人答

〔一〕「授」原作「受」，顯有訛誤，徑改。

拜。上客酢主人。拜訖，客取杯就器洗，主人辭之。洗畢，置杯卓子上，執注斟酒，以注授執事者，執杯以酢主人。主人受之，置卓子上，各再拜，祭，興，飲之，以杯授贊者，各再拜如前儀。獻衆賓，命贊者遍取衆賓酒杯，一一親洗之，衆賓合辭以辭。主人執注斟酒以次獻衆賓。衆賓各受杯，以授贊者，各置于席前。若主人是尊長，則衆賓旅拜。是敵者以下，則皆揖，不拜。衆賓拜揖畢，各跪，祭，興，飲之。復拜揖，飲遍，乃就坐如常儀。【若是婚會，則以姻家爲上客，其獻不以長少，皆如前儀】。拜節。若敵者爲上客，皆如尊長之儀，惟卒飲不拜。若少者爲上客，亦如前儀，但上客先拜，主人辭，則止。或上客於主人當納其拜，則跪而扶之。惟昏會姻家爲上客，雖少者亦答其拜。

## 勞餞之禮

迎勞，尊長者自遠歸，所厚者迎於近郊，俟于道左郘舍，俟其至，下馬，進揖，不問訊起居。尊長復上馬，則從其家見之，乃退。若尊長不下馬，命之上馬則上馬，立俟于道側，拱揖之。如敵者，則馬上拱揖問勞，畢，請所迎者先行。若堅辭之，則或先或後，不可在所迎者之先。少者不必迎。餞送。尊長遠行，少者、幼者送之不過五里，敵者不過三里，或以情之厚薄爲遠近，亦可各期會於一處，拜揖如禮，有飲食則就飲食之，不具飲食，則拜。畢，送之上馬，隨行數十步，行者堅辭，則立馬目送行者去數十百步，然後退。

## 慶吊之禮

慶賀，有吉事則慶之，如冠子、生子、預薦及登第進名之類〔二〕，皆可賀。昏禮雖得不賀，然以物助其賓客之費，亦不可缺。凡慶禮，有贈助之物。吊唁。有凶事則吊之，如喪葬、水、火之類。凡凶事，有贈助之義〔三〕。吊喪見《喪禮》。

## 獻遺之禮

獻尊者，凡有所獻於尊長前，以狀列其物，白而後獻。若辭一再則止。遺敵者，則以書簡，辭再三則止。遺少者。或傳言，或以幅紙書其名。

---

〔二〕「進名之類」，順德本、太平府本、常州府本爲「進官之屬」。
〔三〕「義」，順德本、太平府本、常州府本作「儀」。

# 家禮附録

## 通禮

### 家書

司馬温公

上祖父母父母書上外祖父母同。【按】：温公《書儀》有《上祖父母父母書》，又有《上内外尊屬書》，尊屬，謂伯叔祖父母、伯叔父母、姑舅妗母、姨夫姨母及妻之父母也。又有《上内外長屬書》，長屬謂兄、嫂、姊、内外兄姊及姊夫也。《書儀》各自爲式，今併而一之，分注于下云。

某啓。孟春猶寒，時候隨月。伏惟某親尊體起居萬福。述先時往來書云云。【尊屬】，改「起居」爲「動止」。【長屬】，改「起居萬福」爲「動止康和」。某在此，與新婦以下各循常，若有尊長在此，則於「與新婦」字上添「侍奉某親康寧外」字。乞不賜遠念。【長屬】，改此句爲「幸不念及」。○凡此皆平安之儀，若有不安者，即不用此句，後準此。下述事云云。未由省侍，【尊屬】，改「省侍」爲「省覲」。【長屬】，改爲「參省」。伏乞倍加調護，【尊屬】，改「調護」爲「保重」。【長屬】，改爲「保燮」。下情不任瞻戀之至，【尊屬】，改「瞻戀」爲「瞻仰」。【長屬】，改「下情」以下爲「卑情不勝依戀」。謹奉狀，不備。【長屬】，「狀」爲「啓」。孫某再拜上男則稱男，女則稱女，其姪甥婿於尊屬、弟妹、内外弟妹，隨所當稱。唯與妻之父母書，不稱「新婦」，則改新婦以下爲「家中骨肉」。某親几前。【尊屬】，同。【長屬】，則改「几前」爲「左右」。【按】：《世俗翰墨》等書於上祖父母、父母書，俱稱「膝下」，今稱「几前」，若從俗稱「膝下」，似亦無害。

## 與内外幼屬書

幼，謂弟妹、表弟妹。又有《與子孫書》及《與卑屬書》。卑屬，謂兄弟之子孫。

幾弟。妹則云「幾妹」。○【子孫】則云「告某」，【卑屬】則云「告幾某官」。春寒，寒暄隨時。想與諸尊幼或云長幼隨事。○子孫及卑屬，「想」下添「汝」字。休宜。述先時往來書。○子孫與卑屬俱作「吉健」。兄此粗如常，述事云云。○子孫稱「吾」，卑屬稱「翁」。或伯叔，俱改「此粗常」爲「此與骨肉竝如常」。不悉。子孫、卑屬作「不具」。兄告卑屬作「幾翁」，子孫作「翁」。某親。卑屬稱幾某官，子孫稱名。

# 冠禮

## 字辭

【按】：《家禮》本注云：「或别作辭，命以字之之意亦可。」今採劉屏山文公字辭以爲式，使有作者，準此可也。

### 字朱元晦祝詞

劉屏山

冠而欽名，粤惟古制。朱氏子熹，幼而騰異。交朋尚焉，請祝以字。字以元晦，表名之義。木晦於根，春容曄敷。人晦於身，神明内腴。昔者曾子，稱其友曰：有若無，實若虚。不斥厥名，而傳於書。雖百世之遠也，揣其氣象，知顔氏如愚，迹參並遊，英馳俊驅。豈無他人，夫誰敢居？自諸子言志，回欲無伐，一宣於聲，終身弗越。陋巷闇然，其光烈烈。從事於斯，惟參也無慚。貫道雖一，省身則三。夾輔孔門，翺翔兩驂。學的欲正，吾知斯之爲指南。惟先吏部，文儒之粹，彪炳育珍，又華其繼。來兹講磨，融融熹熹。真聰廓開，如原之方駛，望洋渺瀰，老我縮氣。古人不云乎，純亦不已。悵友道之衰變，切切而唯唯。子德不日新，則時予之耻。勿謂此耳，充之益充，借曰合矣，宜養於蒙。言而思毖，動而思躓，凛乎惴惴，惟曾、顔是畏。

## 虞采虞集字辭

吴草廬

著雍困敦，相月六蓂。虞氏二子，丱突而成。既加元服，乃敬其名。字采曰受，字集曰生。采也維孟，集也維伯。爰加爾字，用勗爾德。孰采孰受，忠信於禮。孰集孰生，道義於氣。禮喻夫采，受者其本。如繪之初，質以素粉。義在夫集，生者其效。如耘之熟，苗以長茂。予告汝采，自誠而明，行有餘力，一貫麤精。予告汝集，自明而誠，及其成功，四體充盈。念念一實，表裏無僞。言動威儀，浸浸可備。事事一是，俯仰無怍。盛大周流，進進罔覺。采匪詞華，集匪辯博。希賢希聖，爾有家學。相門有嗣，禮義有傳。是究是圖，毋忝爾先。

## 字説

字説雖非古，然寓警戒之意。使初冠者顧名思義，不爲無補。今采文公所作者以爲式。

### 劉生瑾字説

文公先生二通

古之君子，學以爲己，非求人之知也。故從師親友，以求先王之道，心思口講而躬行之。既自得於己矣，而謙虚晦默，若無有焉。今之人則反是。是以譬之古之君子，如抱美玉而深藏不市，後之人則以石爲玉，而又衒之也。劉氏甥瑾，自其先大父大夫公而予之名矣，將冠，以其父命來求字叙，字之曰「懷甫」，告之以古人之意。瑾也勉旃，毋以石爲玉，而又衒之也。

### 魏甥恪字叙

《商頌》曰：「自古在昔，先民有作。温恭朝夕，執事有恪。」作之言爲也，恪之言敬也。夫人飽食逸居而無所作爲於世，則蠢然天地之一蠹也，故人不可以無作。然作而不敬，其所作也終無成矣。魏氏甥茂孫，讀書能講説，然余患其無所作爲之志，恪敬之心，因其來請名字也，名之曰「恪」，而以「元作」字之。恪也其敬聽余言，毋怠毋忽。

# 昏禮

## 聘定啓【按】：《家禮》納采、納幣皆具書，近世彌文，往往過於騈儷。今考《大全集》，有回黄勉齋家啓，雖用四六而辭意典雅，因采以爲式，然無聘啓，謹以程伊川所作者補之。

程伊川

伏以古重大昏，蓋將傳萬世之嗣，禮稱至敬，所以合二姓之歡。顧族望之非華，愧聲猷之弗競。不偶非偶，妄意高門。以第幾男，雖已勝冠，未諧受室。恭承賢閤第幾小娘子，性質甚茂，德容有光。輒緣事契之家，敢有昏姻之願。豈期謙厚，遽賜允從！穆卜良辰，恭伸言定。有少儀物，具如别牋。

## 回啓

文公先生

摳衣問政，夙仰吏師之賢。受帛結婚，兹喜德門之舊。遠承嘉命，良慰鄙懷。令兄察院位第四令姪直卿宣教，厲志爲儒，久知爲己。熹第二女子，服勤女事，殊不逮人。雖貪同氣之求，實重量材之愧。惟異日執笄以見，倘免非儀。則他年覆瓿之傳，庶無墜失。此爲欣幸，曷可喻云。

# 喪禮

## 書疏【按】：此本《書儀》中書疏文，公採入《家禮》，今附于此。

### 慰人父母亡疏慰嫡孫承重者同。

司馬温公

某頓首再拜言，降等云「頓首」。不意凶變，亡者官尊，即云「邦國不幸」。後皆放此。先某位無官則云「先府君」，有契則加「幾丈」於「某位府君」之上。○母云「先某封」，無封即云「先夫人」。○承重則云「尊祖考某位」「尊祖妣某封」，餘竝同。奄棄榮養，亡者官尊，即云「奄捐館舍」。或云「奄忽薨逝」。若母有封至夫人者，亦云「薨逝」。若生者無官，即云「奄違色養」。承訃驚怛，不能已已。伏惟平交云「恭惟」，降等云「緬惟」。孝心純至，思慕號絶，何以堪居。日月流邁，遽踰旬朔，經時即云「已忽經時」，已葬即云「遽經襄事」。卒哭、小祥、大祥、禫、除，各隨其時。哀痛奈何，罔極奈何。不審自罷荼毒，父在母亡，即云「憂苦」。氣力何如。伏乞平交云「伏願」，降等云「惟冀」。强加餐粥，已葬則云「疏食」。俯從禮制。某役事所縻，在官則云「職業有守」。未由奔慰。其於憂戀，無任下誠，平交已下，但云「某未由奉慰，悲悼增深」。謹奉疏。平交云「狀」。伏惟鑒察，平交以下，去此四字。不備。謹疏。平交云「不宣」。謹狀」。月日具位，降等用「郡望」。姓某疏上平交云「狀」。某官大孝。苫前母亡即云「至孝」，平交以下云「苫次」。封皮。疏上某官大孝苫前。具位姓某謹封。降等則用面簽，云「某官大孝苫次。郡望姓名狀，謹封」。若慰人母亡，即云「至孝」。重封。疏上平交云「狀」。某官具位姓某謹封。

## 父母亡答人慰疏 嫡孫承重者同。

某稽顙再拜言，降等，「叩首」。某罪逆深重，不自死滅，禍延先考。母云「先妣」。承重，則祖父云「先祖考」，祖母云「先祖妣」。攀號擗踴，五内分崩，叩地叫天，無所逮及。日月不居，奄踰句朔，隨時同前。酷罰罪苦，父在母亡，即云「偏罰罪深」。祖父母亦如之。無望生全。即日蒙恩，平交以下，去此四字。祇奉几筵，苟存視息。伏蒙尊慈，俯賜慰問，哀感之至，無任下誠。平交云「仰承尊慈，俯垂慰問，其爲哀感，但切下懷」。降等，云「特承慰問，哀感良深」。○司馬公曰：「凡遭父母喪，知舊不以書來吊問，是無相恤之心。於禮不當先發書。不得已，須至先發，即删此四句。」未由號訴，不勝隕絶，謹奉疏。降等云「狀」。荒迷不次，謹疏。降等云「狀」。月日孤子母喪稱「哀子」，俱亡即稱「孤哀子」。承重者稱「孤孫」「哀孫」「孤哀孫」。姓名疏上某位。座前謹空。平交以下去此二字。封皮、重封，竝同前。

## 慰人祖父母亡啓狀謂非承重者。伯叔父母、姑、兄、姊、弟、妹、妻、子、姪、孫同。

某啓。不意凶變，子孫不用此句。尊祖考某位奄忽違世。祖母曰「尊祖妣某封」。無官封，有契，已見上。○伯叔父母姑，即加「尊」字。兄姊弟妹，加「令」字。降等皆加「賢」字。若彼一等之親有數人，即加行第，云「幾某位」。無官，云「某府君」。有契，即加「幾丈」「幾兄」於「某位府君」之上。姑姊妹，則稱以夫姓，云「某宅尊姑令姊妹」。○妻則云「賢閤某封」。無封，則但云「賢閤」。○子即云「伏承，令子幾某位」，姪、孫竝同。降等則曰「賢」，無官者稱「秀才」。承訃驚怛，不能已已。妻云「怛」爲「愕」，子孫但云「不勝驚怛」。伏惟恭緬見前。孝心純至，哀慟摧裂，何可勝任。伯叔父母姑云「親愛加隆，哀慟沈痛，何可堪勝」，兄姊弟妹則云「友愛加隆」，妻則云「伉儷義重，悲悼沈痛」。子、姪、孫則云「慈愛隆深，悲慟沈痛」。餘與伯叔父母姑同。孟春猶寒，隨時。不審尊體何似。降等云「所履」。伏乞平交以下如前。深自寬抑，以慰慈念。其人無父母，即但云「遠誠」。連書，不上平。某事役所縻，在官如前。未由趨慰，其於憂想，無任下誠。平交以下如前。謹奉狀。伏惟鑒察，平交如前。不備。平交如前。謹狀。月日具位姓名狀上某位服前。平交云「服次」。封皮、重封同前。

## 祖父母亡答人啓狀謂非承重者。伯叔父母、姑、兄、姊、弟、妹、妻、子、姪、孫同。前人

某啓。家門凶禍，伯叔父母姑、兄姊弟妹云「家門不幸」，妻則云「私家不幸」，子、姪、孫則云「私門不

幸」。先祖考祖母云「先祖妣」，伯叔父母云「幾伯叔父母」，姑云「幾家母」，兄姊云「幾家兄」「幾家姊」，弟妹云「幾舍弟」「幾舍妹」，妻云「室人」，子云「小子某」，姪云「從子某」，孫曰「幼孫某」。奄忽棄背，兄弟以下云「喪逝」。子姪孫云「遽爾夭折」。痛苦摧裂，不自勝堪。伯叔父母姑、兄姊弟妹云「摧痛酸楚，不自堪忍」，改「摧痛」爲「悲悼」。子姪孫改「悲痛〔二〕」爲「悲念」。伏蒙尊慈，特賜慰問，哀感之至，不任下誠。平交、降等如前。孟春猶寒，隨時。伏惟恭緬如前。某位尊體，起居萬福。平等不云「起居」，降等但云「動止萬福」。某即日侍奉，無父母即不用此句。幸免他苦，未由面訴，徒增哽塞。謹奉狀上平交云「陳」。謝，不備。平交如前。謹狀。月日某郡姓名狀上某位座前謹空。平交如前。封皮、重封如前。

## 【補】擬祖父母父母亡謝人吊賻會葬不行躬謝疏

【按】：世俗既葬之後，凡有親戚僚友來吊祭賻葬者，其哀子必具衰絰，躬造其門拜之，謂之「謝孝」。有不行者，怪責叢焉，謂之「不知禮」，遂使居喪者舍几筵朝夕之奉，縲然衰服，奔走道途，信宿旅次，甚至浹旬經月不歸者，往往有之。此禮行之已久，世俗習以爲常。考之古禮無有也。今擬爲書一通。既襄事後，即命子弟遍奉諸親朋之來祭葬者，備述所以不躬拜謝之故，待釋服之後，然後行之。謹

〔二〕「痛」，當作「悼」。

録于此，以備采取。知禮君子，既當以禮自處，又當以禮處人，痛革世俗非禮之禮可也。

某稽顙再拜言，某罪逆深重，不自死滅，禍延先考。母則云「先妣」。承重祖父則曰「先祖考」，祖母曰「先祖妣」。幸而克襄大事，皆賴諸親相助之力。非親戚則曰「諸賢」。既蒙下吊，平交以下，則曰「臨吊」。又賜賻奠，止有賻則曰「賻儀」，止有「奠」則曰「祭奠」。逮其送往，又辱寵臨，如不送葬，去此二句。感德良深，莫知所報。欲效世俗具衰絰，踵門拜謝，奈縲然重服，哀疚在躬，遠離几筵，非獨古無此禮，亦恐賢人君子之不忍見也。故不敢以俗禮上瀆高明。平交以下去「上」字。伏惟尊慈，特賜鑒察，哀感之至，無任下誠，謹此代謝。荒迷不次，謹疏。月日孤子母喪，稱「哀子」。俱亡，即稱「孤哀子」。承重者稱「孤孫」「哀孫」「孤哀孫」。姓名疏上某位座前謹空。平交以下，去此二字。封皮、重封。並同前。

**墓志**按：《家禮》墓志止書其人姓名、鄉貫、祖考、子孫、生年卒葬，及其官封，無有求文人代撰之說。然自晉宋以來，孝子順孫，欲顯揚先德者，必假一時名筆。既已成俗，卒難遽革。今於《文公大全集》中擇其尤質實者，節其繁文以爲式，俾後之作者，不至溢美以來諛墓之譏。

## 劉十九府君墓志銘

文公先生

府君諱某，字致端，建寧府崇安人。其曾大父職方郎中、贈開府儀同三司諱某，始以文學起家，歷典數州，皆有惠愛。大父朝請郎諱某，爲縣有所不得行其志，年未七十即致其事以歸。父某明經勵行，不仕以卒，而鄉人敬之。娶同邑〔一〕余氏，讀書史，有智識，寔生府君兄弟，國子祭酒翁公所爲志其墓者也。府君於兄弟爲最長，自少則任家事，以故不及於學。而其孝愛恭敬、誠信敦篤，自有以過人者。家世清貧，至先府君時，食口益衆，府君經營纖密而不失大體。蓋凡春秋晨夕之奉，昏喪燕勞之須，以至族姻黨友，賀吉而吊凶，其厚薄往來之數無不稱情而合禮者。先府君於是得以放情事外而遂其高，諸弟亦皆得以遊學四方，親師取友，各成就其器業。而聘君先生卓然傑立，遂爲一世之聞人，名立於不朽，實府君有以相之也。府君自少無外慕，晚歲足跡不出里門者數十年。其精神氣力老而不衰，登山臨水，常翛然獨往。其所以自樂者，人不得而言也。年八十有五，以乾道癸巳正月某日病卒于家，而葬於宅之西南數百步曰彭原者。府君娶信安祝氏，有賢行，前卒。子男某也。女適進士江之瑞。孫男潤，女三人。銘曰：

士學口耳，弗誠以身。既佻以儇，汙我冠紳。孰如丈人，庸信庸謹？詞無枝葉，動有繩準。彭原之木，有緊其陰。我銘斯刻，以詔來今。

〔一〕「邑」，順德本、太平府本、常州府本作「郡」。

# 建安郡夫人游氏墓志銘

有宋建安郡夫人游氏，右宣義郎致仕、任金紫光禄大夫邵武黄公諱崇之妻，而子端明殿學士諱中、台州史君諱章之所追爵也。世爲建州建陽縣長平里人，曾祖正卿、祖希古、父儀，皆不仕而隱德，鄉里推長者。夫人姿静淑，族母阮氏以婦德爲女師，夫人幼嘗學焉，受班昭《女訓》，通其大義。至他組紃筆札之藝，皆不刻意而能輒過人。早孤，其母鍾愛之，以歸大夫公。事舅姑，承祭祀勤肅不懈。舅喜賓客，佳辰令節，親舊滿門。夫人供饋惟謹，未嘗頃刻自逸而委勞於娣姒也。姑性嚴，諸婦侍旁，有二十年不命坐者。夫人獨能順適其意，盥櫛温凊，禮無違者。姑有疾，非夫人進藥不嘗。每因事指言以爲諸婦模楷。遭舅喪，大夫公素貧，昆弟相顧，謀鬻田以葬。夫人曰：「毋隳爾先業爲也。」退斥囊中裝以奉其役，以故大夫公得以不煩於衆而襄大事。大夫公爲人誠慤莊重，夫人以柔順堅正佐之，相敬如賓，謀無不協。其待遇族姻謙謹有禮樂，道其美而不喜聞其過。至其窮困，則賙之必盡其力。日誦《女訓》及他經言，以自箴警。娠子則必端居静室，焚香讀書不疾呼，不怒視，曰：「此古人胎教之法也。」故其子生皆賢材。而夫人所以教之者又甚至，稍能言，則寘膝上，授以詩書。少長，則爲迎師擇友，教詔諄悉。從兄御史先生學於河南程氏，行業淳懿，爲學者所宗。夫人每語諸子曰：

「視乃舅而師法之，足以爲良士矣。」紹興壬子四月二十三日，以疾卒。病革，大夫公泣視之。夫人曰：「生死聚散如夜旦然，何以戚戚爲哉？」於是年五十有六矣。二子皆舉進士中其科，而端明公實以第二人賜第。其後侍從兩朝，出入二十餘年，忠言直節，老而益壯。退居于鄉，天子閔勞以事，嘗遣信使奉璽書就而問之。其忠孝大節固已偉然，而其言行之細，又皆可紀，人以爲夫人之遺教也。台州嘗爲御史臺主簿，亦以治行精敏、議論慷慨，有聞於時。二公前後，凡數逢慶恩，得追榮其母至今封，里人榮之。一女，則貢士劉紀其婿也。卒之明年，葬于邵武縣石岐之原。大夫公嘗命台州狀其行，而未有所託銘。後四十有六年，端明公乃以命熹。其語具於大夫公之誌，此不著。獨按狀文，掇其大者書而系之。銘曰：

長平之游，世有德人。弗耀于世，乃里其人。女士攸宜，壼彝是式。配德娠賢，慶餘善積。尚書刺史，之德之才。湯沐之封，本邦是開。煌煌命書，賁此玄宅。伐石篆辭，永世貽則。

## 先考朱府君遷墓記

先府君諱松，字喬年，姓朱氏，徽州婺源人。曾祖諱振，祖諱絢，妣皆汪氏。考諱森，妣程氏。三世皆不仕，考妣以府君故贈承事郎、孺人。府君生于紹聖四年閏二月戊申，性至孝，有高志大節，落筆語輒驚人。政和八年，以同上舍出身授迪功郎、建州政和縣尉。承事公卒，貧不能歸，因葬其邑，而游宦往來閩中。始從龜山楊氏門人爲《大學》《中庸》之學，調南劍州尤溪縣尉，監泉州石井鎮税，循左從政郎。紹興四年召試，除秘書省正字。丁内艱，服除，召對，改宣教郎，除秘書省校書郎。遷著作佐郎、尚書度支員外郎兼史館校勘。歷司勳、吏部兩曹，皆領史職如故。以史勞轉奉議郎，以年勞轉承議郎。丞相趙忠簡公、張忠獻公皆深知府君，未及用而去，秦檜以是忌之。而府君又方率同列，極論和戎不便，檜益怒，出府君知饒州。未赴請閒，差主管台州崇道觀。以十三年三月辛亥，卒于建州城南之寓舍，年四十有七。所爲文有《韋齋集》十二卷。娶同郡祝氏，處士確之女，封孺人，後二十七年卒。男熹嘗爲左迪功郎、差充樞密院編修官。女嫁右迪功郎、長汀縣主簿劉子翔。孫男塾、埜、在，女巽、兑皆幼。初，府君將没，欲葬崇安之五夫。卒之明年，遂窆其里靈梵院側。時熹幼未更事，卜地不詳。既懼體魄之不獲其安，乃以乾道六年七月五日，遷于里之白水鵝子峰下。熹攀慕號殞，痛貫心骨。重惟先君既不得信其志以没，而熹又無所肖似，不能有以顯揚萬分，敢次叙姓系、官閥、志業梗槩，刻而掩諸幽，且將請作文者以表其隧。昊天罔極，嗚呼痛哉。

### 先妣祝孺人壙記

先妣孺人祝氏，徽州歙縣人。其先爲州大姓，父諱確，始業儒，有高行。娶同郡喻氏，以元符三年七月庚午生孺人。性仁厚端淑，年十有八，歸于我先君諱松，字喬年，姓朱氏。逮事舅姑，孝謹篤至，有人所難能者。以先君校中秘書賜今號。及先君卒，熹年纔十有四。孺人辛勤撫教，俾知所向。不幸既長而愚，不適世用，貧病困蹙，人所不堪，而孺人處之怡然。乾道五年九月戊午卒，年七十。生男三，伯仲皆夭，熹其季也。嘗爲迪功郎，差充樞密院編修官。一女，適右迪功郎、長汀縣主簿劉子翔。孫男埜、埜，在，女巽、兑皆幼。越明年正月癸酉，葬于建寧府建陽縣後山天湖之陽東北，距先君白水之兆百里而遠。不孝子熹號慕隕絶，敢竊記壙中如此。昊天罔極，嗚呼痛哉！

## 祭文

### 祭延平李先生文

文公先生

山頹梁壞，歲月不留。即遠有期，親賓畢會。柳車既飭，薤露懷悲。生榮死哀，孰不摧慕。熹等久依教育，義重恩深。學未傳心，言徒在耳。載瞻繐紵，彌切痛傷。築室三年，莫酬夙志。舉觴一慟，永訣終天。嗚呼哀哉！

## 祭吕伯恭著作文

嗚呼哀哉！天降割于斯文，何其酷耶！往歲已奪吾敬夫，今日伯恭胡爲又至於不淑耶？道學將誰使之振，君德將誰使之復，後生將誰使之誨，斯民將誰使之福耶！《經説》將誰使之繼，《事記》將誰使之續耶！若我之愚，則病將孰爲之箴，而過將誰爲之督耶！然則伯恭之亡，曷爲而不使我失聲而驚呼，號天而慟哭耶！嗚呼伯恭！有蓍龜之智而處之若愚，有河漢之辯而守之若訥。胸有雲夢之富而不以自多，詞有黼黻之華而不易其出。此固今之所難而未足以議兄之彷佛也。若乃孝友絶人而勉勵如弗及，恬澹寡慾而持守不少懈，盡言以納忠而羞爲訐，秉義以飭躬而耻爲介，是則古之君子尚或難之，而吾伯恭猶欲然而未肯以自大也。蓋其德宇寬弘，識量宏廓，既海納而川渟，豈澄清而撓濁。矧涵濡先訓，紹文獻於厥家，又隆師而親友，極探討之幽遐。所以禀之既厚而養之深，取之既博而成之粹。宜所立之甚高，亦無求而不備。故其講道于家，則時雨之化。進位于朝，則鴻羽之儀。造辟陳謨，則宣公獨御之對。

承詔奏篇，則右尹《祈招》之詩。上方虛心而聽納，衆亦注目其旉施。何遭時之不遂，遽縈疾而言歸。慨一卧以三年，尚左圖而右書。聞逍遥以曳杖，恍沂上之風雩。衆咸喜其有瘳，冀卒攄其素藴。不則傳道以著書，抑亦後來之程準。何此望之難必，奄一夕而長終。增有邦之殄瘁，極吾黨之哀恫。嗚呼哀哉！我實無似，兄辱與遊，講摩深切，情義綢繆。粤前日之枉書，尚粲然其手筆。始言沈痼之難除，猶幸死期之未即，中語簡編之次第，卒誇草樹之深幽。謂昔騰牋而有約，盍今命駕以來遊，欣此旨之可懷，懔訃車而偕至。考日月之幾何，不旦暮之三四。嗚呼伯恭，而遽死耶！吾道之衰，乃至此耶！既爲位以泄哀，復緘辭以寓奠。冀嗣歲之有間，尚前言之可踐。嗚呼哀哉！尚饗。

## 祭蔡季通文

維慶元四年歲次戊午十月二十有九日癸巳，新安朱熹竊聞亡友西山先生蔡君季通羇旅之櫬，遠自舂陵，言歸故里。謹以家饌隻雞斗酒，酹于柩前。嗚呼哀哉！尚饗。

## 又祭蔡季通文

慶元四年十有二月六日，新安朱熹竊聞亡友西山先生蔡兄季通輀車祖載，將就窀穸，已飭素車，往助執紼，而連日大病，遂不能前。謹遣男埜奉香燭茶酒，往奠柩前。於其行也，哭而送之曰：嗚呼！季通而至此耶！精詣之識，卓絶之才，不可屈之志，不可窮之辯，不復可得而見矣。天之生是人也果何爲耶！西山之巔，君擇而居。西山之足，又卜而藏。而我於君之生，既未得造其廬以遂半山之約。至於今日，又不能扶曳病軀以視君之反此真宅，而永訣以終天也。竝遊之好，同志之樂，已矣，已矣！哀哉！哀哉！

## 祭劉氏妹文

年月日，兄具位以酒饌祭于亡妹五十六娘之靈。昔妹之亡，兄縻郡紱。病弗及療，斂弗克臨。歸來撫棺，一慟永訣。今兹窀穸，已復有期。輒具酒肴，來哭爾殯。兄及老幼，共此一哀。惟爾有靈，尚其歆享。嗚呼痛哉！

# 祭禮

## 書簡

司馬公

### 歸胙于所尊書

某惶恐啓。平等、降等皆去「惶恐」二字。某以今月某日祗薦歲事于祖考。降等去「某以」二字。謹遣歸胙于執事，平交去「于執事」三字，降等改「謹」作「今」。伏惟尊慈，俯賜容納。平交去「尊慈俯賜」四字，改「容納」作「留納」，降等併去八字。某惶恐再拜。平交，去「惶恐」字。降等，「再拜」止云「再啓」。

### 所尊復書

某啓。降等，則云「某惶恐啓」。吾子孝享祖考，平等則云「伏承某人考〔一〕享祖考」。不專有其福，降等則

〔一〕「考」，當作「孝」。

云「欲廣其福」。施及老夫，平交則云「施及賤交」，降等「賤交」改作「賤子」。感慰良深。平交則云「不勝感戴」，降等「過榮恩私，不勝感戴」。某啓某人。平交則云「某再拜，某人左右」，降等則云「某惶恐再拜，某人執事」。

# 祝告

## 時祭祝文

文公先生以下十三道

粤此季秋，成物之始。藐兹弱質，維望以降。湖紅〔一〕反。永念劬勞，莫伸報效。昊天罔極，悲慕何窮。謹以潔牲粢盛醴齊，祗薦歲事，以某人祔食。尚饗。

## 歲祭祝文

氣序流易，歲律將更。追遠感時，不勝永慕。謹以潔牲剛鬣、粢盛醴齊，祗薦歲事，以某人祔食。尚饗。【按】：此即時祭祝文，微有不同，故録之。

〔一〕「紅」，當作「江」。

## 焚黄文一

恭惟先君，天賦異質，孝友之行，足繼前修，雅健之文，追古作者。爵壽弗稱，隕於半途。施及後人，叨被寵禄。追榮七命，始列從班，而先夫人，亦膺顯號。厚德之報，不其在兹。竝命帝庭，璽封雙檢。賛辭褒異，視昔有加。唯是音容，日荒月遠。生我勞瘁，追養靡從。祗奉命書，舍爵以告。涕泗摧咽，不知所云。尚饗。

## 焚黄文二

熹頼遺訓，竊禄于朝，獲被慶恩，追榮禰廟，亦有年矣。比以鈎黨廢錮，憂畏過深，以故及今，始克祗奉命書以告于寢廟。惟我皇考，洞視今古，靡有遺情，陟降如存。尚克歆此丕顯休命。顧熹衰頽，年迫告休，使我皇考，未躋極品，而先夫人亦未克正小君之號。流根之報，無復後期，永念及兹，痛恨何極。仰惟慈廕，俯鑒愚衷，尚啓後人，不日昌大。熹瞻望恩靈，不勝感慕，摧咽之至。謹告。

## 焚黄文三

日者天子始郊，肹慶寓内。熹以職秩，得從大夫之後，故我亡室錫號有加。恭奉制書，俯仰悼歎。惟爾有靈，尚克嘉之。謹告。

## 贈官告皇考文

往歲天子，用祀泰壇。上帝降歆，福祚昭答。慶賜之澤，覃及萬方。中外幽明，罔不咸賴。謂熹名秩，有列内朝。降以命書，賁其禰廟。顧念孤藐，禄不逮親。祗奉明恩，益深哀慕。兹用齊祓，致告寢庭。欽惟神靈，服此休顯。熹雖不肖，敢不敬恭。惟孝惟忠，無或荒墜。嗣有褒錫，尚克嘉之。覆其後人，延于永世。

## 致仕告家廟文

維慶元五年歲次己未六月辛酉朔，孝孫具位熹敢因時享，昭告于祖考之靈。熹至愚不肖，蒙被先世遺德，獲祗祀五十餘年，歲時戰兢，罔敢怠忽。至于今兹，行年七十，衰病侵凌，筋骸弛廢。已蒙聖恩，許令致事。所有家政，當傳子孫。而嗣子既亡，藐孤孫鑑，次當承緒，又以年幼，未堪跪奠。今已定議，屬之奉祀，而使二子埜在相與佐之。俟其成童，加冠于首，乃躬厥事。異時朝廷察熹遺忠，或有恩意，亦令首及。伏惟祖考擁佑顧歆，永永亡斁，熹不勝大願。其諸家務，亦當計度區處，分屬埜等，及諸孫息，使有分職，以守門户。尋別具告而施行之。熹之衰病，勢難支久，如以恩靈，尚延喘息之間，猶當黽勉提總大綱，不使荒頹，以辱先訓。伏惟祖考，實鑒臨之。謹告。

## 遷居告家廟文

熹罪戾不夭，幼失所怙。祗奉遺訓，往依諸劉。卜葬卜居，亦既累歲。時移事改，存没未安。乃眷此鄉，實亦祖考所嘗愛賞而欲卜居之地。今既定宅，敢伸虔告，以安祖考之靈。伏惟降鑒，永奠厥居，垂之子孫，世萬無極。

## 告考妣文

孝子具位熹敢昭告于皇考太史吏部、贈通議大夫府君，皇妣孺人、贈碩人祝氏。熹不孝孤露，垂六十年，不能以時考次先君行實，以表于墓，迹其所由。雖實有待，然而怠緩不虔，罪已無所逃矣。逮今晚暮，衰病侵加，改卜之謀，始有定論。乃克紬繹遺文，傳之時事，撰成行狀一通，粗以發明先君立朝議論本末，而皇〔二〕妣德範梗概，亦以附書。將以請銘于故相退傅益國周公，庶幾有以闡揚潛懿，昭示後來，使子子孫孫勸忠勉孝，以無忘考妣啓佑丁寧、垂裕永久之意。繕寫既成，先事以告。惟是荒塞之餘，不無缺漏。熹不勝悲切皇懼之至！伏惟恩靈如在，鑒此哀誠，則熹不勝千萬幸甚！謹告。

## 祭告遠祖墓文

維年月日，遠孫熹謹率姪某、姪孫某等，以酒果告于遠祖二十一公制置府君、祖妣杜氏夫人之墓。惟昔顯祖，作鎮茲邦。開我後人，載祀久遠。封塋所寄，奉守弗虔。他人有之，莫克伸理。茲用震怛，籲于有司。鄉評亦公，遂復其舊。伐石崇土，俾後弗迷。即事之初，敢謝其譴。謹告。

〔二〕「皇」下，順德本、太平府本有「考」字。

## 歸新安祭墓文

一去鄉井二十七年。喬木興懷，實勞夢想。兹焉展掃，悲悼增深。所願宗盟，共加嚴護。神靈安止，餘慶下流。凡在雲仍，畢沾兹蔭。酒肴之奠，惟告其衷。精爽如存，尚祈鑒饗。

## 祭土地神文一

敢昭告于土地之神。仲秋之月，萬寶將成。蒙神之休，幸兹遺免。式陳非薦，用以揭虔。尚其顧歆，永垂庇佑。

## 土地神文二

熹窮年奔走，兹復奠居。老幼無虞，以及改歲。緊神之賴，報事敢愆。尚其顧歆，永垂覆佑。謹告。

# 家禮節要

（明）朱廷立　撰
王志躍　整理

# 《家禮節要》解題

王志躍

朱廷立（一四九二—一五六六），字子禮，一字兩崖，湖北通山縣人。受學于王守仁。登嘉靖二年（一五二三）進士。曾先後任諸暨知縣、河南道御史、兩淮鹽法御史、順天巡撫、四川巡撫、畿輔學政。嘉靖十六年（一五三七），任南京太僕寺少卿。不久以母老求去。嘉靖二十五年（一五四六），起爲僉都御史。嘉靖二十六年（一五四七），任大理寺卿。嘉靖二十七年（一五四八），升工部右侍郎。後以禮部侍郎兼兵部侍郎致仕。朱廷立在文治、武功、道德、著述等方面皆成就顯著，曾被明世宗賜「功勤可嘉」金匾，而且當時上至朝堂，下及樸野，幾乎無人不識。朱廷立著有《五經白話》《鹽政志》《馬政志》《炯然亭集》《兩厓集》《家禮節要》等。生平事迹見焦竑《國朝獻徵録》卷三五《禮部右侍郎朱公廷立傳》、過庭訓《本朝分省人物考》卷七十六《朱廷立》、俞汝楫《禮部志稿》卷五十六《侍郎朱廷立》及萬曆《紹興府志》卷三十八《人物志四》。

唐宋以來，禮制日益庶民化。而對于推動禮制庶民化進程貢獻顯著者，有司馬光、張載、二程及朱熹等。時至明代，這一進程在明初諸帝的大力提倡下，更呈遍及天下之勢。明代因朱元璋曾以朱子後裔自居，故其所倡行禮儀也以朱熹《家禮》爲準的。然《家禮》乃時代之特殊産物，故在新的地域、時代及風俗等條件下，需要結合實際删削增補，方能切于實用。而朱廷立《家禮節要》即在此背景下産生的改編著作之一。

《家禮節要》由朱廷立嘉靖八年任鹽法御史時始刻，此本今藏于北京大學圖書館，即通山朱氏自刻本，不分卷。嘉靖十五年，山西提學王汝孝將《家禮節要》與楊道賓《射禮儀節》合爲《諸禮節覽》，刻於太原，是爲《諸禮節覽》本，哈佛燕京圖書館有藏。是本亦不分卷，首有王汝孝《諸禮輯覽叙》和朱廷立《家禮節要叙》，無目録，分冠、婚、喪、祭四類。卷端題「家禮節要」，無署名。正文半頁九行十八字，小字雙行同，白口，無魚尾，左右雙邊。框高一七五毫米，寬一二三毫米。無句讀，有圖。儀、圖俱來自丘濬《家禮儀節》。此次整理，即以哈佛燕京圖書館藏《諸禮節要》本爲底本。

關于《家禮節要》的特點，曾任兵部尚書之王汝孝言其「更爲簡約，明習易易，與夫繁情飾貌者殊指」。而朱廷立本人也説「冠、昏、喪、祭，禮之大端也，《家禮》備焉。予輯其要，以易夫人之從也」。而關于刻《家禮節要》之目的，一是「將布之諸司，與學之師若士率而行之」；二是以禮化俗，以裨政教，即「君子之政，所以善其俗者，禮而已矣」。《家禮節要》的編排順序仍是冠禮、昏禮、喪禮、祭禮。《家禮》之所以將冠禮置于首位，乃因「冠者，禮之始也，嘉事之重者也」。

衡諸所載，確實更爲簡要。如《家禮·冠禮》一目「男子年十五至二十，皆可冠」，其注文「司馬公曰」至「其亦可也」凡一百二十六字，皆被《家禮節要》删去。又，《家禮·昏禮》一目「男子年十六至三十，女子年十四至二十」，其注文「司馬公曰」至「今令人情之宜也」凡六十字，亦被《家禮節要》全部删去。其他删削之處亦復不少，均體現了《家禮節要》的特點，且大體不影響對《家禮》的理解，因此，可謂《家禮》一書之節簡本，是明中期士大夫傳播《家禮》的重要代表作，值得重視與研讀。

# 目録


諸禮輯覽叙……（九）
家禮節要叙……（一一）
家禮節要
冠禮……（一三）
笄……（一九）
昏禮……（二三）
喪禮……（三五）
初終……（三五）
成服……（四二）
朝夕哭奠　上食……（四三）
吊　奠　賻……（四五）
聞喪　奔喪……（四六）
治葬……（四九）
發引……（五三）
反哭……（五六）
虞祭……（五六）
卒哭……（五八）
祔……（五九）
小祥……（六一）
大祥……（六二）
禫……（六四）
祭禮……（八一）
四時祭……（八一）

先祖……（八五）
禰……（八六）
忌日……（八七）
墓祭……（八八）
祠堂之儀……（八九）
祀竈……（九三）

# 諸禮輯覽叙

《記》有之，隆禮由禮，謂之有方之士；不隆禮由禮，謂之無方之民。至矣哉。緣人情而設制，所以本始太一，經緯里俗，杜淫佚，著坊表，彬彬然其可尚也。余督學于晉且浹歲，每進多士于庭，則見儀觀朴鄙鮮中，質以冠、昏、喪、祭之禮與大射、鄉射之儀，貿然亡矣，相顧失所以對，乃瞿然曰：嗟哉！嗟哉！風頹教斁，所由來久矣。夫射，德藝也，冠、昏、喪、祭，人道所繇基，罔可忽也。《傳》曰「禮失求之野」，矧爲士乎！又齊民之率也。在宋，張子厚教于關中，以禮爲先，俾學者知禮成性，變化氣質，有以哉。先是，弘治初，射禮刻于陝，實始楊邃菴氏，業已泯棼，余在館時獲覿。今北畿督學，朱兩厓侍御《家禮節要》載在四禮，更爲簡約，明習易易，與夫繁情飾貌者殊指。乃匯稡一編，亟命太原府出學田租金重梓之，遍布學宫，與我諸弟子員共焉。好禮之士，其庶幾藉此有起乎，非徒眩諸目觀也已。

嘉靖丙申冬十二月東平王汝孝撰。

# 家禮節要叙

叙曰：君子之學，所以治其躬者，禮而已矣；君子之政，所以善其俗者，禮而已矣。非此而曰學焉者，吾知其辭章而已矣；非此而曰政焉者，吾知其簿書而已矣。是故古之君子，德則崇，崇乎爾；教則齊，齊乎爾；民則猶，猶乎爾。今之君子未之有是焉，甚矣，禮不可以無講也。冠、昏、喪、祭，禮之大端也，《家禮》備焉。予輯其要，以易夫人之從也。乃刻之維揚，將布之諸司，與學之師若士率而行之。夫士者，民之先也；師者，士之則也；牧者，師之表也。民之無良，由無良士；士之無良，由無良師；師之無良，由無良牧。凡我有位，豈獨無良牧哉？監司於是乎考政焉，可以觀禮矣。

# 家禮節要

## 冠禮

廷立按：《冠義》曰：「冠者，禮之始也。」嘉事之重者也，是故古者重冠，責成人之道也。禮壞而俗敝，縉紳之家猶莫免焉。吾見其有朝髫而暮冠，雖宗人亦莫得而知者矣，而何冠禮之有焉？而何庶民之咎焉？嗚呼！則何不以成人之道望其子弟而自遺其慈也！爲輯《節要》于後。

男子年十五至二十，皆可冠。必父母無期以上喪，始可行之。大功未葬，亦不可行。合用之人，儐、贊、通贊、二人。引贊。二人。○主人擇子弟親友閑於禮者爲之。執事者用子弟爲之。合用之物。櫛、纚、掠、網巾、簪、深衣、幅巾、履、大帶、帽子、平定巾、儒巾、直身、圓領、絛條、靴。

前期三日，主人告于祠堂。主人，謂冠者之祖父母、父母，凡爲家長者。

儀節 序立，男左女右，世爲一行。盥洗，啓櫝，出主，復位，降神，主人詣香案前，跪，焚香，酹酒，傾茅沙上。俯伏，興，拜，興，兩拜。平身，復位。參神，衆拜。鞠躬，拜，興，四拜。平身。主人斟酒，主人自執酒注，斟酌于逐位神主前空盞中，先正位，次祔位。畢，少退立。主婦點茶。主婦執茶瓶斟茶于各正祔位前，畢，退與主人並立。鞠躬，拜，興，並兩拜。平身。主婦復位，主人不動。跪，主人以下皆跪。讀祝，俯伏，拜，興，兩拜。平身，復位。辭神，衆拜。鞠躬，拜，興，四拜。平身。焚祝文，奉主入櫝，禮畢。

**祝文**「維○○幾年歲次干支，幾月干支朔，某日干支，孝玄孫某官姓名，敢昭告于顯高祖考某官府君，無官，隨神主所稱。顯高祖妣某封某氏，顯曾祖考某官府君，顯曾祖妣某封某氏，顯祖考某官府君，顯祖妣某封某氏，顯考某官府君，顯妣某封某氏：某之子某，若某親之子某。年漸長成，將以某月某日，加冠於其首，謹以酒果，用伸虔告，謹告。」若宗子自冠，則云：「某年漸長成，將以某月某日加冠於首。」

戒賓。擇朋友中閑於禮者爲之。前期三日，主人詣其家請之，遠，則遣子弟致書。

**書式**

某郡某姓再拜奉啓：

某官執事稱呼隨宜。某，有子某，或某親之子某。年及成人，將以某月某日加冠於其首，求所以教之者，僉曰以德以齒，咸莫吾子，宜至日不棄，寵臨以惠教之，則某之父子感荷無極矣。未及躬詣門下，尚祈。炤亮。不宣。若宗子自冠，則前去「有子某」三字，後去「之父子」三字。某郡某姓再拜右請書。

某郡某姓再拜奉復：

某官執事稱呼隨宜。某無似，伏承吾子不棄，召爲冠賓，深恐不能共事，以病盛禮。然嚴命有加，敢不勉從。至日，謹當躬造，治報弗虔，餘需面既，不宣。

某郡某姓再拜奉復。右復書。

前一日，宿賓。遣子弟以書致辭。

書式

某上：

某官執事稱呼隨宜。某，將以來日加冠於其子，某執事既許以惠臨矣，敢宿。

某再拜上。

某復：

某官執事，稱呼隨宜。承命以來，日行禮，既蒙見宿，敢不夙興。

某再拜上。

陳設。凡冠者席與賓主位次，行路皆用石灰，依圖界畫之。

厥明夙興，陳冠服。合用之物，用卓子盛之，俱如圖陳設。

主人以下序立。若宗子自冠，則服如將冠者而就主人之位。

賓至，主人迎入，升堂。行始加、再加、三加禮、醮禮，乃降階命字。

儀節　通贊唱。序立。儐者自門外入，告主人。賓至，引贊唱。請迎賓，引主人出門外，迎賓。賓主相見，主東賓西。揖，平身。主人見贊者，揖，平身。主人揖賓，請行。主人舉手揖遜，贊者隨行。升階。主由東階，賓由西階，三讓而升。○通贊唱。賓主各就位。主拜，賓再拜，興，平身。主拜，贊者拜，興，平身。主人子弟自爲贊，不必拜。贊者盥洗，洗訖，由西階升，立于房中，西向。儐者布席，按圖布冠者之席。贊者奠櫛，用笥盛梳子、網巾，跪置于席左。興，立將冠之左。將冠者出房。南向立。賓揖將冠者，即席，跪，將冠者即席，西向跪，贊者亦即席，如其向跪。櫛髮，贊者解其髮而梳之。合紒，包網巾訖，贊者起立。行始加禮。賓詣盥洗所，賓降階洗，主人從之。若宗子自冠，不從。復位。主揖賓，俱復位。執事者進始加服，以盤盛冠、笄，進至階。賓降受，降階一級。詣將冠者前，賓向將冠者。祝辭。賓祝曰：「吉月令日，始加元服。棄爾幼志，順爾成德。壽考維祺，以介景福。」跪，賓跪。加冠笄，以冠并簪子加將冠者之首，贊者代簪之。加幅巾。贊者又以幅巾跪進，賓受加之。興，賓起。復位。冠者興，賓揖冠者適房易服。賓揖冠者入房，解童服，服深衣，加大帶，納履。冠者出房，南面立。賓揖冠者即席，跪，冠者跪。行再加禮。執事者進再加服，以盤盛帽子，進至階。賓降受，賓降階二級。詣冠者前，祝辭：賓祝曰：「吉月令辰，乃申爾服。謹爾威儀，淑慎爾德。眉壽萬年，享受胡福。」祝畢，贊者徹冠。跪，賓跪。加帽子，以帽子加冠者之首。興，賓起。復位，冠者興。賓揖冠者適房易服，入房，解深衣，服圓領衣，絲條靴。冠者出房，賓揖冠者，即席，跪，冠者跪，行三加禮。執事者進三加服，以盤盛儒巾。進餘人平定巾。賓降受，降階三級。詣冠者前，祝辭：賓祝〔曰〕：「以歲之正，以月之令，咸加爾服。兄弟俱在，以成厥德。黃耇無疆，受天之慶。」祝畢，贊者徹帽子。跪，賓跪。加巾。以巾加冠者之首。興，賓起。復位，冠者興。賓揖冠者適房，徹櫛。執事者收梳笥入房。設醮席，儐者按圖布席。若衆子，仍舊席，不用唱此句。冠者出房，行醮禮。賓揖冠者，即席，立席右，南向。贊者酌酒，自房中酌酒捧至于賓。賓受酒，詣醮席。北向。祝辭：賓祝曰：「旨酒既清，嘉薦令芳。拜受祭之，以定爾祥。承天之休，壽考不忘。」冠者再拜，興。賓不答。冠者升席，受酒，南向立。賓復位。東向，答冠者前拜。再拜，興。冠者不答。若是先生及尊者，不用此。贊者薦脯醢，以楪盛脯醢，自房中出。冠者進席前，跪，祭脯醢，冠者左手執盞，右手執脯醢，置于席前空地上。祭酒，傾酒少許于地。興，退，就席末，席後。跪，啐酒，飲酒少許。興。贊者受爵，徹脯醢，遂復位。冠者拜，賓賓答拜。再拜，興，拜，贊者贊者立于賓左，東向。少退，答拜。再拜，興。賓主俱降階，主東賓西。冠者降階。降自西階少東，南向立。賓字冠者，祝辭：賓祝曰：「禮儀既備，吉月令日，昭告爾字。爰字孔嘉，髦士攸宜。宜之于嘏，永保受之，曰伯某甫。」或仲、叔、季，惟所當。冠者對辭，曰：「某不敏，敢不夙夜祇奉。」再拜，興，冠者拜賓，賓不答。禮畢。賓揖主人曰：「盛禮既成，請退。」主人揖賓曰：「某有薄酒，敢禮從者。」賓辭曰：「某不敢當。」主人請曰：「姑少留」，賓曰：「敢不從命。」主人乃揖賓至客次，贊從之。賓主對揖。

主人乃命執事治具。

## 主人以冠者見于祠堂。

儀節 同前告祠堂，但「點茶」後，改「讀祝」爲「告辭」，進香案前，跪曰：「某之子某，或某親之子某。宗子自冠，則止曰某。今日冠畢，敢見。」俯伏，興，平身，復位。冠者見，立兩階間拜。鞠躬，拜，興，四拜。平身。宗子自冠，則不用冠者見，及立兩階間拜。辭神，衆拜，鞠躬，拜，興，四拜。平身。奉主入櫝，禮畢。

冠者見于父母、尊長。父母堂中，南向坐。其餘親戚依次序坐。冠者四拜父母，父母爲之起，重成人也。

平時則否。同居有尊長，則父領冠者詣其室拜之，尊長爲之起，還就東西序。每列皆再拜，或請尊長就父母堂中拜，亦可。宗子自冠，有母，拜母如儀。族人宗之者來見，宗子西向拜其尊長，受卑者拜。

禮賓。主人以酒饌延賓及儐，贊者，酬之以幣，而拜謝之。親朋有來觀禮者，亦併待之。

【儀節】主人至客次迎賓，主人先行，客從之，儐贊、禮生及諸親朋，各以序隨至堂階，主人以手揖賓，請升，賓辭讓，主人先升自東階，賓繼升自西階，贊以下各以序升。就位，賓主以下各序立如常儀。致辭，主人拱手向賓前，曰：「某子若孫、姪，隨所稱。加冠，賴吾子教之，敢謝！」主人拜賓。再拜，興，平身。賓答拜。謝贊者，主人拜。再拜，興，平身。謝儐同上。若贊儐卑幼，不敢當，拜揖之，可也。主人獻酒，賓酢酒，主人獻贊、儐以下，如常儀。酒遍。請升席，主人自席末先升，賓次升，贊儐及陪席者以次皆升，坐。行酒，冠者及執事者行酒，或三行，或五行。進饌，或三或五，隨俗。奉幣。執事以盤捧幣，進之。主人受以獻賓，賓受以授從者。賓謝主人，再拜，興，平身。主人答拜。○以次奉贊者、儐者幣，及贊者、儐者謝主人，主人答拜，皆同。送賓，至大門外，揖，平身，俟賓上馬。歸賓俎。

冠者遂出見於鄉先生及父之執友。冠者見先生、執友，皆四拜，先生、執友答之。先生若有教言，則對曰：「某不敏，敢不夙夜祇奉。」再拜而謝，不答。

# 笄

女子年十五至二十，許嫁。笄，以母爲主。無母，伯叔母亦可。行於中堂。與宗子同居，則於私室。

前期三日戒賓，一日宿賓，擇親姻婦女賢而有禮者爲之，致書以請。若賓不能行禮，女家擇子弟知禮者暗贊而行之。

請書式

某親某氏拜啓：非親則云「辱交」或「辱識」。若宗族有知禮者，亦可請爲賓，不用此書。

某親某封。妝次。「笄禮久廢。兹有女年適可笄，欲舉行之。伏聞吾親閑於禮度，敢屈惠臨以教之，不勝幸甚！」

月日某氏拜啓。

復書式

忝親某氏拜復某親某氏，妝次。蒙不棄，召爲笄賓。自念饟俗，不足以相盛禮。然既有命，敢不勉從。謹此奉復。

月日某氏拜復。

陳設。依圖界畫，如衆子冠禮。

厥明，陳服。以盤盛冠笄。

序立。主婦如主人之位，將笄者房中南面，本家婦女俱在主婦之後。擇女婦賢而有禮者爲贊。

賓至，主婦迎入，升堂。行加禮、醮禮，乃命字。

**儀節** 序立。贊入告，主婦曰：「賓至，請迎賓。」贊與主婦出，中門見賓，主東賓西，相拜相讓。請升堂，賓主各就位。四拜，興。賓主交拜。侍者布席，贊者奠櫛，奠梳篦之類於席左。將笄者出房。賓揖將笄者即席，賓以手導將笄者即席，西向立。跪，贊者亦如向跪。櫛髮，解其髮梳之。合紒，爲之合髻。行加笄禮。賓詣盥洗，主賓俱降。復位。侍者進冠笄，以盤捧冠笄，至賓前。賓詣將笄者前，祝辭：賓祝曰：「吉月令日，始加元服。棄爾幼志，順爾成德。壽考維祺，以介景福。」跪，賓跪。加冠笄。興，賓起。復位。笄者興，適房易服，徹櫛。笄者出房，行醮禮。賓揖笄者即席，贊者酌酒，捧至于賓。賓受酒，詣醮席。祝辭：賓祝曰：「旨酒既清，嘉薦令芳。拜受祭之，以定爾祥。承天之休，壽考不忘。」笄者四拜，興。賓答拜。笄者受酒，跪，祭酒，傾少許于地。啐酒，興，以盞授侍者。拜賓，四拜，興。賓答拜。賓、主俱降，主東賓西。笄者降自西階少東，南面。賓字笄者，祝辭：賓祝曰：「禮儀既備，昭告爾字。女士攸宜，永保受之，字曰德某。」或順某、貞某、正某、淑某，惟所當用。對曰：「某雖愚，不敢違命。」四拜，興。賓不答。禮畢。

主人以笄者見於祠堂。

**儀節** 序立。盥洗，啓櫝，詣香案前，跪，焚香，告辭曰：「某之第幾女某，今日笄畢，敢見。」俯伏，拜，興，兩拜。平身。笄者見，立西階上少東。四拜，興。主人，主婦。鞠躬，拜，興，四拜。平身。禮畢。

笄者見於尊長，禮賓。皆如冠儀而少省。○自見祠堂以下皆補。

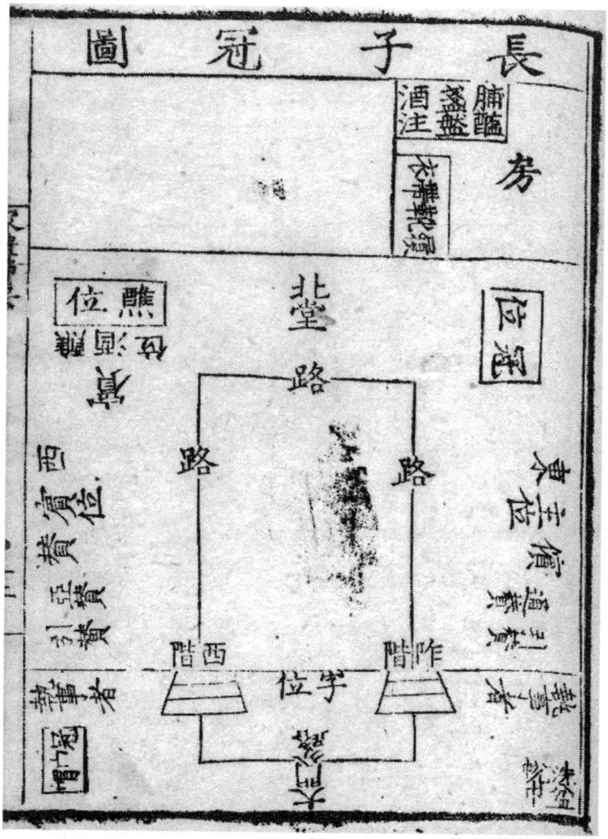

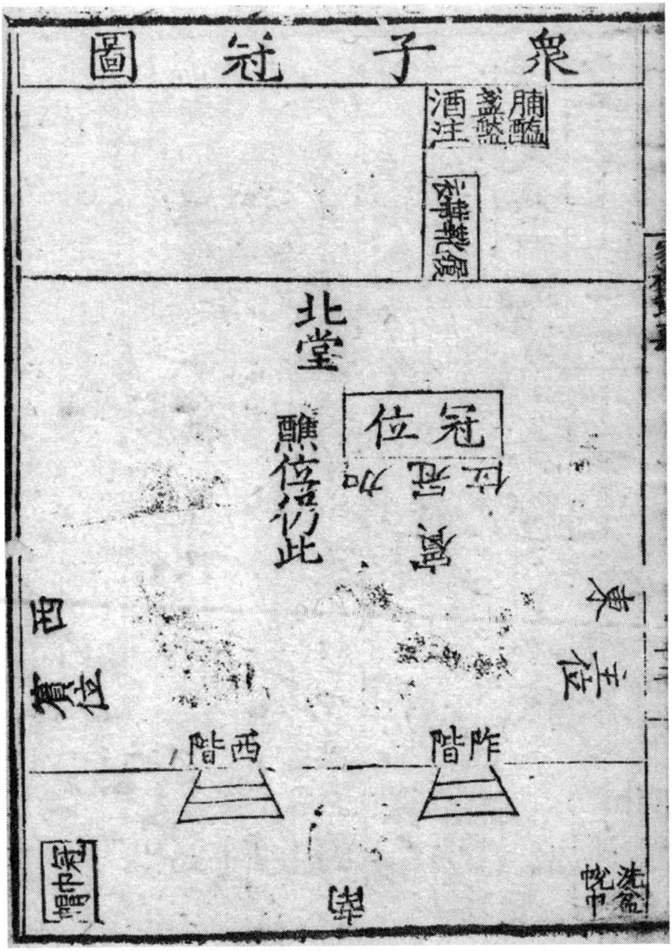
衆子冠圖
脯醢
盞盤
酒注
北堂
冠位
醮位仍此
東
主位
阼階
西階
西
賓位
南

# 昏禮

廷立按：《昏禮》曰：「昏禮者，將合二姓之好，上以事宗廟，而下以繼後世也，故君子重之。」古意微，而昏禮之弊亦已甚矣。是故，求婿者先富，娶婦者論財，先富猶之爲無識也，論財則華人而夷俗矣。人苦於夷俗之所驅也，至有不舉女以避之。嗚呼，昏禮固禍人哉，可懼也已！爲輯《節要》于後。

男子年十六至三十，女子年十四至二十，身及主昏者，無期以上喪，乃可成昏。大功未葬，亦不可主昏。〇凡主昏，謂婿之祖父與父及凡爲家長者。宗子自昏，則以族人之長爲主。

必先使媒氏往來通言，俟女氏許之，然後行納采禮。

納采。納其采擇之禮，即今世俗言定也。〇附問名。

主人具書。主人即主昏者，其禮許用鵞、酒、果、合，或羊、酒，亦可。

書式

某郡某姓啓：不稱親者，方議而未成也。

某郡某官執事，稱呼隨宜。伏承尊慈，不鄙寒微，曲從媒議，許以令愛貺室。僕之男某，或某親之子某。茲有先人之禮，謹專人納采，因以問名，敢請令愛爲誰氏出，及其所生月日，將以加諸卜筮，伏惟尊慈俯賜。

鑒念不宣。

年月日姓某啓。

夙興，奉以告于祠堂。陳設如常儀，用盤子盛書，置香案。

儀節 序立。男左女右，世爲一行。盥洗，啓櫝，出主，復位，降神。主人詣香案前，跪，焚香，酹酒，盡傾茅沙上。俯伏，興，拜，興，拜，興，兩拜。平身。復位，參神，衆拜。鞠躬，拜，興，拜，興，四拜。平身。主人斟酒，主婦點茶，畢，二人並立。鞠躬，拜，興，並兩拜。平身。主婦復位，主人不動。跪，主人以下皆跪。讀祝，俯伏，興，平身，復位。辭神，衆拜。鞠躬，拜，興，四拜。平身。焚祝文，奉主入櫝，禮畢。

祝文「維〇〇幾年，歲次干支，幾月干支朔，幾日干支，孝玄孫某官姓名，敢昭告于顯高祖考某官府君，顯高祖妣某封某氏，顯曾祖考某官府君，顯曾祖妣某封某氏，顯祖考某官府君，顯祖妣某封某氏，顯考某官府君，顯妣某封某氏，某之子某若某親之子某，年已長成，未有伉儷，已議娶某郡某官姓名之女，今日納采，就以問名，不勝感愴，謹以酒果，用伸虔告，謹告。」若宗子自昏，則自告。

乃使子弟或家衆奉書與禮物，同媒人如女氏。按《儀禮》用賓，而《家禮》用子弟爲使者。今世俗多用家從行禮，一旦難變，故言子弟家衆，欲令可行也。

儀節 主人出，迎使者。主人舉手揖使者，請行，凡三次。主人先登東階，使者登西階。若家衆，不用此。升堂，東西相向立。揖，平身。陳書幣。執事者以書授使者，使者奉進於主人，主人置卓子上。若家衆，則自進於主人。主人北向再拜，興，此拜謝書，非謝使者也，故少退避，不敢答。請使者就客次。款以茶酒，隨鄉俗禮。

主人遂奉書告于祠堂。書置香案上，禮物陳案前，或庭中。

儀節 與前夙興告祠堂同。

祝文 同前式，但云：「某之第幾女某，若某親之女某。年漸長大，許嫁某郡某官之子，某今日納采，不勝感愴。」後同。

主人出，以復書授使者，遂禮之。其從者亦禮之於別室，皆酬以幣。

儀節 各就位，主賓東西對坐。復書。主人以書俸使者，使者受之，以授從者，使者曰請退，主人曰：「敢備薄禮，請醴從者。」使者曰：「敢辭。」主人曰：「敢固留。」使者曰：「敢不從命。」再拜，興，主答拜。各就位。行獻酬禮，進饌，行酒，或三或五，隨意。奉幣，使者謝主，再拜，主交拜。送使者出門。對揖而別。

復書式

某郡姓某啓復：

「某郡某官執事，稱呼隨宜。伏承尊慈不棄寒陋，過聽媒氏之言，擇僕之第幾女某作配，令似弱息，愚蠢又弗能教。既辱采擇，敢不拜從。重蒙問名，謹具所出，及其生年月日，如別幅。伏惟尊慈特賜，鑒念不宣。」

年月日某郡姓某拜復。

名帖式「父某，母某氏。女某，行幾，某甲子年，某月，某日，某時生。」

使者歸而復命。以女家書進于主人，主人受書，置卓子上，再拜，興。

主人復以書告于祠堂。以盤盛所復書及名帖，置香案上。

儀節 並同前，無祝。改「讀祝」爲「告辭」曰：「某之子某，聘某郡某官姓某之第幾女某，某年某月某日某時生，今日納采且問名禮畢，敢告。」

納幣。幣用色繒，貧富隨宜，少不過兩，多不踰于更用釵釧、羊酒、菓品，各隨鄉俗。○附納吉，請期。

具書。

書式

忝親某郡姓某啓：

「某郡某官尊親家執事，稱呼隨宜。伏承嘉命，許以令女貺室僕之子某。若某親之子某。加之占卜，已協吉兆。茲有先人之禮，敬遣使者，行納徵禮，謹涓吉日以請，曰某日甲子，實惟昏期，可否惟命，端拜以俟。伏惟尊（兹）〔慈〕特賜，鑒念不宣。」若昏期尚遠，去「謹涓」至「以俟」二十三字。

年月日忝親某再拜。

主人先以書告于祠堂。陳設如常儀，用盤子盛書及幣帛，置香案上。

儀節 並同納采。

祝文 但前式但云：「某之子某，已聘某官之第幾女爲婦，卜之協吉。今行納幣禮，且以日期爲請，曰某月某日吉，宜成昏，不勝感愴。」後同。○若昏期尚遠，除「且以」至「成昏」，十五字。

遣使者至女氏，主人出迎，并以書告祠堂。陳設如常儀，用盤盛書及幣帛，置卓子上，餘物陳庭中。

**儀節** 並同納采。

**祝文** 同前式，但云：「某之第幾女某，已許某官之子爲昏，今日報吉，且行納幣，因以日期爲請，曰某月某日吉，宜成昏，不勝感愴。」後同。○若昏期尚遠，餘「因以」至「成昏」十二字。

女氏復書，禮使者。並同納采。

**書式**

忝親某郡姓某啓：

「某郡某官尊親家執事，伏承嘉命，委禽寒族，顧惟弱息，教訓無素，切恐弗堪。卜既協吉，僕何敢辭。玆又蒙順先典，貺以重禮，辭既不獲，敢不重拜。若夫昏期，惟命是聽，敬備以須。伏惟尊慈特賜，鑒念不宣。」若昏期尚遠，去「若夫」至「以須」十二字。

年月忝親某再拜。

使者復命。並同納采之儀。

主人以書告祠堂。

**儀節** 並同納采，但改「讀祝」爲「告辭」曰：「某之子某，若某親之子某。聘定某郡某官之女爲婦，今日行納幣禮畢，將以某月某日成昏，敢告。」若昏期遠，去「將以」至「成昏」十字。○請期既不在納幣內，當別有書行禮。

親迎。近，則迎於其家；遠，則迎於中途。

前期一日，女氏使人張陳其婿之室。鋪帳幔、帷幙、氊褥應用之物，俗謂之鋪房也。

厥明，婿家設位于室中。設椅卓兩位，東西相向，卓子列食品如常，外一卓置合巹盃、酒注，又設盥盆二於室隅。

女家設次于外。

初昏，婿盛服。世俗新婿帶花，殊失丈夫之容體，勿用可也。

主人告于祠堂。

**儀節** 並同納采，但讀祝後云。子將親迎者見，立兩階間，鞠躬，拜，興，四拜。平身，復位。後同。

**祝文** 並同納采但內云：「某之子某，將以今日親迎于某官某氏，不勝感愴。」後同。

遂醮其子，而命之迎。設主人座於東序，西向；設婿席於其西北，南向。○□子弟一人爲贊進者。非宗子之子，則其父醮於私室。

**儀節** 主人升座，父升座畢。婿就位。婿先立于階下。至是，升自西階，立于席西，南向。鞠躬，拜，興，兩拜。平身。婿拜訖。升醮席，婿升席。跪，贊者酌酒，以酒授婿。受酒，婿受之。祭酒。少傾于地。興，退就席末，跪，啐酒。少飲。興，授盞于贊者。再拜，興，平身。詣父座前，東向。跪，聽訓戒：父曰：「往迎爾相，承我宗事，勉率以敬，若則有常。」婿答曰：「諾，惟恐不堪，不敢忘命。」俯伏，興，再拜，興，平身。若宗子已孤而自昏，不用此禮。非宗子之子，改「宗事」爲「家事」，無父者，母醮之，亦可。

婿出，乘馬，以二燭導前。至女家，俟於次。婿于大門外下馬，俟于次。

女家主人告于祠堂。陳設如常儀。

儀節 如婿家。

祝文 同前納采，但內改云：「某之第幾女某，將以今日歸于某官某郡某氏，不勝感愴。」後同。

遂醮其女而命之。設父母座于廳事，東西相向，設女席于母座之東，南向。○是日，女盛飾。擇婦女有禮一人爲贊者，又擇老女僕二人爲姆相。

儀節 請升座。父東母西，對坐，親屬以次東西序列，姆導女至兩階間，北面立。女辭父母，四拜，興。辭親屬，或逐位，或東西向，各四拜。四拜，興。拜畢。行醮禮。女就席，姆導女趍席右，北向。贊者酌酒。女升席，跪，受酒，贊以酒授女。祭酒，少傾于地。啐酒，以盞沾脣，授贊。四拜，興。父命辭：姆導女出于母左，父起命之，曰：「戒之敬之，夙夜毋違爾舅姑之命。」母命辭：姆導女至西階上，母起送，命之，曰：「勉之敬之，夙夜毋違爾閨門之禮。」諸母命辭：諸母及諸姑嫂姊送至中門，申以父母之命，曰：「謹聽爾父母之言。」

主人出迎，婿入奠雁。雁用生者，左手以生色繒交絡之。無雁，則以鵞代之。

儀節 賓至，主人出門外迎。揖讓請行，主人先入，婿從之。升階，主人升自東階，西向立，婿升自西階，北向。跪，婿跪，奠雁。執雁者陳雁於婿，婿置雁於地，主人侍者受之。俯伏，興，再拜，興。乃爲奠雁而拜，主不答。

姆奉女登車，婿奠雁畢，姆奉女出中門。揖請新人行，婿舉手揖讓，請女行，降自西階，先出，女從至轎邊。婿舉簾，婿舉轎簾以俟，姆致辭曰：「未教，不足以爲禮，請升車。」女登轎。

婿乘馬，先婦車。婦車亦以二燭導前。

至其家，導婦以入室，行交拜合巹禮。

儀節 盥洗，婿盥于南，婦從者沃之，進帨巾；婦盥于北，婿從者沃之，進帨巾。婿揖婦就席，婦從者布婿席于室東，婿從者布婦席于室西。婿婦交拜，四拜，興。婦先一拜，婿隨第二拜，同下。婦又第三拜，婿隨第四拜，同下。婦四拜，婿二拜。婿揖婦就坐，婿東婦西。舉饌案，從者舉饌案婿婦前。進酒，從者以盞盛酒，分進於婿婦前。祭酒，婿婦各傾酒少許于地。舉殽，各以殽少許置卓子上空處。請飲。婿揖婦，婦起答拜，各舉飲。合巹，從者以兩巹杯斟酒，和合以進，婿婦各執其一。請飲，同前。徹饌案。請即席，各就拜席。四拜，興。婦四拜，婿兩拜。禮畢。婿出他室，姆與婦留室中。

主人禮賓，男賓於外廳，女賓於內廳，隨鄉俗禮。饗送者。凡女家送來者，隨鄉行禮。

明日夙興，婦見於舅姑，舅姑禮之。婦夙興，盛服俟見。侍女以盤盛贄幣從之，舅姑並坐堂中，東西相向，各置卓子其前，家人男女少于舅姑者，以次立于兩序。

儀節 舅姑坐定。序立，婿婦並立兩階間。鞠躬，四拜，興，平身。婿婦俱拜畢，婿先退。詣舅位前，姆引婦至舅前。四拜，興，獻贄幣，從者以幣授婦，婦置于卓上，舅受之。復位，四拜，興。詣姑位前，姆導婦至姑前，四拜，興；獻贄幣，從者以幣授婦，婦置于卓子上，姑受之。復位，四拜，興。姆引婦退立。禮婦，設席，執事者設婦席于姑座之東，南向。婦就席，姆引婦趍席右，北向。酌酒，侍者斟酒于盞。四拜，興，婦拜。升席，婦自席右升席。跪，受酒，婦受之。祭酒，少傾于地。啐酒，盞沾脣。興，授盞于侍者。四拜，興，禮畢。非宗子之子同居，則行此禮于私堂。

婦見于諸尊長。同居有尊於舅姑，以婦見於其室。見畢，還，拜兄弟姊妹親屬之在兩序者。若不同居，則廟見而後往，並無贄。見尊長，長屬應受拜者，少進立。四拜，興。長屬退。卑幼見，幼屬應相拜者，少進。再拜，興。婦居左，卑幼居右，如小姑、小郎之類，俱答拜。

若冢婦，則饋于舅姑，舅姑饗之。是日，婦家具酒饌，送至婿家，用卓子盛，如常儀，置於廳事。

儀節 請就位，舅姑並坐訖，婦拜。四拜，興。舉饌案，執事者舉饌案，各置于舅姑前。盥洗，姆引婦盥手、洗盞，斟酒奉之。詣舅位前，再拜，興。進酒，跪，俟飲訖。興，受盞。復位。婦退洗盞，斟酒奉之。詣姑位前，再拜，興，進酒，跪，俟飲訖。興，受盞。復位。四拜，興，進湯，從者捧湯至，婦自捧詣舅姑前卓子上。進飯。從者捧飯至，婦自捧詣舅姑前卓子上。食訖。徹饌案。饗婦，是日，舅姑先令侍者設三饌案。待婦饋畢，命舉以入。舉饌案，舅姑前各一，其一置舅姑旁之東，少南。斟酒，侍者捧酒盞至姑側。詣舅姑前，婦立介兩間。四拜，興，跪，侍者以盞授婦。受酒，啐酒，略沾脣。興。授盞于從者。四拜，興。湯飯畢，降階。舅姑先降自西階，婦降自東階。

三日，主人以婦見于祠堂。陳設如常儀。

儀節 同納采。告祠堂，但點茶後。告辭曰：「某之子某，若某親之子某。以某日昏畢，新婦某氏敢見。」俯伏，興，平身。新婦見，婿婦並立兩階間同拜。四拜，興，平身，復位。辭神。後同。○若宗子自昏，則告辭曰：「某今昏畢，敢以新婦某氏見。」

明日，壻見婦之父母，婦父非宗子，即先見宗子夫婦。如儀，不用幣。然後見婦之父母。次見父黨諸親，婦家禮壻如常儀。

儀節　其日，壻盛服往婦家。至大門外，立，侍者先入。壻至，請出迎，婦父出大門外迎之。揖壻請行。婦父舉手，揖壻入，先行，壻從之。從者執贄幣隨壻。婦父引自東階，壻自西階。各就位，婦父立于東，少北；壻拜于西，少南。四拜，興，平身。婦父跪而扶之。奉贄幣。壻以幣奉，婦父受之，以授從者。見外姑，婦母闔門左扉，立于門內，壻拜于門外。四拜，興，平身，奉贄幣。壻以幣奉，婦母從者受之，以入。補廟見。婦父引壻至祠堂前，婦父拜。鞠躬，拜，興，兩拜。平身，跪，上香，告辭曰：「某之女若某親之女某。壻某來見。」俯伏，興，平身。新壻見，壻立兩階間。鞠躬，拜，興，四拜。平身。壻拜畢，婦父拜。鞠躬，拜，興，兩拜。平身。禮畢。見尊長，婦父引壻回廳事。有尊長，則就所居見之。四拜，興，平身。無幣。卑幼見。皆再拜，或答，或跪而扶之，隨婦父所命。禮壻。婦父曰：「今備薄酒，敢醴從者。」壻辭之不獲，答曰：「敢不從命。」再拜，興，平身，婦父答拜。各就位。婦父立東階上，壻西階，俱北向。主人酌酒，婦父持酒以奉壻，壻趨席末受之而揖，又遍揖在席諸親。壻跪，壻跪而飲，婦父以一手扶之。啐酒。興，揖，平身。壻酢酒，壻降階洗盞，斟酒以奉，婦父亦受而遍揖在席者。跪，壻跪，婦父以一手扶之，飲訖。興。壻起。請升席。婦父及陪者皆席於東序，壻獨席於西序少，南近階。執事者行酒，或三或五，隨宜。進饌。如時俗儀，酒闌壻起。壻拜謝，再拜，興，平身。婦父跪而扶之。答壻幣，或巾服、幣帛之類，隨宜。壻受之，以授從者。再拜，興，平身。亦跪而扶之。送壻，至大門外。揖，平身。

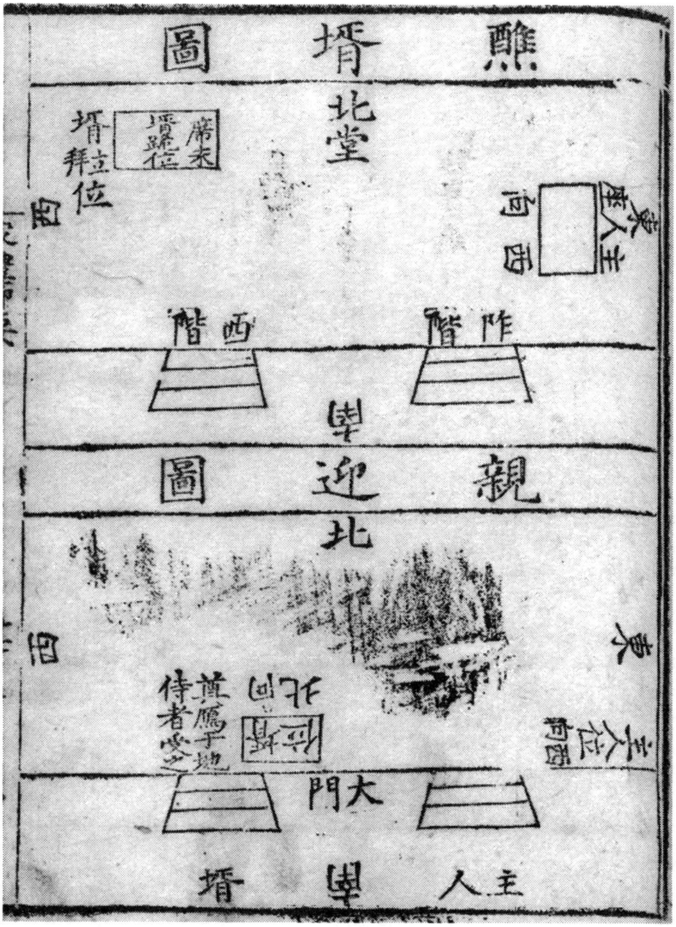
醮壻圖
北堂
席末壻跪位
壻拜立位
西
西階
阼階
南
親迎圖
北
東
西
主人位西向
壻位北向
奠鴈于地侍者受之
大門
壻
主人

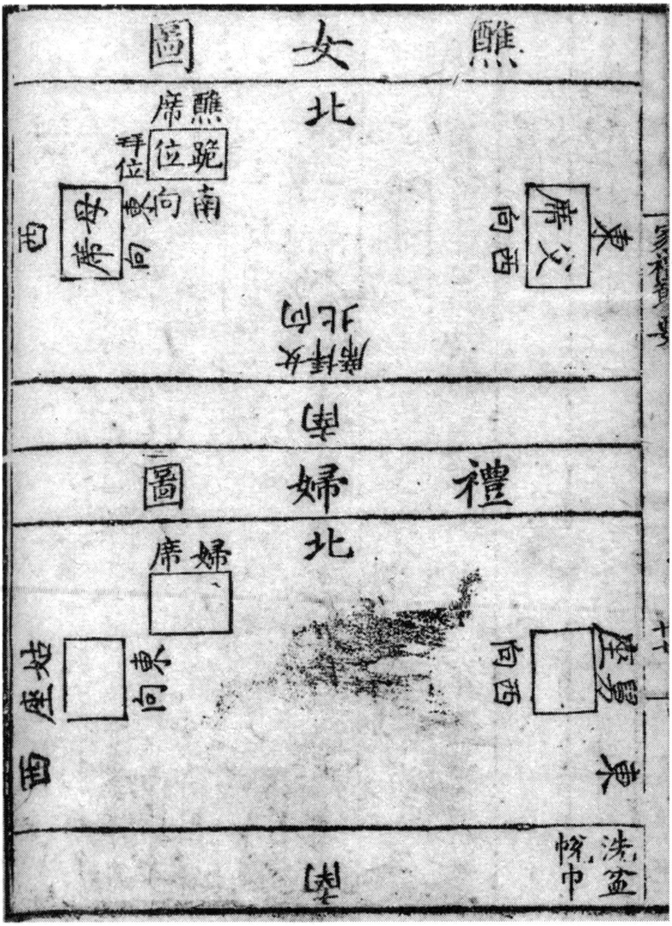
醮女圖
北
醮席
跪位
拜位
南向
東向
母席
父席
東
西向
西
壻拜次
北向
南
婦禮圖
北
婦席
姑座
東向
舅座
西向
東
西
盥洗
帨巾
南

# 喪禮

廷立按：《記》曰：「先王之制禮也，過之者，俯而就之；不至焉者，跂而及之。」本之中而已矣。人失其中，而喪禮於是乎不昭。是故忘哀者逆，崇奢者虚，信釋道者誣，泥風水者惑，而猶未已也。曰火葬者，煨燼其親焉；曰水葬者，魚鼈其親焉。嗚呼，忍哉！爲輯《節要》于後。

## 初終

疾病，遷居正寢。正寢，即今人家正廳也。若度病勢不可起，則設牀于正寢中。惟家長爲然，餘人則各遷於所居室中。

既絶乃哭，遷居正寢。子弟共扶病者出，居牀上東首。戒内外，内外各安静，毋得諠擾，仍令人坐其旁，視手足。男子不絶於婦人之手，婦人不絶於男子之手。書遺言，問病者，有言則書于紙，無則否。加新衣，徹去舊衣，加新衣，貧則否。屬纊。置新綿于口鼻之間，以俟氣絶，綿不動，則是。廢牀寢地，鋪薦席褥于地，俟氣絶，則扶居其上，以被蓋之。契齒，以一筯横口中，使不合，可以含。舉哀。男女哭擗無數。

復，遣一人持死者之上衣曾經服者，左執領，右執腰。升屋，自前升屋脊，北向。招呼，呼曰：「某人復。」凡三次。男子呼字或行第，婦人呼姓氏或行第。卷衣，降，自屋後下，以所卷衣覆尸上。哭擗。復畢，男女哭擗無數。

易服。妻、子、婦、妾皆去冠及上衣。凡有服者，皆去華飾。被髮，徒跣，婦人不徒跣。爲人後者，爲本生父母及女子已嫁者，則不被髮、徒跣。不食。諸子三日不食。期、九月，三不食；五月、三月之喪，再不食。親戚鄰里，爲糜粥以食之，尊長强之少食可也。

立喪主。謂死者長子。無，則長孫承重者，專奉饋奠。

主婦。謂死者之妻。無，則主喪者之妻。

護喪，以子弟知禮能幹者一人爲之。立主賓，請同居尊而親者一人爲之，專主與吊賓爲禮。無，則擇族屬之賢者；又無，則執友亦可。立相禮，請親友或鄉鄰中素習禮者一人爲相禮。凡喪事，皆聽之處分，而以護喪助焉。司書，以子弟知書者爲之。司貨。置二簿：其一書凡喪禮當用之物及財貨出入，其一書親賓賻襚祭奠之數。○凡喪事合用之物，相禮者俱命司貨豫爲之備，所用之人亦當與護喪議，豫求其人，庶臨期不缺。

治棺。板，油杉爲上，柏次之，土杉爲下。其制方直，頭大足小，僅取容身，勿令高大及爲虛檐高足。灰，漆，油，瀝青，糯米，紙，麻穰，鐵釘，鐵鐶，大索，七星板。用板一片，其長廣棺中可容者，鑿爲七孔。○內外皆用灰漆，仍用瀝青溶瀉，厚半寸以上。以練熟糯米灰鋪其底，厚四寸許，加以紙，紙上加七星板。其底四隅各釘大鐵鐶，動則以大索貫而舉之。

訃告于親戚僚友。護喪、司書爲之發書。

書式

某親某人，以某月某日得疾，不幸於某月某日棄世，專人訃告。

月日　哀子某泣血。父亡自稱。孤子，母亡，稱哀子；父母俱亡，稱孤哀子。

（某親某人）

執事者設幃及牀，遷尸掘坎。縫白布爲幃，以障内外。設尸牀，縱置之，尸前施簟，設席枕。遷尸牀上，執事者盥手，共遷尸於牀上，南首，覆以衾。掘坎。掘于屏處潔地。

陳襲衣，以卓子陳於堂前東壁下，西領，南上。幅巾，其制如今之煖帽。充耳，用白綿二塊，如棗核大，以塞耳。幎目帛，用熟絹，方尺二寸，夾縫内充以絮，四角有繫，所以覆面也。於後結之。握手帛，用熟絹二幅，各長尺二寸，廣五寸，有繫以裹手也。深衣，明衣裳，用白布新製貼身者。大帶，布履，袍襖，有綿者。汗衫，袴，布襪，勒帛，裹肚，以上隨所用之多少，皆新製。衾，冒。

沐浴飯含之具。幃，縫白布爲之。掘坎爲坙。以土塊爲竈，煮浴湯者。盆，盛水者。瓶，汲水者。沐巾，浴巾，二巾用布，上下體各用其一。櫛，梳也。組，絲繩，束髮根者。錢，三文，有金珠亦可。箱，竹木器，皆可用以盛錢者。米，二升，以新水淅，令精實于椀。椀，盛米者。匙，盥盆。凡可用卓子陳者，皆陳于堂前西北下，南上。

乃沐浴，侍者以盆盛湯入。喪主以下皆出幃，於幃外北面立。舉哀。俱哭。沐，侍者解髮沐之，晞以巾組，撮爲髻。浴，侍者四人，各舉衾一角以蔽尸。先澡上身，拭上體巾。又澡下身，拭下體巾。還，覆以衾。剪爪，剪手脚指甲，收候大歛時納于棺。浴畢，以死時衣及復衣覆之。埋餘水，其沐浴餘水、巾、櫛，棄於所掘坎中，埋之。

襲。侍者先於幃外空處設襲牀，施薦席、褥枕，加衣帶等物于其上。舉襲牀，遂舉以入，置浴牀之右。遷尸于襲牀上，執事共舉尸襲牀上。易衣。悉去病時衣及復衣，易以新衣，但未着幅巾、深衣、履。

徙尸牀，置堂中間，南首。若是卑幼，則各於其室中。

乃設奠。執事者以卓子置脯醢，安于尸東，當肩。祝盥洗，祝以親戚爲之，盥手，洗盞斟酒。奠酒，奠于卓子上而不酹。罩巾。以巾覆酒醢之類。

主人以下爲位而哭，就位。主人坐于尸牀東北上，衆男坐于下，皆藉藁草。主婦坐于尸西，衆婦坐于下，亦藉以藁。婢妾立婦女之後，同姓期功以下亦男東女西，以服爲次，藉以席薦。異姓俱坐於幃外，藉以席，男東北向，西上；女西北向，東上。舉哀。若内喪，則同姓及異姓丈夫不分尊卑，俱坐於幃外，同姓坐東北向，西上；異姓坐西北向，東上。

乃飯含，舉哀。主人哭，盡哀。左袒，自前扱於腰之右。盥洗，洗手訖。奉含具，主人執箱以入，侍者插匙於米椀，執以從，置于尸右。**撤枕**，撤去其枕。**覆面**，以幎巾覆面。**舉巾**。主人坐于尸牀右，東向，舉巾。**初飯含**，以匙抄米，實于尸口之右，并實以一錢。**再飯含**，再以匙抄米，實于尸口之左，又實以一錢。**三飯含**，三以匙抄米，實于尸口之中，又實以一錢。**去楔齒，復位**。含訖，主人掩所袒衣，復哭位。**加幅巾，次充耳，次設幎目帛，次納履，次襲深衣，次結大帶，次設握手帛，次覆衾**。

**置靈座**，尸前設衣架，架上覆以被，架前置椅，椅上置坐褥，褥上置衣服，衣服上置魂帛，椅前設卓，卓上設香爐、香盒、燭臺、酒注、酒盞、茶甌、果盤、菜楪。侍者朝夕設櫛頮奉養之具，皆如生時。

**設魂帛**。以白絹二丈爲之，如世俗所謂同心結者，上出其首，旁出兩耳，下垂其餘，爲兩足之狀。

**設銘旌**。以絳帛爲之，廣終幅。三品以上，九尺；五品以下，八尺；六品以下，七尺。以粉筆大書曰：「某官某公之柩。」無官，則隨生時所稱，曰：「某公某府君之柩。」以竹爲杠，比旌長二尺，以木架立于靈座之右。

**不作佛事**，世俗信浮屠誑誘，於始死及七七日、百日、期年、再期、除喪飯僧，設道場，或作水陸大會，寫經造像，修建塔廟，云爲死者減罪、祈福。先儒論之詳矣。好古君子宜知所鑒云。

**執友親厚之人，至是入哭**。主人未成服而來哭者，當服深衣，或素淡色衣，臨尸哭盡哀，出幃，拜靈座，遂吊。主人相向哭盡哀，主人以哭對無辭。

儀節　**舉哀**，吊者臨尸哭。**詣靈座前，上香，鞠躬，拜，興，兩拜**。**平身，哀止**。**吊主人**，吊者向主人致辭曰：「某人如何不淑。」主人稽顙再拜，**興**，主人徒跣，扱衽，拊心，立西階下，向賓立，且拜且哭，無辭。賓答拜。**相向哭**，吊者與主人相向哭，盡哀。禮畢。吊者哭，出；主人哭，入。護喪，送吊者出門。

次日小斂。謂死之明日。

執事者陳小斂衣衾，以卓子盛衣服于堂東北壁下，死者所有衣服隨宜用之，衾用雙夾者，絞用白綿布，生絹亦可。横者三幅，其長取足以周身相結，裂作六片，止用五片。直者一幅，其長取以掩首至足，而結於身中，兩頭皆折爲三片，至二尺許。

設小斂牀、布絞衾衣，設牀于西階之西，施薦席於牀上。先鋪横者三幅於褥上，乃布直者於横者上，又於布絞上加衾，衾上加衣。

遂小斂。乃舉斂牀至于尸南，侍者盥手，舉尸于牀，舒絹疊衣，以墊其首，仍卷其兩端，以補兩肩空處。又卷衣以夾其脛，取其方正，然後以餘衣掩尸。裹之以衾，先將直絞三片結于身中，後將横者五片次第結之，又別以衾蓋。

主人主婦憑尸哭擗。主人西向，主婦東向。

袒括髮免髽于別室。男子斬衰者用麻繩括髮，袒開上衣；齊衰以下至同世祖者，皆用布裹頭，或用布巾袒開上衣；婦人用麻繩撮髻，戴竹木簪。

還遷尸牀于堂中，執事徹襲牀，連小斂牀，遷尸于其處。補謝賓。主人降下階，凡與斂之人皆拜之。再拜，興。哭踊，拜訖，即於階下且哭且踊。襲衣，掩向所袒之上衣。具絰帶，首戴白布巾，上加以單股之絰，具腰絰，散垂其末三尺及具絞帶。復位。

設奠。

儀節 祝帥執事者。盥洗，洗手。舉奠案。先設奠案於阼階東南，至是舉之，升置靈前。祝詣靈座前，跪，焚香，興，洗盞畢。斟酒，奠酒，鞠躬，拜，興，兩拜。平身。卑幼皆拜，孝子不拜。罩巾，用巾罩奠饌。舉哀。

主人以下哭盡哀，乃代哭不絕聲。使人更相代哭，朝夕不斷聲。

次日大斂。謂死之第三日也。

執事者陳大斂衣衾。用卓子陳衣服于東壁下，衣無常數，衾用有綿者一，單者一，絞之，横直悉如小斂之法。

舉棺入置于堂中少西。役者舉棺于堂中，置衾之有綿者于棺內，垂其四裔于□。

設大斂牀。設于尸牀之右。

乃大斂。斂法悉如小斂，結絞畢，徹小斂牀。子孫、婦女及侍者皆洗手，共舉尸，納于棺中綿衾內，實生時齒髮及所剪爪于棺中，四角又以衣塞空缺處，務令充實，不可摇動。然後收綿衾之裔垂棺外者。若無力者，小斂亦可。憑哭盡哀。主人、主婦憑棺哭畢，婦人俱退入幕中。蓋棺，乃召匠加蓋下釘。謝賓，再拜，興。徹大斂牀，設銘旌跗。

設靈牀于柩東。牀、帳、薦、枕、衣、被、屏風、靸鞋，皆如生時。

設奠。儀節如小斂。

主人以下各歸喪次。中門之外，擇朴陋之室，爲丈夫喪次。斬衰，寢苫枕塊，不脱絰帶，不與人坐，非時見乎母，不及中門。齊衰，寢席。婦人次于中門之内别室，或居殯側，去帷帳衾褥之華麗者，不得輒至男子喪次。大功以下，異居者，既殯而歸，居宿于外，三月而復寢。

止代哭者。

## 成服

厥明，謂死之第四日也。五服之人，各服其服，入就位，然後朝哭，相吊如儀。是日夙興。具服。五服之人各服其服，執杖，有腰絰者，絞其麻本之散垂者。各就位，男位于柩東，西向；女位于柩西，東向，各以服爲次序。舉哀。相吊，諸子孫就祖父前及諸父前跪，哭皆盡哀。又就祖母及諸母前，哭亦如之。女子就祖母及諸母前哭，遂就祖父諸父前，如男子之儀。主婦以下，就伯叔母哭，亦如之，訖。復位。

服制。斬衰，用極粗麻布爲之。斬，不緝也。凡衣裳旁及下際，皆不縫。緌冠與腰絰，皆如圖制。齊衰，布比斬衰次等，衣裳皆緝，腰絰略小，冠亦少異。杖，父用竹爲之，母用桐木削，上圓下方，其長俱齊心，圍九寸，本在下。屨，用管草或粗麻爲之。不杖期，服制同杖期，布亦次等。大功，布比齊衰少熟，服制亦同。小功，布比大功稍熟細耳。緦麻。用細熟布爲之。

凡爲殤服以次降一等，年十九至十六爲長殤，十五至十二爲中殤，十一至八歲爲下殤。應服期者，長殤降服大功九月，中殤七月，下殤五月，應大功以下以次降等。不滿八歲，爲無服之殤，哭之以日易月，生未三月，則不哭也。男子已娶，女子許嫁，皆不爲殤。

凡男子爲人後，女適人者，爲其私親，皆降一等，私親之爲之也亦然。女適人者降服，未滿被出，則服其本服，已除則不復服也。如婦服夫黨，當喪而出，則除之。若妾爲其私親，則如衆人。

成服之日，主人及兄弟始食粥。謂死之第四日，諸子食粥。妻妾及期九月，疏食水飲，不食菜果；五月三月者，飲酒食肉，不與宴樂。自是無故不出，若以喪事及不得已而出入，則樸馬布鞍，素轎布簾。

凡重喪未除而遭輕喪，則制其服而哭之，月朔設位，服其服而哭之，既畢返重服，其除之也，亦服輕服，若除重喪，而輕服未除，則服輕服，以終其餘日。

## 朝夕哭奠　上食

朝奠，每日晨起，侍者設頮盆、帨巾、櫛具于靈牀側，執事者設蔬果、脯醢、羹飯、茶酒、匙筯于靈座前卓子上，又置執事盥帨于座東。

儀節　主人以下各服其服入，就位。尊者坐，卑者立。舉哀，皆哭盡哀。奉魂帛出就靈座，入靈牀，捧出魂帛，置椅上。侍者入，斂枕被。祝盥洗，祝洗手。焚香，斟酒，點茶，主人以下。拜，興，兩拜。平身。且哭且拜，禮畢，罩巾。以巾罩蔬果之類。夏月，撤去脯醢、茶酒。

食時上食。撤去朝奠，陳設如前。

儀節　皆如朝奠之儀，但不用出魂帛。

夕奠。執事者撤去舊奠，陳設同前。

儀節　亦如朝奠之儀，但後云。奉魂帛入靈牀。侍者入靈牀内鋪被安枕，然後奉魂帛安牀上，置鞋。

哭無時。朝夕哀至，則哭于喪次。

朔日則於朝奠設饌。是日晨起，侍者陳設蔬果、肉魚、麵米等食、羹飯茶酒之類，比朝夕奠加盛，望日如常儀。

儀節　如朝奠之儀。〇若母喪父在，朔祭則用父主之。

有新物則薦之。凡一應新熟之物初出而未嘗者，用大盤盛以置于靈座前卓子上。

儀節　如上食儀。

## 吊 奠 賻

凡吊皆素服。吊者至，護喪先入白。主人以下各服其服，就位，哭以俟。

儀節 就位，吊者至，向靈座前立。舉哀。哀止，詣靈座前，上香，鞠躬，拜，興，兩拜。平身。吊者拜畢，主人持杖哭，出，西向立。賓吊主人曰：「不意凶變。」「某親某官，如何不淑。」隨意致辭，亦可。鞠躬，再拜，興，平身。吊者拜，主人答拜。尊長來吊，不拜主人。主致辭曰：「罪逆深重，禍延某親，非父母及承重，不用此二句。蒙賜吊問，不勝哀感。」稽顙，再拜，興，平身，主人拜，吊者答之。禮畢。吊者退，主人哭，入喪次，護喪代送出。或少延，待之以茶。

奠用香茶燭酒果。有狀，或用食物，即別爲文。

賻用錢帛。有狀，惟親友分厚者有之。

入哭奠訖，乃吊而退。

儀節 既通名，主人炷香燃燭，布席，各具服就位，哭以俟。護喪出迎賓。祝至，進揖訖，引靈座前，立定。序立，獨祭則曰就位。舉哀，哀止。鞠躬，拜，興，兩拜。平身。詣靈座前，若是衆賓，則尊者一人獨詣。焚香，跪，尊長者則不用此句。酹酒，執事者捧盞與賓，賓接之，傾酒于地。奠酒，執事接盞，置靈座前。讀祭文，祝跪于賓之右，讀訖。舉哀。俯伏，興，平身，若不跪，不用此二句。復位。鞠躬，拜，興，兩拜。平身。焚祭文，哀止，禮畢。

慰謝儀 行禮畢，主人哭出，西向。稽顙，再拜，興。賓亦東向哭，答拜慰主人曰：「某親傾背，哀慕何堪！」主人謝賓曰：「伏蒙奠酹，并賜臨慰，不勝哀感。」再拜，興。賓答拜，又相向哭，盡哀。賓先止，慰主人曰：「願抑孝思，俯從禮制。」禮畢。賓揖而出，主人哭而入。護喪送出。或少延茶湯而退。

祭文式「維〇〇幾年，歲次干支，某月干支朔，越某日干支，忝親某，謹以清酌庶羞之奠，致祭于某親某官某公之柩，云云尚饗！」

賻奠狀式

具位姓某，

某物若干，

右謹專送上，

某官某公靈筵，聊備賻儀。香茶酒食，則云奠儀。伏惟歆納。謹伏。

年月日具位姓某狀

## 聞喪　奔喪

始聞親喪，哭。親，謂父母也。以哭答使者，盡哀，問故。

易服。麻布爲衫，戴白帽，束以麻繩，着麻鞋。

遂行。日行百里，不以夜行，雖哀戚，猶避害也。

道中哀至則哭。哭避城市諠雜之處。

望其州境、其縣境、其城、其家皆哭。家不在城，則望其鄉哭。

入門。

儀節 在家者，男婦各具服，就次哭。待奔喪者至，哭入門，升自西階。詣柩前，拜，興，四拜，且拜且哭。擗踊無數。哭少間。拜吊尊長，受卑幼拜吊。且哭且拜，并問所以病死之故，乃就東方去冠及上衣。被髮，徒跣，不食。如初喪。就位哭，各就其位次而哭。第二日晨興，男子袒，括髮，婦女髽，至上食時襲衣，卷所袒衣。加絰帶。如初終儀。

後四日成服。

儀節 是日，朝奠時在家，男婦各服其服，就位哭。舉哀。奔喪者具衰絰，持杖，向靈座，伏地哭。相吊，少頃，詣所尊諸父前，跪，哭。又向諸母前，跪，哭。卑幼又向奔喪者前，跪，哭，亦如前成服儀。受吊，賓客有來吊慰者，則哭出迎之。稽顙，再拜，興。且拜且哭，尊長不荅拜，其餘否。

若未得行，則爲位不奠。無子孫在喪側，則設奠。

變服

聞喪儀 聞訃，是日訃至。舉哀，易服，被髮，徒跣，不食。男女哭擗無數，○爲位，是日設。各就位，舉哀。○變服，聞訃之次日。袒，括髮，具經帶，婦人髽。服輕者，袒免。○設奠，爲位之後，是日即設，用侍者一人爲祝。有子孫在喪側者，不設。○成服，聞訃第四日，夙興。各具服，各就位，舉哀。相吊，復位。以上聞訃爲位、變服、設奠、成服各條，皆如前在家之儀陳設、製作、行禮。○受吊。未成服以前來吊者，吊者入門，子弟出見之，揖訖。或門生屬吏，皆可。賓，致辭曰：「竊聞某親某官，或隨所言。不淑，何時訃至？」答辭曰：「孤某遭此凶變，蒙賜慰問。以未成服，不敢出見，不勝哀感。」使某拜，鞠躬，再拜，興，平身，賓答拜，尊長則回半禮。禮畢，賓退。子弟送出門，或少延茶湯。禮畢。已成服以後來吊者，吊者入門，望位哭。主人持杖，哭而出。賓，吊主人曰：「某親某官，不淑，何時訃至？」鞠躬，再拜，興，平身。主人答拜。主人，致謝曰：「蒙慰問，不勝哀感。」稽顙再拜，興，平身，賓答拜。禮畢。賓退，子弟送出，或少延茶湯。○至家，在家者聞其至，各具服以俟。其人衰絰，持杖，哭入門，升自西階。詣靈柩前，四拜，興，且拜且哭。哭擗無數。拜吊尊長，哭拜且吊，如成服儀。受卑幼吊，就位哭。就其位次坐哭，在家者皆哭。

在家、至道皆如上儀。若喪側無子孫，則在道，朝夕爲位設奠。至家，但不變服，其相吊、拜賓如儀。

至家，若既葬，則先之墓哭拜。歸家，儀節俱同上。

齊衰以下聞喪，爲位而哭。尊長於正堂，卑幼於別室。

若喪奔，則至家成服；奔喪者釋去華盛之服，裝辦即行。既至，齊衰，望鄉；大功，望門；小功以下，至門而哭。其儀節與聞喪至家同。

若不奔喪，則四日成服。不奔喪者，齊衰三日中朝夕爲位會哭，四日之朝成服，亦如之；大功以下，始聞喪爲位會哭，四日成服，亦如之。皆每月朔爲位會哭，月數既滿，次月之朔乃爲位會哭而除之，其間哀至則哭可也。○爲位、成服儀節，俱與聞喪下同，但爲位下不藉藁，成服下不相吊耳。

## 治葬

三月而葬，前期擇地之可葬者。大夫、士三日而殯，故三月而葬。既殯之後，即謀葬事。其有祖塋，則附葬其次；若窄狹及有所妨礙，則別擇地可也。○程子曰：「卜其宅兆，卜其地之美惡也，非陰陽家所謂禍福者也。地之美，則其神靈安，其子孫盛。若培壅其根而枝葉茂，理固然矣。地之惡者反是。然則曷謂地之美者？土澤之光潤，草木之茂盛，乃其驗也。惟五患者不得不謹，須使他日不爲道路，不爲城郭，不爲溝池，不爲貴勢所奪，不爲耕犁所及。」

既得地，乃擇日開塋域，主人既朝哭訖，帥執事者於所得地，掘其四隅，作塋域，即今之禁步也。告啓期，豫先以啓期告于親戚、姻婭、僚友之當會葬者。

祠后土。擇遠親或賓客一人，吉冠素服，告后土氏。祝帥執事者，設位于墓左，南向。設盞注、酒果、脯醢于其前，又設盥盆、帨二于東南。告者盥其東，執事者盥其西。

**儀節** 就位，告者北向立，執事者二人在其後。鞠躬，拜，興，兩拜。平身。告者與執事者皆拜。盥洗，三人俱洗。詣香案前，跪，上香，斟酒。執事者一人執酒注，西向跪；一人執盞，東向跪。告者取注斟酒畢，反注取盞。酹酒，傾酒于地。獻酒，復斟酒置神位前。俯伏，興。少退立。讀祝，祝執板跪于告者之左而讀之。復位。鞠躬，拜，興，兩拜。平身，禮畢。

**祝文**「維○○幾年，歲次干支，幾月干支朔，幾日干支，某官姓名，敢昭告於土地之神，今爲某官姓名，或某封某氏。營建宅兆，神其保佑，俾無後艱，謹以清酌脯醢，祗薦于神，尚饗！」

遂穿壙，穿地直下爲壙，約棺大小，四外各闊一尺許，以受金井磚及灰隔。

作灰隔，穿壙既畢，先布細炭末於壙底，築實，厚二三寸，然後布石灰、細沙、黄土拌匀於其上，灰三分，細沙、黄土各一分，篩拌令匀，以淡酒遍灑之，築實，厚二三尺。別用薄板爲灰隔，（納）〔内〕以瀝青塗之，厚三寸許，中取容棺。墻高於棺四寸許，置於灰上。乃於四旁旋下四物，亦以薄板隔之，炭末居外，三物居内，如底之厚，築之既實，則旋抽築板，近上復下炭灰築之，及墻之平而止。

刻誌石，用石二片，其一爲蓋，刻云「某朝某官某公之墓」，無官書其字曰「某君某甫」。其一爲底，刻云：「某官某公諱某字，某州某縣人，考諱某某官，母某氏某封，某年月日生，歷任某處某官，某年月日終，葬於某鄉某里，年若干，娶某氏某人之女，子男某某官，女某適某官某人。」○婦人，夫存則蓋云「某官某人某封某氏之墓」，無封則云「某人之妻」，夫亡則云「某官某公某封某氏」，無官則云「某君某甫妻某氏」。其底叙年若干適某氏，因夫子致封號，無則否。其生没葬之年月、鄉里、男女幾人，並同前。○葬之日，以二石字面相向，以鐵束束之，埋於壙前近地面三四尺間。

造明器，刻木爲車馬僕從侍女，各執奉養之物，象平生而小。五品、六品三十事；七品、八品，二十事；其餘十五事。泥塑亦可。下帳，謂牀帳、茵席、椅卓之類，亦象平生之小。笣，竹掩一，以盛遣奠脯醢。筲，竹器五，以盛五穀。甖，甆器三，以盛酒脯醢。

大轝，木爲之以載柩。翣，以木爲筐，如扇而方兩角，高廣二尺，高二尺四寸。衣以白布，柄長五尺。黼翣，畫斧；黻翣，畫黻；雲翣，畫雲氣。諸侯用黼翣，大夫用黻翣，士用雲翣，各二。

功布，用新布稍細者爲之，長三尺，用以御柩。遇路有低昂傾虧，則視之以爲節，使舁柩者知所備。

方相。用狂夫爲之，執戈揚盾。

作主法。詳見圖。

發引前一日，因朝奠以遷柩告。設饌如朝奠。

【儀節】就位。五服之外親皆來會，各服其服，入就位哭。奉魂帛出靈座，祝盥洗，跪，斟酒，告辭曰：「今以吉辰遷柩，敢告。」俯伏，興，平身。舉哀，主人以下拜，興，兩拜。平身，禮畢。

奉柩朝于祖，將遷柩，役者入，婦人退避。主人以下輯杖立。祝跪告，辭曰：「請朝祖。」俯伏，興，平身。祝以箱奉魂帛前行，執事者奉奠及椅卓次之，銘旌次之，役者舉柩次之。主人以下，男左女右，重服在前，輕服在後。婦人皆蓋頭，從哭至祠堂前。執事者先布席，役者致柩其上，北首而出。婦人去蓋頭。祝帥執事者設靈座及奠于柩西。主人以下立哭，盡哀。此蓋象平生出必辭奠之義。但今人家多狹隘，難於遷轉。今擬奉魂帛以代柩。

遂遷于廳事，執事者設帷於廳事。祝奉魂帛導柩右旋，主人以下男女哭從如前。執事者布席，役者舉柩，置於席上，南首。仍設靈座及奠于柩前。主人以下就位，坐哭，藉以薦席。○今人家停柩之處，即是廳事，略移動可也。若有廳有堂，自合依禮遷之。

乃代哭。如未斂之前，以至發引。

親賓致賻奠。初喪，奠用香燭、酒果。至是，親厚者，用牲可也。○祭文、賻狀、儀節並同。初喪，但婿、甥及弟子卑幼皆四拜。

陳器。方相在前。次明器，下帳、苞、筲，盛以卓子，舁之，次銘旌，次靈車，以奉魂帛香火，次大轝，轝前有功布，旁有翣，皆使人執之。

日晡時，設祖奠。設饌如朝奠儀而加豐。○若柩自他所歸葬，則行日但設朝奠。哭而行至葬，乃備此及下遣奠禮。

【儀節】就位，主人以下各就位。舉哀，哀止。祝盥洗，詣靈座前，跪，焚香，斟酒，告辭曰：「永遷之禮，靈辰不留，今奉柩車，式遵祖道。」俯伏，興，平身。舉哀，主人以下且哭且拜。拜，興，四拜。平身。禮畢。

厥明，遷柩就轝。出殯之日也。納大轝於庭中，祝跪，告辭曰：「今遷柩就轝，敢告。」俯伏，興，平身。告訖，遷靈座置旁側，婦女退避。召役夫入舉柩載于轝，載畢，祝帥執事者遷靈座于柩前，南向。

乃設奠，饌如朝奠。有脯。

儀節 就位，主人以下各就位，惟婦人不在。舉哀，哀止。祝盥洗，詣靈座前，跪，焚香，斟酒，告辭曰：「靈輀既駕，往即幽宅，載陳遣禮，永訣終天。」俯伏，興，平身，納脯。納于筥中，置舁卓子上。舉哀，且哭且拜。拜，興，四拜。平身，禮畢。

祝奉魂帛升車，別以箱盛主置魂帛後，至是婦人乃蓋頭出帷降階立哭。焚香。守舍者辭柩，男左女右，且拜且哭，尊長不拜。拜，興，四拜。平身。

## 發引

柩行。方相等前導，如陳器之序。主人以下男女哭步從，男左女右。隨柩後行，則以白幕夾障之。尊長次之，無服之親又次之，賓客又次之。皆乘車馬。親賓或先待於墓所，或出郭哭拜辭歸。

親賓設幄於郭外，路旁駐柩而奠。

儀節 如前，親賓在家致賻奠儀。

途中遇哀則哭。若路遠，則每舍設靈座於柩前，朝夕哭奠。食時上食。夜則主人兄弟皆宿柩旁，親戚共守衛之。

未至，執事者先設靈幄，在墓道右，如墓向，有椅卓。親賓次，在靈幄前十數步，南向。婦人幄。在靈幄後壙之右。

方相至，以戈擊壙四隅。明器等至，陳於壙前。靈車至，祝奉魂帛就幄座，主箱亦置帛後。設奠。陳設酒果脯醢於柩前靈座上。

柩至，執事者先布席於壙前。柩至，脫載置席上。主人男女各就位哭，主人、男子立於壙左，向右；婦人立於壙右幄內，向左。皆以後爲上。賓客詣柩前拜辭，舉哀，鞠躬，拜，興，拜，興，兩拜。平身。主人謝賓，再拜，興。賓答拜。

乃窆。主人以下輟哭，省視下棺。役者先用木杠橫於灰隔上，用索四條穿柩底鐶，不結而下之，至杠上，別摺細布，或生絹兜柩底而下之，更不抽出，截其餘而棄之。整柩衣，鋪銘旌，須令平正。主人奉玄纁，贈置柩旁。玄六，纁四，長丈八尺。貧不能具此數，玄纁各一，亦可。其餘金玉玩好，不可入壙，恐爲死者之累。拜，興，拜，稽顙，以首叩地。興，舉哀。在位者皆哭，盡哀。加灰隔內外蓋，先度灰隔大小，制薄板一片，旁距四墻取令脗合，至是加於柩上，更以油灰彌之，然後旋旋少灌瀝青于其上，令其速凝，即不透板，約已厚三寸許，乃加上蓋。實以灰，三物拌匀者居下，炭末居上，各倍於底及四旁之厚，以酒灑而躡實之。恐震動柩中，故未敢築，但多用之，以俟其實。乃實土而漸築之。下土每尺許，即輕手築之。

祠后土於墓左。

儀節　同治葬條下之儀。

**祝文** 亦同治葬，但改「營建」爲「窆兹」。

藏明器等，實土及半，旁穿便房，乃藏明器，下帳、苞、筲、甖於內，以板塞其門。

下誌石，墓在平地，則於壙內近前先布磚一重，置石其上。又以磚四圍之，而覆其上。若墓在山側峻處，則於壙前數尺間掘地深四五尺，依此法埋之。復實以土而堅築之。下土亦以尺許爲準，但須密杵堅築。

題主。執事者設卓子于靈座前左，向右，置硯筆墨卓，置盥盆、帨巾。主人向卓子前立。

**儀節** 盥洗，祝與題主者俱洗。出主，祝開箱出木主，卧置卓子上。題主者向右立。題主。先題陷中，次題粉面。祝奉主置靈座，收魂帛。仍藏箱中。祝焚香，斟酒，跪，主人以下皆跪。讀祝。讀畢，懷之不焚。興，復位。鞠躬，拜，興，四拜。平身。主人以下哭，盡哀。補謝題主者，再拜。題主者答拜。

**題主式** 詳見主圖。

**祝文**「維○○幾年，歲次干支，某月干支朔，某日辰，孤子某，敢昭告于某官封謚府君，形歸窀穸，神返室堂。神主既成，伏惟尊靈，舍舊從新，是憑是依。」母則改「孤子」爲「哀子」。

祝奉神主升車，魂帛箱在其後。執事者徹靈座，遂行。主人以下，男左女右，亦如來儀。出墓門，尊長乘車，馬去墓百步許，卑幼亦乘車馬，但留子弟一人，監視實土以至成墳。

墳高四尺，立小石碑於其前，亦高四尺，趺高尺許。碑石闊一尺以上，其厚六寸，圭首而刻其面，如誌之蓋。

## 反哭

主人以下奉靈車在途徐行哭。哀至則哭。至家哭。望門即哭。

祝奉神主入，置于靈座，先設靈座於故處。祝奉神主入就位，櫝之，并出魂帛箱置主後。

主人以下，哭于廳事，遂詣靈座前哭。盡哀止。

有吊者。拜之如初。謂賓客之親密者，既歸，待反哭而復吊。

期九月之喪者，可以飲酒食肉，惟不與宴樂，小功以下，大功異居者可以歸。

## 虞祭

葬之日，日中而虞。若墓遠，則不出是日可也。若去家經宿以上，則初虞於所館行之。或預用蓬蓽搆一屋，亦便。

主人以下皆沐浴，若已晚不暇，略澡潔之可也。

執事者陳器，設盥盆、帨巾於西階之西，設一卓在靈座東南，盛酒注、盤盞；設一卓在靈座西南，盛祝板；

設香案于靈座前案下，束茅聚沙。

具饌。如世俗設卓面一張，又於前設一卓以盛牲俎，似亦得事死如事生之意。貧富隨宜。

儀節 通贊唱。序立。服重者在前，輕者在後，男東女西，以長幼爲序。出主。祝啓櫝出主。舉哀，少頃。哀止。引贊唱。盥洗，詣靈座前，焚香，鞠躬，拜興，兩拜。平身。降神，跪，主人跪，執事者二人東西向，主人跪，西向一人捧酒注，東向一人捧盤盞。主人取注斟酒于盞，以注授執事，取盤盞捧之。酹酒，盡傾于茅沙上，以盤盞授執事。俯伏，興，平身。少退。鞠躬，拜，興，兩拜。平身。復位。通贊唱。參神，鞠躬，拜，興，兩拜。平身。進饌。祝以魚肉、炙肝、米麵食進列於靈前卓子上。初獻禮，引贊唱。詣靈座前，執事者一人捧注斟酒，一人捧盤盞隨之。跪，祭酒，執事者跪進酒盞，主人受之，三傾于茅沙上。奠酒。執事者授盞置靈座前。俯伏，興，平身。退稍後立。跪，通贊唱。主人以下皆跪。引贊唱。讀祝，祝執板於主人之右，西向跪，讀畢。俯伏，興，平身。少退，○通贊唱。舉哀，主人以下皆哭。少頃。哀止。引贊唱。鞠躬，拜，興。兩拜。平身，主人獨拜。復位。通贊唱。亞獻禮，引贊唱。詣靈座前，跪，祭酒，奠酒，俯伏，興，拜，興，兩拜。平身，若主婦行禮，不跪，不俯伏。立傾酒于地，四拜。復位。通贊唱。終獻禮，如亞獻。侑食。子弟執注，添盞中酒。主人以下皆出，男女立于門外，東西相向，各以序。尊長休于他所。俱肅静以俟。闔門。無門下簾。食頃。祝噫歆，祝當門北向，作欬聲者三。啓門，復位。主人以下復舊位。點茶，執事進茶，置卓子上。告利成。祝者立于主人之右，西向曰：「利成。」辭神。主人以下皆拜。舉哀，且拜且哭。鞠躬，拜，興，兩拜。平身，哀止。焚祝文，納主，徹饌，禮畢。若路遠於所館，行禮恐不能備，可略去「闔門」「啓門」「噫歆」「告利成」四節。

祝文「維○○幾年，歲次干支，幾月干支朔，幾日干支，孤子某，母則曰哀子。敢昭告于顯考妣。某，官、府。君、封孺人。日月不居，奄及初虞，夙興夜處，哀慕不寧，謹以潔牲柔毛粢盛庶品，哀薦祫事，尚饗！」牲用羊，曰「柔毛」；用豕，曰「剛鬣」；並用，曰「柔毛剛鬣」。後同。

祝埋魂帛，祝取魂帛，埋於屏處潔地。若路遠於所館，行禮，必須三虞後，至家埋之。

罷朝夕奠。朝夕，哭、哀至哭如初。

遇柔日再虞。乙丁巳辛癸爲柔日。前期一日，陳器具饌，夙興設蔬果酒饌。○若墓遠，亦於所館行之。

【儀節】並同初虞。

【祝文】前後並同。但改「初虞」爲「再虞」，「祫事」爲「虞事」。

遇剛日三虞。甲丙戊庚壬爲剛日。若墓遠，塗中遇剛日且缺之，至家乃行祭。

【儀節】並同再虞。○若初虞未埋魂帛，至是，祭畢埋之。

【祝文】前後並同再虞。但改「再虞」爲「三虞」，「虞事」爲「成事」。

## 卒哭

三虞後遇剛日卒哭。前期一日，陳器，並同虞祭。惟更設玄酒瓶。具饌。並同虞祭。惟更取井花水充玄酒。

儀節出主，同再虞。降神，主人主婦進饌。初獻。並同虞祭。惟祝執板跪讀于主人之左，東向。亞獻。終獻。侑食。闔門。啓門。辭神。並同虞祭。惟祝立西階上，東面，告利成。

祝文並同。但改「三虞」爲「卒哭」，及「哀薦成事」下云「來日躋祔于祖考某官府君」，餘並同。

自是朝夕之間，哀至不哭，猶朝奠哭。

主人兄弟，蔬食水飲，不食菜果，寢席枕木。

# 祔

卒哭明日而祔。若喪主非宗子，則宗子主祭，降神，初獻。喪主行亞獻。若異居，爲牌位。祭畢焚之。

厥明，陳器具饌於祠堂。若祠狹，則設于廳事。祔父，則設父之考妣二位當中，南向，設亡者位在其東南，西向。若祔母，止設妣一位，亡者一位。具饌：每位一卓，又於香案裏設卓盛牲俎，餘同卒哭。〇按：古者，廟有昭穆之序，昭常爲昭，穆常爲穆，故祔新死者于祖父之廟，則告祖父以當遷他廟，而新死者當入此廟。今士大夫、庶人皆祀四代，神主以次祧埋，則改考爲祖，改祖爲曾，新死者則入父龕明矣。爲禮者猶泥附于祖父之文，似非禮近人情、因時損益之意，故擬祔于考妣。

儀節主人以下既於靈座前哭止。詣祠堂，主人以下俱往。啓櫝，祝啓所祔之考妣櫝。請主就座。出主，置所設位上。若行禮於他處，則跪告曰：「請主詣某所。」乃捧櫝以行。既至，置西階卓子上，然後啓櫝，請主就座。還，奉新主，主人以下自祠堂還至靈座前。舉哀，祝奉新主詣祠堂，若在廳事，則曰「詣廳事」。祝奉櫝以行。主人以下哭從，至門。哀止。祝乃以櫝置西階卓子上。啓櫝，請新主就座。祝出主，置所設位上。○若非宗子，則惟喪主、主婦還迎。○通贊唱。序立。重服在前，輕服在後，男東女西。主人非宗子，則宗子主祭，立兩階間，主人立宗子右，主婦立宗子婦之左，其餘以次而立。若宗子於亡者爲尊長，則不拜。參神，鞠躬，拜，興，四拜。平身。降神，引贊唱。盥洗，詣香案前，跪，上香，酹酒，俯伏，興，拜，興，兩拜。平身。進饌。祝以饌進，執事者佐之。初獻禮，引贊唱。詣祖考神位前，跪，祭酒，奠酒，俯伏，興，拜，興，兩拜。平身。祔母，則不請祖考。詣祖妣神位前，跪，祭酒，奠酒，俯伏，興，拜，興，兩拜。平身。跪，通贊唱。主人以下皆跪，讀祝，祝立主人之左，東向跪讀。俯伏，興，引贊唱，主人獨拜。鞠躬，拜，興，兩拜。平身。詣顯考神位前，母則云「妣」，後放此。跪，祭酒，奠酒，俯伏，興，拜，興，兩拜。平身。跪，通贊唱。主人以下皆跪，讀祝。俯伏，興，引贊唱，主人獨拜。鞠躬，拜，興，兩拜。平身，復位。通贊唱。亞獻禮，如初獻。除讀祝後再拜之拜。終獻禮。如亞獻。侑食至焚祝文。並同卒哭。納主，祝先以祖考妣主入櫝，納龕中，次納亡者主入西階卓上櫝中。奉新主返靈座。主人以下哭從，哀止，禮畢。若行禮於他處，則改「納主」云「奉神主返祠堂」。主人送訖，回奉新主返靈座。

祝文

祔父式「維年歲次月朔日辰，孝孫某，謹以潔牲柔毛粢盛醴齊，適于顯祖考某官處士。府君躋祔，某官處士。尚饗！」

祔母式 前同上。但後云「適于顯祖妣某封某氏。躋祔某封某氏。尚饗！」

亡者式 「維年」至「醴齊」，並同上。後云：「哀薦祔事于先考某官處士。府君，母則改曰「先妣某封某氏」。適于顯祖考某官處士。府君。母則改曰「顯祖妣某封某氏」。尚饗！」

## 小祥

初忌也。若已除服而與祭者，皆服素衣。

期而小祥。自喪至此，不計閏，十三月。

前期一日，主人以下沐浴，陳器，具饌，皆如卒哭。設次陳練服。丈夫婦人各設次於別所，置練服於其中。男子練冠縓緣，去首絰，負版、辟領、衰；婦人截長裙，不令曳地，去腰絰。應服期者改吉服。然猶盡其月，不服金珠錦繡紅紫。○丘氏曰：「冠別爲練，其制繩武，條屬右縫，一如衰冠，但用稍麤熟麻布爲之。其服制則上衰下裳，一如大功衰服，而布用稍麤熟麻布爲之，不用負版、適衰、腰絰，用葛爲之。麻屨用麻繩爲之，杖如故。婦人服制亦用稍麤熟麻布爲之，庶稱練之名云。」

儀節 祝出神主，主人以下舉哀。主人以下期親，各服其服，倚杖哭于門外少頃。哀止，就次易服。各出就次易服，具新服。序立，舉哀，哀止。降神。自後儀節並同卒哭。

祝文 前同虞祭。但云：「日月不居，奄及小祥。夙興夜處，小心畏忌。不惰其身，哀慕不寧。敢用潔牲柔毛粢盛醴齊，薦此常事，尚饗！」

止朝夕哭，惟朔望，未除服者會哭。始食菜果。

## 大祥第二忌日也。

再期而大祥。自喪至此，不計閏，二十五月。

前期一日，沐浴，陳器，具饌，如小祥。設次陳禫服，丘氏曰：「有官者，用白布裹帽、白布盤領袍、布帶；無官者，用白布巾、白直領衣、布帶；婦人純用素衣履。」

告遷于祠堂。陳器同前。別設一卓於其東，置净水、粉盞、刷子、筆硯於其上。

儀節　序立。主人詣祠堂前。盥洗，啓櫝，出主。參神，鞠躬，拜，興，四拜。平身。降神，盥洗，詣香案前，跪，上香，酹酒，俯伏，興，拜，興，兩拜。平身。斟酒，主人執注，遍斟酒于盞中。主婦獻茶，點茶畢退，與主人並立。鞠躬，拜，興，兩拜。平身。主婦復位，主人不動。跪，主人以下皆跪。讀祝，俯伏，興，拜，興，兩拜。平身。請主，主人進奉主於卓子上，執事者洗其當改字，別塗以粉。俟乾，其親盡者以紙裹，暫置卓子上。題主，命善書者改題「曾祖考妣」爲「高祖」，又改「祖考妣」爲「曾祖」，又改「考妣」爲「祖」，題畢。遷主，主人自奉其主，遞遷而虛一龕，以俟新主。少退，立。鞠躬，拜，興，兩拜。平身。復位。辭神，鞠躬，拜，興，四拜。平身。焚祝文，禮畢。

祝文「維年歲次月朔日辰，孝孫某，敢昭告于某官府君，某封某氏，某官府君，某封某氏，某官府君，某封某氏，某官府君，某封某氏，茲以先考某官府君大祥已屆，禮當遷主入廟，某官府君、某封某氏親盡，神主當祧，某官府君、某封某氏神主，改題爲高祖；某官府君、某封某氏神主，改題爲曾祖；某官府君、某封某氏神主，改題爲祖，世次迭遷，不勝感愴，謹以酒果，用伸虔告，尚饗！」祝文神主不及高、曾、祖、考妣者，以方欲改題而稱號未定故也。○按禮：父母並喪，則先葬母而不虞、祔，以待父喪畢而後祔。今擬父在而母先死，則是父爲喪主，惟祔于祖母之龕，不必告遷也。待父死後，用此儀節告遷。而於祝文「大祥已屆」下添入「及先妣某封某氏先亡，祔於祖妣，於禮當遷入廟」之上。若父先亡，已入祠堂，而後母死，只告先考一位，其祝文曰：「茲以先妣某封某氏大祥已屆，禮當祔于先考，並享，不勝感愴。」後同。

厥明行禮，皆如初虞。

儀節自「序立」以下至「辭神」，並同「小祥」。惟後添。舉哀，焚祝文。祝奉新主入祠堂，主人以下哭從，至祠堂。安神主，安主于櫝。哀止。鞠躬，拜，興，兩拜。平身，禮畢。

祝文並同「小祥」，但改「小祥」爲「大祥」，改「常事」爲「祥事」。

徹靈座，斷杖棄之屏處。

奉遷主埋於墓側。祥祭後陳器、具饌如朔日之儀，用卓子陳廳事上。質明，主人奉安親盡之主于卓上。

儀節序立。如常儀。參神，鞠躬，拜，興，四拜。平身。降神，盥洗，詣香案前，跪，上香，酹酒，俯伏，興，平身。主人斟酒，主婦點茶，畢並立。鞠躬，拜，興，兩拜。平身。主婦復位，跪，讀祝，俯伏，興，拜，興，兩拜。

平身，復位。辭神，鞠躬，拜，興，四拜。平身。焚祝文，送主，主人自送至墓側。埋主。

祝文「維年歲次月朔日辰，孝玄孫某，敢昭告于吾世祖考某官府君，妣某封某氏，古人制禮，祀止四代，心雖無窮，分則有限，神主當祧，不勝感愴，謹以酒果，百拜　告辭，尚饗！」至是，主人兄弟去衰絰，用白布巾、白衣服、白帶。

## 禫

鄭氏曰：「澹澹然，平安之意。」

大祥之後，中月而禫。中月，間一月也。自喪至此，不計閏，二十七月。

前一月下旬卜日，既得吉，主人以下具素服於祠堂門外，西向，炷香，祝卜环珓，以一俯一仰爲吉。卜來月上旬，一日不吉；卜中旬，又不吉；卜下旬，又不吉。用忌日，既得吉。

前期一日，沐浴設位，陳器，具饌。設位於靈座故處，設一卓於西階上，南向，餘如大祥之儀。

厥明，主人以下具素服，入祠堂。焚香，跪，告辭曰：「孝子某將祗薦禫事，敢請先考神主出就正寢。」俯伏，興，拜，興，兩拜。平身。奉主就位，祝奉主櫝于西階卓上。出主，祝出主置于座。序立。以後至「焚祝文」，並同初虞。送主，主人以下從。納主，禮畢。

祝文「維年歲次月朔日辰，孝子某，敢昭告于顯考某官府君神主，禫制有期，追遠無及，謹以清酌庶羞，祇薦禫事，尚饗！」母則改稱妣。

始飲酒食肉而復寢。始飲淡酒，食乾肉，乃卧牀。

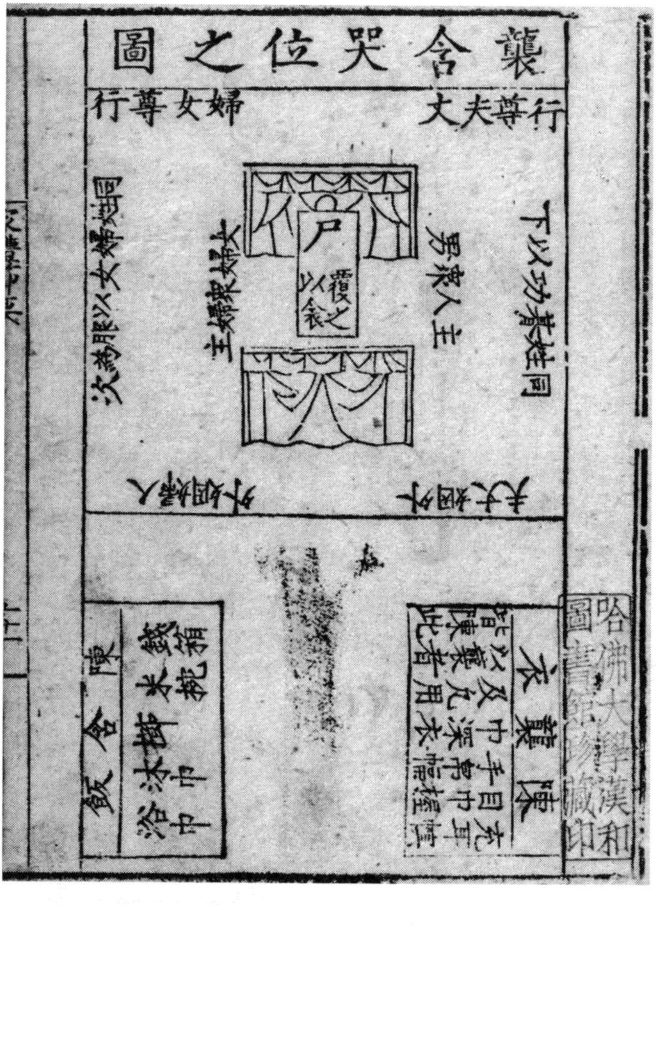

小斂圖　大斂圖

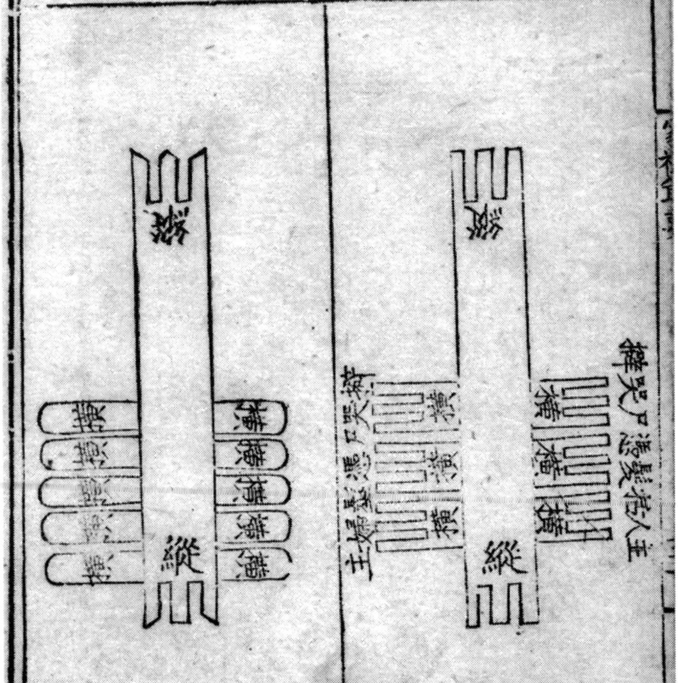

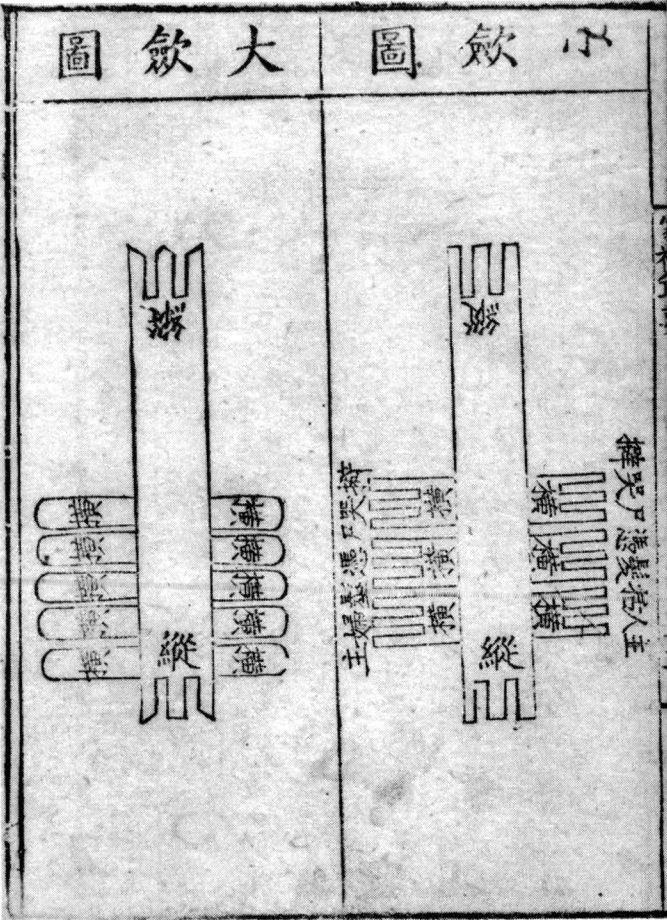

# 靈牀座之圖

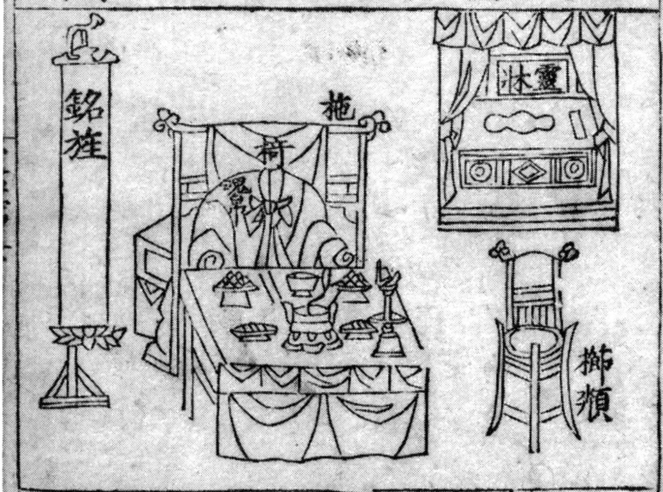

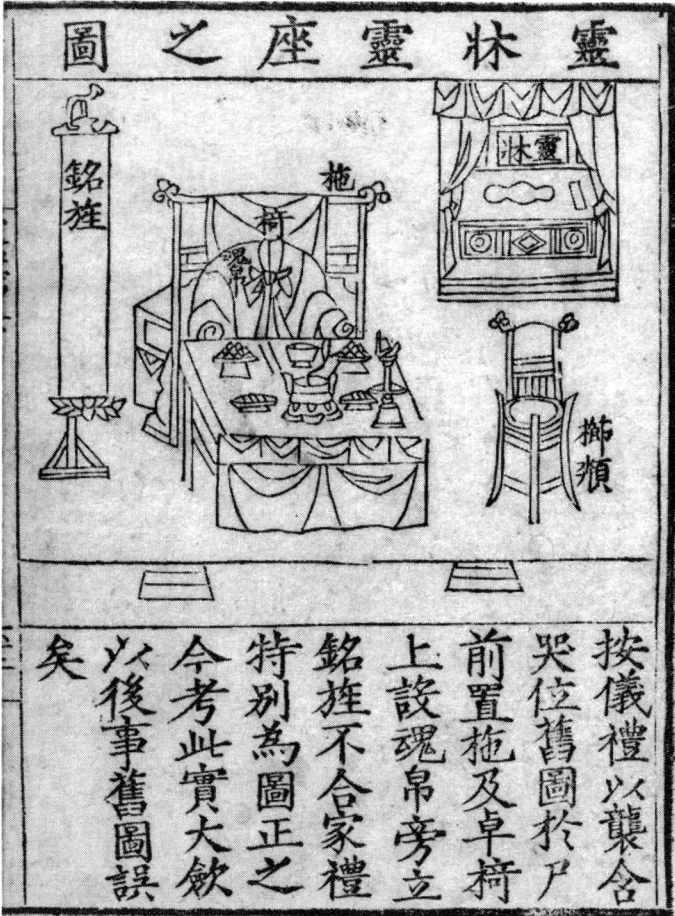

按儀禮以襲含哭位舊圖於尸前置椸及卓椅上設魂帛旁立銘旌不合家禮特别為圖正之今考此實大斂以後事舊圖誤矣

神主式

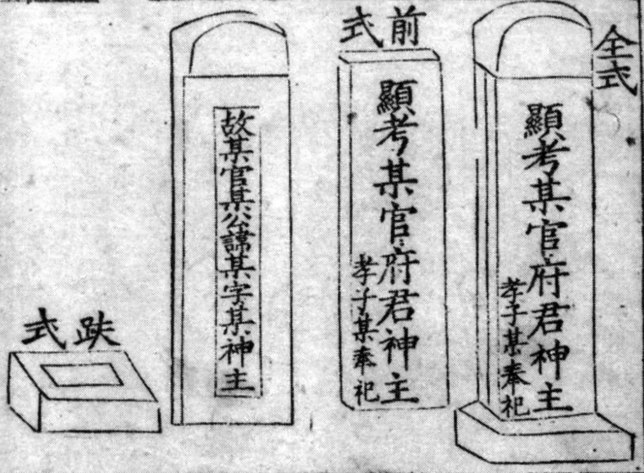

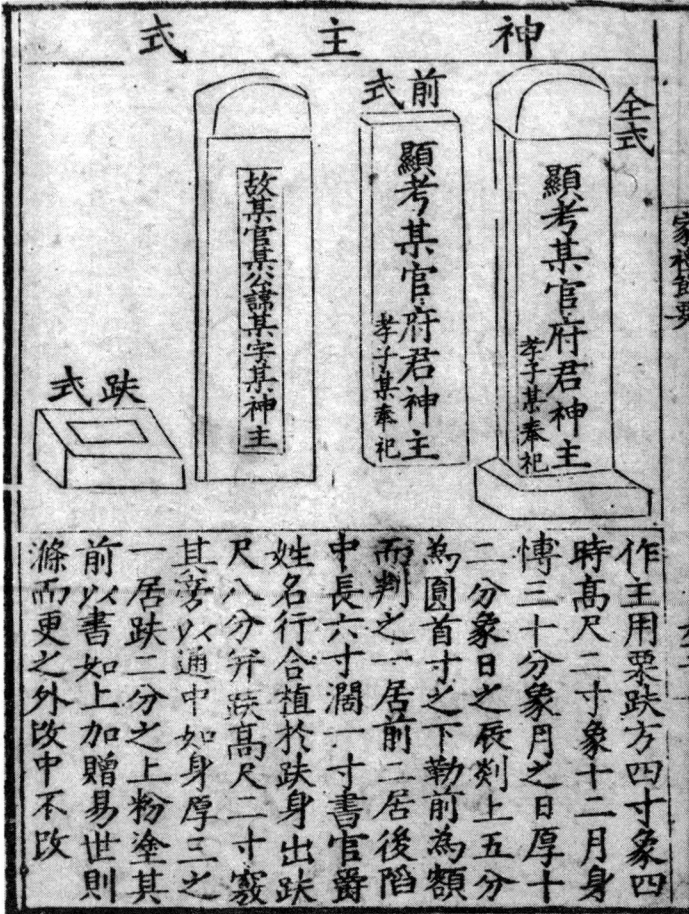

作主用栗趺方四寸象四時高尺二寸象十二月身博三十分象月之日厚十二分象日之辰剡上五分為圓首寸之下勒前為額而判之一居前二居後陷中長六寸闊一寸書官爵姓名行合植於趺身出趺尺八分并趺高尺二寸竅其旁以通中如身厚三之一居趺二分之上粉塗其前以書如上加贈易世則滌而更之外改中不改

櫝式　尺式

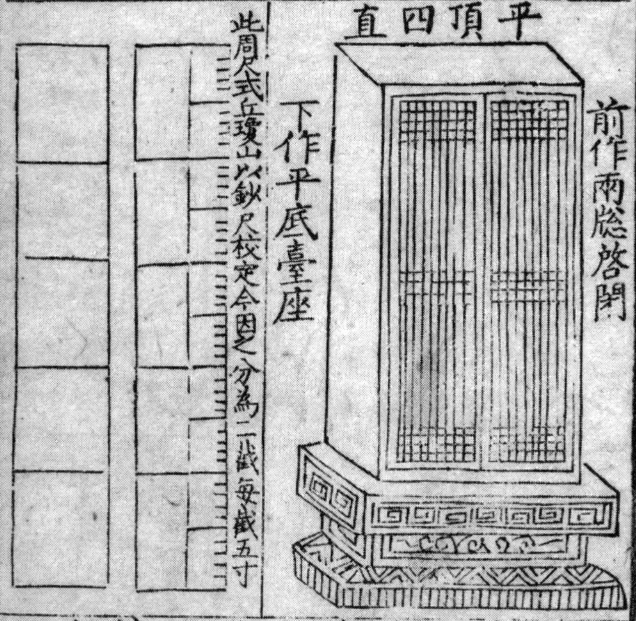
平頂四直
前作兩牕啓閉
下作平底臺座
此周尺式丘瓊山以鈔尺校定今因之分爲二截每截五寸

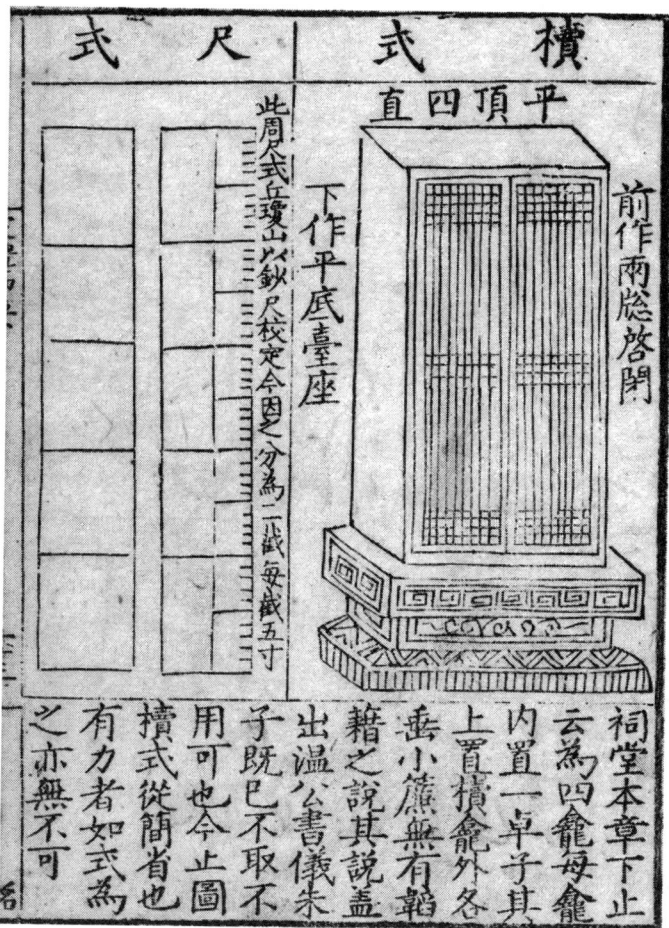

祠堂本章下止云爲四龕每龕内置一卓子其上置櫝龕外各垂小簾無有韜藉之說其說蓋出溫公書儀朱子既已不取不用可也今止圖櫝式從簡省也有力者如式爲之亦無不可

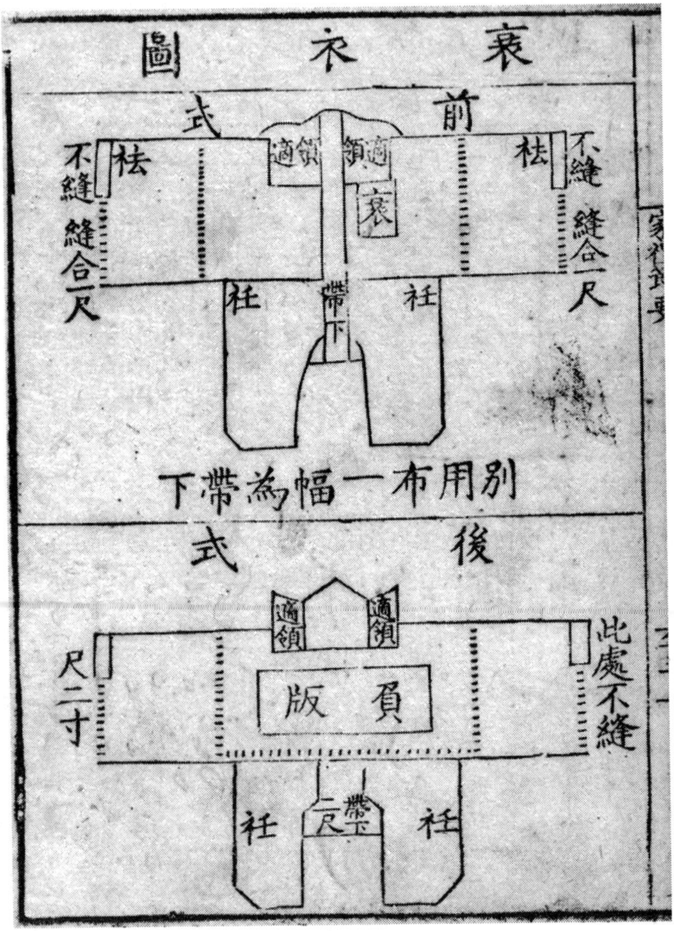
衰衣圖
前式
適領
適領
衰
袪
袪
不縫
不縫
縫合一尺
縫合一尺
衽
衽
帶下
別用布一幅為帶下
後式
適領
適領
負版
此處不縫
尺二寸
帶下
尺
衽
衽

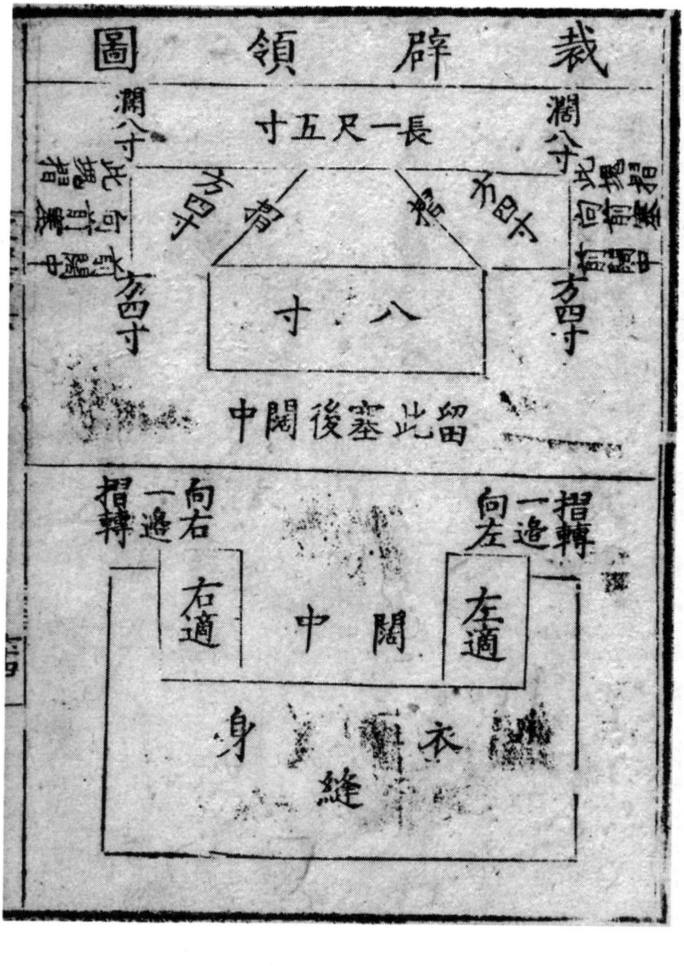
裁辟領圖
長一尺五寸
闊八寸
闊八寸
方四寸
方四寸
方四寸
方四寸
八寸
留此塞後闊中
向右一過摺轉
向左一過摺轉
右適
中闊
左適
衣身
縫

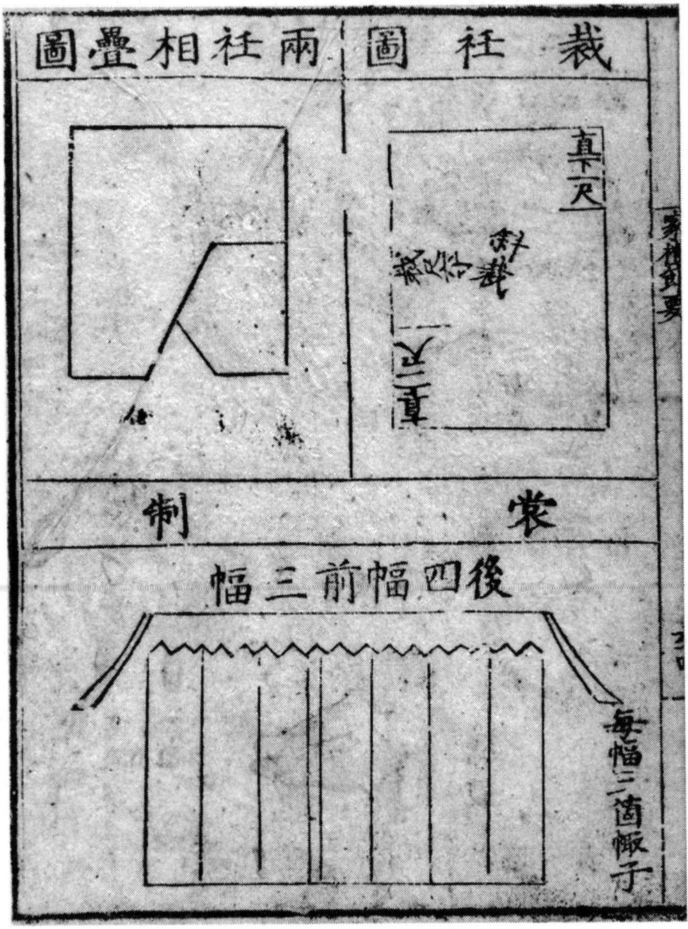
裁衽圖
兩衽相疊圖
裳制
後四幅前三幅
每幅三箇㡇子

# 冠絰圖

朱先生曰首絰大一搤只是拇指與第二指一圍腰絰較小絞帶又小於腰絰腰絰象大帶兩頭長垂下絞帶象革帶一頭有彄子以一頭串於中而束之

斬衰冠

大功冠普同齊衰小功冠三辟積向左餘與齊衰同

斬衰首絰

左本在下

齊衰冠

緦麻冠澡纓辟積同小功餘與齊衰同

齊衰首絰

右本在上

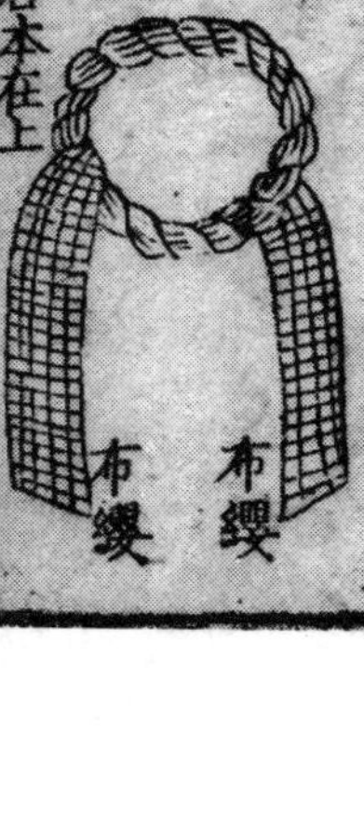

# 腰經帶圖

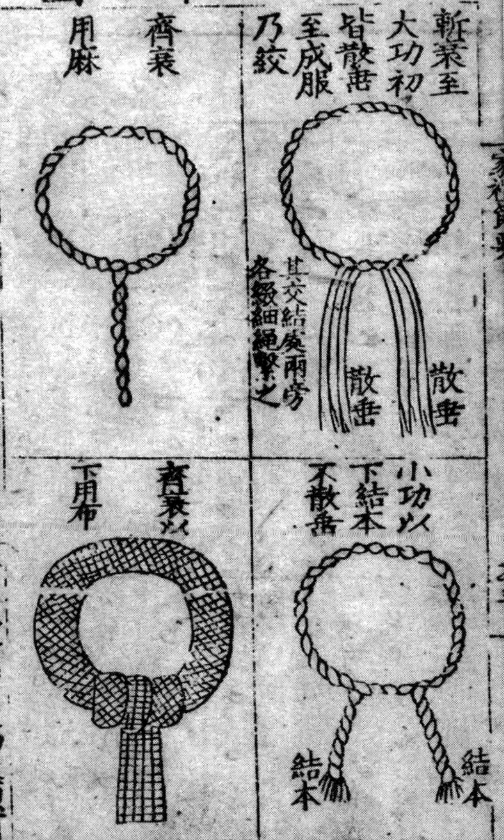

斬衰至大功初皆散垂至成服乃絞
其交結處兩旁各綴細繩繫之
散垂
散垂
齊衰用麻
小功以下結本不散垂
結本
結本
齊衰以下用布

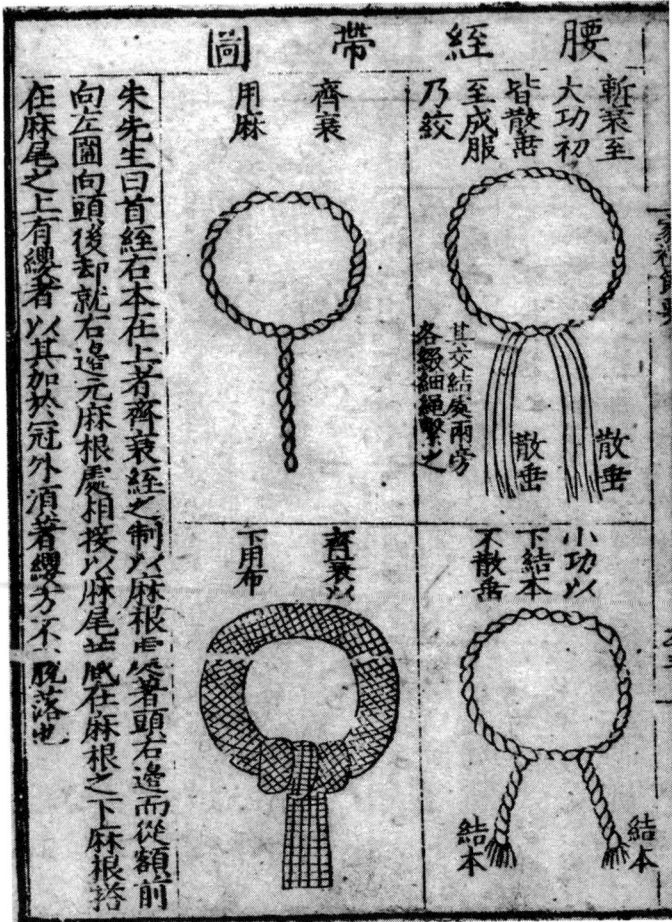

朱先生曰首絰右本在上者齊衰絰之制以麻根處著頭右邊而從額前向左圍向頭後却就右邊元麻根處相接以麻尾藏在麻根之下麻根搭在麻尾之上有纓者以其加於冠外須着纓方不脫落也

# 本宗五

嫡孫父卒爲祖父母承重服斬衰三年若曾高祖父母承重亦同祖在爲祖母止服杖期

三從兄弟緦麻 妻無

男爲人後者爲本生親屬孝服皆降一等惟本生父母降服不杖期父母報服同

高祖 齊衰

曾祖 齊衰

祖父 齊衰

父 斬衰

己

長子期 衆子期

嫡孫期年 衆孫大功

曾孫緦麻

玄孫緦麻

曾祖伯叔父母緦麻

伯叔祖父母小功

伯叔父母不杖期

兄弟不杖期 妻小功

親姪期年 姪婦大功

姪孫小功 婦緦麻

曾姪孫緦麻 妻無

從伯叔祖父母緦麻

從伯叔父母小功

從兄弟大功 妻緦麻

從姪小功 妻緦麻

從姪孫緦麻 妻無

再從伯叔父母緦麻

再從兄弟小功 妻緦麻

再從姪緦麻 妻無

# 服之圖

父母三月

父母五月

母不杖期

母三年

夫爲妻杖期父母在不杖

長婦期嫡孫婦年衆婦小功衆大功婦緦麻

曾孫婦無

玄孫婦無

曾祖姑緦麻嫁無

祖姑小功嫁緦麻

姑不杖期嫁大功

姊妹不杖期嫁大功

女不杖期大功

姪孫女小功嫁緦麻

曾姪孫女緦麻嫁無

從祖姑緦麻嫁無

從姑小功嫁緦麻

從姊妹大功嫁小功

從姪女小功嫁緦麻

從姪孫女緦麻嫁無

再從姑緦麻嫁無

再從姊妹小功嫁緦麻

再從姪女緦麻嫁無

三從姊妹緦麻嫁無

姑姊妹女及孫女在室或已嫁被出而歸服並與男子同出嫁而無夫與子者爲兄弟姊妹姪皆不杖期

凡同五世祖族屬在緦麻絕服之外皆爲袒免親遇喪葬則服素服尺布纏頭

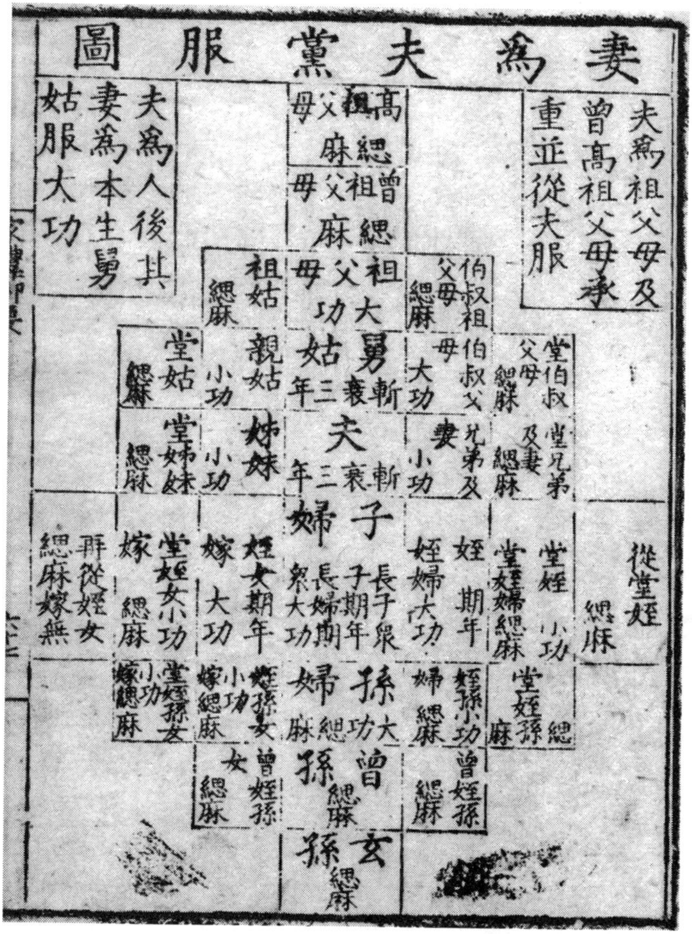
妻為夫黨服圖
夫為祖父母及曾高祖父母承重並從夫服
夫為人後其妻為本生舅姑服大功
高祖父母 緦麻
曾祖父母 緦麻
祖父母 大功
祖姑 緦麻
伯叔祖父母 緦麻
舅姑 斬衰三年
親姑 小功
堂姑 緦麻
伯叔父母 大功
堂伯叔父母 緦麻
夫 斬衰三年
姊妹 小功
堂姊妹 緦麻
兄弟及妻 小功
堂兄弟及妻 緦麻
子 長子衆子期年
婦 長婦期 衆婦大功
姪女 期年 嫁大功
堂姪女 小功 嫁緦麻
從姪女 緦麻 嫁無
姪 期年
姪婦 大功
堂姪 小功
堂姪婦 緦麻
從堂姪 緦麻
孫 大功
婦 緦麻
姪孫女 小功 嫁緦麻
堂姪孫女 小功 嫁緦麻
姪孫 小功
姪孫婦 緦麻
堂姪孫 緦麻
曾孫 緦麻
曾姪孫女 緦麻
曾姪孫 緦麻
玄孫 緦麻

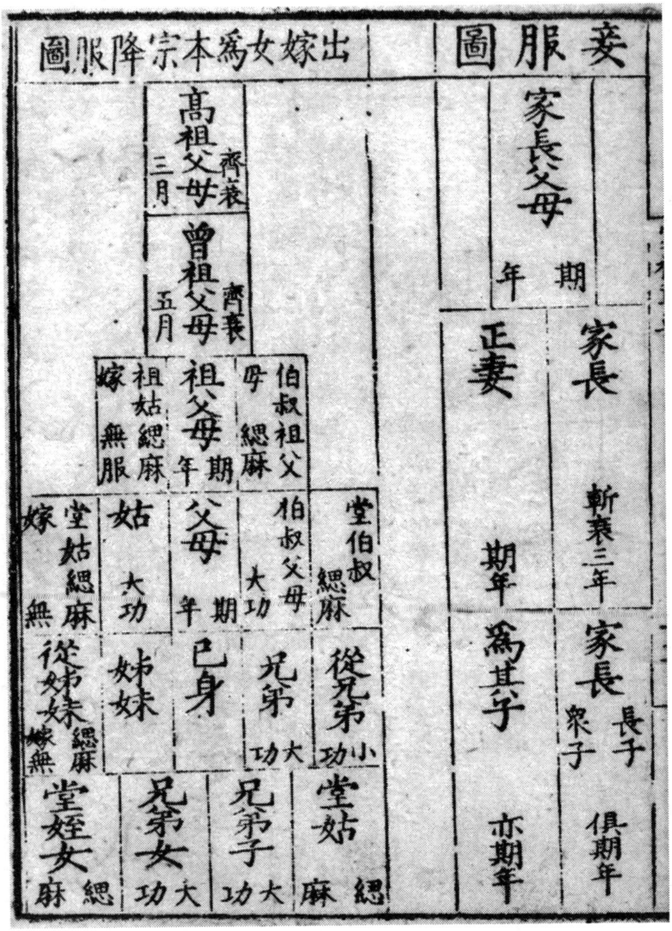

妾服圖

家長父母　期年

家長　斬衰三年

正妻　期年

家長　長子　衆子　俱期年

爲其子　亦期年

出嫁女爲本宗降服圖

高祖父母　齊衰三月

曾祖父母　齊衰五月

伯叔祖父母　緦麻

祖父母　期年

祖姑　緦麻　嫁無服

堂伯叔　緦麻

伯叔父母　大功

父母　期年

姑　大功

堂姑　緦麻　嫁無

從兄弟　小功

兄弟　大功

己身

姊妹

從姊妹　緦麻　嫁無

堂姑　緦麻

兄弟子　大功

兄弟女　大功

堂姪女　緦麻

# 外族母黨妻黨服圖

外祖父母 小功
婦人爲夫外祖父母緦麻

舅 小功
母之兄弟
婦人爲夫之舅緦麻

妻父母 緦麻
妻亡別娶亦同
妻親母雖嫁出亦猶服

從母 小功
母之姊妹
婦人爲夫從母緦麻

舅之子 姑之子 緦麻
姑之子曰外兄弟
舅之子曰內兄弟

己身

從母之子 緦麻
兩姨兄弟姊妹謂從母之子也

甥 小功 婦 緦麻
姊妹之子曰甥

壻 緦麻

甥女
姊妹之女曰甥女

外孫 緦麻
女之子也
婦服並同

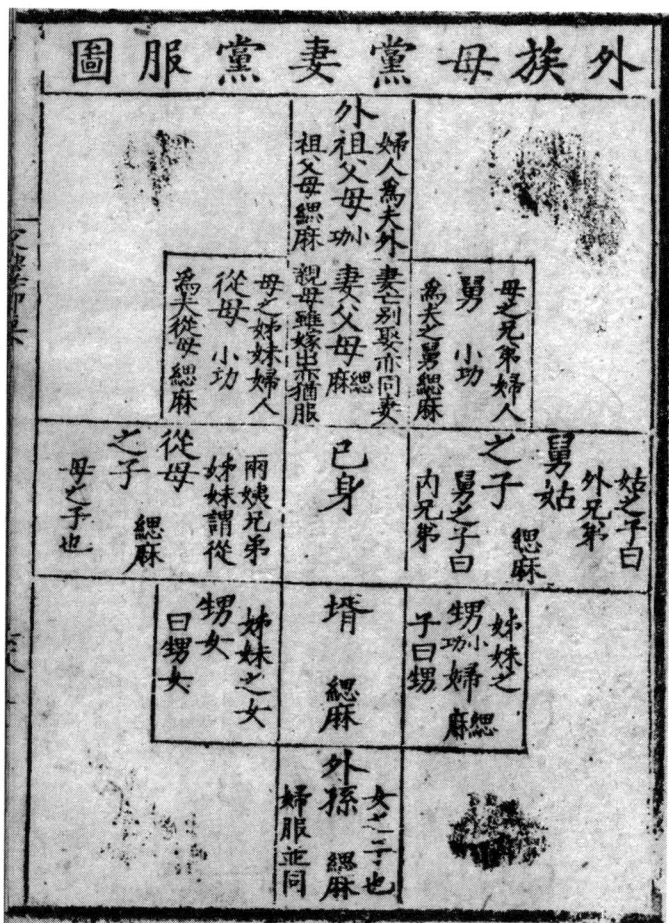

# 三父八母服圖

**同居繼父**
兩無大功親謂繼父無子己身亦無伯叔兄弟之類　期年
兩有大功親謂繼父有子己身亦有伯叔兄弟之類　齊衰杖期

**不同居繼父**
先與繼父同居今不同居齊衰三月自來不曾隨母與繼父同居無服

**從繼母嫁**
謂父死繼母再嫁他人隨去者　齊衰杖期

**養母**
謂自幼過房與人　斬衰三年

**嫡母**
妾生子為父正妻服　斬衰三年

**繼母**
為父娶後妻服斬衰　三年

**慈母**
謂所生母死父命別妾撫養者　斬衰三年

**嫁母**
謂親母因父死再嫁他人　齊衰杖期

**出母**
謂親母被父出　齊衰杖期

**庶母**
謂父有子妾嫡子衆子齊衰杖期所生子斬衰三年

**乳母**
謂父妾乳哺者　緦麻

# 祭禮

廷立按：《祭統》曰：「凡治人之道，莫急於禮。禮有五經，莫重於祭。夫祭者，非物自外至者也，自中出，生於心者也。」人之於所親也，則莫不致愛焉。比其亡也，則莫不致祭焉。祭顧未得其道耳。是故或失則薄，或失則侈，或失則疏，或失則僭。祭之義日以不明，而祭之儀日入於乖，則所謂祭者，固戲而已矣！爲輯《節要》于後。

## 四時祭

時祭用仲月，前旬卜日。卜日儀節如禫禮。○朱子曰：「卜日無定，慮有不虔。」司馬温公云：「只用分至日，亦可。」宜先於前一月，主人詣祠堂告祭期。

儀節 序立。主人以下序立。 鞠躬，拜，興，拜，興，兩拜。平身。詣香案前，主人詣。跪，焚香，俯伏，興，拜，興，兩拜。平身。告祭期，用子弟一人爲祝，執詞跪于主人之左，祝曰：「孝孫某，將以來月某日，祗薦歲事于祖考，既得日，敢告。」俯伏，興，拜，興，兩拜。平身。復位，主人以下，鞠躬，拜，興，拜，興，兩拜。平身。祝闔門畢，乃退。

具脩。合用之器，椅：正位每位二張，祔位隨用，或凳亦可。卓子：正位共四卓，祔位用二長卓，其餘雜用隨備。楪：每卓二十個。又量用小鹽醋楪。湯椀：量多少用。爵：每主三個，無則以鍾代之。盞：兩祔位用。酒注。酒尊。玄酒尊。受胙盤。饌盤。匙。筯。茶甌。茶瓶。牲盤。火鑪。湯瓶。托盤。盥盆、帨巾二副，一有臺架。幙，無門則用之。香案。香鑪并匙合。燭臺。臺盤。茅沙：用束茅聚沙，每位及香案前共五副。祝板。合備之物，牲用羊或豕，或鷄鵞鴨。醴用酒滓，無則酒代之。果、菜、醬、醋、麵、米、粉、茶、柴、魚、脯、醢、鹽。合用之人。禮生用引贊一人、通贊一人，擇子弟或親朋子弟爲之。祝。執事者。

前期三日齋戒。主人帥衆丈夫致齋于外；主婦帥衆婦女致齋于內。沐浴，更衣。不飲酒茹葷，不吊喪問疾聽樂，凡凶穢之事，皆不得與。其贊、祝、執事者，亦當肅誡。

前一日，陳設，俱見圖。演禮，禮生悉以次日儀習之。

省牲，滌器，具饌。

儀節　主人帥衆丈夫。詣省牲所，涖殺。省牲，省牲畢。省畢，主婦帥衆婦女滌濯祭器，潔釜鼎，具祭饌，每位果六品，菜蔬及脯醢各三品，魚、肉、饅頭、糕各一盤，羹飯各一椀，肝各一串，務令精潔。極熱酒，亦令温。未祭之先，勿令人先食，及爲犬猫虫鼠所污。如天熱，可夜半起具之。

厥明，奉主就位。

儀節　是日，主人、主婦詣祠堂前。盥洗，啓櫝，跪，焚香，告辭曰：「孝孫某，今仲某之月，有事于高、曾、祖、考妣，敢請神主出就正寢，恭虔奠獻。」俯伏，興，平身。執事者以盤盛主，主人前導，諸親從之至正寢。奉主就位，主人奉考主，主婦奉妣主，子弟奉祔食主，畢，皆降階下。○通贊唱。序立，主人以下序立，如圖。參神，鞠躬，拜，興，四拜。平身。降神，引贊唱。盥洗，詣香案前，跪，上香，酹酒，子弟二人：一進盤盞，一執酒注斟酒，跪進于主人，受之，盡傾茅沙上。俯伏，興，拜，興，兩拜。平身。復位，通贊唱。進饌。主人、主婦逐位自進，子弟進祔位，畢。初獻禮，引贊唱。詣高祖考妣神位前，跪，祭酒，少傾于茅沙上。奠酒，執事者受之，置高祖考主前。祭酒，傾少許于茅沙上。奠酒，執事者受之，置高祖妣主前。俯伏，興，平身。詣曾祖考妣神位前，如高祖考妣儀。詣祖考妣神位前，亦如高祖考妣儀。詣考妣神位前，亦如上儀。詣讀祝位，跪，通贊唱。主人以下皆跪，讀祝，祝取版跪主人之左，讀畢起。俯伏，興，拜，興，兩拜。平身。引贊唱。復位，通贊唱。分獻，兄弟衆男之不爲亞獻者，分獻祔位。奉饌，執事者以盤盛肝，兄弟之長者每位奠之，卑幼進祔位。每一獻畢，執事者以他器徹酒及饌，置盞故處。亞獻禮，引贊唱。盥洗，前人再行，不用此句。詣高祖考妣神位前，詣曾祖考妣神位前，詣祖考妣神位前，詣考妣神位前，皆如初獻儀。○通贊唱。分獻，獻酒于祔位。奉饌。主婦亞獻，則諸婦之長者逐位進炙肉。若主人或其兄弟之長者行，則次長者進之。終獻禮，自「盥洗詣高祖考妣神位前」以下至「奉饌」，皆如亞獻儀。○引贊唱。侑食，主人執主，遍斟諸位前，俱滿，主婦遍插匙飯中，俱退，分立香案前。鞠躬，拜，興，兩拜。平身，復位。通贊唱。主人以下皆出，闔門，無門，則垂簾幙。男左女右，少休。祝噫歆，祝當門北向，作欬聲者三。啓門，主人以下各復位。獻茶，主人、主婦進茶于四代考妣前，子弟、婦女分進祔位。飲福，受胙，引贊唱。詣飲福位，主人詣香案前。跪，受酒，祝以酒盞授主人。祭酒，傾少許于地。啐酒，略嘗少許，祝取匙抄諸位之飯各少許，以盤子盛，詣主人左。○通贊唱。嘏辭，辭曰：「祖考命工祝，承致多福無疆，于汝孝孫，來汝孝孫，使汝受祿于天，宜稼于田，眉壽永年，勿替引之。」主人置酒于席前地上，引贊唱。俯伏，興，拜，興，兩拜。平身。跪，受胙，祝以胙受主人，主人受飯，嘗之，實于左袂，于季指。卒飲，取所置酒卒飲之，以盞及飯授執事者。俯伏，興，兩拜。平身。主人退立于東階上，西向；祝立于西階上，東向。○通贊唱。告利成，祝曰：「利成。」在位者皆拜。鞠躬，拜，興，兩拜。平身，主人不拜。○引贊唱。復位。通贊唱。辭神，鞠躬，拜，興，四拜。平身。焚祝文，送主，徹饌，禮畢。

**祝文**「維○○幾年，歲次干支，幾月干支朔，幾日干支，孝玄孫某，官姓名，敢昭告于顯高祖考某官府君，顯高祖妣某封某氏，顯曾祖考某官府君，顯曾祖妣某封某氏，顯祖考某官府君，顯祖妣某封某氏，顯考某官府君，顯妣某封某氏，歲序流易，時維仲，春、夏、秋、冬。如歲暮，改爲「歲律將更」。追感歲時，不勝永慕，謹以潔牲、粢盛、庶品，祗薦歲事，以某親某官祔食，尚饗！」《家禮》四代各一祝文。今併之，以從簡便。

徹。主婦監徹酒之在盞注、他器者，入瓶封之，所謂福酒。果蔬、肉食並傳于燕器，滌祭器藏之。

餕。是日祭畢，主人監分祭胙，送親友、禮生。若是子弟爲禮生，則否。胙不足，益以他肉。遂設席。男女異處，各依尊卑、上下、左右位次而坐。主人若是尊長，正坐中堂，諸子姪皆序立。

**儀節**主人、主婦正坐堂中，南向。有尊長，則依序坐。序立。諸子婦世爲一列，男左女右立階下。鞠躬，拜，興，四拜。平身。長者一人捧酒盞。詣尊座前，當兩席間。跪，若子姪，則坐受之，弟則起立。祝辭曰：「祀事既成，祖考嘉饗，伏惟尊親，備膺五福，保族宜家。」祝畢，以盞授執事者，置尊者之前。俯伏，興，平身。復位，與衆男皆拜。鞠躬，拜，興，四拜。平身。告諭，主人告諭曰：「祀事既成，五福之慶，與汝曹共之。」祝畢，賜諸子姪酒飲之。鞠躬，拜，興，四拜。

平身。禮畢。然後衆丈夫餕于外，女子餕于內，如世俗儀。將罷，主人須胙於外僕，主婦頒胙於內執事者，遍及微賤。受者皆再拜，乃徹席。補謝禮生。祭畢，主人帥衆男子再拜謝禮生，禮生答拜。仍以祭餘設席，待之如常。若子弟自爲，則否。

凡祭，主於盡愛敬之誠而已，貧則稱家之有無，疾則量筋力而行之，財力可及者，當如儀。

## 先祖

今人家同居止四代者，固不必行此祭。其有合族以居世系多者，宜祭其開創之祖。或一房合祭，則以一房之祖爲主，而以高、曾、祖、考配饗。

立春祭先祖。程子曰：「初祖以下，高祖以上之祖也。立春生物之始，故象其類而祭。」

前三日，齋戒。如時祭之儀。前一日，設位，是日，主人、衆丈夫帥執事者灑掃中堂，設神位其中，用紙爲牌，如神主。面上書「先祖考某官府君」「先祖妣某封某氏」。其位當中南向，卓面祭位如時祭高祖儀。其餘四世考妣及同居合族之人有服未盡者，是日皆合祭，分爲東西，如文廟四配兩廡位次，世爲一列，高、曾、祖、考妣位次離東西壁下一二尺，祖考、考妣位次則近東西廳下。無後，袝位又下一級。陳器，每位設酒盞、茶甌、羹飯、筯各一，卓面或二位或四位共之。具饌，省牲，演禮。俱同時祭。

質明，盛服。

儀節 通贊唱。序立。主人以下凡同一族者皆在，如時祭。降神，引贊唱。盥洗，詣香案前，跪，上香，三上香。

告辭曰：「孝孫某等，今以立春有事于先祖考某官府君、先祖妣某封某氏，敢請尊靈，降居神位，恭伸奠獻。」俯伏，興，拜，興，兩拜。平身。復位，主人以下詣祠堂，請主如時祭儀。告辭曰：「孫某等，兹以立春合祭先祖于正寢，敢請高曾祖考妣，同伸奠獻。」告畢，主人以下以盤盛主，奉至正寢，各隨位次列其他神主。在別室者，皆放此。參神，以後至「焚祝文」，皆同時祭之儀。焚祝文，併取先祖牌子，焚之。送主，徹饌，禮畢。

徹。餕。

儀節 並同時祭。

祝文「維○○幾年幾次干支，幾月干支朔，幾日干支，孝孫某，敢昭告于先祖考某官府君、先祖妣某封某氏，今以立春生物之始，追惟報本，禮不敢忘，謹以潔牲剛鬣柔毛，粢盛醴齊，祗薦歲事，凡我宗親，咸兹合食，尚饗！」

## 禰

凡爲人長子者，皆得祭，支子不得祭。

季秋祭禰。程子曰：「季秋，成物之始，亦象其類而祭之。」

前月下旬卜日。若不卜，則擇日於秋成之後祭之。

前三日齋戒。前一日，設位陳器，具饌。止設二位。若母存，止設一位香案。以下並同時祭。

質明，盛服，詣祠堂。

儀節 主人詣祠堂考妣櫝前。跪，焚香，告辭：辭曰：「孝子某，今以季秋成物之始，有事于考某官府君、妣某封某氏，敢請神主出就正寢，恭伸奠獻。」俯伏，興，執事者以盤盛主，主人前導，衆親從之，至正寢。奉主，就位，主人奉考主，主婦奉妣主于座畢。序立。主人、主婦及弟婦、子姪凡禰所出者皆在。參神。以後並同時祭。但嘏辭内減去「祖」字。

徹。餕。止會食而不行慶禮。

祝文「維年歲月朔日辰，孝子某，敢昭告于顯考某官府君、顯妣某封某氏，今以季秋成物之始，感時追慕，昊天罔極，謹以潔牲粢盛庶品，用伸奠獻，尚饗！」按古禮，禰之祭，支子不得行，蓋謂季秋成物之時也。若夫兄弟異居者，止祭雖不敢行，而時節奉鮮之獻行之，恐亦無害。

## 忌日

前一日齋戒，設位，陳器，具饌。考、妣二位各一卓。若妣，則止設妣一卓，如禰祭之儀。

質明，主人以下素服，詣祠堂，

儀節 主人詣祠堂考妣櫝前。跪，焚香，告辭，辭曰：「今以某考某官遠諱之辰，敢請神主出就正寢，恭伸追慕。」後同禰祭儀。○若考妣及祖考妣近死，則於讀祝後加。舉哀，哀止。非考妣及祖考妣遠死，則否。餘並同禰祭之儀。但除去飲福受胙。

祝文「維年歲次月朔日辰，孝子或孫曾玄。某，敢昭告于某考某官府君，歲序流易，諱日復臨，追遠感時，昊天罔極，如祖考妣，改此句爲「不勝永慕」，旁親不用「追遠感時」，止云「不勝感愴」。謹以牲醴，用伸奠獻，敬奉顯妣某封某氏配食，尚饗！」

是日不飲酒，不食肉，不聽樂，黲布，素服，素帶以居，夕寢于外。

## 墓祭

三月上旬擇日。今俗用清明日祭之。前一日，齋戒，具饌。如家祭儀。

厥明灑掃，是日晨起，或前一二日，主人帥執事者詣墓所。

儀節 鞠躬，拜，興，兩拜。平身。拜訖，環繞省視。除草棘，添土，畢。復位。鞠躬，拜，興，兩拜。平身。又除地於墓左，以祀土神。

布席陳饌。用新潔席陳於墓前，設饌如家祭。

儀節 序立。如家祭之儀。參神，鞠躬，拜，興，四拜。平身。降神，盥洗，詣香席前，跪，上香，酹酒，俯伏，興，拜，興，兩拜。平身。進饌。初獻禮，詣某親墓前，跪，祭酒，奠酒，俯伏，興，平身。如墓列葬非一，則逐位詣某親墓前。詣讀祝位，跪讀祝，俯伏，興，拜，興，兩拜。平身，奉饌。亞獻禮，詣某親墓前，跪，祭酒，奠酒，俯伏，興，平身，復位，奉饌。終獻禮，詣某親墓前，跪，祭酒，奠酒，俯伏，興，平身。復位，奉饌，侑食，主婦點茶，辭神，鞠躬，拜，興，四拜。平身。焚祝文，祝畢。

祝文「維年歲次月朔日辰，孝子或孫曾玄。某，敢昭告于某親某官府君之墓，歲序流易，雨露既濡，瞻掃封塋，不勝感慕，謹以潔牲醴齊，祇薦歲事，尚饗！」

遂祭后土，布席，陳饌。布席于墓左，設魚肉、米麵食各一盤如儀。

儀節 就位，降神，盥洗，詣香席前，跪上香，酹酒，俯伏，興，復位。參神，鞠躬，拜，興，兩拜。平身。主人執注。初獻酒，跪，讀祝，祝跪主人之左讀之。俯伏，興，平身，復位。亞獻酒，三獻酒。辭神，鞠躬，拜，興，兩拜。平身。焚祝文，禮畢。

祝文「維年歲次月朔日辰，某官姓名，敢昭告于土地之神，某躬修歲事于某親某官府君之墓，維時保佑，實賴神休，敢以酒饌，敬伸奠獻，尚饗！」

## 祠堂之儀

君子將營宮室，先立祠堂於正寢之東。爲四龕，以奉先世神主。高、曾、祖、考四代，各爲一龕，龕中藏主，龕外垂簾，設香案。

旁親無其後者，以其班祔。按：無後祔位。士庶之家廳事狹隘，四世神位之外，豈能一一設位祭之。今擬易代改遷，其與曾祖考及祖考同行無後者，如禮埋於墓側；其與考妣及己身子姪同行者，每祭設位於東西祖考之下，祔食正位。初獻畢，使人分獻，一酌。俟易世，則遞遷而埋之。

置祭田。計見在田，每二十畝取一畝以爲祭田。親盡以爲墓田，宗子主之，以給祭用，不許典賣，皆立約聞官，子孫世世共守。如無宗子，推舉家之賢能長者主之。歲命子弟有才者，分理其事。具祭器。合用之器，見「時祭」。下皆封財，不得他用。貧不能造，用燕器。

主人晨謁於大門之内。主人謂宗子主祠堂之祭者。不啓櫝。

儀節　詣香案前，跪，焚香，俯伏，興，拜，興，兩拜。平身，退。夜則命子弟焚香，明燈。主人在外，次者代之。

出入必告。主人、主婦近出入大門，作揖而行。經宿，則如晨謁之儀。經旬以下，則開中門行禮，立階下。

儀節　鞠躬，拜，興，兩拜。平身。詣香案前，跪，焚香，告辭曰：「孝孫某，將遠出某所，敢告。」歸則云：「歸自某所，敢見。」俯伏，興，拜，興，兩拜。平身，退。餘人出入，皆如此儀。但不可開中門。

正旦、冬至、朔望，則參。前一日，灑掃齋宿。其日夙興，開門，卷簾，陳設，每龕前以盤盛新果於卓上，殽菜隨宜，每位設茶酒盞各一於櫝前。設茅沙於香案下，別設一卓於阼階上，置酒注盤盞一於其上，茶酒各一瓶，盥盆、帨巾、架，設於阼階下。

儀節 序立。男左女右，世列一行。盥洗，將出主者皆下階，盥手訖。啓櫝，出主，復位。降神，執事者洗手，開瓶，實酒于注。一人奉注，一人執盤盞，詣香案左右立。主人詣香案前，跪，焚香，二執事斟酒，跪進主人，主人受之。酹酒，盡傾酒于茅沙上，置盞于香案上。俯伏，興，拜，興，兩拜。平身，復位。參神，鞠躬，拜，興，拜，興，兩拜。平身。凡在位皆拜。主人斟酒，執酒注，斟酒于逐位神主前空盞内，畢，退立。主婦點茶，執瓶斟茶于各位空盞内畢，退。與主人並立。鞠躬，拜，興，兩拜。平身，復位。辭神，衆拜。鞠躬，拜，興，兩拜。平身。奉主入櫝，禮畢。望日，不出主，不設酒。主人詣香案前焚香，再拜，點茶，與衆人皆再拜而退。

俗節則獻以時食。元夕、清明、重午、中元、重陽、除夕，歲熟獻新，取凡鄉俗所尚并所有薦之，如月朔之儀。

有事則告。前一日，齋宿。其日，夙興，陳設如正至、朔日之儀。但于「主婦點茶」之後，主婦復位，主人不動，跪，主人以下皆跪，讀祝，祝執板，立主人之左，跪讀之，俯伏，興，平身。復位，辭神，與衆皆四拜，禮畢。

在官追贈儀。齋宿並同。惟啓所贈之主櫝，陳設茶酒盞、果脯於其前，别於木龕前設香卓。又設一卓於其東，置净水、刷子、粉盞筆墨於其上，其酒注等件，並設如前。又命善書者以黄紙録制書，以盤盛于香案卓上。

儀節 序立。盥洗，啓櫝，出主，復位。詣香案前，跪，焚香，告辭。主人自告曰：「孝男某，祗奉制書，追贈顯考某官府君爲某官某封，某氏爲某封，敢請神主，改題奉祀。」俯伏，興，拜，興，兩拜。平身。請主，主人進，奉主置于東卓上，執事者洗去舊字，塗粉，俟乾。題主，命善書者改題所贈官封。復位。降神，主人詣香案前，跪，焚香，酹酒，俯伏，興，拜，興，兩拜。平身，復位。參神，鞠躬，拜，興，四拜。平身。主人詣神位前，如贈二代或三代，則如時祭儀，詣某考妣神位前。跪，祭酒，奠酒，祭酒，奠酒，俯伏，興，拜，興，兩拜。平身。復位，跪，皆跪。宣制辭，俯伏，興，平身。焚黄，執事者捧所録制書、黄紙，即香案前，併祝文焚之。辭神，鞠躬，拜興，四拜平身。奉主入櫝，禮畢。

祝文「維年歲次月朔日辰，孝男某官某，敢昭告于顯考某官府君、顯妣某封某氏，某奉承先訓，竊禄于朝，如外官，則改爲「叨有禄位」。仰荷皇仁，推恩所生，乃某年月日誥，贈考爲某官，妣爲某封，惟是音容日遠，追養靡從，祗奉命出，且喜且悲，敬録以焚，益增哀隕，謹以酒果，用陳虔告，謹告。」

**還鄉，焚黄，告祭儀**。「祠堂章」下雖有「封贈告廟儀」，然止一獻，無乃太簡乎！今擬准時祭禮，爲之儀注。

儀節 先期，齋戒，省牲，設位，陳器，皆如時祭儀。是日夙興，主人詣祠堂。詣香案前，跪，焚香，請主曰：「今以子某，若仕者有父兄，則改云「今某子某」或「弟某」如告墓，不用比節。列官于朝，追贈考妣，請告焚黄，敢請顯考某官府君、顯妣某封某氏神主，出就正寢，恭伸祭告。」俯伏，興，執事者以盤盛主，捧之主人前，導至正寢，安于座。序立。若仕者有父兄，則父兄主祭，仕者立本位。參神，以下同時祭儀。但初獻讀祝後添宣制辭，禮生立香案前，面東讀之。亞獻、終獻、侑食、闔門、啓門、獻茶，同時祭。焚黄。於香案前，併祝文焚之。辭神，鞠躬，拜，興，四拜。平身，禮畢。

祝文見《通禮》追贈儀，或自作之，亦可。

**生子見廟**。主人生適長子，則滿月而見。嫡孫亦如之。

儀節 如朔旦儀，但云告辭曰：「某之婦某氏，子則云「某之子某婦某氏」，弟姪孫同。以某年月日時生第幾子名某，敢見。」俯伏，興，主婦抱孫見。抱生子，立兩階間。若子弟婦或姪孫婦，則立其後。四拜，興，復位。辭神。後同朔旦。

餘子殺禮。不設酒茶，止啓櫝，不出主，惟焚香、告辭、抱孫見。後同。祀土地。《朱子大全集》有「四時祭土地」文。夫墓祭祭后土，則時祭祭土地，禮之宜也。

每季仲月，擇日及歲暮。春於所居之東，夏南，秋西，冬北，布席，隨俗陳饌。

儀節 就位。主人以下序立。降神，詣香席前，跪，上香，祭酒，俯伏，興，平身。參神，鞠躬，拜，興，兩拜。平身。初獻酒，跪，讀祝，亞獻酒，三獻酒，辭神，鞠躬，拜，興，兩拜。平身，焚祝文，禮畢。

祝文「維年歲次月朔日辰，某官某，敢昭告于土地之神，維此仲春，夏、秋、冬隨時，惟歲暮則云「歲律將更」。歲功云始，夏云「時物暢茂」，秋云「歲功將就」，冬云「歲功告畢」，歲暮云「幸兹安吉」。若時昭事，夏、秋、冬改「昭」爲「報」。敢有弗虔，蘋藻雖微，庶將誠意，惟神鑒饗，永奠厥居，尚饗！」此出《大全集》。

## 祀竈

歲暮祭之，具饌儀節與祀土地同。

祝文「維年歲次月朔日辰，某官某，敢昭告于司竈之神，歲云暮矣，一門康吉，饗兹火食，皆賴神休，若時報事，罔敢弗虔，菲禮將誠，惟神顧歆，尚饗！」

祝板式用板長一尺，高五寸，以紙書祝文，粘於其上。讀畢，置香爐之左。祭畢，揭而焚之。

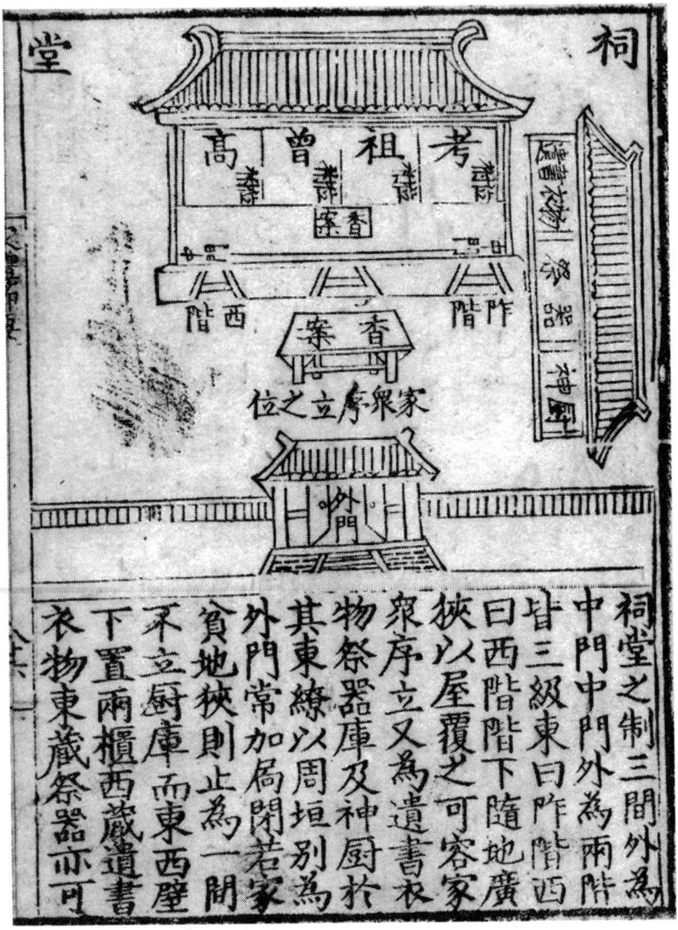
祠堂
考
祖
曾
高
香案
阼階
西階
香案
家衆序立之位
中門
遺書衣物
祭器
神廚
祠堂之制三間外為中門中門外為兩階皆三級東曰阼階西曰西階階下隨地廣狹以屋覆之可容家衆序立又為遺書衣物祭器庫及神廚於其東繚以周垣別為外門常加扃閉若家貧地狹則止為一間不立廚庫而東西壁下置兩櫃西藏遺書衣物東藏祭器亦可

# 祠堂時節陳設之圖

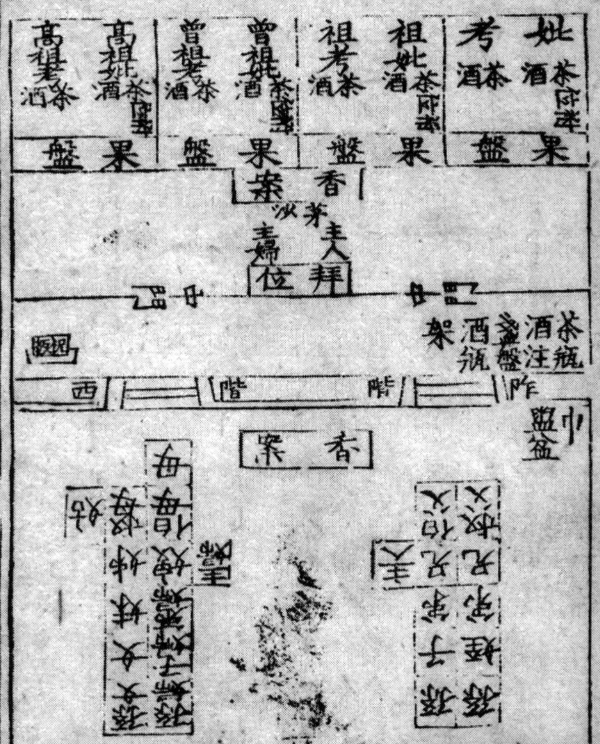

# 祭四世之圖

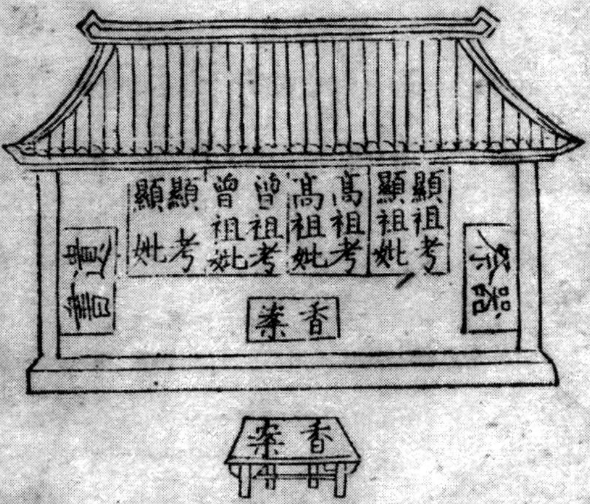


國初用行唐縣知縣胡秉中言許庶人祭三代以曾祖居中而祖左禰右今擬士大夫家祭四代者亦合如時制列龕祠堂板以限隔則無翁婦相近之嫌

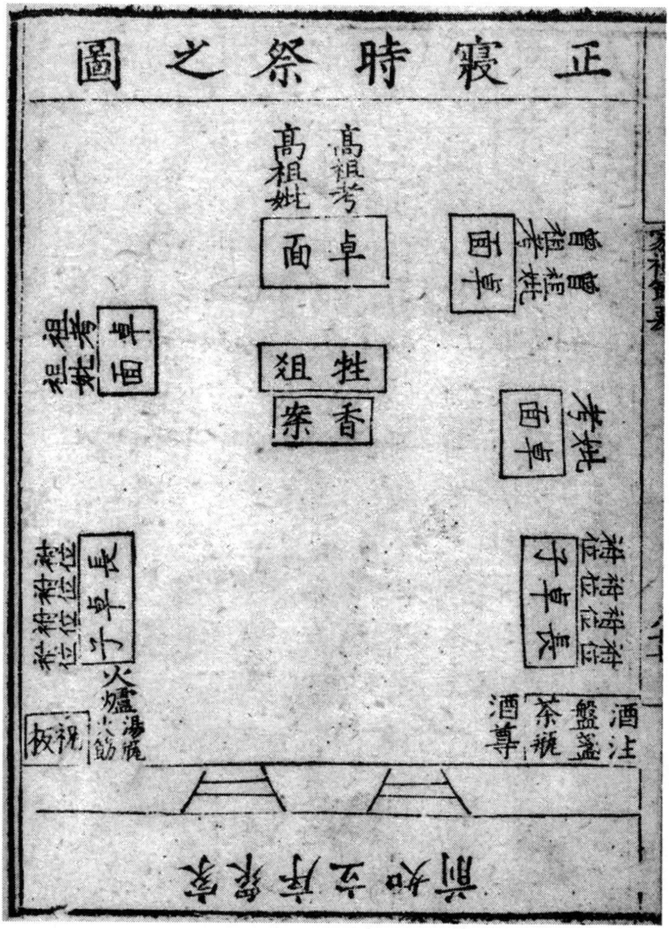
正寢時祭之圖
高祖考
高祖妣
卓面
曾祖考
曾祖妣
卓面
祖考
祖妣
卓面
牲
祖
香
案
考
妣
卓面
長子卓
祔位
祔位
祔位
祔位
火爐
湯瓶
火筯
祝
板
酒注
盤盞
茶瓶
酒尊